세상이 묻고 진리가 답하다

IVP(InterVarsity Press)는
캠퍼스와 세상 속의 하나님 나라 운동을 지향하는
IVF(InterVarsity Christian Fellowship)의 출판부로
생각하는 그리스도인을 위한 문서 운동을 실천합니다.

A Place for Truth
Copyright ⓒ 2010 by The Veritas Forum
Translated by permission of InterVarsity Press,
P. O. Box 1400, Downers Grove, IL 60515-1426, U. S. A.
All rights reserved.

Korean Edition ⓒ 2011 by Korea InterVarsity Press
156-10 Donggyo-ro, Mapo-gu, Seoul 04031, Republic of Korea.

세상이 묻고 진리가 답하다

달라스 윌라드 편집 | 최효은 옮김

차례

추천의 글 해리 루이스   7

감사의 글 다니엘 조   11

들어가는 글 달라스 윌라드   13

진리

1. 진리를 따르는 삶이 존재하는가   23
   리처드 존 노이하우스

2. 진리의 시간   45
   오스 기니스

3. 살아 있는 신: 진리의 배타성   69
   티머시 켈러

신앙과 과학

4. 신의 언어: 과학자가 믿음의 증거를 제시하다   93
   프랜시스 콜린스

5. 신(新)무신론자와 생명의 의미   131
   알리스터 맥그래스, 데이비드 헬팬드

6. 진리의 증거에 사로잡힌 과학자   161
   휴 로스

무신론

7. 무신론의 심리학   177
   폴 비츠

8. 니체 vs. 예수 그리스도   201
   달라스 윌라드

인간성과 삶의 의미

9. 살아 있는 기계: 로봇은 인간이 될 수 있는가   223
   로드니 브룩스, 로잘린 피카드
10. 종말의 의미   253
    제레미 벡비

기독교 세계관

11. 순전한 그리스도인   289
    톰 라이트

사회정의

12. 왜 인권은 종교 없이는 불가능한가   317
    존 워윅 몽고메리
13. 테레사 수녀가 내게 가르쳐 준 것   343
    메리 포플린
14. 전인적 인간을 위한 총체적 복음   373
    로날드 사이더

참고 문헌   397

추천의 글

대학은 진리를 추구하는 곳이다. 하지만 진리를 발견하기 위한 오늘날의 방식은 과거와 같지 않다. 오늘날 지식을 축적하는 지배적인 방식은 과학이며 다른 학문 영역도 이 같은 변화된 학계의 생리에 적응해야만 한다.

과학적 지식은 늘 변화하고, 그래서 언제나 좀더 정확한 확증을 얻어야 한다는 과제를 안고 있다. 과학적 지식이 가져오는 성취는 매우 실용적이기 때문에 인간의 삶에 대한 과학의 영향력은 점점 커진다. 핵폭탄과 인터넷, 합성 인슐린, 그리고 옥토맘(Octomom: 체외 수정을 통해 여덟 쌍둥이의 엄마가 된 미국 여성 나디야 슐레만을 가리키는 신조어－역주)에 이르기까지, 지난 세기 동안 축적된 과학적 발견이 없었다면 불가능했을 것들을 오늘날 우리는 향유하고 있다. 이 같은 발견의 상당수는 대학 연구에 그 뿌리를 두고 있다.

또한 과학 기술을 기반으로 하는 기업들이 대학에서 왕성하게 활동하고 있다. 연구의 자유와 정부의 막대한 재정적 지원 그리고 성공에 대한 목표 지향적이고 실력주의적인 기준 등이 복합적으로 영향을 미친 결과다. 과학을 중시하는 문화로 인해 대학 내 교수 임용과 승진 기준도 극적인 변화를 겪었다. 객관적 기준에 따른 동료 평가 방식이 도입되면서 과거 대학 내 악명 높았던 친족 등용이나 각종 불합리한 차별이 상당히 줄어들게 되었다. 학계의 이 같은 개혁으로 인해 미국의 대학은 전 세계의 지식을 창출하고 경제적 번영을 선도하는 동력이 될 수 있었다.

과학 분야의 이 같은 개혁은 다른 분야에도 적용되었다. 물론 좋은 의도였지만 사회과학과 인문학에 대한 이러한 시도는 환영하기만 할 것은 아니었다. 과거 사회과학에서는, 인간성에 대한 이해를 기반으로 사회와 인간을 통찰력 있게 관찰하고 다양한 현상 이면에 있는 의미를 위대한 이야기로 조합하는 능력을 가진 학자를 수준 높은 사회과학자로 인정했다. 그리고 이들이 종신 교수직에 임용되었다. 하지만 이제는 통계적 분석이 뒷받침되지 않는다면 무의미한 일이 되었고 교수로서 명성을 얻는 일도 매우 어려워졌다. 한편, 사회과학 분야에서 가장 성공적으로 계량화된 경제학조차도 2008년과 2009년에 있었던 갑작스런 시장 붕괴로 인해 그 성과에 대한 의구심이 제기되었다.

사회과학을 좀더 객관화하는 데 어떤 기여를 하였든 간에, 인문학에 있어서는 진리 추구에 대한 과학적 패러다임을 적용하기가 매우 껄끄러웠다. 인문학 교육의 거대 담론이었던, '이것이 과연 인간에게 어떤 의미를 가지는가' 하는 문제는 과학적 패러다임 아래서는 더 이상 중요한 자리를 차지하지 못하게 되었다. 그 질문에 대답을 시도한 연구 결과가 옳은지 그른지를 판별할 길이 없기 때문이다. 어떤 가설을 세우든 반증할 수 없고, 어떤 예측을 해도 검증할 수가 없다. 그러니 진실성이라는 측면에서 어떤 인문학자가 더 성공적인 연구 결과를 도출했다고 판단할 수 없다. 그래서 이제 인문학자들은 그들의 연구나 활동이 어떤 영향을 미쳤는가로 평가받는다. 그들의 연구 결과 혹은 작품이 일반에게 어떠한 호응을 얻었고, 어떤 독창성을 보여 주었는가? 여기에 하나 더 반드시 포함되는 것이 있다면 바로 페이지 수다. 생산성이, 발견된 진리를 가늠하는 척도로 활용되는 것이다. 인문학에 있어서 사람의 마음을 바꾸는 능력은 인문학을 인문학답게 규정하는 성격이었다. 그러나 이제 그러한 능력은 그저 인문학계 내부의 미덕에 머물고 있다. 반면 과학 분야에서는 인간을 변화시키는 능력이 학문의 성격이라기보다는 학문의 결과라고 할 수 있다.

하지만 인류 역사와 함께 계속되어 온 본질적인 의문은 사라지지 않았다. 인간의 삶은 어떤 의미를 가지는가? 시련과 죽음에는 목적이 있는가? 인간은 단지 물질적인 존재 이상인가? 인간을 둘러싼 모든 환경을 그저 생화학과 물리학으로만 설명할 수 있는가? 좋은 삶이란 무엇인가? 나쁜 삶이 아닌 좋은 삶을 살아야 하는 이유는 무엇인가? 나는 나 자신을 위해 살아야 하나, 아니면 다른 이들을 위해 살아야 할까? 사랑은 무슨 의미가 있는가?

이 책에 실린 글들은 삶에 놓인 이러한 큰 질문들을 다룬다. 이 토론들은 교수와 학생이 나눈 일상적 대화가 아니라 베리타스 포럼(The Veritas Forum)에서 논의된 것들이다. 근래에는 대학에서 이러한 삶에 대한 거대 담론을 꺼내는 것도 껄끄러운 일이 되어 버렸다. 심리학이나 문화 연구를 목적으로 하는 것이 아니라면 말이다.

하지만 학생들은 여전히 이러한 질문들을 던진다. 별이 반짝이는 하늘 아래서 혹은 화려한 도시 불빛 속에서, 사랑하는 이들의 삶에 영향을 미칠 결정을 해야 할 때 혹은 자신들의 삶에 대한 중대한 결정을 해야 할 때 홀로 이 같은 질문을 떠올린다. 진리 탐색에 수반되는 불편함은 젊은이들이 짊어져야 하는 고통 가운데 하나다. 하지만 대학 교육은 여기에 아무런 지원을 하지 못하고 있다.

나는 학문의 현장에서 하나님이 떠나 버리신 것을 유감스럽게 생각하는 부류는 아니다. 하나님의 존재에 대한 과학적 증거가 과연 있는가, 하나님의 존재를 증명하기 위한 논쟁이 과연 과학적 검증의 대상이 될 수 있는가에 의문을 제기하는 무신론자들의 회의주의에 동조하는 입장이다. 하지만 하나님이 교실을 떠나시며 함께 가져가 버리신 것들에 대해서는 유감이 많다. 하나님은 젊은이들이 언제나 그래왔듯 오늘날에도 끙끙 앓고 있는 문제인 가치와 윤리,

목적에 관한 의문들까지 가져가 버리셨다. 교육 기관들은 이미 너무 오래 전부터 학생들의 삶을 세심히 관찰하고 방향을 제시하는 역할을 제대로 감당하지 못하고 있다.

여기에 실린 대부분의 글들은 삶의 중대한 의문들에 대해 기독교 지성들이 벌인 진지한 대화들을 기반으로 한다. 그들의 대화 속에서 독자들은 어떤 깨우침을 얻을 수도 있고 격려를 받을 수도 있다. 혹은 이 책의 내용이 도전이 될 수도 있다. 어떤 감흥을 얻든 간에 인생의 커다란 의문점들에 대한 토론을 진작시키는 데 베리타스 포럼이 크게 기여했다는 점에 동의하게 되길 바란다. 우리는 여기 제시된 답변들을 수긍하기 어려운 이들을 위해 좀더 단순한 해결책을 고민할 필요가 있다. 대학 생활 속에서 인생에 관한 본질적인 질문과 토론을 회복시키기 위해 우리가 할 수 있는 것을 최대한 해야 하는 것이다. 인생의 참 뜻을 추구하는 의문들은 사라지지 않을 것이며, 그 답을 찾아나선 젊은 이들을 돕는 역할을 종교 철학자들에게만 미루어서는 안 된다.

해리 루이스
전(前) 하버드 대학 인문학부 학장

감사의 글

우리는 하버드 대학의 모토인 '베리타스'(*Veritas*, 진리)에서 영감을 얻었습니다. 1992년 켈리 먼로 컬버그(Kelly Monre Kullberg) 교목을 주축으로 한 하버드 대학의 작은 그리스도인 공동체는 그 모토를 먼지 덮인 과거의 유물로 팽개쳐 두기보다는, 일주일 동안의 강연과 토론의 장을 마련하는 기반으로 삼았습니다. 그리고 그 포럼을 통해 인생의 가장 중요한 주제들을 탐구하기 시작했습니다. 그때 가졌던 바람은 대학 안에, 인생의 심오한 질문들을 제기하고 진정한 답변을 추구할 공간을 재건하며 그러한 진리 탐구를 중심으로 한 공동체를 수립하자는 것이었습니다.

첫 번째 베리타스 포럼이 있은 지 거의 20년이 지난 지금, 미국과 캐나다, 영국, 프랑스 그리고 네덜란드의 백여 개가 넘는 대학에서 이 포럼을 개최하였고 수천 명의 학생과 교수가 삶과 학문의 의미를 찾는 이 진리의 장에 참여했습니다. 사람들은 왔다 가고 유행과 용어들은 변화했으며 학문 분야는 진화해 왔지만, 의문을 제기하는 대학의 정신은 변함이 없었습니다.

이 책에서 우리는 지난 수년간 있었던 베리타스 포럼들을 가장 대표할 만한 표본을 보여 주고자 노력했습니다. 인류의 역사를 걸쳐 끊임없이 계속되는 질문과 그에 대한 가장 강렬한 답변들이 담겨 있습니다. 출판될 가치가 있는 강연들이 훨씬 더 많이 남아 있고, 그것들은 이후 출판될 책의 내용이 될 것입니다. 본래 구두로 이루어진 강연 성격을 보존하고 질의 응답 일부를 담음으로써 그 논의의 현장 속에 여러분을 좀더 가까이 끌어당기고자 했습니다.

　베리타스 포럼은 수백 명의 자원 봉사 학생들과 교수진, 교목들의 노고가 결집된 열매입니다. 강연자들은 그들의 글과 생각과 삶을 우리에게 아낌 없이 나누어 주었고, 너그럽게도 그 선물을 더 광범위한 관중에게까지 나누도록 허락해 주었습니다. 또한 이 책의 내용과 흐름을 구성해 주신 달라스 윌라드(Dallas Willard) 교수님에게 감사드립니다. 또한 엄청난 분량의 원고를 편집해 준 사라 박(Sarah Park)의 노고에도 감사드립니다. 베리타스 포럼의 창시자인 켈리 먼로 컬버그, 베리타스 위원회 위원들 그리고 레베카 매클러플린(Rebecca McLaughlin)과 베리타스 팀의 모든 팀원들, 수년에 걸쳐 이 포럼에 도움을 주신 수없이 많은 후원자와 협력자들에도 감사드립니다. 미국 IVP의 편집자 알 쉬(Al Hsu)와 그의 팀에도 감사드립니다.

　저는 1992년 첫 번째 하버드 베리타스 포럼의 관중 속에 앉아 있던 신입생이었습니다. 주말에 걸쳐 진행된 그 포럼에서 저는 진리 구도자들의 공동체를 발견하게 되었고, 그들과 함께 맛본 일관성 있는 예수 그리스도의 생명과 진리 그리고 아름다움으로 인해 제 삶은 완전히 근본적으로 재구성되었습니다. 다음 책장을 넘기실 여러분들에게도 그 동일한 생명과 진리, 아름다움이 전해지기를 기원합니다. 베리타스 포럼에 대해 더 자세히 알고 싶은 분은 www.veritas.org를 방문해 주시기 바랍니다.

다니엘 조
베리타스 포럼 총괄 기획자

들어가는 글

지금 여러분의 손에 있는 책은 탁월한 기독교 지성들이 다른 관점을 가진 학자들과 더불어 **진리 그 자체**와 몇 가지 **세부적인 진리들**에 관한 주제에 관해 파고든 생생한 기록입니다. 후자의 측면에서 가장 지배적인 의문은 아마 신은 과연 존재하는가와 유대-기독교 관점에 따른 하나님의 존재 여부에 따라 인간은 어떻게 살아야 하는가일 것입니다.

 신의 존재에 관한 이 책의 논쟁은 상당 부분 '무신론(혹은 불가지론)적인 자연주의가 과연 진리인가'에 관한 것이고, 우리가 어떻게 살아야 하는가에 관한 논쟁은 결국 '인간의 본성이 순전히 물리적(자연적)인가 아니면 그것과는 완전히 다른 무언가인가'에 관한 것입니다. 한편 이 책에서는 사람들이 그리스도인들이 주장하는 핵심 진리들을 받아들이거나 혹은 거부하는 객관적인 근거뿐 아니라 개인적인 근거들 또한 발견할 수 있습니다. 베리타스 포럼은 초창기부터 이 이름 아래 토론의 장을 펼치고 있는데, 오늘날의 대학에서 진리가 차지하는 위상이 어떠한가와 그와 관련해 기독교의 근본적인 주장들은 어떻게 다루어지고 있는가에 관심을 두고 있습니다. 그리고 이 포럼의 목표는 대학이 아주 오래 전부터 감당해 왔던, '진리의 전당'으로서의 역할을 다시금 회복시키는 것입니다.

　이 책을 읽기 전에 다음의 몇 가지 핵심적인 요점을 염두에 두는 것이 유익할 것입니다. 가장 중요한 점은 아마도 **진리 그 자체**와, 복수로서의 세부적인 **진리들**이 무엇인지를 인식하고 그 차이점을 분명히 아는 것입니다. 진리를 둘러싼 논쟁과, 특정 진리들을 둘러싼 논쟁은 서로 구별되어야 하며, 그 두 가지 논쟁이 혼선을 빚어서는 안 됩니다. 만일 진리 그 자체가 바로 서 있지 않으면, 특정 주장이 참인가 거짓인가를 직접적으로 논의하는 것은 사실상 아무런 의미가 없기 때문입니다.

　진리 그 자체는, 진리로 분류될 수 있는 것들이 지닌 독특한 성질입니다. 마치 '빨강'이 빨간 것들의 독특한 성질인 것과 같습니다. 어떤 믿음 또는 사상(명제나 진술)이 참이라는 판명을 받는 것은 그것이 믿음이나 명제 안에서 대표성을 가질 때입니다. 진리 그 자체는 대단히 명백한 것으로, 아이들조차도 종종 마주하게 되며 심지어 그들이 **진리**라는 단어를 배우기 전부터 그것을 알아볼 수 있습니다. 물론 그 어두운 적대자인 거짓에 대해서도 마찬가지입니다. 아이들은 자신들을 둘러싼 세계에 관한 그들의 생각과 기대감을 실행에 옮기는 과정에서 진리와 거짓을 마주하게 됩니다. 우리의 경험과 이해가 성장함에 따라 우리는 진리에 대해 더 많은 것을 배우게 되고, 언제 어떻게 그것이 드러나는지를 알게 됩니다. 어린 시절 우리는 진리의 중요성과 힘에 대하여 배웁니다. 또 거짓말을 하는 법도 배우는데 우리가 원하는 것을 쟁취하기 위해 어떻게 진리를 '왜곡'하는지를 터득하게 됩니다. 하지만 진리 그 자체의 근본적인 성질은 매우 단순명백하게 그 영광스러움을 간직한 채 남아 있습니다. 우리가 얼마나 자라든, 우리가 다루어야 하는 진리들이 얼마나 복잡해졌든 관계없이 말입니다.

　또한 우리는 우리의 생각과 믿음이 진실하다는 것이 얼마나 중요한지도 **빠르게** 배웁니다. 우리의 믿음과 생각이 이 세계와 미래를 향한 우리의 행동을 구성합니다. 만일 우리가 진리를 소유하고 있다면, 우리가 취한 행동은 우리가 세운 목표를 달성하고 평안한 삶을 사는 데 성공적으로 기여할 것입니다. 이 모든 것은 다시 한 번 말하지만, 아이들이 꽤 어린 나이에 배우게 되는 것들입니다. 진리가 아닌 믿음과 생각에서 연유한 행동은 불행한 결과를 낳습니다. 우리는 마치 그것이 진실인 것처럼 행동해야 할 때 무언가를 믿게 됩니다. 하지만 우리의 믿음이 거짓이라면, 현실이 우리의 오류를 수용하기 위해 바뀌지는 않을 것입니다. 현실의 본질을, 짧지만 적절하게 설명하는 말로 이런 것이 있습니다. **현실이란, 당신이 무언가를 잘못했을 때 마주하게 되는 것.** 즉, 우리의 믿음이 진리가 아닐 때 마주하게 되는 것을 말합니다. 그것은 치명적일 수 있으며, 종종 치명적인 결과를 가져옵니다. 진리는 무자비한 데가 있습니다. 현실도 마찬가지입니다.

   진리가 갖는 가장 중요한 차원은 눈에 보이지 않는 것, 곧 직접 경험해 보지 않은 것에 어떻게 우리가 다가갈 수 있느냐 하는 것입니다. 사실 이것은 우리 생활 곳곳에 스며들어 있는 차원이기도 합니다. 은행 계좌에 돈이 들어 있는지부터, 가스 탱크에 가스가 들어 있는지, 우주와 인간 정신 혹은 성품의 본성까지 말입니다. 진리와 진리들에 대한 지식이 없다면 우리는 코앞에 있는 것만 의지하며 맹목적으로 살아가게 됩니다. 그런 상태는 종교를 포함해 우리의 삶을 총체적으로 이끄는 궁극적인 믿음의 견지에서 볼 때 대단히 위험합니다. 여러분과 저를 포함한 온 우주를 주관하는 위대한 존재가 있는가 혹은 우리는 결코 사라지지 않는 존재들인가 등의 질문은 결국 우리가 얻는 진리가 무엇인가에 관한 문제입니다. 어떤 측면에서 믿음과 개념에 내재한 진리는 총이나 로켓을 움직이는 매커니즘을 발견하는 것과 유사합니다. 총이나 로켓을 올바로 사용하면 우리는 원하는 것을 쏠 수 있게 됩니다. 하지만 진리의 경우, 우리가 표적으로 삼는 것이 무엇인지를 볼 필요가 없습니다. 진리와 그것이 지닌 의미는 그것이 대상으로 하는 것과 깊이 연결되어 있기 때문입니다.

따라서 우리는 진리가 무척 소중하다는 사실을 쉽게 알 수 있습니다. 하지만 사람이 진리를 주장하는 것은 매우 위험한 일입니다. 왜냐하면 진리를 주장하는 것은 **권위**를 주장하는 것과 같기 때문입니다. 진리에 대한 지식을 가지면, 우리는 그 전과는 다른 어떤 위치에 놓이게 됩니다. 진리에 대한 지식은 권리와 책임을 부여합니다. 우리가 정말 진리를 '가지고' 있다면, 즉 진리를 알고 있다면 우리는 행동하고, 행동할 것을 지시하며, 정책을 형성하고 감독하며, 가르칠 **권리**(그리고 좀더 엄밀하게는 책임)를 갖게 됩니다. 감정이나 기분, 단순한 전통이나 권력 등 그 어느 것도 그러한 권리와 책임을 부여하지 않습니다. 진리를 아는 지식은 우리가 가진 관점을 다른 관련 인물들에게 제시할 권리(때로는 책임)를 부여합니다.

그러나 오늘날 이러한 사실은 논쟁거리가 되었습니다. 현대 서구 사회, 특히 자유의 땅이자 용기 있는 자들의 고향인 북미에서 많은 대학이 진리와 거리를 두고 지식이 아닌 '연구'로 뒷걸음질하고 있습니다. 뿐만 아니라 어떤 분야의 사고와 논의가 학문 활동으로 용인될 수 있는지, 진리의 지식으로 간주될 수 있는지는 사회적으로 승인된 연구 방법이 결정합니다. 오늘날 서구 세계에는 **지식** 중심 대학이 없습니다. **진리** 중심 대학은 말할 필요도 없습니다. 신권 정치가 왕성한 특정 국가들을 제외하고는 말입니다. 대신 어느 곳에서든 '연구 중심 대학'이 넘쳐납니다. 지식과 진리를 가지고는 자금을 지원받을 수 없지만 연구를 위해서라면 받을 수 있습니다. 사실상 진리는 이제 캠퍼스에서 농담거리에 지나지 않습니다. 책임 있는 위치에 있는 대부분의 사람들 역시 이를 언급조차 하지 않습니다. 토머스 하디(Thomas Hardy)가 인용한 존 밀턴(John Milton)의 말을 재인용해 보겠습니다. "진리는 사생아와 같이 세상에 왔다. 그것을 낳은 이는 늘 오명을 뒤집어쓴다." 아무도 진리를 주장하고 싶어 하지 않습니다. 더욱이 오늘날에는 밀턴으로서는 생각지도 못했을 차원의 위법성을 부여하기까지 합니다.

그럼에도 불구하고 진리와 진리에 관한 지식은 그 길을 걸어갑니다. 캠퍼스 한가운데로 뚜벅뚜벅 나아갑니다. 진리가 정확히 무엇인지를 상기시키고, 진리가 해야 할 바로 그 일들을 행합니다. 진리는 권력을 얻기 위해 선거에 출마하지 않습니다. 진리는 정치적 정당성이나 부당성 혹은 감정과 의견 따위에 아랑곳하지 않고 그 역할을 흔들림 없이 감당합니다. 바로 그렇기 때문에 진리는 그토록 강력하고 중요합니다. 또한 그렇기 때문에 현대 학계에서는 **진리를 소유했다**는 주장과 그것을 **안다**는 주장이 그토록 공포스러운 것입니다. 왜냐하면 그러한 강력한 주장들이 거짓되게 재구성되어 사람들을 탈선시키는 기초로 사용되어 왔고, 지금도 그렇기 때문입니다. 때로는 탈선 정도가 아니라 자유를 억압하고 부인하는 데 이르기도 합니다. 그래서 이 '계몽된' 세계는 진리나 지식에 대한 주장은 아예 하지 않는 방향으로 흘러왔습니다. 결국 남는 것은 **연구**(물론 '좋은' 연구)입니다. 그러나 이러한 학계의 변화에는 진리에 관한 진리를 알았고, 지식에 대한 지식을 얻었다는 확신이 내포되어 있습니다. 글쎄요, 가능해 보이는 일은 아닙니다. 하지만 어쨌든 오늘날의 대학은 스스로 발견했다고 믿는 진리를 바탕으로 학문을 실행에 옮기고, 행동을 지시하고 정책을 형성하고 감독하고 가르치는(특히 어떻게 가르치느냐에 대한 가르침) 일을 피할 수 없습니다.

하지만 **베리타스**라는 단어로 대표되는 대학의 오래된 전통은 사실 이렇게 지적으로나 실제적으로 속박되어 있지 않았습니다. 그 전통은 진리와 지식의 오용이라는 문제를 해결하기 위한 원천을 진리, 특히 **도덕**적 진리의 지식 **안에서** 찾았습니다. 물론 현대에 와서 **참되게** 강조하는 바와 같이 그러한 전통은 여러 측면에서 억압적인 면이 있었습니다. 하지만 오늘날 학계의 관행도 여전히 억압적입니다. 정치적 올바름(political correctness)이라는 조건은 농담이 아니라 완고한 사회적 현실입니다. 그래서 학계가 이런 현실을 벗어나려면 진리와 지식에 대하여 부드럽지만 또한 확고한 충성과 존경을 표하는 것 외에는 다른 길이 없습니다. 결국 억압은 도덕 혹은 부도덕의 문제이며, 그것을 알고 있는 이들이 곳곳에서 구현하고 있는 도덕적 진리의 기초 위에서만 다루어질 수 있습니다.

이 책에 등장하는 많은 학자들이 지적하는 대로, 현대 학계의 억압성은 무엇보다도 주제에 대한 제한에서 드러납니다. 강의실이나 연구실, 그리고 대학의 일상적인 대화 속에서 관용적이고 포용적으로 진리 탐구가 가능한 주제가 있고 그럴 수 없는 것이 있습니다. 또한 동료 간의 협력을 막는 한계 속에서도 발견됩니다. 학문에 대한 억압은 대학 내에서 누가 인정을 받고 보상을 얻는가 등 실제적인 측면에서 다양한 영향을 미치고 있습니다. 학생들은 그들이 배우는 과목과 연관해 성경이나 교회의 가르침은 논의할 수 없다는 주의를 듣습니다. 교수들은 수업과 연구에서 종교와 신의 존재를 진지하게 언급했다는 이유로 그 직위를 잃게 되기도 합니다. 혹은 어떤 정치적 노선을 취하고 있느냐에 영향을 받기도 합니다. 삶과 현실에 관한 중요한 질문들을 관용적이면서도 엄밀하게 검토하는 일은 과거에는 대학의 존재 목적에 해당하는 것이었지만 지금은 외부에서 캠퍼스 안으로 역수입해야 하는 현실이 되었습니다. 베리타스 포럼이 시작된 것은 바로 이런 이유 때문입니다. 학점을 얻는 일이나 연구 방법을 채택하는 것 혹은 진학을 위한 추천서를 얻는 과정 등 어디에서도 진리를 탐구하는 일은 중요한 부분을 차지할 수 없게 되었습니다. 여기에서 억압을 발견하지 못하는 이들은 아마 그 억압이 자신들을 밟고 지나가도 그것을 인식하지 못할 것입니다. 억압은 항상 자기를 '당연히' 옳고 참인 것으로 보도록 만드는 지적인 무분별성과 함께 옵니다. 그것을 알아보기 위해서는, 어떤 활동에 참여하고 있든지 간에 당연하게 가정되고 있는 것이 무엇인가를 주의 깊게 살펴보아야 합니다.

이 책에서는 진리 그 자체, 진리의 위험성과 약속들을 그 핵심적인 특성들(예를 들어, 배타성 등)과 더불어 다루게 될 것입니다. 뿐만 아니라 기존의 교육 방식과 현대의 삶에 대한 특정 진리들의 중요성 혹은 그것을 찬성하고 반대하는 증거들에 대해서도 다루게 됩니다. 리처드 존 노이하우스(Richard John Neuhaus), 오스 기니스(Os Guinness), 그리고 티머시 켈러(Timothy J. Keller)의 강연을 모은 장이 특히 진리 자체에 초점을 맞추고 있습니다. 이들의 강연을 책의 첫 부분에 실었는데 먼저 읽어야 하는 부분이기 때문입니다. 진리 자체에 실재와 본성이 존재하지 않는다면 진리에 대한 다양한 주장이 가지는 중요성과 그 증거들을 논의하는 것은 아무런 의미가 없을 것이기 때문입니다.

그리고 이어서 논의될 주제는 유대-기독교 전통에서 말하는 하나님, 혹은 그와 유사한 신이 과연 존재하는가입니다. 프랜시스 콜린스(Francis S. Collins), 알리스터 맥그래스(Alister McGrath), 데이비드 헬팬드(David J. Helfand), 휴 로스(Hugh Ross) 등의 강연이 이 주제에 해당합니다. 이들 강연에는 하나님이 존재하느냐에 대한 증거를 다루면서 강연자 개인의 경험을 상당 부분 이야기합니다. 또 쉽게 예상할 수 있듯이, 고도로 복잡한 자연계의 질서 역시 이러한 논의들의 중요한 부분을 차지합니다. 이와 관련하여 신(新)무신론자인 리처드 도킨스(Richard Dawkins)와 그 추종자들이 제기한 주장들이 주목의 대상이 됩니다.

폴 비츠(Paul C. Vitz)와 제가 포함된 장에서는 무신론이 삶의 다양한 측면에 끼치는 영향들을 다루게 됩니다. 참이냐 거짓이냐의 측면에서만 무신론을 검토하는 것이 아니라 그 심리학적 원천과 인간의 자아실현과 자유로운 삶에 그것이 미치는 영향의 측면도 조명합니다. 여기에서 프리드리히 니체가 특별한 관심의 대상이 됩니다.

로드니 브룩스(Rodney Brooks)와 로잘린 피카드(Rosalind Picard)가 등장하는 장은 그리스도인 과학자와 그리스도인이 아닌 과학자의 우호적이면서도 아무런 제한 없는 논쟁의 기록입니다. 그들은 인간의 본질에 대한 상당히 종교적인 질문, 즉 인간이 영적인 존재이냐 그렇지 않느냐에 대해 대화합니다.

또 그 점에 대한 찬성과 반대가 도덕적 완성과 인간의 존엄에 어떤 의미를 가지는가도 이야기합니다. 이 두 학자의 대화는 지적인 교섭이 대학 내에서 어떻게 가능하며 또 어떻게 되어야만 하는가를 보여 주는 좋은 사례입니다.

제레미 벡비와 톰 라이트의 강연은 초월적 실재의 중요성에 대한 멋진 통찰을 담고 있습니다. 신과 영적인 삶이, 음악과 예술 일반에서 또한 일상의 인간 실존을 둘러싸고 있는 정의, 인격적 관계, 영성, 아름다움이라는 메아리들과 관련하여 어떤 중요한 의미를 지니는지를 언급합니다. 이 강의들은 논쟁적이라기보다는 새로운 상상을 하게하며, 우리로 하여금 일상에 깊이 스며들어 있는 비자연성(nonnatualism)을 음미하도록 이끕니다.

마지막 세 장은 매우 흥미롭고도 새로운 방식으로 기독교 신앙의 필요성과 사회정의 문제를 다루고 있습니다. 존 몽고메리(John Montgomery)는 아주 강력하게, 구체적인 법적·정치적 시스템에 초월적인 질서가 포함되지 않고서는 인권이 가능하지 않다는 것을 보여 줍니다. 메리 포플린(Mary Poplin)은 캘커타의 테레사 수녀와 함께했던 개인적인 경험들과 그녀 자신의 직업적·개인적 성숙 과정을 통해 예수와 그의 가르침이 사회 사업과 교육에 어떤 핵심적인 역할을 하는지를 발견한 과정에 대해 나눕니다. 그녀가 속한 학계는 예수에 대해 의도적으로 무관심함에도 말입니다. 마지막으로 로날드 사이더(Ronald Sider)는 그리스도에 대한 총체적인 제자도로부터 실제로 어떤 사회적 변모가 일어날 수 있는가 하는 구체적인 그림을 제공합니다. 그는 교회, 즉 그리스도를 공식적으로 인정하는 사람들이 그러한 제자도를 통해 이 절망적인 세계에 어떠한 선한 영향력을 끼칠 수 있고, 또 그렇게 하고 있음을 보여 주기 위해 노력합니다.

이 책을 읽어 가면서 여러분은, 예수 그리스도와 이 땅 가운데 있는 그의 사람들이 어떤 세계관과 현실을 제공하였고, 그것을 준거의 틀로 하여 지성이 어떻게 발휘되고 있는지를 놓치지 않기 위해 정신을 바짝 차려야 합니다. 예수 그리스도의 사람들은 **진리의 영**이신 하나님의 성령을 품고 있는 자들입니다. 예수 그리스도의 사람들은 결코 오류가 없는 사람들은 아닙니다. 하지만 그들은 무엇을 믿어야 하고 무엇을 해야 하는지를 알려 주는 궁극적 원천으로서의 진리와 진리의 지식에 헌신하고 있습니다. 그리고 대학의 뛰어난 지성들을 그 헌신의 삶으로 초대하고 있습니다.

달라스 윌라드

리처드 존 노이하우스 Richard John Neuhaus
로마 가톨릭 사제로서 개신교 성직자들과 함께 개신교와 천주교 합동 선교 협력 기구인 ECT(Evangelicals and Catholics Together)를 창시했다. 종교와 사회에 관한 월간지인 "퍼스트 씽즈"(*First Things*)의 창간자이자 편집자로 일했으며, 베스트셀러가 된 「벌거벗은 광장」(*The Naked Public Square*)을 포함하여 많은 책을 저술하였다.

1. 진리를 따르는 삶이 존재하는가

예일 대학 베리타스 포럼, 1996

이 자리에 서게 된 것을 큰 영광으로 생각합니다. 진지한 열정과 충만한 호기심이야말로 '빛과 진리'(*Lux et Veritas*)를 모토로 삼고 있는 이곳 예일 대학 학생들의 특징이 아닐까 합니다. '빛과 진리'라, 무엇을 의미하는지 참으로 명쾌한 교육 이념이 아닐 수 없습니다. 그렇지 않습니까? 여러분도 잘 알다시피 오늘날의 학계는 무엇이든 경계가 분명한 것을 좋아합니다. 아무도 커다란 질문을 제기하고 싶어 하지 않습니다. 하지만 저와 여러분에게 던져진 질문은 바로 빛과 진리입니다.

오늘 제 강연의 제목은 "진리를 따르는 삶이 존재하는가?"입니다. 저는 여러분이 이 제목이 과연 무엇을 의미할까 고민하도록 내버려두지 않으려고 합니다. 바로 답을 드리지요. 답은, '그렇다'입니다. 진리를 따르는 삶은 존재합니다. 하지만 그 삶은 인간다운 것이 아니라고들 합니다.

진리라는 말만 나오면 대화가 끊긴다?

놀라운 사실은 미국인들 사이에서 벌어지는 지적인 담론이나 대화 속에서 진리에 대한 논의가 필요 없다는 데 어느 정도 합의가 이루어진 듯하다는 점입니다. 이러한 현상은 특히 학계에서 두드러집니다. 모든 시대는 저마다 특징을 가지고 있습니다. 이전 시대에는 없었던 일들이 언제나 벌어지기 때문입니다. 그런데 우리가 사는 이 시대는 그 어느 때보다도 정말 특별합니다. 참으로 놀라운 일들이 가득하기 때문입니다. 우리 시대를 규정짓는 놀라운 일 가운데 하나는 진리에 대한 질문 자체를 지적 담론 영역 밖의 것으로 간주한다는 사실입니다. 오늘날의 유일한 진리란, 이 말을 꼭 사용해야 한다면, 진리는 존재하지 **않는다**는 것입니다. 여러분이 어떤 것을 진리라고 믿는다 해도 여러분 자신 외에는 그 누구에게도 그것을 진리라고 강요할 수 없습니다.

예수님은 빌라도 앞에 서서 이렇게 말씀하셨습니다. "내가 이를 위하여 태어났으며 이를 위하여 세상에 왔나니, 곧 진리에 대하여 증언하려 함이로라" (요 18:37). 그러자 빌라도는, 관점에 따라서는 유명한 혹은 오명을 남긴 답변을 합니다. 그 답변으로 빌라도가 유명해졌는지 오명을 남겼는지에 대해 한 가지 관점만 있다고 말하고 싶지 않습니다. 그는 반문하듯 대답했습니다. "진리가 무엇인가?" 많은 성경학자들이 해석하듯 여러분은 여기에서 냉소를 읽을 수 있을 것입니다. 빌라도의 말 속에는, 그런 말에는 이미 물렸다는 듯한 허무주의가 느껴집니다. 그는 세상에 찌들고 환멸에 빠진 한 인간에 지나지 않았습니다. 어쩌면 진리에 관심을 가질 여유조차 없었는지 모릅니다. 특히 당시 그가 속했던 사회의 맥락 속에서 생각해 보면, 더욱이 그 유별난 유대인들에 둘러싸여 있었다는 점을 고려하면 그에게 진리란, 말도 못하게 착잡하고 갈등이나 불러일으키는 골칫거리에 지나지 않았을 것입니다. "진리 따위를 논할 시간이 대체 어디 있어?" 이것이 그가 정말 하고 싶었던 말이었을지 모릅니다.

오늘날에도 빌라도와 같은 질문을 하는 사람이 많습니다. "진리가 무엇인가?" 그리고 그것을 고상함의 표지로 여기기도 합니다. 우리는 진리에 대한 그 질문에 본격적으로 파고들 수 없다고 생각합니다. 진리에 대한 질문을 덮어 둔 채 사회를 운영하고 타인과의 관계를 형성합니다. 왜냐하면 일단 진리라는 질문에 파고들기 시작하면 갈등과 대립에 봉착할 것이기 때문입니다. 진리는 대화를 종결시킵니다. 사람들이 그렇게들 말합니다.

저는 여러분과 함께 정확히 그 반대가 사실이라는 점을 이야기해 보고자 합니다. 다시 말해, 대화를 시작할 수 있는 유일한 출발점이자 대화를 지속시키는 유일한 동력은 진리에 대한 질문이라는 사실 말입니다. 그리고 그것이야말로 인간다운 것임을 말씀드리고자 합니다.

진리 탐구

진리 탐구란 이 같은 일들을 성찰하는 대단히 유서 깊은 전통을 뒷받침하는 명제입니다. 제 생각에 진리 탐구는 기독교 전통 속에서 가장 다양한 형태로 이뤄지고 있습니다. 인간이 되기 위해서는 진리를 추구해야 합니다. 또한 진리에 대한 의문은 끝을 알 수 없는 모험과도 같은 것입니다. 그것은 정말 흥분되는 일입니다. 네, 그럼요. 즐거운 일이기도 하고요. 이 생에서는 결코 끝나지 않을 여정을 떠나는 일이니까요. 그 여정은 사도 바울이 고린도전서 13:12에서 "우리가 지금은 거울로 보는 것같이 희미하나 그때에는 얼굴과 얼굴을 대하여 볼 것이요, 지금은 내가 부분적으로 아나 그때에는 주께서 나를 아신 것 같이 내가 온전히 알리라"라고 말한 것처럼, 그때에 끝날 것입니다.

그때까지 이 진리란 것은 우리가 소유할 수 있는 것이라기보다는 우리를 사로잡을 그 무언가입니다. 진리를 소유하는 것보다는 진리에 사로잡히는 것이 훨씬 더 중요한 문제입니다. 이것은 어떤 특정한 길을 걷는 문제입니다. 그 길이란 다음의 말씀을 주신 분의 길을 말합니다. "내가 곧 길이요, 진리요, 생명이니"(요 14:6). "나를 따르라."

기독교적 이해에 따르면 진리는 오직 따르는 데서 발견됩니다. 신뢰함으로 신실하게 따를 때 발견되는 것입니다. 순종함으로 다음 단계가 무엇인지를 볼 수 있습니다. 진리를 따라 순종할 때 우리는 진심으로 뉴먼 추기경(Cardinal

Newman)과 같은 고백을 할 수 있습니다. "오 인도하소서, 인애하신 빛이여." 먼 미래의 목적지를 보려고 할 필요가 없습니다. 그저 동반자가 필요할 뿐입니다. 우리의 여정을 함께하시는, 오직 그 한 분을 알면 됩니다. 그분은 "내가 곧 길이요 진리요 생명이니 나로 말미암지 않고는 아버지께로 올 자가 없느니라"라고 말씀하십니다. 그리고 진리를 향한 진심 어린 질문이 여러분을 어디로 향하게 하든, 그것이 곧 자신이 있는 곳으로 향하게 할 거라고 말씀하십니다.

이것은 우리가 두려워해야 할 진리가 아닙니다. 이 진리를 아는 것은 곧 놀라운 자유를 경험하는 것입니다. 예수님은 이 점에 대해서도 이야기하셨습니다. 요한복음 8:32에 보면 "진리를 알지니 진리가 너희를 자유롭게 하리라"라고 말씀하십니다.

참으로 오늘날의 풍조에 반하는 말씀입니다. 그렇지 않습니까? 오늘날의 사람들이 진리에 대해 생각하는 핵심에 정확히 반대되는 언급입니다. 우리는 대화 중에 진리에 대한 질문을 꺼냅니다. 그리고 말합니다. "음, 이것이 바로 진리야." 이 말 속에는 우리 모두를 속박하는 일종의 압박감이 깃들어 있습니다.

"이봐, 뭐야? 진정하라고. 너무 무겁잖아. 당신 생각을 내게 강요하지마. 알면서 왜 그래? 난 자유롭고 싶다고."

그러나 우리는 누군가 다음과 같은 말로 진리에 대한 개념을 완전히 뒤바꿔 버리는 이상한 현상을 마주하게 됩니다.

"'진리를 알지니 진리가 너희를 자유롭게 하리라'. 그리고 진리를 알게 되기까지 너희는 자유롭지 못하리라."

우리는 자유롭게 되기까지 자유로워지지 못한다고 합니다. 우리 자신의 것이 아닌 그 무언가가 우리를 장악하기 전까지는 말입니다. 그것은 우리의 열정, 우리의 심리 그리고 지적·성적 욕구와 사회를 향한 갈망과 욕망이 아닌 다른 무언가입니다. 이 모든 것이 우리 자신의 것이 아닌 다른 것에 대한 순종으로 변화될 때, 우리는 자유로워진다는 것이 무엇인지를 맛보게 되고 자유로워지게 됩니다.

순종이라는 것은 자유에 정면으로 반하는 말처럼 들립니다. 이 말은 오늘날 그다지 많은 감흥을 이끌어내지도, 관심거리가 되지도 못합니다. 하지만 이 말은 아름다운 말입니다. '귀 기울여 듣다, 들은 것에 반응하다, 다른 이들에게 주의를 기울이다' 등의 뜻을 가진 라틴어 '오보에디레'(*oboedire*)에서 왔습니다. 자유로워지기 위해서는 진리를 알지니, 진리가 너희를 자유롭게 하리라.

오늘날 우리 가운데 이루어지는 대부분의 담론 속에서, 특히 학문적인 배경 속에서 진리에 대해 이야기하는 것은 사람들을 참 불편하게 만듭니다. 특별히 진리에 대한 물음이 종교와 도덕적 진리에 대한 질문으로 접어들 때면 더욱 그렇습니다. "도덕적 진리라고? 그 둘은 결코 양립할 수 없는 개념들이야"라고 말합니다. 왜냐하면 **도덕**이라는 말을 들으면, 많은 이들은 극도로 엄격한 마음의 동기를 연상하기 때문입니다. 그래서 도덕의 문제는 직감의 문제입니다. 도덕의 문제는 우리가 강하게 **느끼는** 것이 무엇인지에 관한 문제입니다. 따라서 여러분에게는 여러분의 도덕적 진리가 있고, 제게는 저의 도덕적 진리가 있습니다. 마음에 드는 대로 취하면 되는 것입니다.

하지만 인간다운 것이 무엇인지에 대한 진리가 있을 수 있습니다. 우리 내면에 심겨진 목적, 지향점, 방향성 등이 있을 수 있습니다. 인간 삶에 대한 옳은 명령이 있을 수 있습니다. 이런 관점에서는 어떤 삶의 방식이나 존재 양식은 진리이고 다른 것은 거짓이 됩니다. 하지만 오늘날에 이런 관점을 유지하기는 쉽지 않습니다. 특히 여러분이 어떤 종교적 신념을 가지고 있다는 것을 사람들이 눈치채게 된다면 더욱 그렇습니다. 도덕적 진리에 대해 이야기하겠다고 나서는 것은 사실상 겉옷을 벗어 던지고, '광신도 주의!'라고 쓰인 셔츠를 사방에 노출시키는 것과 다름없습니다.

진리에 대한 반(反)기초주의자의 관점

우리는 그 이유가 무엇인지를 이해해 내야 합니다. 역사적으로 우리가 사는 이 시대에서는 단지 도덕적 진리나 종교적 진리에 대한 질문뿐 아니라 진리 그 자체에 대한 질문이, 강력한 문화를 형성하는 영향력의 범주 안에서는 다분히 의도적으로 단호하게 제외되었습니다. 우리가 왜 이런 지경에 처하게 되었을까요?

우리는 이것을 반기초주의, 해체주의, 포스트모더니즘이라고 부를 수 있습니다. 이것은 다양한 이름으로 불릴 수 있고 다양한 변형으로 나타납니다. 이것이 오늘날 학계의 현실이고 학계를 넘어선 다른 영역의 현실이기도 합니다. 학계의 영향력은 사회 전반에 미치기 때문입니다. 리처드 위버(Richard M. Weaver)는 이렇게 말했습니다. "생각은 결과를 낳는다." 또한 나쁜 생각도 결과를 낳습니다. '우리가 진리라고 부르는 것들은 그저 사회적 관습에 지나지 않는다, 역사에 따라 변하는 것이다, 문화적 조건 아래 형성된 것이다, 혹은 가장 흔히 이야기하는 것처럼, 사회적으로 만들어진 것이다'라는 생각은 이미 널리 퍼져 있습니다.

리처드 로티(Richard Rorty)를 두고 일각에서는, 최소한 미국 학계에서는 가장 영향력 있는 철학자였다고 평가합니다. 그는 이렇게 말했습니다. "모든 것은 처음부터 끝까지 조합된 것이다." 이 말이 사실이라면, 기초란 존재하지 않습니다. 기반이 되는 층이 사라집니다. 여러분의 사고와 정신을 형성시킨 모든 것을 해체하기 시작했다고 합시다. 하나의 층을 벗겨 내고 또 다른 층을 벗겨 냅니다. 심리적·가족사적 영향력을 비롯한 모든 것을 벗겨 봅니다. 그렇게 해서 발견되는 것은 그 어디에도 기초가 없다는 점입니다. 여러분이 어떤 한 가지를 다른 것보다 '좀더 진리에 가깝다'라고 말할 아무런 근거가 없는 것입니다. 할 수 있는 말이라곤 그저 그게 더 마음에 든다는 말뿐입니다.

이 같은 극단적인 반기초주의는 진리에 대한 질문을 차단할 뿐 아니라 진리의 개념을 매우 체계적이고 섬세한 방식으로 파괴하는 역할을 합니다. 반드시 즉각적으로 나타나는 것은 아닐지라도 만인에 대한 만인의 투쟁이라는 홉스 식의 갈등 상황을 일으킵니다. 뿐만 아니라 가장 저속하고 과장되며 선정적인 방식의 야만이 횡행하게 됩니다. 왜냐하면 탁월하게 선했던 리처드 로티를 시작으로 해서 이 세상에서 가장 선한 사람들이 이런 생각을 하게 되었기 때문입니다.

그렇다면 여러분은 리처드 로티에게 "무엇이 투쟁 상황으로 치달을 수밖에 없는 인간의 잠재력과 야망, 열망들을 잠재울 수 있습니까?"라고 물을 것입니다. 이런 물음에 대해 곧장 홀로코스트를 생각할 필요는 없습니다. 하지만 분명 그것에 대해서도 질문하고 싶을 것입니다. 노예제를 예방하기 위해서는 무엇을 해야 하는가? 강간을 없애려면 어떻게 해야 하는가? 혹은 그저 내게 이익이 될 것 같아서 타인을 이용해 버리고 마는 관행을 어떻게 방지할 수 있을까?

그 답은 '글쎄, 우리는 그런 종류의 사람이 아닙니다. 우리는 그런 일을 할 만한 유의 사람이 아닙니다'라는 것입니다. 방금 제가 드린 답변은 역설적인 자유주의가 가미된 것입니다. 역설적 자유주의자들인 우리는 자유주의자는 어떻게 하면 타인에게 품위를 지킬 수 있을까 하는 것을 가치 있게 여긴다고 확신합니다. 그러나 자유주의자들은 이것이 사실 모순이며, 그런 확신이 전혀 사실이 아니라는 사실을 알고 있습니다. 자신들이 조금이라도 더 낫다는 것을 보여 줄 방법이 없기 때문입니다. 다른 이들이 가진 가치보다 자신의 것이 더 우월하다는 것을 증명할 길도 없습니다. 그들도 다른 사람들과 마찬가지로 그저 '좀더 선호하는' 것을 가진 부류일 뿐입니다.

어떤 사람이 끼어들어 이런 말을 할 수도 있습니다. "당신도 사실은 알잖아. 당신들이 살고 싶어 하는 삶의 방식이 가능한 것은 그 방식이 진리이기 때문이야." 혹은 리처드 로티 같은 이들이 다가와 진리에 대해 그런 식으로 말하기 시작한다면, 혹은 그런 사람들이 현재 우리가 살고 있는 방식에 대립되는 방식으로 진리에 대해 이야기한다면, 우리는 그들이 우리와 같은 역설적 자유주의의 범주 안에 속해 있는 사람이 아니라고 이해하면 됩니다. 그런 사람들은 정신이 온전치 못한 사람들이며 어딘가 안전한 곳에 고이 모셔져야 합니다. 그곳에서라면 공공에게 해를 끼치지도 못할 것이고 진리에 대한 질문을 제기함으로써 말썽을 피우지도 않을 것입니다.

오늘날의 세계에는 종교에 대한 논의가 참 많습니다. 방대한 지성을 갖춘 일부 신학자들은 포스트모더니스트, 해체주의자, 반기초주의자라고 불리는 무리를 환영하기도 합니다. 그런 신학자들은 이렇게 말합니다. "이것 참 좋은데. 요즘 학계에서는 말이야, 어떤 종류의 주제라도 토론될 수가 있어."

어떤 기독교 철학자들은 이렇게 말합니다. "18세기의 세속적 이성주의자들은 진리를 구성하는 것이 무엇이냐에 대해 매우 협소하고 환원주의적이며 숨막히는 작은 개념에 집중했다. 가치상으로든 절차상으로든 모든 것을 대단히 과학적인 방법으로 검증하려 했다. 그렇기 때문에 그들이 이야기하고자 하는 것이 대체 무엇인지 이해하려고 시도하기조차 어려웠다. 그런데 이제 더 이상 이러한 이성주의자들이 학문 연구를 장악하고 있지 않다는 판결을 내려 버리고 나자, 진리란 더 이상 존재하지 않는 것이 되어 버렸다. 그저 당신의 진리가 있고 나의 진리가 있으며 그녀의 진리가 있고 그의 진리가 있다. 이 공동체의 진리가 있는가 하면 어떤 시련의 경험이나 피해 사실, 소외나 배제의 과거가 있는 신체의 진리가 있다. 결국 모두 각기 다른 모습의 진리가 있다. 거참, 우리 그리스도인들에게는 참 잘된 일 아닌가?" 우리는 왜 일부 기독교 신학자와 학자들이 진리의 본질을 거부하는 이런 종류의 풍조를 환영하는가 그 이유를 이해할 수 있습니다. 이런 풍조야말로 **그들만의** 독특한 기독교 진리를 세상에 주입할 기회를 주기 때문입니다.

진리에 대한 그리스도인들의 책임

하지만 저는 이것이 엄청난 실수라고 생각합니다. 우리 그리스도인들은 진리가 있다는 사실, 모든 진리는 단 하나의 진리를 섬긴다는 사실에 꼼짝 없이 복종해야 할 의무가 있습니다. 진리는 하나이기 때문입니다. 하나님이 한 분이시고 예수 그리스도에 대한 하나님의 예언이 유일한 예언이기 때문입니다. 우리가 반기초주의자와 포스트모더니스트들의 세상에서 몇 가지 전술적인 이익을 얻을 수 있는 만큼, 우리는 사탄에게 은근슬쩍 물들지 않기 위해 극도로 조심해야 할 필요가 있습니다. 그렇지 않으면 우리가 그리스도인으로 당연히 제기해야 하는 것들을 간과하게 됩니다.

이것은 단지 기독교 복음을 위해서만이 아닙니다. 우리가 사는 사회에 대한 그리스도인들의 책임을 위해서이기도 합니다. 기독교든 유대교든 이슬람이든 신자이든 비신자이든 혹은 무신론자이든 세속주의자이든 흑인이든 백인이든 아시아인이든, 우리 모두를 함께 묶어 줄 수 있는 진리가 있음을 부인하기 위해 파괴적으로 행동한다면 그것은 사회적인 재앙입니다. 진리가 있다는 사실을 믿기 위해서는, 설령 그 진리가 찾기 어렵다 해도, 찾아도 분명히 설명하기 어렵다 해도, 혹은 강력한 대립을 불러일으키는 방식으로 진리를 포착하게 되는 경우가 많다 하더라도, 우리가 알아야만 하고 설명해 내야 할 진리가 존재한다는 것을 끊임없이 주장해야 하는 것이 인간으로서 그리고 그리스도인으로서 우리가 가지는 책임입니다. "내가 곧 길이요 진리요 생명이니." 이것은 우리 예수님이 그저 어쩌다가 예수님이 길이요 진리요 생명인 것을 믿게 된 이들에게만 길이요 진리요 생명이 되신다는 말씀이 아닙니다. 예수님이 곧 길이요 진리요 생명이십니다. 이것은 그리스도인들에게만 해당되는 진리가 아닙니다.

그리스도인 신앙의 핵심은 뭔가 대단히 아리송하고 소수만 이해할 수 있으며 학문적이고 철학적인 논의에 갇힌 것처럼 보입니다. 제가 지금껏 이야기한 것만 봐도 그렇습니다. 포스트모더니즘이니 반기초주의니 하는 것들이 다 여기에 해당합니다.

여러분은 이렇게 말할지 모르겠습니다. "이건 다 학문적 수사에 불과해. 수업 시간을 때우기 위한 수작이지. 그런게 학자들이 하는 일들이야. 달리 할 일이 없으니 그럴 수밖에."

아니, 그렇지 않습니다. 우리가 하나의 세계에 속한 일부임을 믿는 것은 대단히 중요합니다. 그 세계는 창조되었고 영원에서 영원까지, 알파요 오메가인 유일한 그분을 향해 있습니다. 그분이 바로 "내가 곧 길이요 진리요 생명이니"라고 말씀하십니다.

이것은 공적으로 중요한 의미를 가집니다. 아리스토텔레스는 시민으로서의 우리의 공적 책임은 언제나 다른 이들을 포용하고 그들과 함께 우리의 삶을 어떻게 조직하고 질서를 잡아야 하는지 방법을 찾아 나가는 것이라고 했습니다. 여기에서의 시민은 **도시**(*polis*)에서 일정한 책임감을 가지는 사람을 말합니다. 즉, 시민은 도시에 사는 사람을 말하며 도시는 이 땅에서의 도시를 말합니다.

"어떻게…해야만 하는가"(ought)라는 질문 속에는 분명히 도덕적 물음이 포함되어 있습니다. 우리가 이성적이고 합리적 존재로서 질문을 한다는 것은 무언가 질문해야 할 것이 있다는 것을 의미합니다. 즉, 진리가 존재한다는 것입니다. 거기에 옳은 답변이 있다는 것이고 다양한 형태의 다양한 옳은 답변이 있다는 것입니다. 또한 질문을 던지는 여러 가지 다른 방식이 있고 동시에 많은 잘못된 답변들도 있습니다. 그러나 이 모든 것은 헛된 노력이 아니라는 것입니다.

사람들이 진리에 대해 이야기하기를 그만두었거나, 혹은 진리에 대해 절망했거나, 혹은 본디오 빌라도가 한 것 같은 질문은 대화를 시작하게 하기보다 대화를 종결시킨다는 데 동의하는 사람들이 사는 세상 속에서는, 공적인 삶을 어떻게 꾸려 가야 하는가에 대한 질문이 제기될 여지가 없습니다. 그저 권력과 선전, 불평과 분노, 끼리끼리의 모임과 그 모임에 대한 반대 모임들, 이익 집단 그리고 피해자와 앙갚음만이 판을 칠 뿐입니다. 이것이 바로 우리가 사는 세계에서 점점 더 빈번히 볼 수 있는 모습입니다. 그 이유는 우리가 믿기를 그만두었기 때문입니다. 너무 많은 이들이 우리가 모두 함께 따라야 할 진리가 있다는 사실을 믿지 않기로 해 버렸기 때문입니다.

인류 역사상 가장 끔찍하고 가장 피로 얼룩졌던 20세기가 막바지로 치닫고 있는 지금에도 우리는 여전히 더 많은 시신을 쌓아 올리고, 더 붉은 피의 강을 흘려보내고 있습니다. 지금 이 세기는 진리에 대한 기독교적인 관점과 고전적 아리스토텔레스의 이해를 가장 과격하게 거부하는 이념들이 생산된 시대이기도 합니다. 또한 이성적 주체로서 진리를 따르고자 하는 순종적 마음과, 진리를 좀더 온전히 따르고자 하는 결심과, 서로 결속하고자 하는 의지를 배격하는 시대입니다.

그리스도인들은 하나님의 세계에 대한 위대한 순종의 마음을 가지고 있습니다. 이 땅은 하나님이 창조하신 세계이고 하나님의 구속적 사랑의 대상인 세계입니다. 하나님이 세상을 이처럼 사랑하사 독생자를 주셨습니다. 따라서 우리는 사람으로 오신 예수께 순종해야 할 위대한 의무가 있고, 우리를 무너뜨리기 위해 침범하는 너무나도 많은 사악하고 파괴적이며 강력한 힘으로부터 인류의 정체를 수호할 의무가 있습니다.

세 번째 천 년의 문턱을 넘어설 준비를 하고 있는 지금 이 시기, 우리는 순전하고 기독교적이며 성경적이고 인간다운 휴머니즘을 다시금 천명해야 합니다. 우리가 가진 모든 전통을 되살려, 시편 8장의 정신을 계승해야 합니다. 인간이 무엇인가를 놀라움과 경외 속에 기억해야 합니다. 인간(*humanum*)이란 어떤 존재일까요? 천사보다 조금 못한 존재라고 합니다. 왜 하나님이 인간이 되셨어야 했을까요? 왜 우리 중 하나가 되셨을까요? 만방에 진리를 선포하기 위함이었습니다. 이것은 또한 우리 세대의 위대한 사명이기도 합니다. 우리는 그 진리를 어떻게 하면 설득력 있고 힘 있게 전할 수 있을지를 고민해야 합니다. 물론 그 방법은 폭력적이어서는 안 되며 시민의 결속을 강화하는 방향이어야 합니다.

인간성에 대한 미국의 탐구는 다양한 측면에서 축복인 동시에 저주이기도 합니다. 하지만 어느 정도는 그것이 축복이었음이 틀림없습니다. 왜냐하면 인간성에 대한 어떤 진리를 전제하고 있기 때문입니다. 예를 들어, 이런 전제가 있습니다. "우리는 이 진리가 자명하다는 사실을 잘 알고 있습니다." 이것은 단지 수사적 허세가 아닙니다. 이것은 실제적인 선언입니다. 공화주의자, 민주주의자, 자치주의자, 그 어떤 계파에 관계 없이 미국식 인간 탐험은 지켜내야 할 진리가 있다는 사실을 전제합니다.

오늘날 문학 비평이나 학문적 사조, 연구 경향뿐 아니라 법정과 대중 광장에서도 수호해야 할 진리가 있다고 진지하게 제안하는 사람이 생명, 자유, 행복 추구 그리고 이러한 것들을 허락하신 창조자와 자연 그리고 그 자연의 하나님을 이야기하면, 대중 앞에서 화려한 수사를 늘어놓기 좋아한다고 치부될 뿐 아니라 비웃음을 사고, 법정 밖으로 끌어내집니다.

대체 오늘날 우리 사회에서는 무슨 일들이 벌어지고 있을까요? 특히 미국 사회의 성격을 규명하는 문제를 두고 문화적 논쟁을 벌이고 그로 인해 갈등을 벌일 때면, 많은 사람들은 그 이유를 상당 부분 극단적인 종교적 자유에서 찾습니다. 그리고 그것에 대해 크게 경계합니다. 사람들이 두려워하는 것은, 현재 미국이란 사회가 대중을 지나치게 조직적인 관점에서 냉소적으로 업신여기며 바라본다는 점입니다. 대중이 진리를 추구하는 성향이 있음을 부인해 버린 결과입니다. 이러한 관점으로 인해 지도자들은 대체로 시끄럽고 거칠며 저속한 포퓰리즘으로 대중을 현혹하고 통제하려 했습니다. 이것이 바로 민주주의가 작동하는 방식입니다. democracy(민주주의)의 *demos*라는 말은 어원상 '보통 사람들'을 의미합니다. 상스럽고 요란한, 평범한 사람들을 말합니다. 하지만 우리가 지금 이곳에서 시도하려는 방식은 그런 것이 아닙니다.

따라서 우리는 결단을 내려야 합니다. 대중이 진리 추구를 외면하고 있다는 현대 사회의 진단에 동의하는지, 그렇지 않은지. 이런 결단을 내려야 하는 상황조차도 지극히 수동적인 반응이라고 할 수 있습니다. 혹은 지금 우리가 바라보고 있는 이 사회는 좀더 나은 시대를 향한 전조일지도 모릅니다. 우리는 아리스토텔레스가 말했던, 가장 인간적인 동시에 구성원을 보다 인간답게 만드는 정치적 과제를 감당하게 될지도 모릅니다. 그 정치적 과제란 우리들의 삶 속에 질서를 수립하고 지켜 나가는 것을 말합니다.

제가 포스트모더니스트와 해체주의자 혹은 반기초주의자들의 움직임에 대해 어떻게 생각하는지를 말씀드리겠습니다. 그들을 뭐라고 지칭하든 간에 이들이 하고자 하는 것은 본질적으로 동일합니다. 제 생각에 그들은 오래 갈 것 같지 않습니다. 그들이 오래 갈 수 없는 이유는 "진리가 없다는 것 외에는 아무런 진리도 없다"라고 하는 그들의 유일한 교리가 재미 없는 것이기 때문입니다. 이런 이야기는 좀 맥이 빠집니다. 정말 그렇습니다.

또한 그들에게는 내적인 일관성이 없습니다. 그 어떤 흥미로운 답변이나 제안도 하지 못합니다. 하다못해 우리가 어떻게 살아야 하는지, 우리가 어떤 존재여야 하는지, 추구해야 할 가치는 무엇인지에 대한 가설조차 내놓지 못합니다. 심지어 인간의 삶을 고통스럽게 하는 실제적인 악이 무엇인지, 인간을 공포에 떨게 하고 사악하게 만드는 악마적인 세력은 무엇인지에 대해서도 아무런 설명도 하지 못합니다. 그들은 그저 스쳐 지나가는 한때의 유행에 불과합니다.

우리 시대에 믿음의 체계를 세워야 할 필요성

사람들은 일종의 믿음 체계를 필요로 합니다. 이를 세계관(*Weltanschauung*)이라고 부를 수도 있습니다. 우리에게는 인간사와 행동 양식들을 하나의 맥락에서 바라보게 하는 무언가가 필요합니다. 궁극적으로 그리스도인들은 사람들이 무엇을 찾아 헤매는지, 어떤 곤경 속에서 허우적대고 있는지를 알고 있습니다. 그래서 어떤 믿음 체계를 가져야 하며, 사물과 현상의 의미를 어떻게 설명해 낼 수 있는지를 알고 있습니다. 아우구스티누스는 1600년도 더 이전에 이렇게 말했습니다. "나의 주여, 당신은 당신을 위해 우리를 만드셨습니다. 당신 안에서 안식을 찾을 때까지 우리의 영혼은 쉼을 얻지 못합니다."

하지만 많은 이들은 영혼이 하나님 안에서 안식을 찾지 못했기 때문에 다른 믿음 체계를 골라 잡습니다. 아마 여러분은 G. K. 체스터턴(Chesterton)의 이 말을 기억하실 것입니다. "하나님을 믿지 않는 사람들의 문제는 아무것도 믿지 못하게 되는 것이 아니다. 문제는 아무거나 믿게 된다는 것이다."

체스터턴의 말이 맞았습니다. 우리 시대가 바로 이 말의 산 증인입니다. 포스트모더니즘의 유행으로 인해 20세기 초 인류가 어떤 위대한 믿음 체계를 수립해 냈는지를 생각해 보십시오. 어떤 위대한 기능적 종교가 탄생하였고, 현실을 설명하기 위한 어떤 놀라운 이론들이 쏟아져 나왔는지. 마르크스, 프로이트, 다윈을 생각해 보십시오.

저는 지식의 세기를 맞이하는 젊은 학도로서 마르크스의 계급 투쟁 이론을 접하게 되었습니다. 하지만 현실 세계의 인간은 계급 투쟁을 벌이는 경제적 존재이고, 인류의 역사는 계급 투쟁에 의해 정의된다는 그의 주장은 당혹스러웠습니다. 프로이트의 주장도 마찬가지였습니다. 성적 발달의 초기 경험이 그 사람과 그가 속한 공동체의 발달상을 결정짓는다는 것은 마르크스의 계급 투쟁론 만큼이나 황당했습니다.

하지만 이들 이론에서는, 믿기 위해 무언가 최소한 붙잡을 것이 있습니다. 그들은 진리가 있다고 주장합니다. 마르크스와 프로이트의 이론은 당시의 최신 학문이었고, 서구 대부분의 엘리트 지성과 문화적 사고를 장악한 지배 이론이었습니다.

마르크스는 이제 더 이상 존재하지 않습니다. 그가 추구했던 모든 실용적 목적은 없어졌습니다. 물론 아직 이 소식을 접하지 못한 일부 학계 분파가 없는 것은 아닙니다. 프로이트도 죽었습니다. 최소한 주류 사상 체계로서의 기능은 상실했습니다. 상당수의 심리학자들이 개인적 관심에 치우쳐 그것을 인정하려 하지 않습니다. 토크빌(Tocqueville)이라면 이런 부류의 학자들에 대해 아마 이렇게 말했을 것입니다. '프로이트의 부고 소식을 믿지 않으려는 사람들.' 하지만 여러분 중에도 이에 포함되는 분이 계실지 모르겠습니다.

그렇다면 다윈은 어떻습니까? 글쎄요, 다윈 이론의 두 가지 핵심은 이미 무너졌고 한 가지는 아직 살아 있습니다. 다윈은 여전히 많은 이들에게 의심할 여지 없는 진실의 마지막 보루입니다. 무언가 완전한 밑바닥에 서고자 할 때 유용한 이론입니다. 물질의 본질에 대한 논쟁의 여지가 없는 사실이자 경험적으로 실증할 수 있는 것이라고 주장할 수 있습니다. 바로 물질 그 자체가 물질을 창조했다는 것입니다. 물론 많은 이들이 다윈의 이러한 주장을 일관성 없는 것으로 여기고 있습니다. 다윈의 주장을 좀더 고상하게 표현하고자 한다면, 물질이 물질의 원인이 되었다고 말하지 않을 것입니다. 그것은 일종의 의존적 인과 관계를 가정하기 때문입니다. 아마 단순히 이렇게 말할 것입니다. "물질만이 있다." 그리고 이렇게 말함으로써 여러분은 가능한 가장 극단적인 유형의 유물론자가 됩니다. 끝까지 물질만을 이야기하는 것입니다. 다윈의 이론에 대해서는 아직 지지자들이 많습니다.

리처드 로티는 "뉴 리퍼블릭"(*The New Republic*)지에 최근 다윈에 대해 제기된 비평을 다시 비판하는 논평을 게재했습니다. 그는 다음과 같은 말로 다윈을 변호하며 논평을 마무리했습니다. "이 같은 비평들이 가지는 진실이 무엇이든 간에 우리는 다윈에 대한 믿음을 고수해야 한다."

참 감동적입니다. 가슴에 사무칩니다. 제 말은, 온갖 공세에 시달리고 있는 다윈의 이론을 여전히 떠받들고 있는 그의 헌신이 대단하다는 것입니다. 그 확고한 신념에 찬사를 보냅니다. 리처드 로티가 한창 그의 해체 이론에 몰두하고 있을 때만 해도 그는 다윈은 물론 다른 어느 누구를 통해서도 믿음을 가질 수 없다는 것을 알고 있었습니다. 다윈도 기반이 되어 줄 수 없기 때문입니다. 기반이란 것 자체가 없습니다. 아무도 그것을 가리킬 수 없습니다. 믿음 자체가 존재하지 않는 것입니다.

오늘날에는 멋지고 당당한 허무주의 문화가 존재합니다. 그것은 허무주의가 얼마나 치명적인가를 이해하지 못하는 허무주의를 말합니다. 그것은 극한 상황 속에서도 춤추고 농담하는 허무주의를 말합니다. 한때는 이것을 교수대 위의 유머, 혹은 블랙 유머라고 부르기도 했습니다. 하지만 허무주의는 좀 다릅니다. 교수대 위의 유머나 블랙 유머와는 달리, 그 당당한 허무주의는 지금이 완벽한 한계 상황이라는 것을 모릅니다. 컬럼비아 대학교의 저명한 문학 비평가인 리오넬 트릴링(Lionel Trilling)은 그가 집필한 위대한 평전들을 통해 학생들에게 위대한 문학이 무엇인가를 설명하였고, 무(無), 심연, 암흑의 정수가 무엇인지를 보여 주었습니다. 그리고 미국의 가장 밝은 미래이자 최선인 자신들의 학생을 표현하며 이렇게 말했습니다. "이게 바로 절망의 구렁텅이죠 흥미롭지 않습니까?"

절망이 무엇일까요? 진리의 상실이란 무엇일까요? 의문을 제기하고, 경외 가운데 살아가는 역량을 상실했다는 것이 무엇을 의미할까요? 그것은 악이 무엇인지를 인식할 수 있는 능력을 상실했다는 것과 불가분의 관계에 있습니다. 그것이 바로 오늘날의 당당하고 멋진 허무주의입니다.

우리 시대의 역사적 순간이란 어떤 모습일까요? 니체는 그것을 「최후의 인간」(*The Last Man*)에서 아주 적절하게 표현했습니다. 최후의 인간이란 신이 죽었다는 소식을 접한 마지막 인간을 말합니다. 혹은 이미 들었음에도 그것이 모든 것의 최후를 의미한다는 것을 알아채지 못한 사람을 말합니다. 그는 여전히 정의가 무엇인지, 공정한 사회가 무엇이고 사랑이 무엇이며 공동체가 어떠해야 하고, 심지어 옳고 그름이 무엇인지를 떠들어 대는 사람입니다. 그는 그저 그렇게 쉬지 않고 떠들어 댑니다. 그렇게 하도록 훈련받았기 때문입니다. 이제 신은 죽었다는 것을 깨닫지 못합니다. 때문에 그가 하는 말은 공허할 뿐입니다. 그저 소음에 불과합니다.

진리에 대한 두려움이 광장에서 설파되고 있다

참으로 범상치 않은 시대인 것만은 사실입니다. 우리가 목격하고 있는 한 가지는, 18세기의 세속적 계몽주의에 대한 과격한 신념이 붕괴되고 있다는 것입니다. 18세기 계몽주의는 합리주의의 일종으로 이해되었고 계몽주의의 붕괴는 지금 이순간에도 다양한 방식으로 진행되고 있습니다. 합리주의를 신봉하는 사람은 오늘날 거의 없다고 봐야 합니다. 극단적 회의주의를 통해 더 깊이 들어갈 수 있다고 믿는 사람은 오늘날 거의 없습니다. 체계적인 의심의 해석학을 적용하여 의심할 수 없는 진리에 도달할 수는 없습니다.

그런 방식의 사고를 소개한 것은 신실한 그리스도인인 르네 데카르트였습니다. 그는 기본적으로 이렇게 주장했습니다. "나는 내가 합리적으로 회의할 수 있는 것은 아무것도 진리로 받아들이지 않겠다." 이를 데이비드 흄과 다른 학자들이 더 발전시켰습니다. 많은 이들이 참으로 다양한 방식으로, 의심할 여지 없고 명백한 최후의 보루를 그렇게 찾아 갔습니다.

그들은 왜 그런 작업을 했던 것일까요? 선하고 중요한 이유, 우리가 이해해 두어야 하는 이유를 대자면 이렇습니다. 그들은 독단적인 진리들과 그것들의 갈등으로 인해 세계가 파괴되는 것을 보고 살았기 때문입니다. 그들이 살던 시대는 종교 간의 전쟁으로 서로를 죽이고 위협하고 상처 주던 때였기 때문입니다. 1996년, 오늘날에도 우리는 16, 17세기의 종교 전쟁이 만들어 낸 결과 속에서 살아가고 있습니다.

여러분이 반드시 이해해 두어야 할 것이 있습니다. 왜 이곳 예일 대학에서는 혹은 미국의 어느 대학에서든, 그토록 많은 학자와 지도자들이 종교는 더 이상 대학이나 사회나 공공을 위해 아무런 역할을 할 수 없다고 믿게 되었을까요? 왜 그들은 종교가 심지어 공동체를 분열시키고, 대학이 추구해야 하는 탁월성을 파괴하는 요인으로 두려워하게 된 것일까요? 왜냐하면 서구 세계의 역사를 살펴보면 바로 종교가 꼭 그러한 역할을 한 적이 있었기 때문입니다. 종교 전쟁으로 인한 깊은 상흔이 서구 역사에 뿌리 박혀 있기 때문입니다.

철학자와 사상가들 가운데 상당수는 존경받는 그리스도인이거나 청교도이거나 가톨릭 신자임에도, 진리에 대한 의문을 차단하고 배제하는 공동 담론을 창출해 내는 것을 자신들의 과업으로 여기고 있습니다. 이러한 시도는 시간이 지날수록, 광장에서 종교 때문에 갈등이 발생하는 것을 피하자는 좋은 의도를 넘어 과격한 세속주의를 진전시키는 것으로 변질되었습니다. 누군가 표현한 것처럼, 그들은 '발가벗은 광장'을 창출하는 것으로 역할을 확대시켰습니다. 그것이 바로 공공의 삶이고 공공을 위한 대학입니다. 어떤 종교나 종교에 기반을 둔 진리 주장, 혹은 윤리 따위가 영향을 미칠 수 없는 공공의 광장을 만들어 내는 것입니다. 우리가 살고 있는 세계가 바로 그러한 사회입니다.

하지만 그러한 세계도 이제 종말을 맞이하고 있습니다. 최소한 지금 이 순간은 우리가 이미 앞서 논의한, 다문화적이고 반기초주의적이며 포스트모더니즘적인 새로운 세기를 맞이하고 있기 때문입니다. 하지만 우리가 믿어야 할 한 가지는, 앞으로 수년 후에는, 특히 그리스도인과 유대교인 그리고 합리적 이성을 가진 이들이 본연의 역할에 충실하다면, 오늘날 볼 수 있는 혼란, 멋지고 당당한 허무주의, 역설적 자유주의 등은 곧 시들해질 거라는 사실입니다. 그들이 진리의 통합과 단 하나일 수밖에 없는 진리의 실재를 힘껏 주장하기 시작한다면 말입니다.

하지만 우리가 또 한 가지 보여 주어야 할 것이 있습니다. 그리스도인들에게는 과거의 역사에서 얻은 교훈이 있기 때문입니다. 우리는 진리를 소유했다고 주장하는 것이 도리어 공동체의 담화를 깨뜨릴 수 있다는 것을 경험했습니다. 진리를 소유했다고 확신하는 그리스도인들은 자신이 진리에 따르는 삶을 산다는 것을 지나치게 드러내어 도리어 사회에 적대감을 사는 원인이 되기도 합니다. 우리는 우리와 뜻을 같이하지 않는 사람들을 단지 인내하기만 하는 것이 아니라 적극적으로 포용해야 할 종교적 의무를 가집니다. 물론 그 이유는 사랑을 실천해야 하기 때문입니다. 하지만 어느 측면에서 보아도 아직 그리스도인 공동체에 이러한 의식이 분명히 자리잡지는 않은 것 같습니다.

사회적 삶 속에서 종교의 역할이 무엇인가를 고민하는 사람들은 이렇게 말합니다. "세상에 만연한 그 많은 종교적 광신을 한 번 보십시오. 하나둘씩 서로 반목하게 될 것이고 결국 세상은 피 흘리는 전장이 될 것입니다." 우리는 이 같은 우려를 무시할 수만은 없습니다. 역사가 이를 증명해 주기 때문입니다. 그러므로 오늘날의 그리스도인들은 하나님의 뜻이 무엇인가에 대한 의견 불일치를 두고 서로를 죽이지 않을 것임을 분명히 해 두어야 합니다. 최소한 하나님의 뜻을 두고 서로 죽고 죽이는 일이 하나님의 뜻이 아니라는 정도는 분명하기 때문입니다. 우리는 인내와 관용을 베풀어야 하고, 서로에게 정중해야 하며, 아리스토텔레스가 제기했던 의문을 존중하고 있음을 보여 주어야 합니다. '우리 삶의 질서를 어떻게 잡아가야 하는가'라는 명제는 반쯤 쥐었다가 때론 놓아 버릴 수도 있는 종교적 신념이 아니라 그리스도인으로서 성경적으로 답하고 실천해야 하는 위엄 있는 명령이 되어야 합니다.

그 내용이 우리의 비그리스도인 친구들에게까지 분명해지기까지, 공공의 장에서 종교적 진리를 주장하는 것에 대한 그들의 두려움과 의구심은 누그러지지 않을 것입니다. 그럴 수밖에 없습니다.

기독 지성인이 직면한 과제

'빛과 진리'는 우리 시대가 안고 있는 위대한 질문입니다. 그에 대한 답을 찾아가는 과정은 기독 지성인이 되기 위한 대대적인 모험입니다. 제가 보고 놀란 기사가 하나 있습니다. 아마 "크리스채너티 투데이"(*Christianity Today*)지에 실린 하버드 대학 베리타스 포럼에 관한 기사였을 것입니다. 하버드 학부 학생의 말이 인용되어 있었습니다. "베리타스 포럼에서 가장 놀라웠던 것은, 자신을 기독 지성인이라고 말하면서도 광신도라는 소리를 듣지 않을 수 있다는 점이었다."

이런 말이 나올 수밖에 없다니 얼마나 황당한 현실입니까? 그리스도인이 된다는 것은 위대하고 숭고하며 지적인 전통입니다. 그것은 오늘날 최고의 학문적 지성이 생산해 낼 수 있는 가장 유망하고 좋은 것들보다도 훨씬 더 광범위하고 다양하며 풍부한 전통입니다. 지적 흥분이라는 측면에서, 탐구 동기를 유발한다는 측면에서 혹은 사고의 깊이라는 측면에서 볼 때 여러분은 진리 추구를 위해 물질의 성질에 대한 책을 읽으시겠습니까, 아니면 미셸 푸코나 아우구스티누스의 저작을 읽으시겠습니까? 혹은 존 롤스(John Rawls)의 「정의론」(*A Theory of Justice*)이나 아우구스티누스의 「하나님의 도성」(*City of God*)은 어떠십니까?

이런 학자들이 그리스도인이기 때문만은 아닙니다. 그들의 이론이 훨씬 더 흥미롭기 때문입니다. 그들은 모든 것의 존재 이유와 그것들의 목적에 대한 큰 질문을 제기하는 데 주저하지 않았습니다. 그들의 사상과 이론은 깜짝 놀랄 만큼 뻔뻔하기도 합니다. 형제자매 여러분, 우리의 지적 전통에는 헬라인들의 사상이 담겨 있습니다. 그것이 기독교 전통과 만났고, 플라톤과 아리스토텔레스의 사상과 연합했습니다. 사도 바울과 오리게네스의 신학, 시에나의 카트리나, 아빌라의 테레사, 그리고 현대 사상가로는 C. S. 루이스(Lewis)와 도로시 세이어즈(Dorothy Sayers), 한스 발타자르(Hans Urs von Balthasar)까지 리스트는 계속됩니다.

하나님이 그리스도를 통해 세상과 화목을 이루신 것은 하나님의 사랑에 대한 가장 거대하고 풍부하며 위대한 증거입니다. 그것은 또한 하나님과 인간 지성 간의 화해를 의미하기도 합니다. 하나님은 각자에게 적합한 목적을 따라 우리를 인도하시며 진리를 추구하도록 명령하셨습니다. 궁극적으로는 곧 길이요 진리요 생명이신 그 한 분을 바라보게 하십니다. 이것은 끝이 정해지지 않은 모험이며 우리가 사는 내내 계속될 것입니다. 우리 자녀들에게도, 그 자녀들의 자녀들에게도 계속될 것입니다. 우리 주 예수께서 영광 중에 다시 오실 그날까지, 지금은 거울로 희미하게 보듯 분명치 않은 것을 얼굴을 마주 대하듯 뚜렷하게 보게 될 때까지 이어질 것입니다.

그러므로 우리는 플라톤이 제대로 된 질문을 했다고 인정해 줄 수 있을 것입니다. "진리란 무엇인가?" 네, 그렇습니다. 그것은 옳은 질문이었습니다. 이 질문은 대화의 종결점이 아니라 대화의 출발점입니다. 자, 그럼, 이제 대화를 시작해 봅시다.

오스 기니스 Os Guinness

선교사 가정에서 태어나 중국에서 성장하였고 영국 옥스퍼드 대학에서 사회과학 박사 학위를 받았다. 『소명』(*The Call*, IVP) 등 다수의 책을 저술하였으며 가장 최근 저서로는 『정중함에 대한 변증』(*The Case for Civility*)이 있다.

2. 진리의 시간
스탠퍼드 대학 베리타스 포럼, 2005

소비에트 연방이 무너지던 1989년은 '세기의 해'라고 할 수 있습니다. 우리 중 상당수가 저마다 그 특별했던 해에 대한 아름다운 기억을 가지고 있습니다. 베를린 장벽이 무너지던 환희의 순간을 기억하는 분도 있겠고, 소련군의 총구에 의기양양하게 꽂아 놓은 풀꽃이나, 그간 신처럼 떠받들던 마르크스, 레닌, 스탈린의 동상들이 끌어내려지던 장면을 기억하는 분도 있겠습니다.

그해, 제가 기억하는 가장 아름다운 추억은 1989년 11월 매일 밤, 삼십만이 넘는 인파가 프라하 바츨라프 광장에 모여들어 바츨라프 하벨(Vaclav Havel)의 연설을 듣던 모습입니다. 그는 작은 키에 소년 같은 얼굴을 하고 있으면서도 콧수염을 기르고 있었습니다. 당시 그는 반체제 인사였지만 후에는 체코의 대통령이 되었습니다. 그는 벨벳 혁명과 소련을 몇 번이고 되풀이해서 대조시켰습니다. 반응이 빠른 체코 인파들은 이렇게 외쳐 댔습니다. "우리는 그들과 달라. 우리는 그들과 달라." 둘의 차이점 중의 하나는 폭력에 관한 것이었습니다. 벨벳 혁명가들은 폭력에 폭력으로 대응하지 않았을 거라는 주장이었습니다. 그 주에 이야기된 또 다른 차이점 중의 하나는 소련은 거짓과 선전 선동의 사람들이라면, 벨벳 혁명가들은 진실의 사람들이라는 점이었습니다. 벨벳 혁명의 정신을 명문화한 77헌장에서 그들은 자신들의 모토를 이렇게 표현했습니다. "진리는, 진리 가운데 있는 사람들을 위해 승리한다."

불과 그보다 몇 해 전, 알렉산드르 솔제니친은 오랜 러시아 속담으로 전 세계를 전율시키기도 했습니다. "한 마디의 진리가 세계 전체를 압도한다." 이제 와서 돌이켜 보니 당시 솔제니친 계열의 사람들은 소련을 무너뜨릴 수 있는 두 가지 유일한 방법을 아주 잘 알고 있었던 것 같습니다. 한 가지는 그들이 소비에트의 무력과 동등하거나 혹은 그것을 압도하는 전력을 가지고 소련을 무너뜨리는 방법이었습니다. 하지만 그들은 고작 몇몇 반체제 인사들의 모임이었을 뿐입니다. 상상할 수 없는 방법입니다. 다른 한 가지는 다른 종류의 힘을 동원해 소련에 대항하는 것입니다. 바로 이것이 그들이 선택한 방법입니다. 그들은 진리의 힘으로 소련의 무력을 압도했습니다. "진리는, 진리 가운데 있는 사람들을 위해 승리한다." 상상할 수도 없던 일이 벌어졌습니다. 그들이 승리한 것입니다.

오늘날의 유럽과 미국을 둘러보면, 특히 엘리트 집단과 학문 연구 기관들을 보면 당시 공산주의에 대항한 반체제 인사들의 놀라운 용기와 원칙에 입각한 저항에 열렬히 박수를 보내고 있는 것이 사실입니다. 하지만 정작 유럽과 미국 내부에는, 누구 하나라도 일어서게 만들 만한, 진리에 대한 그 같은 확고한 관점이 있습니까? 진리의 개념을 둘러싼 반목과 혼란만이 무성합니다. 그래서 진리가 죽은 것같이 여겨지기까지 합니다.

객관적 진리 혹은 절대적 진리를 신봉하는 사람은 네안데르탈인이나 반동분자 취급을 받습니다. 진리는 기껏해야 상대적이라고 합니다. 모든 것이 해석에 따라 달라지고 어떤 관점을 취하느냐에 따라 달라집니다. 가장 안타까운 것은 이러한 사고가 사회적으로 보편화되었다는 점입니다. 증거와 주장을 표출하는 능력을 통해 그러한 사고는 사회에 알려지고 정착되었습니다. 반면, 진리에 대한 전통적인 관점과 확고한 신념을 가진 사람들은 오늘날 반동 분자로 여겨집니다. 거만하고 배타적이며 완전히 잘못된 사고에 찌들었다고 취급받지 않으면 다행입니다.

저는 진리에 대한 이러한 위기는 미국의 개인뿐 아니라 사회에도 대단히 중대한 문제라고 생각합니다. 네안데르탈인이나 반동 분자가 아니더라도 진리는 우리에게 매우 소중하고 본질적인 것입니다. 진리는 인간에게 주어진 선물이며, 그것 없이는 현실을 어떻게 인식하고 삶을 끌어가야 할지 알 수 없습니다. 인간의 삶을 선하게 만들기 위해 진리는 가장 핵심적인 요소입니다. 자유를 누리기 위해서도 진리는 절대적으로 핵심입니다. 자유를 쟁취하는 것이 아니라 쟁취한 자유를 지속하는 것이 중요한 과제인 미국과 같은 사회에서, 자유롭게 살고 그 자유를 유지하기 원하는 사람이라면 진리에 대한 이 현실적인 도전에 진지하게 맞서야 합니다.

저도 그 도전에 맞서 보려 합니다. 그래서 대단히 복잡하고 논란의 대상이 되는 주제에 대해 이야기해 보고자 합니다. 먼저 우리가 진지하게 해결해야만 하는 몇 가지 주제들을 소개하겠습니다.

1. 진리의 위기와 함께 따라오는 두 가지 위기
2. 진리를 믿기는 하지만 그것에 무신경해진 이들을 위한 두 가지 논증
3. 진리에 대해 극단적으로 회의적이며 아무런 관심이 없는 이들을 위한 두 가지 논증
4. 진리에 대한 흔들림 없는 관점을 가진 우리 모두에게 진리가 던지는 두 가지 도전

진리의 위기와 함께 따라오는 두 가지 위기

먼저 진리의 위기와 함께 따라오는 두 가지 위기에 대해 말씀드리겠습니다. 미국을 보면 알 수 있듯이 오늘날 우리가 겪고 있는 진리의 위기에는 성품의

위기와 윤리의 위기도 함께 따라옵니다. 이렇게 세 가지의 위기가 결합해 한때 이 나라의 본질이라고 여겼던 것들을 심각하게 훼손하고 있습니다.

성품의 위기. 첫째 성품의 위기입니다. 1979년 카줄(Chajul)이라고 불리는 콰테말라의 한 작은 마을에서 있었던 일입니다. 마을 주민 전체가 광장에 불려 나왔습니다. 과테말라군에 붙잡힌 스물세 명의 공산주의 게릴라들이 처형되는 것을 목격하기 위해서입니다. 이야기는 이런 식으로 진행됩니다. 게릴라들이 세워지고, 군인들은 주민들에게 게릴라들의 몸에 난 각각의 끔찍한 상처들이 어떻게 생겼는지를 설명합니다. 다른 군인 한 명은 가위를 가져다가 게릴라들의 옷을 모조리 잘라 버렸고 그들은 벌거벗겨진 채 서 있습니다. 그러자 또 다른 군인들이 총검을 가지고 나타나 게릴라들의 벗은 몸을 마구 몽둥이질해 땅바닥으로 쓰러뜨립니다. 그리고 석유를 뿌려 산 채로 불에 태웁니다. 게릴라들은 극심한 고통 가운데 온몸을 비틀며 죽어갑니다.

이 일이 있은 후 십삼 년 동안, 그때 처형된 게릴라 중 한 명의 여동생이 유럽 전역을 돌며 각양각색의 청중들에게 이 이야기를 전합니다. 어린 소녀 하나만을 비춘 조명 아래 그날의 이야기는 너무나도 생생하게 재현됩니다. 많은 이들이 눈물을 흘렸을 것입니다. 교황과 각국의 지도자들이 붉은 카펫을 펼쳐 소녀를 초대하고 이야기를 청해 들었습니다. 그리고 결국 그 소녀는 노벨 평화상을 수상하게 됩니다. 그해 노벨 평화상에서는 체코의 바츨라프 하벨 전 대통령을 비롯해 수많은 인사가 후보에 올랐습니다. 그때가 1992년, 즉 크리스토퍼 콜럼버스가 아메리카 대륙을 발견한 지 500년이 된 해였으니, 자기 동족의 진실을 용기 있게 증언한 어린 마야 원주민 소녀가 노벨 평화상을 받기에 얼마나 절묘한 때였겠습니까.

하지만 이후 그 소녀의 지지자 가운데 하나였던 인류학 교수 하나가 그 이야기를 조사하게 되었습니다. 몇 가지 사실을 확인해 본 교수는, 소녀는 평화의 도구로서가 아니라 허구적인 소설로 인해 노벨 평화상을 받았다고 결론을 내렸습니다. 일부는 사실이었지만 소녀가 전한 이야기의 대부분은 만들어진 것이었습니다. 그녀의 부모가 경찰에 의해 죽임을 당했고 오빠 역시 군에 살해당했습니다. 그러나 앞서 묘사된 방식으로는 아니었습니다. 아무도 그날 카줄 광장에서 산채로 불에 타 죽지 않았습니다. 하지만 교수가 이런 이야기를 들고 나왔을 때, 폭풍 같은 비난의 화살은 그에게로 떨어졌습니다. 전혀 다른 세계에 살고 있던 아메리카 원주민 소녀의 이야기에 서구 저널리스트들이 가지는 진실성의 잣대를 갖다댔다는 것입니다. 어쨌든 소녀는 자신의 동족에 대한 확장된 진리를 표현했다는 것이지요. 그녀는 피해자로서 거짓을 말할 권리가 있었다고 합니다. 이후 논의는 이런 식으로 흘러갔습니다.

이것은 의심할 여지 없이 좌파에서 만들어 낸 사례입니다. 하지만 이와 유사한 사례는 좌파, 우파, 중도 할 것 없이 얼마든지 많습니다. 이런 사례를 두고 오늘날 우리는 '창조적 발명' 혹은 '창조적 재창조'라고 부릅니다. 여기에서도 알 수 있듯이 지난 백 년간 미국 문화에서는, 특히 성품에 관한 한 엄청난 변화가 있었습니다. 진실은 죽었습니다. 성품도 죽었습니다. 우리는 우리가 원하는 어떤 형태로든 이미지를 창조해 낼 수가 있습니다.

이것은 과거에 우리가 알던 것과 아주 다른 것입니다. 고대 그리스로 돌아가 생각해 봅시다. 플라톤이든 아리스토텔레스든 성경이든 어떤 것이든 좋습니다. 성품은 어떤 사람을 그 사람으로 만드는 내적 요소입니다. 이 내적 요소가 모든 외적 표현 아래 흐르고 있습니다. 그것이 말이든 행동이든 관계 없으며 성격이나 이미지는 말할 것도 없습니다. 성경적인 이해에 따르면 성품은 하나님 외에 아무도 그 사람을 볼 수 없을 때 그 사람이 가지는 모습입니다. 여러분은 예수님이 '외식하는 자들'(*hypocrite*)이라는 말씀을 여러 차례 하신 것에서 성품에 관한 전통적인 관점이 무엇인가를 잘 알 수 있습니다. *hypocrite*라는 말은 그리스어로 '배우'를 뜻합니다. 즉, 자신이 아닌 다른 어떤 역할을 연기하는 사람을 말합니다. 예수님은 그것을 위선이라고 호통하셨습니다. 왜냐하면 겉으로 보이는 말과 행동, 성격과 이미지 등이, 하나님이 보고 계시는 그들 속의 성품과 일치하지 않았기 때문입니다.

지금은 물론 다른 목소리들이 많습니다. 마키아벨리를 들어 볼까요? 그의 생각은 이랬습니다. 성품이란 좋은 것입니다. 하지만 중요한 것은 권력의 유지입니다. 그것을 위해 무엇이 희생된다 해도 말입니다. 만약 권력자가 좋은 성품을 가지고 있다면, 좋지요. 하지만 다른 길을 선택해야 한다면, 그렇게 해서 그 권력자의 지배를 계속시킬 수 있다면 순전히 악한 방법이라도 괜찮습니다. 여러분은 마키아벨리가 한 것 같은 이런 유의 주장을 잘 알고 있을 것입니다. 실제로 이제는 그것이 일반 법칙이 되어 버렸습니다.

다른 한편에서 생각해 보면, 인류 대부분의 생활 환경이 농촌 시골 지역에서 도시로 옮겨졌습니다. 깊이 있는 소수의 공동체 관계에서 수없이 많은 얕은 관계로 변화했습니다. 또한 문자 중심의 소통이 이미지 중심의 소통으로 바뀌었습니다. 그렇기 때문에 첫인상이야말로 유일하게 의미 있는 것이 되었습니다. 중요한 것은 액면 가치입니다. 1950년대와 1960년대를 지나며 이미지 관리에 대한 각종 기법이 생기고, 모든 가치는 외모에 집중되었습니다. 워싱턴의 정치인들은 "선입견이 곧 현실이다"라고 말하며 이미지 관리에 골몰합니다. 우리는 각자 우리 자신의 이미지를 관리하는 기획자이기도 합니다. '디자인 지향'이라는 개념은 미국에서 전 세계로 수출된 강력한 문화 상품 가운데 하나입니다. 오늘날 많은 이들이 문제 삼는 유일한 것은 이미지와 외모, 겉포장입니다.

마크 트웨인(Mark Twain)은 이런 말을 했습니다. "미국에서 성공의 열쇠는 정직이다. 만약 그것을 꾸며 낼 수 있다면, 당신은 이미 성공한 것이다."

혹은 그루초 막스(Groucho Marx)의 말도 귀 기울여 볼 만합니다. "이봐, 이것이 내 원칙이야. 내 도덕 원칙이라고. 그런데 이게 마음에 안 들어? 그러면 다른 것을 보여 줄게."

다시 말해, 오늘날에는 아무런 확고한 중심이 없습니다. 그저 외양의 세계만이 존재할 뿐입니다. 정치계에서, 광고에서 그리고 그 외 수많은 다른 영역에서 우리는 이러한 현실이 깊이 뿌리 박혀 있는 것을 목격합니다. 제 생각에 이것은 어떤 사상의 결과가 아닙니다. 이것은 유동성과 미디어 등으로 특징지어지는 현대의 생활 방식에서 기인한 것입니다.

윤리의 위기. 그렇다면 또 다른 위기란 무엇을 말할까요? 바로 윤리의 위기를 말합니다. 케이 허거드(Kay Haugaard)의 이야기를 들어 본 적이 있으십니까? 그리고 셜리 잭슨(Shirley Jackson)의 대표작 「제비 뽑기」(*The Lottery*)에 대한 강의를 들어 본 적 있으신가요? 아마 고등학교 때 한 번쯤은 그 소설을 읽어 보셨을 것입니다. 중서부 지역의 한 마을에서 벌어지는 일이지요. 장을 넘길수록 알 수 없는 긴장감이 증폭됩니다. 독자들은 곧 뭔가 어마어마한 일이 벌어질 것이라는 사실을 서늘하게 직감합니다. 하지만 도대체 그것이 무엇인지는 좀처럼 드러나지 않습니다. 그러다 갑자기 엄청난 결말을 맞이합니다. 그 마을 사람들은 매년 제비를 뽑은 한 사람을 돌팔매로 희생시키고 있었던 것입니다. 이 단편 소설이 1948년 "뉴요커"(*The New Yorker*)지에 게재되자 엄청난 논란에 휩싸였습니다. "생각할 수도 없는 일이다!" "윤리적으로 잔인무도하다!" 그리고 그 잡지사에는 그런 말도 안 되는 소설을 출판한 것에 대한 반발로 수많은 항의 우편이 쏟아졌습니다.

케이 허거드는 캘리포니아 패사디나의 교사였습니다. 그녀는 1960년대부터 셜리 잭슨의 소설을 가르쳤습니다. 학생들의 반응 역시 독자들의 반응만큼이나 격렬했습니다. 생각할 수 없는 일이다. 이곳 미국에서는 벌어질 수 없는 일이다. 인간 제물이라니? 그리고 베트남 전쟁이 시작되었고, 죽음과 폭력, 불구가 된 사람들, 매춘 혹은 강간으로 인한 변태적 행각 등에 대한 이야기가 회자되기 시작했습니다. 담론의 양상이 완전히 바뀐 것입니다. 케이는 이후 미국에서 일어난 다양한 풍조를 설명합니다. 그리고 1990년대 중반 어느 여름 저녁, 교실에서 스무 명이 넘는 학생들과 셜리 잭슨의 소설에 대해 나눈 이야기를 들려줍니다. 그토록 강한 분노를 촉발했던 이 책에 대해, 이 스무 명의 학생들은 그 어떤 강렬한 감정도 나타내지 않았습니다.

"참 깔끔한 결말이네요!" 한 학생이 말했다고 합니다. 그 소설을 그저 문학적인 관점에서 평가하는 말이었습니다. "글쎄요, 우리는 종교의 자유와 문화적 차이를 인정합니다. 이것이 그들이 가진 종교적 자유라면, 제가 이렇다 저렇다 어떻게 판단할 수 있겠습니까?" 그날 저녁 수업이 끝날 때까지 아무도 이 말에 이의를 제기하지 않았다고 합니다. 그래서 케이는 처음으로 자신의 관점이 어떻다는 것을 이야기했습니다. 조금이라도 토론을 불러일으켜 보려는 시도였습니다. 하지만 아무도 도덕적 판단에 대해 어떤 옹호도 반대도 하지 않았습니다. 케이는 이날의 수업을 회고하며 이렇게 썼습니다. "따뜻한 캘리포니아의 밤, 나는 몸을 떨며 교실을 빠져 나왔다. 뼛속 깊은 곳에서부터 한기가 느껴졌다."

저는 지금껏 대학에서 가르치고 생활해 왔습니다. 오늘날의 대학이란 곳은 간단히 말하자면, '무엇이 악이다'라고 판단 내리는 것이 실제 악을 행하는 것보다도 더 나쁘게 여겨지는 곳입니다. 혼란과 불확실성, 관용에 대한 강조, 도덕 문제에 대한 무비판주의 등으로 인해 악행 그 자체보다도 악에 대한 판별을 더 꺼리고 있는 것입니다. 이것은 중대한 윤리적 혼란입니다. 여기에는 많은 사상이 영향을 미쳤습니다.

물론 다양한 사상적 뿌리가 있습니다. 하지만 가장 결정적인 영향을 미친 사상가는 프레드리히 니체입니다. 그는 스스로를 부도덕주의자, 적그리스도라고 불렀습니다. 혹은 망치를 가지고 철학을 하는 데서 즐거움을 찾는 늙은 포수라는 표현도 했습니다. 망치와 대포는 진리와 윤리를 공격할 양방향의 무기를 상징합니다. 첫 번째 무기는 좀더 분명합니다. 니체는 그것을 철학의 관점주의(perspectivism)라고 불렀습니다. "수많은 관점이 있다. 따라서 수많은 진리가 있다. 따라서 진리란 없다." 모든 것은 관점의 문제일 뿐이라는 것입니다. 당신이 어떤 배경을 가지고 있고 어떻게 그것을 바라보느냐에 따라 모든 것은 다르게 보일 수 있습니다. 그래서 인종, 계급, 성 등이 근본적인 요인이 됩니다.

하지만 이것이, 진리와 윤리에 대한 니체의 가장 치명적인 공격이었던 것은 아닙니다. 그가 날린 치명적 일격은 이른바 '도덕의 계보'(genealogy of morals)라고 불리는 것입니다. 좀더 자세히 말하자면 이런 것입니다. 동정이나 연민 같은 미덕을 예로 들어 보겠습니다. 아름답고 위대해 보이는 이 미덕 이면에는 사실은 음흉한 악이 도사리고 있습니다. 미덕으로 몸을 가장하고, 미덕을 이용해 권력의 의제를 표현합니다. 그렇게 해서 군중이 영웅을 지배하게 되고, 노예의 도덕이 주인의 도덕을 정복하게 됩니다.

즉, 계보를 거슬러 올라가다 보면, 족보의 근원을 추적하다 보면, 그 어떤 것도 보이는 그대로 바라보아서는 안 된다는 것을 알게 됩니다. 아무것도 보이는 그대로이지 않습니다. 위대한 미덕 이면에는 악이 숨어 있습니다. 모든 것의 이면에는 권력에 대한 의지가 있습니다. 모든 것을 벗겨내 보십시오. 모든 것을 분해해 보고 파괴해 보십시오. 그러면 힘에 대한 욕망을 발견할 수 있을 것입니다. 진리에 대한 아주 치명적인 공격이 아닐 수 없습니다.

니체의 저작을 살펴보면, 진리는 객관적으로 죽었습니다. 지식만이 유일한 힘입니다. 옳고 그름도 당연히 죽었습니다. 그의 관점에서라면 우리 인간은 선함과 악함의 차원을 뛰어넘은 존재들입니다. 다행히도 이런 관점이 미국의 보편적 사고인 것은 아닙니다. 하나님께 감사드릴 뿐입니다. 하지만 학계를 비롯한 많은 곳에서 이런 사고를 엿볼 수 있습니다.

진리에 대한 두 가지 논증

이제 진리에 대한 두 가지 논증을 제시하고자 합니다. 이것은 진리를 대체로 믿고 있기는 하지만 거기에 대해 무신경해진 사람들을 위한 것입니다. 많은 그리스도인들이 여기에 해당합니다. 또한 많은 일반인들도 여기에 포함됩니다.

신자들을 위한 진리에 대한 논증. 먼저 신자들을 위해 진리에 대한 두 가지 논증을 들겠습니다. 진리에 대한 논증에는 높은 차원의 것이 있고 낮은 차원의 것이 있습니다. 신자를 위한 낮은 차원의 논증은, 그들은 진리에 속해 있을 수밖에 없다는 사실을 상기시키는 것입니다. 진리에 대한 믿음이 없다면 그들의 믿음이 나쁜 믿음이거나 부적절하고 약한 믿음이라고 비난받을 때 피할 길을 찾기 어려울 것이기 때문입니다.

나쁜 믿음이란, 특히 프랑스의 실존주의자들의 표현대로 하자면, 하나님을 믿는 이유가 다른 대안이 두렵거나 혹은 무의미함에 대한 공포 때문인 경우를 말합니다. 다시 말해, 나쁜 믿음을 가진 사람들은 다른 대체물을 두려워하기 때문에 하나님을 믿는 것입니다. 진정한 믿음에 대한 심오한 반작용이라고 할 수 있는 이런 종류의 믿음에 대해서는 다양한 비판이 있을 수 있습니다. 하지만 가장 결정적인 것은 단순합니다. 어떤 신자도 대안이 두렵기 때문에 하나님을 믿는 일이 있어서는 안 됩니다. 물론 두려움은 신과 신앙에 대해 관심을 가지고 사고하며 이를 추구하게 만듭니다. 하지만 믿음을 갖게 되는 궁극적이고 적절한, 유일한 이유는 그것이 진리라고 믿기 때문입니다.

그렇다면 약한 믿음은 무엇일까요? 저는 이곳 미국에서 믿음에 대해 놀랄 만큼 부적절한 관점을 가진 사람들을 많이 만났습니다. 그들이 믿는 이유는, 그것이 그들에게는 진리이기 때문이라고 합니다. 즉, 상대주의입니다. 또는 그렇게 느껴졌기 때문에 혹은 거기에 대한 구체적인 경험을 가지고 있기 때문이라고 합니다. 아니면 그렇게 믿는 것이 그들에게 도움이 되기 때문이라고 말합니다. 기본적으로 실용주의라고 할 수 있습니다. 하지만 예수님을 따르는 신자들에게 상대주의나 실용주의, 주관주의는 부적절한 믿음의 세 가지 주요 양상입니다. 그리스도인의 믿음이란 그것이 실제로 일어나고 있기 때문에 진리인 것이 아니라, 그것이 진리이기 때문에 실재가 되는 믿음입니다. 하지만 오늘날의 사람들이 왕왕 이런 부적절한 믿음을 갖게 되는 것은 나쁜 가르침을 받았기 때문입니다. 때로는 자신들이 갖는 믿음을 분명히 대변할 논리가 부족하기 때문에 그것에 대한 회의나 반대를 원천적으로 차단하기 위해 상대주의나 주관주의 따위를 사용하기도 합니다. 하지만 이것은 본질적으로 부정직한 것이라고 할 수 있습니다.

나쁜 믿음이나 약한 믿음을 해결하는 방법은 진리에 대한 분명한 인식 외에는 없습니다. 이것이 바로 신자들에게 주는 낮은 차원의 논증입니다.

높은 차원의 논증은 유대인과 그리스도인 모두에게 해당합니다. 진리를 믿는 궁극적인 이유는 그것이 그럴듯한 철학이어서가 아니라 확고한 신학이기 때문입니다. 다시 말해 성경적 믿음을 가진 사람들에게는, 세속적 믿음이나 동양적 믿음과는 달리 진리가 바로 믿음의 핵심입니다. 하나님 자신이 유일한 진리이기 때문에 믿음을 가집니다. 인격적이며 무한한 능력의 하나님이 유일한 진리입니다. 그분은 진리를 말씀하시고 진리에 따라 일하십니다. 그의 말씀하심과 행하심은 역사를 통해 확인할 수 있습니다. 따라서 믿을 만한 가치가 있다는 것과 진실성은 매우 밀접한 관계를 가집니다. 궁극적으로 진리란 유대인에게나 그리스도인에게나 하나님이 어떤 분이신가 하는 문제입니다.

불신자들을 위한 진리에 대한 두 가지 논증. 그렇다면 불신자들, 즉 전통적으로는 진리에 대한 믿음을 가지고 있던 시민 계급이었으나 이제는 더 이상 그렇지 않은 이들에게는 어떤 논증을 제시할 수 있을까요? 제 생각에는 여기에도 두 가지 주장을 펼쳐볼 수 있습니다. 소극적인 논증과 적극적인 논증입니다. 소극적인 논증이 좀더 간결하고 좀더 극적입니다. 하지만 적극적인 논증 역시 동일하게 중요합니다.

소극적인 논증이란 이것입니다. 진리가 없다면 오직 조작과 속임수만 있을 뿐입니다. 다시 말해, 포스트모던 사회를 사는 우리 중 상당수는 좀더 멋진 신세계가 있을 거라고 생각합니다. 우리는 진리에 대한 그 모든 잡다한 주장들을 해체하고 힘의 논리라는 본질에 다다랐습니다. 그래서 모든 포장을 벗겨내고 지금 위대한 순간을 맞이하고 있는 것입니다. 만일 우리가 행사하는 권력이 다른 이들의 권력보다 더 강력하다면 우리는 위대한 위치에 오르게 됩니다. 하지만 우리가 다른 이들보다 약하다면 그때는 어떤 일이 벌어질까요? 만일 진리가 없고, 진리가 죽었으며, 지식이 유일한 힘이라면, 힘이 곧 정의가 됩니다. 승리는 강자에게 돌아가고 약자는 벽에 부딪치게 됩니다. 그것이 바로 알렉산더 솔제니친과 바츨라프 하벨이 맞섰던 벽입니다. 그들에게는 힘이 없었습니다. 하지만 진리가 있었습니다. 진리 때문에 그들은 속임수와 조작에 넘어갈 수도 없었고 넘어가지도 않았던 것입니다.

이것은 소비에트 연방이 무너지는 것과 같은 거대한 우주적 관점에서만 사실인 것이 아닙니다. 다른 많은 상황에도 적용되는 사실입니다. 예를 들어, 가족 중 누군가가 독재적 기질을 가졌거나, 부하 직원을 극도로 통제하는 상사와 일을 한다거나, 혹은 철저히 불공정한 사고를 가진 교수에게서 배운다거나 하는 경우입니다. 삶의 어떤 상황에서든 불의에 맞서 일어설 수 있는 유일한 원천은 바로 진리입니다. 진리가 없다면 오직 조작과 권모술수만 있을 뿐입니다.

참으로 가슴 아픈 사례를 들자면 바로 파블로 피카소입니다. 그는 예술적 재능에 있어서는 천재였을지 모르겠습니다. 하지만 관계에 있어서 그는 괴물이었습니다. 그의 위대한 친구 가운데 하나인 조각가 알베르토 자코메티(Alberto Giacometti) 역시 그를 괴물이라고 불렀습니다. 피카소는 그의 친구들을 물어뜯었습니다. 특히 여성과 정부들에게 심했습니다. 그도 스스로를 처녀들을 물어뜯는 상상의 괴물인 '미노타우로스'라고 불렀습니다. 피카소는 이런 말을 했다고 합니다. "내가 죽으면, 마치 거대한 배가 침몰하며 많은 사람들을 순식간에 삼키는 것 같은 일이 일어날 거야." 물론 그는 영화 "타이타닉"

이 만들어지기 훨씬 전 사람입니다. 실제로 그가 세상을 떠났을 때 그와 가까운 세 명의 지인이 목숨을 끊었습니다. 자신들을 물어뜯는 피카소가 없이는 살아갈 수 없었던 것입니다. 그토록 강력한 방식으로 자신들의 인격을 갉아먹던 존재가 그들의 삶의 목적이었던 것입니다. 자존감을 가지고 피카소에 맞설 수 있었던 유일한 사람은 그보다 40살이나 어린 정부, 프랑소아즈 질로트(Francoise Gilot)였습니다. 그녀는 이렇게 말했습니다. "나는 매일 진리의 갑옷을 입고 잔 다르크가 된 것 같은 심정으로 파블로를 찾아갔습니다." 진리가 없이는 속임수만 있을 뿐입니다. 이것은 간단하지만 매우 강력한 논증입니다. 왜냐하면 우리 중 그 누구도 속고 싶어 하지 않기 때문입니다. 그러니 분명히 해 둡시다. 진리 없이는 힘의 논리만 존재할 뿐입니다. 우리들은 모두 우리보다 강한 이들에게서 살아 남을 수 있을 것입니다. 그들이 하는 게임이란 조작에 불과하기 때문입니다.

지금까지 말씀드린 것이 소극적인 논증이었습니다. 적극적인 논증은 좀더 추상적으로 들릴 수 있습니다. 하지만 이 역시 동일하게 중요한 논증입니다. 바로 진리 없이는 자유도 없다는 사실입니다. 제가 옥스퍼드 대학에 있을 때 저명한 교수 가운데 한 분이 유대인 출신의 이사야 벌린(Isaiah Berlin)이었습니다. 저는 그분이 한 미국인 대학원생들을 놀리는 것을 여러 번 목격했습니다. 그는 이렇게 말하곤 했습니다. "자네들도 알다시피, 미국에서 자네들은 반밖에 안 되는 자유를 가지고 영국을 이해하게 되지." 그러면 대학원생들은 어리둥절한 표정으로 그를 바라봅니다. 그는 자유를 두 가지 차원에서 자세히 설명합니다. 그리고 대부분의 미국인들이 한 가지 차원의 자유밖에 가지고 있지 않다고 말합니다. (하지만 그는 영국인들에게도 동일한 말을 하곤 했습니다.)

다시 말해 대부분의 사람들은, 예를 들어 전형적인 십대들은 자유를 이야기할 때 '무언가로부터의 자유'를 이야기합니다. 십대들은 자신들이 부모님이나 선생님 혹은 경찰이나 감독자로부터 자유롭다면 그것이 바로 자유라고 생각합니다. 물론 그것은 자유의 중요한 일면입니다. 독재자나 억압적인 권위가 있다면, 무언가로부터의 자유는 매우 중요한 가치가 됩니다.

하지만 벌린은, 소극적인 자유는 반쪽짜리 자유라고 말합니다. 자유는 단지 무언가로부터의 자유뿐 아니라 무언가를 할 수 있는 자유여야 합니다. 가톨릭의 위대한 역사가인 액턴 경(Lord Acton)은 적극적 자유에 대해 이렇게 말했습니다. "그것은 단지 우리가 하고자 하는 것에 대한 허가를 받는 것이 아니다. 우리가 해야 할 일을 할 수 있는 능력을 말한다." 진정한 자유는 우리가 어떤 존재인가를 아는 것에 달려 있습니다. 왜냐하면 인간은 자기 자신일 수 있을 때 가장 자유롭기 때문입니다. 체스터턴이 말하길 호랑이를 우리에서 풀어 줄 수는 있어도 줄무늬로부터는 자유롭게 해줄 수 없다고 했습니다. 줄무늬는 호랑이의 본질적인 일부입니다. 낙타를 동물원에서 풀어 줄 수는 있어도 등의 혹을 떼어 줄 수는 없습니다. 등에 솟은 혹이 낙타의 본질적인 일부이기 때문입니다.

다른 말로 하면 우리는 스스로를 위해 그리고 자유로워지기 위해 진리와 성품, 사물의 본성을 밝혀야 합니다. 우리는 그것이 무엇인가에 대한 진실을 알아내야 합니다. 진리가 없으면 자유도 없습니다.

저는 이 시대를 살아가는 많은 사람들이 진리에 대해 반 정도의 의식을 가지고 있다고 말하고 싶습니다. 하지만 진리가 비인기 분야로 치부될 때, 특히 최근처럼 종교적 전체주의나 오사마 빈 라덴(Osama bin Laden)과 관련 있는 것처럼 여겨질 때 많은 사람들은 자신이 진리를 믿고 있다고 말하는 것을 부끄러워합니다. 따라서 우리는 진리의 중요성에 대한 근본적인 근거를 다시금 회복시킬 필요가 있습니다.

진리를 의심하는 이들을 위한 두 가지 논증

이제 진리를 극단적으로 의심하고, 진리에 반대하며, 지극히 회의적인 방식으로 진리를 무시하는 이들을 위한 두 가지 논증을 제시하겠습니다. 이 두 가지 논증은 매우 강력한 것입니다. 이 두 논증도 소극적인 논증과 적극적인 논증으로 나뉠 수 있습니다. 다양한 방법으로 두 가지를 이야기할 수 있겠지만, 저는 저의 멘토인 저명한 사회과학자 피터 버거(Peter Berger)가 이야기한 방식으로 말씀드리겠습니다.

일관성이 부족한 상대주의. 극단적 회의주의자들에 접근하는 소극적인 방법은, 피터 버거가 말한 바와 같이 '상대주의자들을 상대화'하는 것입니다. 사람들은 상대주의를 떠받듭니다. 하지만 그들의 상대주의를 자세히 들여다보면 거기에는 대개 이중 잣대가 숨겨져 있습니다. 그들은 과거에 대해서는 회의적이면서 현재에 대해서는 그렇지 않을 것입니다. 또 그들은 다른 모든 것들에 대해서는 회의적이면서 자신에 대해서는 회의적이지 않을 것입니다. 다른 말로 하면, 그들은 자기 자신들에 대해서는 상대주의를 적용하지 않는 것입니다. 진리에는 명백한 일관성이 있어야 합니다. 하지만 상대주의자들은 자신들이 믿고 있는 것이 진리라고 말하고 싶어도 그러한 일관성을 찾아낼 수 없습니다. 간단히 생각해도, 어떤 생각이든 사고할 수 있고 어떤 논증이든 주장할 수 있다면, 그중 어떤 생각들은 주장할 수 있기는 하지만 명맥을 이어갈 수 없는 것들도 있습니다. 상대주의자들이 믿고 있는 것이 허구임을 폭로하는 가장 좋은 방법은 온갖 종류의 반대 논증을 대는 것이 아니라, 그저 "다 좋아, 알았어"라고 말하고 그들이 생각하는 것이 그들에게는 진리일 거라고 인정해 버리는 것입니다.

학부 때 저의 전공은 사회과학이었습니다. 하지만 제가 가장 흥미를 느낀 것 중 하나가 바로 철학이었습니다. 1960년대 초반은 비엔나 학파와 실증철학의 영향력이 영국 대학에 여전히 지대한 영향을 미치고 있을 때였습니다. A. J. 에이어(Ayer)의 경우는 진술이 사실임을 입증하는 원칙을 대단히 중요하게 여겼던 학자로, 주장의 유형을 판단해야 할 필요가 있다고 했습니다. '모든 총각은 남자다'라는 분석적 주장을 예로 들어 보겠습니다. 이 명제의 진위는 자동적으로 받아들여질 수 있는데, 그 이유는 결론에서 주장하고 있는 내용이 이미 전제 안에 포함되어 있기 때문입니다. 하지만 다른 종류의 주장은 오감을 통해 경험적으로 검증되어야 하고, 검증되지 않을 시에는 무의미한 진술이 됩니다.

그래서 모든 종교적 주장이나 형이상학적 주장은 허튼소리로 여겨집니다. 에이어는 이런 유명한 말을 남겼습니다. 'G-O-D'(신)라는 단어는 'D-O-G'(개)라는 단어보다도 훨씬 더 무의미합니다. 개는 오감의 세계에 속한 존재로 경험적으로 증명될 수 있습니다. 하지만 신은 그렇지 않습니다. 따라서 신은 넌센스입니다. 하지만 철학을 아는 사람이라면 앞으로 어떤 일이 벌어지는지를 잘 알 것입니다. 안타깝게도 에이어의 검증 원칙 자체는 오감을 통해 검증될 수 없다는 것입니다. 즉, 원칙 그 자체가 넌센스라는 것입니다!

몇 해 후, 제가 옥스퍼스에 있고 에이어가 은퇴하게 되었을 때, 저는 어느 날 그와 한 시간 동안 기차를 타게 되었습니다. 삶에 대한 이야기를 나누다가 그가 제게 이런 말을 했습니다. "회의주의의 그 모든 검증 원칙은 장님의 골짜기와 같소." 그리고 이어서 이렇게 말했습니다. "진리가 무언인가를 검증해 볼 수 있다고 주장하는 사람이라면, 다른 명제를 검증하기 위해 그들이 휘두르는 칼을 자신들의 소중한 믿음에도 갖다 댈 수 있어야 하오."

틀린 말이 전혀 없습니다. 그는 칼을 갈아 모든 명제를 향해 휘둘렀습니다. 그러자 다른 누군가가 그를 향해 그 칼을 휘둘렀습니다. 에이어가 가졌던 원칙은 하룻밤 사이 무너져 버렸습니다. 상대주의자들을 상대화해 보아야 합니다. 그리고 그들이 자신들의 사상에 대해 이중 잣대를 숨기고 있는 것을 간과해서는 안 됩니다.

초월성의 신호. 극단적 회의주의자들을 위한 두 번째 답변은 좀더 적극적인 것입니다. 피터 버거는 그것을 두고 '초월성의 신호 가리키기'라고 불렀습니다. 그들은 회의주의자이고 헛된 폭로를 일삼는 자들입니다. 그들은 아무것도 믿지 않습니다. 하지만 버거가 지적했다시피, 그들의 경험 속에는 경험을 넘어서는 무언가를 지시하면서도 경험할 수 있게는 허락되지 않는 것들이 있습니다. 다시 말해 그들의 경험 속에 그들의 경험과 모순되는 것들이 있고, 그들의 갈망 속에는 경험할 수 있는 것 이상의 무언가가 들어 있습니다. 이것이 바로 초월성의 신호입니다.

예를 하나 들겠습니다. 20세기의 가장 위대한 영미 시인 중 하나가 바로 W. H. 오든(Auden)입니다. 그는 1930년대 후반 유럽 대륙의 전쟁을 피해 미국에 왔고 맨해튼에 행복하게 정착했습니다. 하지만 두 달 후 전쟁이 터졌습니다. 그때 그는 맨해튼의 어퍼 이스트 사이드(Upper East Side)에 있는 한 극장에서 영화를 보고 있었습니다. 당시 그가 몰랐던 사실은 그 극장을 찾는 관객들 중에는 인근 요크빌 지역에 사는, 독일어를 주로 사용하는 사람들도 많았다는 점입니다. 오든은 매주 다큐멘터리 영화를 보기 위해 극장을 찾았습니다. 그때만 해도 텔레비전이 없어 다큐멘터리 영화를 통해 세계 이곳 저곳의 소식을 전해 들었기 때문입니다. 전쟁이 발발한 지 2개월 후인 1939년 11월 어느 날, 그날의 다큐멘터리는 폴란드 침공에 관한 것이었습니다. 나치의 돌격대원들이 무섭게 국경을 뚫고 들어가 여자와 어린이를 막론하고 총검을 휘둘러 댔습니다. 그러자 독일어를 사용하는 관객들이 목청을 높였습니다. "죽여라! 죽여라!" 마치 나치 돌격대들을 응원하듯이 말입니다. 이 관객들을 조금이나마 변호해 주자면, 이들은 아직 유대인 대학살이나 죽음의 수용소 따위에 대해서는 모르고 있었습니다.

오든은 어두운 극장에서 할 말을 잃고 앉아 있었습니다. 5분만에 기존에 가지고 있던 세계관이 완전히 뒤바뀌는 것을 경험했다고 합니다. 특히 두 가지 사실이 그가 가지고 있던 세계관의 정수를 흔들어 놓았습니다. 하나는, 인간의 본성에 악이 있다는 것이었습니다. 전 생애를 통틀어 그는 인간 본성의 선함에 대한 믿음을 가지고 있었습니다. 그리고 좀더 세심한 심리 분석과 약간의 교육, 개선된 정치 체계를 통해 우리는 인간의 선한 본성을 보다 찬란하게 구현시킬 수 있다고 믿었습니다. 하지만 그는 당시를 이렇게 회고합니다. "그 장면들을 바라보며, 거기에 대한 관객들의 반응을 바라보며, 악이 인간의 본성에 내재해 있음을 알았습니다. 물론 저를 포함해서요."

그는 또한 두 번째 각성에 대해서도 말했습니다. "두 번째 것도 즉각 깨달았습니다. 제가 만약 무엇이 악이라고 말할 수 있으려면 무엇이 악이라는 기준을 가지고 있어야 할 것입니다. 하지만 제게는 그런 기준이 없었습니다. 그저 직관적으로 히틀러는 절대적으로 악하다고 알았던 것입니다. 저는 성인이 된 이후 평생을 학자로서 절대적인 것을 무너뜨리기 위해 노력해 왔습니다. 그런데 갑자기, 이것이 악이라고 말할 수 있는 무언가가 필요한 것을 깨달았습니다."

여러분은 무신론자들이 '천벌 받을!'(God damn it, 빌어먹을)이라고 말하며 거기에 진심을 담는 것을 들어 본 적이 있으십니까? 백 번 중 아흔아홉 번은 그저 빈말일 수 있습니다. 어쩌면 신성모독일 수도 있습니다. 하지만 무신론자들조차도 진짜 사악한 것을 대면하게 될 때면 종종 직관적으로 자기도 모르게, '천벌 받을'이라고 말하게 됩니다. 틀린 말이 아닙니다. 어떤 것들은 정말 심오하게 잘못되어 그것들을 정죄할 수 있는 어떤 절대적인 기준을 필요로 합니다. 그것이 바로 피터 버거가 '초월성의 신호'라고 부르는 것입니다. 이것은 오든이 전에 믿었던 것과는 대립되는 것입니다. 하지만 그는 그것을 열망하기는 하면서도 아직 믿고 있지 않습니다. 오든은 이렇게 말했습니다. "나는 무조건적인 절대성을 찾아 헤매는 사람이 되어 그 극장을 떠났습니다." 그리고 그는 믿음을 갖게 되었습니다. 초월성의 신호를 가리키는 삶을 살았습니다.

여러분이 보시다시피, 상당수의 사람들이 대담한 회의주의자들입니다. 극단적인 회의주의자들이기도 합니다. 그들은 기존의 믿음과 사고 체계를 회의

하고 붕괴시킬 수 있는 자신들의 기술을 대단히 자랑스러워합니다. 그저 그 상대주의자들을 상대화해 버리십시오. 그리고 그들의 삶 속에 거할 수 있을 만큼 그들을 사랑하십시오. 언젠가 초월성의 신호가 켜지고 삐 소리를 내며 그들 삶 저 너머를 가리키게 될 때 그들을 감싸 주십시오. 그러면 여러분은 그 극단적인 회의주의자들이 방향을 선회해 자신들이 얼마나 틀렸었는지를 깨닫고 진리가 얼마나 소중한지를 알게 되는 것을 목격할 것입니다.

진리의 두 가지 도전

마지막 논점입니다. 진리와, 진리에 잇따르는 두 가지 도전은 우리 모두에게 해당하는 것입니다. 그저 회의주의자들에게만 해당하는 것이 아닙니다. 우리 모두, 특히 진리에 단단히 매인 자들, 진리에 대한 믿음을 공개적으로 선언하는 자들에게 해당하는 것입니다. 진리는 참으로 만만치 않은 것입니다. 성경적인 관점에 따르면 유대인과 그리스도인 모두 진리를 추구하는 자들입니다. 이것은 전통적인 동양의 사고나 세속주의와는 다릅니다. 성경은 진리의 인도함을 받는다는 것에 대한 전반적인 틀이 제시하고, 그 틀 안에 거하는 것이 중요하다는 것을 강조합니다. 그래서 우리는, 사업 운영에서의 정직이나 성실, 언론의 진실성, 정치적 소통에서의 성품과 진정성, 과학에서의 사실 규명 등 삶의 원칙을 중시합니다. 이 모든 것들은 성경적인 관점에서 유래합니다. 왜냐하면 제가 앞서 말씀드린 것처럼 하나님은 인간이 진리의 인도함을 받아야 한다고 강력하게 주장하시기 때문입니다. 하지만 성경은 우리가 단지 진리를 추구하기만 하는 것이 아니라 진리를 왜곡하기도 한다고 지적합니다. 성경적 이상은 단지 우리가 진리에 대해 말하고 진리를 위해 싸우는 데에서 그치는 것이 아닙니다. 성경은 우리가 진리 안에 거하고 진리를 실천하기를 바랍니다.

여기에서 우리는 진리에 대한 진정한 도덕적 도전에 맞닥뜨리게 됩니다. 지난 몇 세기 동안 사상가들이 진리를 어떻게 생각하고 어떻게 규정하였는가 돌아보면, 두 가지 방식이 있음을 알 수 있습니다. 우리는 모두 그 두 가지 가운데서 갈등합니다. 하나는 진리를 우리의 욕망에 맞추어 규정하고 좇으려는 방식입니다. 다른 하나는 진리에 우리의 욕망을 맞추려고 노력하는 방식입니다.

욕망에 맞추어 진리를 규정하기. 먼저 첫 번째 방식부터 살펴보겠습니다. 자신들의 욕망에 맞추어 진리를 규정하려는 방식입니다. 많은 사람들이 학자들은 진리에 온전히 열정적으로 헌신한다고 생각합니다. 물론 많은 학자들이 실제로 그러했습니다. 사회과학의 위대한 영웅인 막스 베버(Max Weber)는 이렇게 말했습니다. "진리가 아니면 아무것도 아니다." 그리고 키르케고르, 카뮈 그리고 다른 수많은 학자들이 진리에 열정적으로 매달렸습니다. 그들은 진리가 자신을 어디로 이끌든 따랐습니다. 이들에게는 진리가 아니면 아무 의미도 없었습니다. 하지만 이것이 사상가들의 일반적인 모습일까요? 최소한 여러분 세대에서는 그렇지 않을 것입니다. 교육이 정교해질수록 합리화의 잠재성 또한 커집니다. 이성이 발달할수록 영혼이 실족할 가능성은 높아집니다. 인류의 지성들이 남긴 기록들은, 특히 현대 사회의 경우 경고성 충고에 가깝습니다. 그 가운데 폴 존슨(Paul Johnson)은 자신의 저서를 이렇게 마무리했습니다. "학자들을 조심하라."

제가 아는 가장 뻔뻔한 예는 「멋진 신세계」(*Brave New World*)를 쓴 올더스 헉슬리(Aldous Huxley)입니다. 그가 살던 시대는 그다지 오래 전이 아닙니다. 그의 또 다른 소설 「목적과 수단」(*Ends and Means*)을 읽으면, 그가 옥스퍼드를 떠나며 그의 친구들과 이 세상에는 아무런 의미가 없다고 결정한 것을 볼 수 있습니다. 그는 이렇게 말합니다. "우리는 숨길 생각이 없다. 이 세상은 아무런 의미가 없다. 우리는 그렇게 결정했다." 이 세상이 아무런 의미가 없다는 것을 발견한 것이 아니라 결정했다는 것입니다. "이 세상에 아무런 의미가 없다고 전제하면, 우리가 원하는 어떤 것이든, 정치적인 것이든 성적인 것이든 경제적인 것이든 그것의 의미를 만들어 낼 수 있기 때문이다." 헉슬리는 이 책에서 상당히 적극적으로, 그에게 있어 무의미성이란 '자유를 위한 도구'임을 강조했습니다. 진리를 찾아보고 그것이 무의미하다는 것을 알아낸 것이 아니라, 자기만의 방식으로 살아가기 위해 그것은 아무런 의미가 없다고 결정 내린 것입니다. 헉슬리의 방식을 따르게 되면, 이미 많은 이들이 알다시피 단기적으로는 정말 좋습니다. 놀랄 일이 아닙니다. 자기 하고 싶은 대로 하기. 자신의 현실을 스스로 개척하기. 하지만 삶을 좌지우지하는 이 핸들은 헉슬리와 그의 많은 추종자들에게 그랬듯이, 혼란과 상실로 우리를 인도합니다.

자기가 하고 싶은 대로 삶의 의미를 규정한 사람들이 가진 핵심 단어 가운데 클린턴 전(前) 대통령 때문에 유명해진 단어가 하나 있습니다. '구획화'가 그것입니다. 클린턴은 그 단어를 자신의 어머니에게서 배웠다고 합니다. 이 점도 염두에 둘 필요가 있습니다. 삶의 어떤 부분이 마음에 들지 않는다면 그것을 별도로 분리해 낼 수 있습니다. 그는 이것을 긍정적으로 활용했습니다. 많은 사람들이 이런 사고 때문에 클린턴이 이랬다 저랬다 하는 '분할 스크린 식 국정 운영'(split-screen presidency)을 하게 되었을 거라고 분석합니다. ABC 뉴스에서 처음 이 말을 사용했는데 이보다 좀더 쉽게 풀어서 이야기해 볼 수도 있습니다. 만일 삶 전체를 진리와 연합시키지 않았다면, '구획화'란 삶에 통합성이 결여되었다는 말이 됩니다. 즉, 자기의 욕망을 따라 진리를 규정하는 것입니다.

진리에 욕망을 맞추기. 진리에 욕망을 맞추는 것이 대안이 될 수 있습니다. 진리에 맞추어 욕망을 형성하는 것입니다. 이론의 여지없이, 단기적으로 이 방식은 불편합니다. 저도 때로는 그 점이 마음에 들지 않습니다. 이런 생각이 어쩌면 제가 방금 말한 것을 거짓으로 만들지 모릅니다. 아니면 제가 진리의 원칙을 도덕적으로 침범하고 있을지 모릅니다. 그러나 진리는 타협의 대상이 아닙니다. 진리는 실재이기 때문입니다. 장기적으로 볼 때, 진리는 우리를 자유롭게 합니다. 왜냐하면 우리의 삶이 그 실재와 나란히 맞추어질 때 우리는 인간답고 자유롭게 살아갈 수 있게 됩니다.

여기 '구획화'와 대조를 이루는 말이 있습니다. 이 말은 유대교와 그리스도인의 신앙에서 매우 강력하게 자리잡고 있습니다. 바로 '고백'(confession)입니다. 미셸 푸코는 그리스도인의 믿음을 미워한 저명한 포스트모던 사상가로 잘 알려져 있습니다. 하지만 푸코는 그가 유대교와 그리스도인 신앙에 대해 존경하는 한 가지가 있다고 인정했습니다. 바로 고백 혹은 자백입니다. 강압에 의한 고백이 아니라 자발적인 고백은 실제로 대단히 비범한 도덕적 행위입니다. 왜일까요? 누군가 "제가 틀렸습니다. 제가 잘못했습니다"라고 고백할 때, 그들은 스스로를 공식적으로 무너뜨리게 됩니다. 단기적으로 보면 대단히 고통스러운 일입니다. 하지만 장기적으로는 참으로 위로가 되고 자유로운 일입니다.

따라서 오늘날 진리는 만만한 일이 아닙니다. 미국 헌법을 주창한 이들의 생각에서도 읽을 수 있듯이 진리는 나라를 세우는 주춧돌 가운데 하나입니다. 진리가 없이 이 나라는 자유롭지도, 자유를 유지할 수도 없습니다. 하지만 지난 삼십 년간, 건국의 아버지들이 이 나라의 근간이라고 여겼던 많은 기초들이 산산이 조각나고 내팽개쳐졌습니다. 놀랄 만한 속도와 규모로 말입니다. 하지만 개인의 차원에서나 국가의 차원에서도 진리가 없다면 자유도 없습니다. 예수의 말씀을 따라가 보십시오. 그로 인해 얼마나 많은 논란과 논쟁을 겪든, 결국에 가서는 예수님이 얼마나 간결하면서도 분명하게 진리를 이야기하셨는가를 깨달을 수 있습니다. 나사렛 예수의 말씀은 진리를 놀랄 만큼 심오하게 표현하셨습니다. "진리를 알지니, 진리가 너희를 자유롭게 하리라."

요한복음 8장에 기록된 이 구절만큼, 많은 미국 대학들이 교학 이념으로 삼고 벽마다 기록하고 있는 것이 없을 것입니다. 오늘날 미국의 비극은 이 모토가 캠퍼스의 벽은 아름답게 장식하고 있을지 몰라도 캠퍼스를 오가는 이들의 마음속에는 살아 있지 않다는 점입니다. 진리, 인간성 그리고 자유. 간단히 말해 우리는 뭐든 선택할 수 있는 시대를 살고 있습니다. 특히 여러분의 세대는 그렇습니다. 진리가 무엇인지를 다시 한 번 깊이 생각해 보고 용기 있게 그 본연의 길로 돌아갈 것인지, 아니면 포스트모더니즘이 가져온 최신의 회의주의와 함께 흘러갈 것인지, 선택은 여러분에게 달려 있습니다. 하지만 오늘 밤 제가 여러분에게 하고 싶은 말은 그 결과 또한 여러분에게 돌아갈 것이란 점입니다. 진리가 없으면, 자유도 없습니다.

티머시 켈러 Timothy J. Keller

뉴욕 리디머(Redeemer) 장로교회의 담임목사다. 웨스트민스터 신학대학에서 실천신학 조교수로도 활동 중이다. 「돌아온 하나님」(*The Prodigal God*), 「신들의 기만」(*Counterfeit Gods*) 등을 저술했고, 뉴욕타임즈 베스트셀러로 「살아 있는 신」(*Reason for God*, 베가북스)이 있다.

3. 살아 있는 신
: 진리의 배타성
시카고 대학 베리타스 포럼, 2008

저는 오늘날 사람들이 왜 하나님을 믿는 데 회의적인지, 그 가장 큰 이유 중 하나를 이야기하고자 합니다. 하나님을 믿는다는 것은, 진리는 배타적이라는 주장과 맥을 같이합니다. 만일 누군가가, "저는 하나님이 어떤 분이신지를 알고, 하나님이 진정으로 기뻐하시는 것이 무엇인지도 압니다"라고 말했다면, 그 말은 곧 "저는 진리를 알고, 영적 실재가 누구인지를 알고 있습니다. 그리고 그 진리를 소유하고 있습니다. 만일 제가 믿는 이 진리를 당신이 믿지 않는다면, 당신은 진리를 소유하고 있는 것이 아닙니다"라는 의미입니다. 오늘날 많은 사람들은 이러한 주장을 탐탁지 않게 여깁니다. 그것은 분열을 조장하고 편협하며 다원적인 사회를 파괴하는 주장이라고 생각합니다. 결국 현대 사회의 사람들이 정통 신앙, 특히 기독교 신앙을 갖기 꺼리는 이유 중 하나는 바로 진리의 배타성을 받아들이고 싶지 않기 때문입니다.

저는 이 부분에 대해 좀더 구체적으로 이야기하고자 합니다. 하나님을 믿는 것, 특히 기독교 신앙을 갖는 것은 진리의 배타성을 명백히 인정하는 것입니다. 저는 실제로 세계에서 벌어지고 있는 각종 갈등과 소요, 분리의 원인 가운데 하나가 배타적인 진리를 주장하는 종교임을 인정합니다. 종교가 세계의 평화를 위협하는 데 상당한 원인을 제공한 것이 사실입니다. 이러한 말이 여러분에게 놀라운가요? 그리스도인 목회자로서 저는 곧장 이렇게 대답할 수 있습니다. "틀린 말이 아닙니다." 그렇다고 진리의 배타성을 주장하는 것이 편협한 일이고, 그러므로 그만둬야 한다는 데 제가 동의할까요? 그렇지 않습니다.

저는 종교가 주장하는 진리의 배타성에 대해 사람들이 일반적으로 어떻게 대응하는지, 그 다섯 가지 방식을 말씀드리고자 합니다. 그리고 그런 대응이 효과가 없다는 것도 보여 드리겠습니다. 그리고 종교의 분리 성향에 대해 우리가 대응할 수 있는 방법을 제안하겠습니다.

그러면 먼저 오늘날 대부분의 사람들이 종교의 배타적 진리 주장에 대해 어떻게 대응하는지를 말씀드리겠습니다. 사람들은 배타적인 진리 주장이(을),

1. 사라져 버리기를 희망합니다.
2. 사회적으로 묵살해 버립니다.
3. 설명으로 약화시키려 애씁니다.
4. 논쟁의 대상으로 삼고 비난해 버립니다.
5. 개인적 취향으로 간주해 버립니다.

저는 이 다섯 가지 방식이 전부 다 효과가 없다는 것을 보여 드리겠습니다.

사라져 버리기를 희망하기

첫째로, 배타적인 진리 주장이 사라져 버리기를 희망하는 부류에 대해 말씀드리겠습니다. 제가 대학을 다닐 때는 저를 포함한 모든 이들이, 사회가 기술적으로 진보할수록 종교는 무의미해지고 결국 사라질 거라고 믿었습니다. 대부분의 사람들이 말하길, 교육 수준이 높아지고 경제 수준이 높아질수록 또 사람들의 수준이 높아질수록 종교가 설 자리는 없어질 거라고 했습니다. 또 많은 사람들이 여전히 교회에 가기는 하지만, 그들 역시 종교를 대단히 비유적으로 받아들이고 있을 거라고 했습니다. 예를 들어, 부활을 믿는다고 해도 그것을 악에 대한 선의 승리로 받아들이는 것입니다. 유럽을 지켜본 대부분의 사람들이 이렇게 말합니다. "유럽이 얼마나 세속화되었는지, 종교를 믿는다고 하는 사람들이 얼마나 비종교적이 되었는지를 한번 봐." 하지만 현실은 전혀 그렇지가 않습니다. 정통 종교가 세계 곳곳에서 왕성하게 성장하고 있습니다.

컬럼비아 대학에서 역사학을 가르치는 마크 릴라(Mark Lilla)는 최근 「사산된 신」(Stillborn God, 바다출판사)이라는 책을 저술했습니다. 여러분은 사산된 신이 누구를 가리키는지 아십니까? 바로 주류 자유주의 기독교의 신을 말합니다. 자유주의 기독교는 인류의 미래를 책임질 종교로 여겨졌습니다. 그곳에서는 모든 교리를 은유적으로 받아들이고 모든 사람들에 대해 관용을 베풉니다. 기본적으로 기독교라는 것은 좀더 나은 삶을 살고, 이 세상을 좀더 살만한 곳으로 만드는 역할을 합니다. 그러나 더 이상 기적이나 거듭남의 필요성은 믿지 않습니다. 마크는 그의 책에서 이런 종류의 기독교는 이제 실패했다고 지적했습니다. 대신 우리가 여기 서구 세계에서 목격하고 있는 것은 세속주의와 정통 종교 모두의 성장입니다. 기적을 믿고, 초자연적이며, 왕성하고, 활력 있게 성장하는 종교가 있습니다. 우리의 세계는 양극화되고 있는 것입니다.

정통 신앙을 가진 사람들은 사라지지 않을 것입니다. 진리를 주장하는 사람들도 사라지지 않을 것입니다. 그런 사람들이 사라질 거라고 희망해서 될 일이 아닙니다. 그들은 사라지지 않을 것이기 때문입니다. 더 흥미로운 사실은 우리가 눈치를 채든 그렇지 않든 심지어 학계에서조차 그러할 거라는 점입니다. 예를 들어, 비평 이론에 관한 권위자인 스탠리 피쉬(Stanley Fish) 교수는 몇 해 전 발표한 "고등 교육의 연대기"(Chronicle of Higher Education)라는 논문에서 이렇게 말했습니다. "대학은 앞으로 정통 종교에서 영감과 인도를 얻기 원하는 새로운 세대의 최고 지성의 영향을 받게 될 것이다. 우리는 그들을 맞이할 준비가 되었는가?" 놀라운 주장입니다. 그는 또 이렇게 말합니다.

> 우리는 그들을 맞이할 준비를 하지 않으면 안 된다. 왜냐하면 사회가 그들을 향해 움직이고 있기 때문이다. 자크 데리다(Jacques Derrida)가 죽었을 때 한 기자가 나를 찾아와 이후 철학의 향방이 어디이고, 어떤 이론이 주목을 받게 될지를 물었다. 인종과 성 그리고 계급이 다음 세대 지성을 이끌 삼두마차가 될 것인지를 물었다. 나는 조금도 주저하지 않고 대답했다. "종교입니다."[1]

지금 당장에는 그렇게 보이지 않을 수 있습니다. 하지만 피쉬는 현재 어떤 일이 일어나고 있는지를 알았던 것 같습니다. 여러분이 만일 세속적인 유형의 인간이라면 한 번 생각해 볼 필요가 있습니다. '저마다 자신이 진리를 소유했다고 생각하는 이 다원주의 사회에서 우리는 어떻게 공존할 수 있을까?' 배타적인 진리를 주장하는 사람들이 사라지기를 바라거나, 그들에 대해 불평하고 주제를 알라고 핀잔하는 대신, 그들을 어떻게 대해야 할지 배워야 합니다.

그렇다면, 종교는 결국 사라질 거라고 믿는 세속화 이론은 어떤가요? 스팍과 커크가 등장했던 초기 "스타 트랙"(Star Trek) 에피소드에는 종교가 등장하지 않습니다. 왜냐하면 당시 그 공상 과학 드라마를 쓴 작가들은 수백 년 이후에는 아무도 종교를 갖지 않을 거라고 믿었기 때문입니다. 하지만 피커드 함장이 등장하는 두 번째 시리즈에서는 종교가 곳곳에 스며들어 있습니다. 작가들이 뭔가를 좀더 알기 시작한 것입니다.

종교는 곧 사라질 거라는 세속화의 주장은 이제 너무 신빙성이 떨어지는 이야기가 되어 버렸습니다. 그래서 지난해 "뉴욕 타임즈 매거진"(*New York Times Magazine*)에는 왜 인류의 상당수가 여전히 신을 믿는가에 대해 진화 과학자의 입장에서 규명하려는 기사가 실리기도 했습니다. 진화 과학자들은 인간의 절대 다수가 신의 개념을 대단히 타당한 것으로 받아들이고 있음을 인식하고, 그것이 자연스럽다는 것을 깨달았습니다. 하지만 명문 대학을 다니는 평균적인 젊은이들의 경우는 신의 개념을 자연스럽게 받아들이지 않습니다. 어쨌든 그렇다면 진화 과학자들은 이러한 현실 인식을 바탕으로 어떤 행동을 하게 될까요? 신의 개념이 사라져 버리기를 고대해 봤자 소용이 없을 것입니다. 배타적인 진리 주장이 언젠가 어떻게든 사라져 버리겠지 하고 바라는 것은 마치 뱀을 잡기 위해 덤불 숲을 찾아 다니는 것이 아니라 언덕 위로 올라가 기다리는 것과 같습니다. 그러나 뱀은 언덕 위로 다니지 않을 것입니다. 즉, 배타적인 진리 주장이 사라지는 일은 벌어지지 않을 것입니다.

사회적으로 묵살하기

진리를 주장하는 종교를 거부하기 위해 사람들이 시도해 온 두 번째 방식은 과거 소련이나 중국이 했던 것처럼 종교를 억압하고 통제하려는 것입니다. 하지만 이 방법 역시 통하지 않습니다. 저는 이 부분에 대해서는 많은 이야기를 하지 않을 생각입니다. 왜냐하면 이 자리에 있는 그 누구도 종교를 억압하거나 통제하려는 의도를 가졌을 거라고는 생각하지 않기 때문입니다. 하지만 많은 분들이 아마 아시겠지만, 1945년과 1946년 사이 공산주의자들은 중국에서 서구 선교사들을 대거 추방했습니다. 당시 그들은 이렇게 생각했습니다. '이제 그 지긋지긋한 서구 종교를 몰아낼 수 있을 거야. 선교사들을 다 쫓아냈으니 조금 남은 종교인들은 자연히 사라질 거야.' 하지만 중국 내 기독교는 뜨겁게 성장하고 있습니다.

아마 미국보다 중국에 더 많은 기독교인들이 있을 것입니다. 중국 내 기독교인의 비율은 현재 1퍼센트 정도인데 향후 백 년 동안 30-40퍼센트까지 증가할 것입니다. 그러한 결과는 역사의 흐름을 바꾸어 놓을 것입니다. 이런 일이 생기는 이유는 선교사들을 추방하고 기독교를 억압함으로 중국 공산당 지도자들이 기독교를 중국 내 토착화시키는 데 기여했기 때문입니다. 중국 내 그리스도인들은 여전히 사도신경과 정통 신앙을 고수합니다. 하지만 그들은 더욱더 강력하게 마른 들판의 들불처럼 퍼져 나가고 있습니다. 따라서 종교는 묵살해 버릴 수 있는 것이 아님을 확인할 수 있습니다. 핍박과 탄압은 종교를 말살하는 데 전혀 도움이 되지 않습니다. 종교를 더욱 강력하게 하고 본질로 돌아가게 할 뿐입니다. 많은 측면에서 종교의 순수성을 회복시키는 원인이 됩니다.

설명해서 약화시키기

셋째, 종교를 설명해 냄으로써 약화시키려는 시도가 있습니다. 오늘날의 사람들은 종교의 배타적인 진리 주장을 약화시키고 소멸하려는 의도를 가지고 접근합니다. "뉴욕타임즈 매거진" 기사에 언급된 진화 과학자들은 질문합니다. "왜 종교적 믿음이 그렇게 만연해 있는가?" 종교는 사라지지 않을 것입니다. 진화 과학자들은 어린아이들이 하나님에 대한 믿음을 갖기 위해 거의 준비된 상태라는 것을 보여 주는 연구 결과를 발표하기도 했습니다. 아이들이 하나님에 대한 믿음을 배우게 되면 그들은 거의 즉각적으로 그것이 그간 배워온 그 어떤 것들보다도 말이 된다는 것을 알아차립니다. 아이들이 거부감을 보이고 받아들이지 않는 다른 종류의 믿음은 상당히 많습니다. 하지만 하나님에 대한 믿음은 거부하지 않습니다. 그래서 과학자들은 인간에게 내재된 것처럼 보이는 이 믿음의 원천이 무엇인가를 밝혀내기 위해 노력했습니다.

그리고 진화 과학자들은 당연하게도 이런 결론에 도달합니다. "아, 바로 자연 선택 과정에서 인간에게 굳어져 버린 행동 양식이야." 다시 말해, 하나님에 대한 믿음이 우리의 조상들이 살아남는 데 어떤 식으로든 기여했다는 말입니다. 따라서 진화 과정을 통해 하나님을 믿는 성향을 지속적으로 선택했고, 그래서 그런 믿음 체계를 가지게 된 것이라는 논리입니다. 하지만 여기에는 문제가 있습니다. 리처드 도킨스, 크리스토퍼 히친스(Christopher Hitchens), 대니얼 데넷(Daniel Dennet) 등의 무신론자들이 쓴 새 책을 들여다보면 흥미로운 사실을 발견할 수 있습니다. 이들은 모두 동일한 접근법을 사용하여 이렇게 주장합니다. 만일 당신이 하나님을 믿고 있다면, 그것은 정말로 어딘가에 하나님이 있기 때문이 아니라 하나님을 믿도록 내면화되어 있기 때문이라는 것입니다. 즉, 믿지 않을 수가 없다는 말입니다. 하나님을 믿는 것이 조상들의 생존을 도왔던 것입니다.

그러나 놀라운 사실은 이러한 논리는 거의 모든 서평에서, 특히 "런던 북 리뷰"(London Review of Books), "뉴욕타임즈 북 리뷰"(New York Times Review of Books), "뉴욕 북 리뷰"(New York Review of Books) 등 특히 명성 있는 저널에서 부정적인 반응을 얻었다는 것입니다. 비평가들은 그리스도인이 아니었습니다. 예를 들어, 위대한 철학 교수인 뉴욕 대학의 토머스 나겔(Thomas Nagel)은 불가지론자이고, 대니얼 데넷의 책을 비평한 "뉴 리퍼블릭"(New Republic)의 문예 담당 편집인 레온 위셀티어(Leon Wieseltier)도 그리스도인이 아닙니다. 하지만 이들이 하는 이야기를 들어 보십시오. 그리고 그 말들은 참으로 옳습니다. 하나님에 대한 믿음이나 도덕적 충동이 우리 내면에 굳어진 행동 양식이라고 말하는 것의 문제는, 너무 많은 것을 증명해 냈다는 데 있습니다. 즉, 우리의 믿음 형성 기능이나 도덕 충동이 진화의 산물이고 그래서 우리에게 진실을 알려 주지는 못하고 다만 생존하는 데 도움을 주었다는 논리는 지나치게 많은 이야기를 합니다. 만일 우리 내면에 있는 믿음 형성 기제가 하나님과 도덕에 대해서 말해 주는 바를 신뢰할 수 없다면 왜 같은 기제를 가지고 진화가 진실이라는 것을 믿어야 하는 것일까요? 왜 다른 모든 것과 다른 모든 이들의 믿음에는 수술용 메스를 들이대면서, 스스로의 것에는 그렇게 하지 않을까요?

노틀담 대학의 앨빈 플랜팅가(Alvin Plantinga) 교수는 그의 많은 저서에서 이 부분을 수준 높게 비판해 왔습니다. 철학자인 그는 이렇게 말합니다. "만일 우리 내면의 모든 것이 진화의 산물일 뿐이라고 믿는다면, 우리의 믿음 형성 기제가 진실을 말해 주기 때문이 아니라 단지 생존을 돕기 위해서만 존재한다고 믿는다면, 우리는 우리의 인지 능력이 진리가 무엇이라고 말해 줄 거라 기대할 수 없다." 사실, 약간은 망상적인 현실 인식이 정확한 현실 인식보다도 생존에 도움이 될 것은 분명합니다. 그러나 우리의 인지 능력이 하나님과 도덕에 대해 말하는 바를 믿을 수 없다면, 어떻게 감히 '하지만 진화론에 대해 말하는 것은 믿을 수 있다'라고 할 수 있겠습니까? 따라서 만일 여러분이 진화론 같은 이론을 믿고 있다면, 여러분은 인간의 정신을 신뢰할 수 없게 됩니다.

「인간 폐지」(Abolition of Man, 홍성사)의 결말 부분을 보면, 종교와 도덕성에 대해 "글쎄, 그것은 그저 진화의 산물일 뿐이야" 혹은 "그냥 그렇고 그런 이야기지 뭐"라고 설명해 내려 하는 사람들에 대한 언급이 있습니다. 이 책의 저자 C. S. 루이스는 이렇게 말합니다.

언제까지나 '설명해 낼' 수는 없을 것이다. 언젠가는 설명을 시도하기 위해 만들었던 설명 그 자체를 설명해서 폐기해 버리는 일이 벌어질 것이다. 언제까지나 사물을 '꿰뚫어 볼' 수는 없다. 무언가를 꿰뚫어 보려고 시도하는 목적은 그 무언가를 이해하기 위함이다. 창문이 투명하다는 것은 좋은 일이다. 왜냐하면 창문 너머의 도로나 정원이 불투명하기 때문이다. 만일 정원조차도 투명하게 꿰뚫어 볼 수 있다면 어떨까? 그렇다면 창문을 통해 '넘겨다보는' 것 자체가 무의미하다. 만일 모든 것을 꿰뚫어 볼 수 있다면 모든 것은 투명할 것이다. 하지만 전체가 다 투명한 세계는 보이지 않는 세계나 마찬가지다. 모든 것을 '꿰뚫어 보는' 것은 아무것도 보지 않는 것과 같다.

그렇기 때문에 만일 니체가 말한 것처럼 "모든 진리 주장은 사실은 권력을 쟁취하기 위한 싸움"이라면 그의 주장 역시 마찬가지입니다. 그러니 그의 말에 귀를 기울일 이유는 무엇이겠습니까? 또 프로이트가 말한 것처럼 "하나님에 대한 모든 관점은 사실은 그저 우리의 죄책감과 불안을 처리하기 위한 심리적 형상일 뿐"이라면 하나님에 대해 이야기하는 그의 논리도 마찬가지입니다. 그러니 그의 주장은 뭐 하러 듣겠습니까? 그리고 진화 과학자들이 두뇌가 우리에게 도덕과 하나님에 대해 말하는 것은 사실이 아니라고 주장한다면, 그저 우리 유전 기호에 담기도록 디자인된 화학 반응일 뿐이라고 한다면, 과학자들의 두뇌가 그들에게 세계와 진화에 대해 이야기하는 것도 마찬가지입니다. 그러니 진화 과학자들의 말을 들을 필요는 뭐가 있겠습니까? 결국 모든 것을 꿰뚫어 보는 것은 아무것도 보지 않는 것과 마찬가지입니다. 그리고 우리가 하나님에 대한 믿음을 진화론에 호소해 폐지시키려 하면, 결국 모든 것을 설명으로 폐지시키고 맙니다. 따라서 설명으로는 종교를 약화시키지도 폐지시키지도 못합니다.

논쟁하기

하나님에 대한 믿음을 사라지게 하기 위해 다음으로 사용되는 전략은 논쟁하거나 비난하는 것입니다. 진리를 가졌다고 말하는 사람을 억누르기 위해 주로 사용되는 방법이기도 합니다. 진리 주장은 분열을 조장한다는 것이 그들의 주장입니다. 당신이 가진 종교가 옳은 종교라고 어떻게 감히 말할 수 있습니까? 과연 그런 이야기를 할 수 있을까요? 참 편협하고 분열적인 발상입니다. 배타적입니다.

배타적인 진리 주장 가운데 가장 유명한 것 하나가 바로 예수님이 하나님께로 가는 유일한 길이라는 주장입니다. 예수님은 요한복음 14장에서 이렇게 말씀하셨습니다. "내가 곧 길이요 진리요 생명이니 나로 말미암지 않고는 아버지께로 올 자가 없느니라." 이 구절이야말로 가장 고전적인 배타적 진리 주장입니다. 예수님은 하나님께로 가는 진정한 길입니다.

여러분은 이 주장에 어떻게 반응하십니까? 글쎄요, 여러분이 취할 만한 방법이 세 가지 있습니다. 첫 번째는 이렇게 말하는 것입니다. "모든 종교는 동일하게 옳습니다. 어떻게 예수가 유일한 길이라고 말할 수 있습니까?" 하지만 여기에 대해 제가 정중하게 말씀드리자면, 그것은 불가능합니다. 이유를 설명해 드리겠습니다. 다른 모든 주요 종교의 창시자들은 이렇게 말합니다. "나는 하나님께로 가는 길을 너희에게 보여 주러 온 예언자다." 하지만 이 세상에 있는 그 어떤 주요 종교도 기독교의 창시자처럼 "내가 하나님이다. 내가 너를 부르러 왔다"라고 말할 수 있는 대범함을 가지지 않았습니다. 그 차이를 알 수 있겠습니까?

예수님이 얼마나 자주 이런 말씀을 하셨는지 알고 계신가요? 누가복음 10장에서 예수님이 제자들에게 말합니다. "사탄이 하늘로부터 번개같이 떨어지는 것을 내가 보았노라." 저는 제자들이 이 말씀을 들으며 앉아서 무슨 생각을 했을지 상상할 수 있습니다. "대체 언제 선생께서 그런 것을 보셨습니까? 어디에서 그런 것을 보셨나요? 대체 당신은 누구시죠?" 마태복음 23장에서 예수님은 자신을 비판하는 서기관과 바리새인들에게 이렇게 말씀하셨습니다. "그러므로 내가 너희에게 선지자들과 지혜 있는 자들과 서기관들을 보내매 너희가 그중에서 더러는 죽이거나 십자가에 못 박고 그중에서 더러는 너희 회당에서 채찍질하고 이 동네에서 저 동네로 따라다니며 박해하리라." 이 말씀을 통해 예수님이 전하고자 하시는 사실은 이것입니다. "나는 예언자와 지혜 있는 자들과 박식한 자들을 보낼 수 있는 우주적 능력을 가지고 있다. 그러나 너희가 그들을 죽였다." 예수님은 요한복음 8장에서 이렇게 말씀하셨습니다. "아브라함이 나기 전부터 내가 있느니라." 만일 여러분이 "글쎄요, 잘 모르겠는데요. 나는 예수님이 하나님과 동일하다고 하는 그 모든 교리가 마음에 들지 않습니다. 내가 말할 수 있는 전부는 예수님의 가르침이 좋다는 것입니다. 사실 저는 기독교의 모든 가르침은 수용할 수 있습니다." 만일 여러분이 이렇게 이야기했다면, 모든 존경을 담아 표현하건대 예수님의 가르침을 아직 읽어 본 적이 없는 것입니다. 왜냐하면 예수님의 모든 가르침은 절대적으로 불가분하게, 예수님 자신이 누구인가 하는 그의 주장과 연결되어 있기 때문입니다. 그의 모든 가르침을 통해 말입니다.

한번은 제가 이맘(imam, 이슬람 종교 지도자—역주)과 랍비와 함께 패널 토론에 참여한 적이 있습니다. 뉴욕 다운타운에 위치한 신사회연구원(New School of Social Research)에서 있었던 일입니다. 그곳의 학생들을 정말 화나게 했던 한 가지는 이것입니다. 저는 이렇게 말했습니다. 만일 예수님이 단지 하나님을 찾는 길을 알려 주기만 하는 예언자가 아니라 실제로 우리를 찾으러 온 하나님이라고 한다면, 기독교는 우월한 종교가 되어야 할 것입니다. 또 하나님을 찾을 수 있는 더 나은 방법이 될 것입니다. 반면, 만일 예수님이 하신 말씀이 진리가 아니라면, 기독교는 열등한 종교가 될 것입니다. 오히려 신성 모독적인 종교가 되고 예수님은 정신 이상자이거나 사기꾼일 것입니다. 기독교는 다른 종교보다 훨씬 낫거나 훨씬 떨어지는 것이 됩니다. 기독교는 타 종교와 결코 동일하지 않습니다.

그러자 어떤 일이 벌어진지 아십니까? 이맘과 랍비는 모두 적극적으로 동의했습니다. 제 말에 동의하는 데 아무런 문제가 없어 보였습니다. 하지만 학생들은 매우 당황스러워했습니다. "아니요, 아니요, 당신들은 모두 동일합니다." 학생들의 말입니다. 그러나 저를 포함한 종교 인사들은 이렇게 반응했습니다. "어찌 감히 우리를 침해하려고 합니까? 여러분은 지금 우리 말을 듣고 있지 않습니다. 이것이 바로 종교입니다. 모든 종교가 동일하다고 말할 수는 없습니다."

배타적인 진리 주장에 대응하는 또 다른 방법이 있습니다. 바로 모두 틀렸다고 말하는 것입니다. 그것이 바로 도킨스, 히친스 그리고 그들의 동료가 하는 방법입니다. 그들은 모든 종교가 틀렸다고 합니다. 왜냐하면 자신들이 진리를 가졌기 때문입니다. 하지만 사실, 그들의 논리에 따르면 아무도 진리를 알 수 없습니다. 모든 종교는 저마다의 지혜를 가지고 있습니다. 하지만 아무도 진리 전체를 알 수 없습니다. 이것을 설명하는 쉬운 방법이 바로 장님과 코끼리 이야기입니다. 대여섯의 장님이 길을 걷다가 코끼리를 만났습니다. 모든 장님들이 코끼리의 다른 부위를 붙잡았습니다. 코를 만진 장님이 말합니다. "아, 코끼리는 뱀의 일종인가 봐. 길고 유연한데." 그러자 다른 장님이 말합니다. "아닌 것 같은데. 코끼리는 나무 기둥하고 비슷해." 이 장님은 코끼리의 다리를 만지고 있습니다. 이렇게 장님들은 저마다 코끼리가 어떻다고 목소리를 높입니다. 그래서 많은 사람들이 생각합니다. "전 세계에 있는 모든 종교를 더하면 완벽한 그림이 만들어질 거야." 모든 종교는 자신들만이 코끼리의 전체, 즉 진리의 전체를 보았다고 생각합니다. 하지만 아무도 진리의 작은 일부 밖에는 알지 못합니다. 모든 사람이 장님입니다. 모든 종교도 마찬가지입니다. 그러니 어찌 감히 어떤 종교가 진리를 안다고 말할 수 있겠습니까?

하지만 이런 설명에는 커다란 문제가 있습니다. 철학자 마이클 폴라니(Michael Polanyi)가 그 문제에 대한 답을 시도했고, 영국의 학자이자 기독교 목회자인 레슬리 뉴비긴(Lesslie Newbigin)도 이 문제를 설명한 바 있습니다. 뉴비긴은 사람들이 이 이야기의 핵심을 종종 간과한다고 했습니다. 장님과 코끼리 이야기는 장님이 아닌 누군가의 관점에서 쓰여졌습니다. 코끼리의 전체를 볼 수 있는 사람이 없다면 모든 장님이 코끼리의 한 부분만을 만져보았다고 이야기할 수 없을 것입니다. 만일 다른 장님들과 같이 당신도 장님이라면 그렇게 말할 수 없었을 것입니다. 따라서 당신이 아무도 진리를 알지 못한다고 말할 수 있는 유일한 방법은, 당신이 다른 이들보다는 더 많은 지식을 가졌다고 가정하는 것입니다. 그 어떤 종교도 진리 전체를 볼 수 없다고 말할 수 있는 유일한 방법은, 바로 당신 자신이 다른 그 어떤 종교도 온전히 알지 못한다는 그 영적 실재에 대해 우월하고도 포괄적인 지식을 갖는 것입니다.

대부분의 사람들이 잘 수긍하지 않는 주장을 펼 때 검손함을 잃지 않을 수 있는 방법이 있다. 진리는 우리 중 누군가 이해할 수 있는 수준을 훨씬 뛰어넘는다고 생각하는 것이다. 하지만 만일 이런 생각을 진리를 알아내려는 주장을 무력화하기 위해 사용한다면, 그것은 [다른 모든 주장들 보다] 우월한 어떤 지식을 알고 있다며 거만을 부리는 것이다.[2]

만일 "나는 어떤 종교가 진리인지 모르겠어"라고 말한다면, 그것은 겸손이라고 볼 수 있습니다. 하지만 당신이 "아무도 진리를 알 수 없어"라고 말한다면 그것은 극단적인 현실주의가 그 어떤 종교보다도 우월하다는 점을 교조적으로 주장하고 있는 것입니다. 그렇게 되면 당신이 비판하고 있는 바로 그 주장을 동일하게 반복하고 있는 것입니다. 철학 시간에 배우셨겠지만 그것은 자기가 판 함정에 자기가 빠지는 꼴이 됩니다.

저는 이런 식으로 진행되는 대화를 수없이 많이 나눴습니다. 기독교나 그리스도를 믿지 않는 누군가에게 이야기하는 것입니다. 그렇게 대화가 진행되다가 상대방이 어느 순간 제게 묻습니다. "잠시만요. 제게 뭘 하려고 하시는 거죠?"

제가 대답합니다. "당신을 전도하려는 것입니다."

"저를 개종시키려 한다는 것인가요?"

"네, 그렇습니다."

"그러니까 영적 실재에 대한 **당신**의 관점을 제게 적용해서 **저**를 개종시키려 한다고요?"

"네."

"정말 편협하군요! 정말 끔찍합니다. 아무도 자신이 가진 영성의 관점이 다른 사람의 것보다 낫다고 말할 수는 없습니다. 그 관점으로 다른 이를 개종시키려 노력해서도 안 되고요. 이런, 이런, 이런. 우리 모두가 다른 모든 이들은 그저 각자의 방식대로 살아가도록 내버려두어야 합니다."

"잠깐만요, 잠깐만요." 제가 다시 입을 엽니다. "당신은 영적 실재에 대한 당신의 관점을 제게 강요하려고 하는 것입니다. 당신은 다른 모든 다양한 종교에 대한 당신의 관점을 제가 받아들이길 바라고 있습니다. 제게 뭘 하고 계신 겁니까? 당신이 하고 싶은 말은, 당신이 영적 실재에 대해 어떤 관점을 가지고 있는데, 저나 다른 사람들이 그 관점을 가지면 더 나은 삶을 살고 더 나은 세상이 만들어질 거라는 것 아닙니까? 저도 영적 실재에 관한 관점이 있습니다. 저 역시 제 관점이 당신의 것보다 낫다고 생각합니다. 그래서 저는 제 관점으로 당신을 개종시키려는 것입니다. 당신 역시 나를 개종시키려는 거고요. 당신이 제게 '아무에게도 전도하지 말라'고 말한다면 그것이 곧 저를 전도하려고 하는 것입니다. 당신이 가진 서구 백인식의, 계몽적이고, 개인주의적이며 사유화된 종교 이해로 말입니다."

이해하실 수 있겠습니까? 누가 더 편협한가요? 배타적인 진리를 주장하는 것은 편협한 행동이 아닙니다. 우리 모두가 배타적인 진리 주장을 하고 있기 때문입니다. 아무도 진리를 알 수 없다고 말하는 것은 보편적 진리란 존재하지 않는다고 주장하는 것과 같습니다. 우주적으로 말입니다. 하지만 모든 사람들이 배타적인 진리 주장을 합니다. 모든 사람들이 영적 실재에 대한 이해를 가지고 있습니다. 모든 이들이 다른 사람들이 자신의 관점을 수용하게 되면 더 나은 세계가 만들어질 거라고 생각합니다. 모든 사람이 그렇게 생각합니다.

그렇다면, 편협성이란 무엇입니까? 편협성이란 진리를 주장하는 내용을 말하는 것이 아닙니다. 편협성이란 같은 관점을 갖지 않는 사람들에 대한 태도를 말합니다. 우리가 만일 상대를 무시하는 마음으로 바라보고, '이 사람들은 원시적이야. 계몽이 덜 됐어'라고 생각한다면, 또 그들에 대해 농담이나 일삼는다면 그것이 편협한 것입니다. 현실과 종교에 대한 여러분의 관점이 무엇인지는 모르겠습니다. 또 스스로 얼마나 회의적인지도 관계 없습니다. 그렇게 생각하는 **당신은** 근본주의자입니다. 간단히 말해, 배타적인 진리 주장은 편협하기 때문에 할 수 없다고 말하거나, 아무도 진리를 알 수 없기 때문에 혹은 모든 종교가 동일하기 때문에 진리 주장을 할 수 없다고 말하는 것은 아무 소용이 없습니다. 생각해 보면, 아무도 배타적인 진리를 주장할 수 없다고 말하는 것은 사실은 일관성이 없는 주장이며, 많은 경우 위선적인 주장입니다.

개인적 취향으로 간주하기

이제 한 단계 더 나아가 보겠습니다. 배타적인 진리를 주장하는 종교를 무효화시키기 위해 사람들이 사용하는 마지막 수단은 다음과 같습니다. "좋아요. 당신은 당신의 관점을 가지세요. 하지만 개인적으로만 가지세요. 특히 정치에는 개입시키면 안 됩니다." 우리가 공공의 담론으로 들어설 때, 그리고 공공정책을 수립하기 위해 논쟁하기 시작할 때면 대다수는 결코 종교적인 이유를 활용해서는 안 되고, 오직 세속적인 이유만이 허용될 수 있다고 생각합니다.

리처드 로티는 아주 훌륭한 실용주의 철학자입니다. 그는 공공의 영역에서의 종교에 대해 '대화 단절자'라고 표현할 것입니다. 사회가 어떻게 나아가야 하는가에 대한 논쟁이 시작되면, 사람들은 곧바로 자신들이 제안하는 것에 대한 종교적인 이유를 듭니다. 이것이 대화를 중단시키는데 그 종교를 공유하지 않는 사람들은 그 이유를 이해하지 못하기 때문입니다. 그래서 리처드는 말합니다. 종교적인 관점은 개인적으로만 갖자고 말입니다. 그저 실용적인 자세를 가지고 모두 함께 우리가 가진 큰 문제들을, 예를 들어 교육이나 빈곤, 사회 통합 등의 문제들을 실용적인 해결책으로 풀어가자고 말합니다. 함께 협력하고, 종교적인 생각들은 좀 밀어 둡시다. 이것이 바로 종교를 개인적 취향으로 간주하는 것입니다.

그러나 이 역시 소용이 없습니다. 이유는 이렇습니다. 사회가 이래야 한다 저래야 한다고 말하기 시작하면 우리는 곧바로 우리가 가진 세계관을 통해 논쟁하기 시작합니다. 이런 것을 서사적 정체성(narrative identity) 혹은 삶의 의미에 대한 이해라고도 합니다. 예를 들어, 일각에서는 하나님은 존재하지 않고 도덕은 기본적으로 상대적이라고 말합니다. 따라서 그들은 모든 인간은 무엇이 자신에게 옳고 그른가를 결정할 권리가 있다고 주장합니다. 따라서 그것이 자신의 삶을 충족시키는 길이라면, 또 그것이 다른 사람의 행복 추구를 방해하는 것이 아니라고 한다면 어떤 삶이든 선택해서 살 수 있다고 생각합니다. 여기에 대해 우리가 뭐라도 증명할 수 있는 것이 있을까요? 신이 없다고 증명해 낼 수 있을까요? 도덕이 상대적이라고 증명할 수 있을까요? 삶의 정의에 대한 개인주의적인 관점이 무엇을 의미하는지 증명해 낼 수 있을까요?

우리가 어떤 것을 사실이라고 규정할 수 있는 데는 두 가지 방법이 있습니다. 스스로 증명해 낼 수 있다면 그것은 사실입니다. 그러나 우리는 우리가 여기에 있다는 사실을 증명할 수 없습니다. 철학자들 역시 그렇게 이야기합니다. 영화 "매트릭스"(Matrix)를 본 사람이라면 우리는 우리가 정말 여기에 있는지 증명해 낼 길이 없다는 것을 알 것입니다. 우리는 그 무엇에 대해서도 진정으로 증명해 내지 못합니다. 하지만 모두에게 자명한 것이 있다면 우리가 여기 있다는 것입니다. 누구라도 이 강당에 들어와 주위를 둘러보면 이렇게 말할 것입니다. "아, 그래. 우리가 여기 있지." 둘째로 만일 우리가 그것을 경험적으로 증명해 낼 수가 있다면, 그것 자체가 사실인 것입니다.

하지만 우리가 인간은 정말 중요한 존재라고 말했다고 한다면, 아무도 그 누구의 권리를 짓밟아서는 안 됩니다. 또는 모두가 자신을 위해 옳고 그른 것이 무엇인지를 결정할 권리가 있습니다. 하지만 아십니까? 이런 말들은 종교적인 선언입니다. 기억하십시오. 리처드 로티는 종교에 대해 논쟁하는 것이 지닌 문제는 다른 많은 사람들이 그 종교에 대한 이해를 공유하고 있지 않다는 점이라고 했습니다. 문제의 핵심은 우리가 세계관에 입각해 말하는 모든 것을 다른 사람들은 공유하지 못한다는 것입니다.

간단한 예를 하나 들어 보겠습니다. 이혼법만 봐도 그렇습니다. 이혼을 하는 절차는 간단해야 할까요, 어려워야 할까요? 현대 서구와는 다른 서사적 정체성을 가진 전통적인 문화권에서 개인은 가족만큼 중요하지 않습니다. 그들에게 중요한 것은 가족과 집단의 기대에 부응하는 것입니다. 서구의 개인주의와 계몽주의는 개인과 개인의 행복, 자아실현, 그 사람의 의식과 생각이 가계나 공동체, 전통, 집단의 가치 보다 중요합니다. 그렇지 않습니까? 이것이 무엇을 의미하는지 아십니까? 전통적인 문화에 속한 사람들은, 예를 들어 유교나 힌두교, 신교나 가톨릭, 유대교 등에 속한 사람들은 이혼 절차는 까다로운 것이 옳다고 생각할 것입니다. 하지만 개인주의에 기반한 계몽주의적 이해에 따르면 이혼은 간편해야 합니다. 왜냐하면 이들이 생각하는 결혼의 목적은 두 개인의 자아실현이기 때문입니다. 그러나 다른 시각에서는 결혼의 목적이 자녀 출산과 공동체의 확장입니다.

그렇다면 리처드 로티의 생각은 어떻게 전개될까요? 그는 모든 사람이 각자의 종교를 뒤로 밀어 두고 우리가 가진 공동의 문제들을 해결하기 위한 실용적인 방안을 고민하자고 말합니다. 하지만 우리가 생각하는 옳고 실용적인 해결책이란 인간의 번영과 삶의 정의에 대한 저마다의 관점에 따라 달라집니다. 그리고 삶의 정의는, 증명해 낼 길이 없는 믿음에 대한 전제에 기반합니다. 그렇기 때문에 우리 모두가, 인정하든 하지 않든 종교적인 것입니다.

문화인류학 교수였던 캐롤린 플러 로반(Carolyn Fluehr-Lobban)은, 모든 도덕은 기본적으로 사회적으로 형성되었다고 믿었습니다. 그래서 그녀는 우리의 도덕관을 다른 문화에 강요해서는 안 된다고 믿었습니다. 캐롤린이 아프리카에서 작업을 하고 있을 때 여성에 대한 끔찍한 억압을 목격하게 되었습니다.「고등 교육의 연대기」(*Chronicle of Higher Education*)에 그녀는 아주 흥미로운 논문을 썼습니다. 거기에는 아프리카 사회의 지도자들에게 그들이 현재 여성에게 하고 있는 일은 잘못된 것이라고 이야기하려 했을 때 느낀 고뇌가 적혀 있습니다. 그들은 이렇게 대답했다고 합니다. "당신의 가치를 우리에게 강요하지 마십시오. 당신은 지금 당신이 가진 종교적 신념을 우리에게 강요하려고 하는 거요."

캐롤린은 자신은 종교를 갖고 있지 않다고 항변했다고 합니다. 하지만 곧 자신이 종교적이라는 사실을 깨달았습니다. 자신은 세속적인 인본주의자였고 인권을 믿고 있었습니다. 인권은 모두에게 자명한 것이 아닙니다. 인권은 우리가 증명해 낼 수 있는 것도 아닙니다. 인권을 믿기 위해서는 종교적인 의지가 필요합니다. 거기에는 믿음에 대한 전제가 필요합니다. 그렇기 때문에 종교적인 사람들에게 "공공의 영역에서 당신의 교리를 이야기하지 마십시오. 하지만 우리는 우리가 가진 덜 관행적인 교리를 공공의 영역에서 말할 수는 있습니다"라고 말할 수 없는 것입니다. 그것은 옳지 않습니다.

그렇기 때문에 최근 점점 더 많은 사람들이 특권적 세속주의와 절차적 혹은 소극적 세속주의 사이에 차이가 있다고 말하는 것입니다. 특권적 세속주의는 공공 영역에서 법에 대해 논쟁을 할 때, 우리가 전제할 수 있는 유일한 세계관은 세속적 세계관, 즉 계몽적 개인주의 세계관뿐이라고 말합니다. 그렇게 함으로써 중립적인 법 체계를 확립할 수 있기 때문입니다. 만일 다른 특정 세계관을 공공 영역에서 수용한다면, 그것은 국가 주도의 종교를 수립하는 것과 같다는 생각합니다. 하지만 절차적 혹은 소극적 세속주의는 입장이 조금 다릅니다. 국가가 중립적이어야 한다는 데에는 특권적 세속주의와 같은 입장입니다. 국가는 세금으로 특정 종교나 종교 단체를 지원해서는 안 됩니다. 하지만 개인은 공공 영역에서라도 특정 종교적 신념에 기반해 특정 사회 규약이나 공공 정책을 주장할 수 있습니다. 그 주장이 폭넓은 대중에 호소력을 가진다면 공공 영역에도 관철시킬 수 있을 것입니다. 그 주장에 담긴 종교적 색채가 공공연하든 은밀하든, 암시적이든 명시적이든 말입니다. 아시겠지요? 결국 개인적 취향으로 간주하는 것 역시 소용이 없습니다. 그렇다면 이제 우리는 어떻게 해야 할까요?

새로운 제안

여기 제가 제안하고자 하는 것이 있습니다. 제안의 반쯤은 이미 드렸다고 볼 수도 있습니다. 우리는 특권적 선전주의자 같은 세속주의를 절차적 세속주의와 구별할 필요가 있습니다. 특권적 세속주의란 세속주의적 세계관을 모든 이에게 강요하는 것을 말합니다. 너무 많은 이슬람, 기독교, 신교도, 가톨릭, 유대교 사람들 그리고 하나님에 대한 정통 신앙을 가진 사람들이 이렇게 말합니다. "공적 영역에서는 조용히 계십시오. 우리가 처리하겠습니다." 이것은 공정한 일이 아닙니다. 대신, 국가를 중립적으로 유지시킬 수 있는 방법이 있어야 합니다. 하지만 동시에 사람들이 그 뿌리에 관계 없이 자신들이 지지하는 정책을 제안할 수 있게 허용해야 할 것입니다.

잠시 그리스도인들에게 이야기하고 싶습니다. 저는 그리스도인들이 왜 지금 미국이 커다란 문제를 안게 되었는지 인식하기를 바랍니다. 그 이유는 종교적인 믿음 때문이었습니다. 저는 우리가 이 문제가 벌어지게 된 책임의 일부를 우리의 잘못으로 받아들였으면 합니다. 우리가 그 문제의 일부임을 깨달을 때 해결의 중심에도 설 수 있습니다. 이러한 문제들에 대해 시민답게 이야기할 수 있는 사회가 전제되어야 할 것입니다.

제가 하고 싶은 말은 이렇습니다. 자신의 이미지를 생각하는 데는 두 가지 방법이 있습니다. 먼저 성과주의적 방식입니다. '나는 착한 사람이야. 나는 중요한 사람이야. 이것을 성취했고, 저것을 해냈기 때문이지.' 이러한 유형의 서술 방식은 수백만 가지도 넘습니다. '나는 꽤 괜찮은 사람이야. 왜냐면 자유주의 운동가이기 때문이지.' 예를 들자면 그렇습니다. 만일 이것이 스스로의 이미지를 바라보는 방식이라면, 자기보다 성취가 덜한 사람들을 깔보고 그들에 대해 우월감을 느끼게 될 것입니다.

한편, 만일 우리가 전통적인 종교를 가진 사람이고 "나는 성경을 읽고 기도를 해. 예수님의 발자취를 따르기 위해 노력해"라고 말하며 이러한 점들로 인해 스스로에 대해 기쁘게 여긴다고 해 봅시다. 그렇다면 올바른 교리와 생활 방식을 갖지 않은 사람들을 무시하고 그들에 대해 우월감을 느끼지게 될 것입니다. 사실 우리가 종교적인 사람이 아니라 해도, 우리가 그저 열심히 일하여 얻은 성과들에 크게 자부심을 느끼는 사람이라 해도 그것이 자기 이미지에 대한 기초라고 한다면, 태만한 사람으로 여겨지는 사람들에 대해 우월감을 느끼게 될 것입니다.

하지만 정체성을 수립하는 데는 다른 방식도 있습니다. 그것은 성과주의적인 것이 아니라 은혜에 기초한 서술입니다. 은혜 서술은 이런 것입니다. 예수 그리스도가 구원을 이루기 위해 이 땅에 오셨습니다. 하지만 그는 힘으로 그 일을 해내지 않았습니다. 그는 말에 올라 칼을 휘두르며 "돌격!" 따위를 외치지 않았습니다. 그는 십자가로 오셨고 죽으셨습니다. 그는 섬기는 이가 되었고 희생하셨습니다. 그는 약하고 힘없는 모습으로 십자가에 달리셨고 우리의 죄 값을 치르셨습니다. 이러한 이야기는 무엇을 의미할까요? 약함 속에 성취된 구원은 약함 속에서만 얻어질 수 있다는 것입니다. 우리의 실패를 인정할 때만이 우리는 그리스도의 구원과 자비를 얻을 수 있습니다. 왜냐하면 우리는 우리 자신의 눈높이에도 제대로 부응하며 살 수 없기 때문입니다. 하나님을 알 수 있는 유일한 길은 "저는 실패자입니다. 제게는 자비와 은혜가 필요합니다"라고 말하는 것입니다. 그러면 그 안에서 우리는 사랑을 받게 됩니다. 우리가 한 일 때문이 아니라, 그가 하신 일 때문에 사랑을 받게 됩니다.

이 서사가 주는 의미는, 우리는 아무도 경멸하거나 무시할 수 없다는 점입니다. 우리가 진정으로 은혜의 서사를 이해한다면, 우리는 결코 그렇게 할 수 없을 것입니다. 만일 우리가 누구에 대해서라도 우월감을 느끼고 있다면 그것은 우리가 다시금 도덕과 성과주의 서사로 돌아갔음을 말해 주는 것입니다.

제게는 힌두교인 이웃이 하나 있습니다. 그는 벌써 19년째 제 맞은편에 살고 있습니다. 그분은 저보다 훨씬 더 좋은 사람이 될 수 있는 자질을 많이 가지고 있을지 모릅니다. 모든 면에서 저보다 나을 것입니다. 훨씬 더 차분하고, 더 나은 성품을 가졌으며, 인내하고, 고상하며, 좀더 용기 있을 수 있습니다. 왜 아니겠습니까? 그리스도인에게 있어서의 진리란, 우리가 은혜로 구원을 받았다는 것입니다. 그것이 진리입니다. 저는 하나님과의 관계의 기초를 혹은 제 이미지의 기초를 그보다 내가 낫다는 데 두지 않습니다! 저를 구원한 것은 그런 조건들이 아니기 때문입니다.

만일 교회가 이 은혜의 서사에 조금이라도 기초해 활동한다면, 자기 의나 분열 지향, 비난적인 태도나 정죄 때문에 비난받는 일은 없을 것입니다. 그리스도인들은 우리가 문제의 커다란 일부임을 깨달아야 합니다. 우리가 분열의 일부입니다. 왜냐하면 종교는 우리 마음 가운데 실족할 언덕을 세우고, 다른 사람들에 대해 우월감을 느끼게끔 종용하기 때문입니다. 그리고 우리 마음 가운데 그들을 희화화합니다. 그리고 결국에는 그들을 억압하게 됩니다. 그러한 태도나 행동은 자기 의에서 비롯됩니다. 즉, 스스로 구원에 이렀다는 사고에서 기인한 것입니다. 또 도덕 성과주의에서 연유한 것입니다. 하지만 기독교에는 그러한 것들을 제거할 방법이 있습니다. 바로 이것입니다.

여기 역사상 가장 위대한 수수께끼 같은 일이 있습니다. 왜 기독교가 결국 로마 제국을 지배하게 되었을까요? 정치적 권력을 획득하기 위해 노력하지도 않았는데도 불구하고 말입니다. 그리스-로마 시대의 사람들은 모든 사람이 저마다의 신을 가졌습니다. 상당히 개방적이죠, 그렇지 않습니까? 아무도 진리를 소유하지 않았고 모두가 저마다의 신을 가졌을 뿐입니다. 하지만 그리스도인들이 나타났고, "우리는 참 하나님을 안다"라고 말하기 시작했습니다. 여기까지 보면, 그리스-로마 세계가 좀더 관용적인 세계관을 가졌고, 그리스도인들은 좀더 편협한 세계관을 가졌습니다. 그런데 그리스도인이 살았던 방식과 그리스-로마 사람들이 살았던 방식을 보면 정확히 반대입니다.

그리스-로마 세계에서 가난한 사람은 경멸당했습니다. 그리스도인의 세계에서 가난한 이들은 사랑받았습니다. 그리스-로마 세계에서 여성은 무시당했습니다. 하지만 그리스도인 세계에서 여성은 힘을 얻었습니다. 그리스-로마 세계는 인종과 계급을 구분했습니다. 하지만 그리스도인의 세계는 각양각색의 사람들과 함께했고 이것으로 그리스-로마 사람들을 불쾌하게 만들었습니다. 2세기 전염병이 돌았을 때 수많은 사람들이 도시 안에서 죽어 갔고 거리는 사랑하는 이들에게 버림받은 사람들로 가득 찼습니다. 하지만 그리스도인들은 도시를 떠나지 않았습니다. 많은 그리스도인들이 그 이방인 이웃들을 돌보느라 목숨을 잃었습니다. 그리스도인들은 절대적으로 가장 좁은 세계관을 가졌다고 할 수 있습니다. 자신들이 진리를 소유했다고 생각하기 때문입니다.

그리스-로마 세계의 사람들은 이렇게 말했습니다. "우리는 누가 진리를 가졌는지 모른다. 모두가 저마다의 진리를 가졌다." 그렇다면 왜 가장 배타적인 진리를 주장하는 그리스도인들이 사는 방식은 가장 평화롭고, 가장 너그러우며, 가장 희생적이고, 가장 포용적일 수 있을까요? 그 해답이 여기 있습니다. 실제로 제 아내인 케이시가 몇 해 전 9/11 이후에 제게 그 답을 알려 주었습니다. 당시 모든 언론은 9/11은 종교적 근본주의가 가져온 문제라고 했습니다. 만일 당신이 근본주의자이고, 그래서 당신이 진리를 소유했다고 진정으로 믿는다면 바로 이런 일이 생긴다는 것입니다. 하지만 케이시는 이런 말을 했습니다. 지금 제가 여러분에게 이야기하려는 것이기도 합니다. 케이시는 우리 모두가 어떤 측면에서는 근본주의자라고 말했습니다. 모두가 근본을 믿고 있으며 모두가 배타적인 진리를 소유하고 있다는 것입니다. 그리고 이런 말을 하기도 했습니다. "근본주의 자체가 테러리즘을 야기하는 것이 아니에요. 근본을 무엇으로 두느냐에 달린 문제이지요. 아미시(Amish) 계열의 테러리스트를 본 적 있나요?"

아미시는 근본주의자 중의 근본주의자라고 할 수 있습니다. 그들이 근본주의자가 아니라면, 근본주의자로 분리될 만한 집단이 없을 정도입니다. 그렇다면 왜 우리는 아미시 테러리스트는 본 적이 없는 것일까요? 이유를 말씀드리겠습니다. 만일 여러분의 근본이, 자신의 적들을 위해 십자가에 달려 죽은 그분이라고 한다면, 여러분이 가진 자기 이미지의 핵심과 종교가, 자기를 죽이려 한 적들을 위해 기도하고 희생하고 그들을 사랑한 그분이라고 한다면 그리고 이 모든 것이 여러분의 마음속에 깊이 뿌리박혀 있다면, 초기 그리스도인들이 살았던 삶의 방식대로 살아갈 수 있을 것입니다. 가장 배타적인 진리를 주장하는 사람들에게서 가장 포용적인 삶의 방식이 나오는 것입니다. 이것이 진리입니다. 진리가 무엇입니까? 진리는, 낮은 자리로 임하시어 자기를 반대한 사람들을 위해 그들을 사랑하고 용서하며 죽으신 하나님입니다.

이것을 여러분 가슴 한가운데 새기십시오. 그러면 여러분은 이 세상이 필요로 하는 해결책의 중심에 서게 될 것입니다. 그리고 이것이야말로 배타적 진리 주장을 하는 그리스도인의 삶이 보여 주는 '역설'입니다.

프랜시스 콜린스 Francis S. Collins

물리유전학자로 미국 국립보건원(National Institutes of Health) 원장이다. 1993년 미국 국립인간게놈연구소(NHGRI) 소장으로 취임하였으며 2003년에 다국적 과학자들의 팀을 지휘하여 인간 게놈을 해독해 냈다. 그의 책「신의 언어」(Language of God, 김영사)는 여러 주 동안 뉴욕 타임즈 베스트셀러로 선정되었다.

사진 ⓒ 매트 멘델슨(Matt Mendelsohn)

4. 신의 언어
: 과학자가 신앙의 증거를 제시하다
캘리포니아 공과대학 베리타스 포럼, 2009

우리는 인생의 커다란 질문들, 어쩌면 가장 거대한 질문의 답을 찾기 위해 여기 모였습니다. 신은 존재하는가? 저는 이 자리에서 그 증거를 대지는 않을 것입니다. 하지만 여러분이 생각해 볼 만한 것들을 제시해 보고자 합니다. 또 제가 무신론자에서 그리스도인으로 그리고 예수님을 따르는 자로 변화된 동기가 무엇이었는지 말씀드리고자 합니다. 또한 왜 제가 신앙인으로서의 믿음과 과학자로서의 엄정함 사이에서 아무런 갈등을 느끼지 않는지에 대해서도 이야기하고자 합니다. 과학자로서 저는 자료의 사실성에 대해 엄격하지만, 동시에 자연에 대한 연구라는 것이 경험적으로 눈에 보이는 것이 다는 아니라고 생각합니다.

그러니 오십시오. 우리 함께 변론해 봅시다. 그리고 그 과정을 통해 우리가 무엇을 얻게 될지를 두고 봅시다. 소크라테스는 이렇게 말했지요 "진리가 우리를 어디로 이끌든지 따라가 봅시다." 여러분도 다 알겠지만, 베리타스는 '진리'를 뜻합니다. 이 포럼이 표방하는 것이 바로 진리 추구이지요

인간 게놈 프로젝트

먼저 여러분에게 제가 몸담고 있는 분야에 대해 간략히 이야기하면서 강연을 시작하고자 합니다. 저는 인간 DNA의 총체라 할 수 있는 인간 게놈을 연구하고 있습니다. 대중 언론사들이 여기에 대한 기사를 쓸 때면 대체로 상징적인 이미지를 사용합니다. 예를 들어 "타임"(Time)지에서는 이중 나선형 구조와 함께 아담과 하와의 모습으로 표지를 장식했습니다. 이들의 이미지가 연관성을 갖는지의 여부와 마찬가지로 신앙적인 관점과 과학적인 관점을 함께 고려해야 한다는 것을 반드시 입증해 보일 것입니다. (잡지 편집자들이 그러한 이미지를 사용하는 데는 아마 또 다른 동기도 있었을 것입니다. 잡지 판매를 높이기 위해 편집자들이 어떤 전략을 활용했을지 여러분이 저마다 결론을 내려 보시기 바랍니다.)

저는 이 놀라운 이중 나선형 분자에 대해 이야기해 볼 것입니다. 이것은 세포의 핵에서 추출할 수 있으며 부모가 자녀에게, 전 세대가 다음 세대에게 전달해 줘야 하는 정보를 일련의 화학 물질을 통해 운반합니다. 또한 이중 나선형 분자는 A, C, G 그리고 T로 줄여 표기합니다. 이 문자들이 어떤 순서로 배열되었느냐에 따라 그 근원이 각 조직으로 분화됩니다. 좀더 간단히 말하자면, 한 개의 세포에서 시작되어 인간과 같은 복잡한 조직을 이루기까지 이중 나선형 분자가 명령을 내립니다.

생명체의 게놈은 DNA 명령 체계의 총체입니다. 인간 게놈은 삼십일억 개의 문자로 이루어졌습니다. 만일 우리가 오늘 밤에 인간 게놈 문자들을 읽어 내야 하고 결정했다면, 아마 후회하게 될 것입니다. 일단 시작하면 다 읽어 내기까지 하루 24시간, 일주일 내내 읽는다 해도 31년이 걸리기 때문입니다.

만일 인간 게놈 정보를 지금 우리가 모두 가지고 있다면 참 놀라운 일일 것입니다. 그런데 여러분은 이미 그것을 가지고 있습니다. 우리가 그것을 다 해독해 내기 전부터 여러분의 몸 하나하나의 세포에 그 정보가 담겨 있습니다.

그리고 세포가 분열할 때마다 그 정보를 모두 다시 복제해야 합니다. 이따금씩 실수가 발생하기도 합니다. 그런 일이 여러분이 특히 허약해져 있는 상황에서 발생하면 암으로 악화될 수가 있습니다. 만일 부모에게서 자녀에게로 DNA를 전달하는 과정 중에 그런 실수가 발생하면, 그 아이는 태생적인 결함을 갖게 될지 모릅니다.

하지만 아주 드문 경우로, 그러한 변형이 실제로 유익할 수도 있습니다. 그것이 바로 진화가 이루어지는 방식입니다. 오랜 시간에 걸쳐 DNA 배열에 변화가 발생한 것을 두고 다윈은 자연 선택이라고 정의했습니다. 그리고 이 자연 선택으로 인해 점진적인 진화와 새로운 종의 출현이 가능하게 됩니다.

이처럼 DNA는 생명체의 시스템이 어떻게 작동하는가를 이해하기 위해 알아야 할 핵심입니다. 인간 게놈 프로젝트는 1980년대에 많은 논란 속에서 시작되었습니다. 대부분의 과학자들은 인간 게놈 프로젝트를 실시하는 것에 대해 상당히 회의적이었습니다. 비용이 너무 많이 들 수도 있다, 실질적인 효과를 거두지 못할 수도 있다, 연구 작업이 너무 지루해서 평범한 과학자들만 불러들일 수 있다 등등, 많은 우려가 있었습니다. 그러나 그 어떤 우려도 현실화되지 않았습니다. 작업은 결코 지루하지 않았습니다.

기쁘게도 프로젝트는 기대 이상의 성과를 거두며 마무리되었습니다. 저는 그 거대한 기업과도 같았던 방대한 연구 작업의 매니저로 참여하는 영광을 누렸습니다. 그 작업을 통해 초안 정도만 발표할 수 있었던 것이 아니라 인간 게놈 지도를 완성할 수 있었습니다. 2000년 6월에 초안을 발표했고, 2003년 4월에 완성이 되었습니다. 2003년은 왓슨(Watson)과 크릭(Crick)이 이중 나선 구조를 발표한 지 50년이 되는 해였습니다. 우리는 게놈 프로젝트의 모든 목표를 일정보다 2년이나 앞당겨 완수했고 예산은 4억 달러 이상 절감했습니다. 대단히 이례적인 결과였습니다.

2003년 4월 이후 어떤 일들이 있었는지에 대해서는 몇 시간이고 설명할 수도 있을 것입니다. 이 근본적인 정보를 활용하여 특히 어떤 의료적 효용을 창출했는지에 대해서 말입니다. 한 사람의 의사로서 더 건강한 삶을 약속할 수 있다는 것만큼 뿌듯한 일은 없습니다. 이것이 우리가 게놈 프로젝트를 시행한 첫 번째 이유이기도 합니다. 자세한 내용은 말씀드리지 않겠습니다. 하지만 의학적 효용을 얻기 위한 꿈 같은 응용 방법들이 이제 현실화되기 시작했다고 말씀드릴 수 있습니다.

게놈 프로젝트를 통해 얻은 성과에 기반하여, 최근 우리는 암이나 심장병, 당뇨, 천식, 정신 분열 등을 일으킬 가능성이 높은 유전적 요인들을 포착할 수 있었습니다. 또한 과거에는 알기 어려웠던, 이러한 질병을 야기하는 다양한 조건들도 알아낼 수 있었습니다. 이 같은 진전은 지난 1, 2년 사이 크게 이루어졌습니다. 가령 어떤 이가 이러한 질병을 일으킬 위험이 높다는 것을 알게 되면, 식단이나 생활 방식 또는 건강 진단 방식 등에 변화를 줌으로 위험을 낮출 수 있게 됩니다. 각 개인의 특성에 기초하여 예방 치료를 할 수 있는 기회가 점점 더 많아지고, 그 효과도 상당합니다. 이러한 것을 '개인 맞춤형 의료'라고 할 수 있습니다. 또한 예방 측면에서뿐 아니라, 실제 질병에 걸렸을 때에도 게놈에 대한 분석을 통해 그 환자에게 적합한 약을 적합한 복용법으로 투여할 수 있습니다. 이렇게 함으로써 효과가 없거나 치명적인 부작용을 일으킬 수 있는 처치를 피할 수 있습니다. 약물유전체학(pharmacogenomics)이 연구하고 있는 것이 바로 이런 것들입니다.

아마 장기적인 관점에서 이 분야의 가장 큰 소득은, 그러한 질병들을 야기하는 실제적인 근본 요인을 밝혀내고 그것을 기반으로 적절한 치료법을 만들어 내는 것입니다. 유전자 치료가 됐든 약물 치료가 됐든, 부차적인 증상이 아닌 근본적 원인이 된 문제를 겨냥해 치료할 수 있을 것입니다. 이미 이러한 미래가 현실이 되고 있습니다. 특히 암 분야에서의 발전이 상당합니다. 앞으로 다가올 십 년 동안 더 큰 발전이 이루어질 것입니다. 게놈 프로젝트가 불러 일으킨 이러한 발전 때문에 의료계는 앞으로 15년간, 급진적으로 다른 양상을 보이게 될 것입니다. 과학계에서도 게놈을 최대한 활용하기 위해 많은 노력과 창의성을 발휘하고 있습니다.

이것이 제가 지난 25년간 게놈 프로젝트에 참여함으로써 그리고 그 전에는 질병을 야기하는 유전자들을 추적하면서 해 온 일입니다. 참으로 놀라운 경험이었습니다. 한 사람의 전문가로서 수많은 우수한 인재들과 함께 일했고, 그들과 친구가 되었고, 생물학과 의학에 대해 전에는 알지 못하던 것들을 함께 배워 갔습니다.

과학적 세계관과 신앙적 세계관의 화해

하지만 이제 저는, 많은 사람들이 제기하는 질문 하나를 여러분에게 던지고자 합니다. 우리에게는 두 가지 근본적인 세계관이 있습니다. 하나는 과학적 세계관이고 다른 하나는 신앙적 세계관입니다. 두 가지 중 꼭 하나를 골라야만 할까요? 둘 중 하나를 선택하고는 다른 하나를 무시해 버려야 할까요? 아니면 두 가지를 통합할 수 있는 방법이 있을까요?

오늘날 많은 사람들은 이 두 가지 세계관이 현재 전쟁 중이며 둘을 화해시킬 방법은 없다고 주장합니다. 하지만 제 경험으로는 그렇지 않습니다. 이 점이 바로 제가 오늘 여러분과 나누고 싶은 내용입니다. 그러고 나서 두 세계관의 화해를 이런저런 방식으로 모색하고자 하는 분들에게 질문을 받도록 하겠습니다.

이제 저의 신앙적 관점이 무엇인지를 좀더 말씀드리고자 합니다. 조금 전까지는 제 과학적 삶의 경로를 말씀드렸는데, 그렇다면 제가 어떻게 하나님을 믿는 신자라는 이름으로 여러분같이 우수한 인재들 앞에 서게 되었을까요?

저는 놀랄 만큼 판에 박히지 않은, 자유로운 가정 환경에서 자랐습니다. 1930년대에 제 아버지는 노스캐롤라이나 주에 사는 포크송 수집가였습니다.

전쟁이 끝난 1940년대에 아버지와 어머니는 1960년대의 일들을 하셨습니다. 물론 두 분이 하신 일들은 마약과는 전혀 관계가 없었지요. 그분들은 먼지투성이 농장을 사서 생계를 꾸려 보려 애쓰셨는데, 물론 잘 되지 않았습니다. 제 부모님은 농장을 일구는 것이 입이 늘어가는 가족을 부양하기에 적당한 방법이 아님을 깨달았습니다. 그래서 아버지는 결국 지방 대학으로 돌아가 교수로 일하셨고 어머니는 연극 대본을 쓰기 시작했습니다. 아버지, 어머니는 우리 농장 근처 떡갈나무 숲에 극장을 하나 설립하셨습니다. 기쁘게도 부모님이 설립하신 그 극장은 올해로 쉰네 번째 여름 시즌 공연을 준비하고 있습니다. 지난 54년간 한 해도 빠짐 없이 계속되어 온 전통입니다.

저는 이렇게 음악과 연극, 미술과 아이디어들이 멋지게 혼합된 환경 속에서 자랐습니다. 어머니는 6학년이 되기까지 저를 집에서 가르치셨습니다. 1950년대에는 흔치 않은 일이었습니다. 어머니는 제게 새로운 것을 배우는 경험을 사랑하라고 가르치셨습니다. 하지만 제가 어머니에게 배우지 못한 한 가지가 있었는데 그것이 바로 신앙입니다. 부모님은 종교를 폄하하지는 않으셨지만 우리 삶에 꼭 필요하다고 생각하지도 않으셨습니다.

대학에 들어가서 영적인 사고와 신념을 약간씩 접하기는 했습니다. 하지만 영적인 것에 대한 관심은 그 수많은 기숙사 토론에서 재빨리 사그라지곤 했습니다. 기숙사에는 언제나 신앙이 왜 오류인지를 거침 없이 주장하는, 목소리 큰 무신론자들이 있었습니다. 저는 신앙이 없었습니다. 그러니 저와 함께 사는 무신론자들은 신앙에 대한 저의 관심을 불식시키는 데 별다른 어려움을 느끼지도 않았을 것입니다.

아마 저는 당시 불가지론자였을 것입니다. 당시는 그런 말이 있는지도 몰랐습니다. 그렇게 학부를 졸업하고 물리화학을 공부하기 위해 대학원에 들어갔습니다. 그리고 원자와 분자의 행태를 이해하기 위한 이론적 접근 연구에 몰입하였습니다. 당시 제 신앙은 이차 미분 방정식이었다고 볼 수 있겠습니다.

이차 미분 방정식은 정말 재미있었습니다. 하지만 동시에 저는 환원주의와 유물론을 점점 더 받아들이기 시작했습니다. 심지어 영적인 것에 대한 이야기를 듣는 것조차 꺼리게 되었습니다. 영적인 것은 현대 문명 사회에서는 당연히 사라져야 할 구시대의 잔재쯤으로 여겼기 때문입니다.

그렇게 대학원 과정을 마치고, 직업적으로 무엇을 하고 싶은가에 대한 생각에 변화가 생겼습니다. 화학 분야에서 해 왔던 일들을 좋아했지만 거의 관심을 갖지 않았던 생물학을 알게 된 것입니다. 재조합 DNA 기술이 소개되자 저는 생명체가 어떻게 이루어지고 움직이는지 근본적인 수준에서 이해할 수 있는 기회가 올지 모른다는 생각이 들었습니다. 그렇게 이것이 나의 진정한 소명이 될 수도 있다고 생각하며, 과연 연구자가 되고 싶은지 실무 의료인이 되고 싶은지도 분명히 하지 않은 채 의학 전문 대학원에 진학했습니다. 원래 제 계획에 없던 일이었습니다. 이런 이야기를 듣고 저를 입학시켜 준 학교가 도리어 놀랍습니다. 하지만 의학 대학원에서는 저를 받아 주었습니다.

저는 무신론자가 되어 의학 대학원에 들어갔습니다. 하지만 그 상태는 계속되지 않았습니다. 대학원 3학년이 되자 환자들을 실제로 돌보기 시작했습니다. 선한 사람들이 끔찍한 질병을 앓고 있었습니다. 그들은 자신들에게 죽음이 다가오는 것을 알고 있는 사람들이었습니다. 그런데 놀랍게도, 그들 중 많은 이들이 죽음에 대해 평안해 보였습니다. 그들이 가진 신앙 때문이었습니다. 저는 혼란스러웠습니다.

저 자신이 그 상황에 놓여 있다고 상상해 보았습니다. 저는 평안하지 않을 것 같았습니다. 극심한 공포에 사로잡힐 것 같았습니다. 충격적이었습니다. 불안한 생각을 마음속에서 몰아내기 위해 노력해 보기도 했습니다. 그러던 어느 날 오후, 인자한 노부인 한 분이 대단히 간결하고 진심 어린 말투로 자신의 신앙에 대한 이야기를 해주었습니다. 그 노부인은 의료진이 해 볼 만한 모든 처치를 이미 다해 본 말기 심장 질환을 앓고 있었습니다. 그분은 신앙이 자신에게 앞으로 닥칠 일들에 대한 용기와 소망과 평안을 준다고 말했습니다. 설명을 마치자 노부인은 약간 장난기 섞인 눈으로 저를 바라보았습니다. 저는 다소 당혹스러운 채로 아무 말 없이 앉아 있었습니다. 부인이 말했습니다. "의사 선생님, 제 신앙에 대해 들으셨습니다. 또 제 가족에 대해서도 이야기했지요. 그럼 이번에는 선생님이 제게 뭔가를 좀 이야기해 주면 어떨까요?"

그리고 그분은 가장 간단한 질문 하나를 던졌습니다. "선생님은 무엇을 믿으십니까?"

아무도 제게 그런 질문을 한 적이 없었습니다. 최소한 그렇게 묻지는 않았습니다. 그렇게 간단하고 진정성 있는 방식으로는 묻지 않았습니다. 저는 대답할 말이 없다는 것을 깨달았습니다. 불편했습니다. 얼굴이 빨개지는 것을 느낄 수 있었습니다. 그 자리에서 벗어나고 싶었습니다. 발 밑에서 살얼음이 깨지는 듯한 기분이었습니다. 이 간단한 질문 하나 때문에 갑자기 모든 것이 뒤죽박죽이 되어 버렸습니다.

그 질문이 저를 괴롭혔습니다. 좀 생각을 해 보니 뭐가 문제인지를 깨달았습니다. 저는 과학자였습니다. 최소한 스스로 그렇게 생각했습니다. 과학자는 증거를 본 후에 결정을 내려야 하는 사람들입니다. 저는 신이 없다고 결정을 내렸습니다. 증거를 찾아볼 생각을 해 본 적도 없으면서 말입니다. 제가 논리에 기반하여 그 답을 선택했는지 아니면 그저 그것이 내가 원하는 답이라서 선택했는지 잘 모르겠다는 것을 인정하지 않을 수 없었습니다.

과연 어떤 증거가 있기나 한지에 대해서도 확신할 수 없었습니다. 그래서 증거를 찾아봐야겠다고 생각했습니다. 그와 같은 상황에 다시는 처하고 싶지 않았기 때문입니다. 저는 세상의 종교들에 대해 알아봐야겠다고 결심했습니다. 도대체 사람들은 무엇을 믿고 있는가? 저는 경전이라고 불리는 책들을 읽어 내려고 노력했습니다. 하지만 완전히 혼란스러웠고 좌절감만 느꼈습니다. 저를 도와줄 만한 위키피디아(Wikipedia)도 없었습니다. 얼마 전에 보니 「바보들을 위한 세계 종교」(*World Religions for Dummies*)라는 제목의 책도 있더 군요. 하지만 그때는 그런 것도 없었습니다.

어찌해야 할 바를 몰라서 제가 살던 노스캐롤라이나 채플 힐 근처에 살고 계시던 목사님 한 분을 찾아갔습니다. 제가 물었습니다. "저는 종교를 믿는 사람들이 하는 말을 도통 모르겠습니다. 하지만 이제는 저도 종교에 대해 배워 봐야 할 때인 것 같습니다. 아마 목사님은 믿음이 있으시겠죠? 목사님이니 그러시리라 생각합니다. 그러니 몇 가지 질문을 좀 드리겠습니다." 저는 그분에게 많은 질문을 퍼부었습니다. 아마 불경스러운 질문도 있었을 것입니다. 하지만 목사님은 제게 인자하셨습니다.

얼마 후 목사님이 물었습니다. "아시겠지만 당신이 이곳을 찾은 것도 일종의 여정입니다. 진리가 무엇인가를 찾기 위한 여정 말입니다. 당신이 처음도 아닙니다. 사실 제가 가진 책 중에는 당신과 동일한 여정을 지나온 사람이 쓴 것도 있습니다. 학문적인 관점에서 쓰여진 것입니다. 그 저자는 상당히 이름 있는 옥스퍼드 교수였습니다. 그분도 자기 주변에 상당수의 신자가 있는 것을 발견하고는 당황스러웠다고 합니다. 그래서 왜 사람들이 믿는가를 알아내기 위한 여정을 시작한 것이죠. 자신이 그 사람들을 쓰러뜨릴 수 있다고 생각했다고 합니다. 그 책을 한 번 읽어 보고, 어떤 일이 벌어지는지를 알아보는 것이 어떻겠습니까?"

목사님은 작은 책 한 권을 책장에서 꺼내 주었습니다. 「순전한 기독교」(*Mere Christianity*, 홍성사)였습니다. 저는 그 책을 집으로 가지고 와서 읽기 시작했습니다. 한두 장을 읽으며 신앙에 대한 저의 논리는 어린아이의 것과 다를 바가 없다는 사실을 발견했습니다. 제 논리에는 실질적인 요지가 없었습니다. 그러나 이 옥스퍼드 학자는 깊이 있게 성찰하고 있었습니다. 물론 그분의 이름은 여러분도 다 아시겠지만 C. S. 루이스입니다. 그분의 통찰을 통해 저는 신에 대한 질문에 답할 수 있는 생각과 논리에는 어마어마한 깊이가 있다는 깨달았습니다. 놀라운 일이었습니다. 저는 항상 신앙과 이성은 서로 정반대 극이라고만 생각했기 때문입니다. 하지만 여기 심오한 지성을 가진 학자 한 분이 제가 책장을 넘길 때마다 이성과 신앙이 실제로 함께 갈 수 있다는 것을 설득력 있게 보여 주고 있었습니다. 다만, 신앙은 추가적으로 계시라는 요소를 가지고 있지만 말입니다.

저는 신앙에 대해 좀더 알아야만 했습니다. 이듬해를 그렇게 좌충우돌하며 보냈습니다. 제가 원치 않는 결론으로 결국 이르게 될 것 같아 내내 발버둥치고 신음했습니다. 하지만 점차 하나님이 존재하시는 증거가 있다는 것을 깨닫기 시작했습니다. 어떤 증거물 같은 것은 아니었지만, 그 증거들은 꽤나 강력했습니다. 결국 무신론은 제가 받아들일 만한 선택이 아님을 알았습니다. 무신론이야말로 가장 비이성적인 선택이었습니다.

하나님을 가리키는 자연의 흥미로운 표지들

실제로 제게 어떤 일들이 벌어졌는지 연대기처럼 훑지는 않겠습니다. 그저 하나님을 믿는 것이 어떻게 지적으로 온전히 일관성 있는 사건인지를 인식하게 되었는지, 제 생각을 궁극적으로 바꾸어 놓은 몇 가지 논증을 요약하도록 하겠습니다. 그리고 제게 영적인 갈급함이 있다는 것도 알게 되었습니다. 흥미롭게도 하나님을 향한 몇몇 표지들은 제가 살아오는 내내 제 앞에 있었고 그것이 저를 자연에 관한 연구로 이끌었습니다. 그다지 심각하게 생각해 보지 않았었지만, 분명히 있었던 것들입니다.

1. 아무것도 없는 것이 아니라 무언가 있다. 매우 당연한 말 같지만 그렇지 않을 수도 있습니다. 아무것도 없는 것이 아니라 무언가 있습니다. 무언가가 꼭 있어야 할 이유가 있는 것은 아닙니다.

2. 수학의 상식 밖의 효과성. 이 말은 노벨 물리학 상을 수상한 유진 위그너(Eugene Wigner)가 한 말입니다. 이 말이 양자역학을 연구하던 대학원생이던

제 시선을 사로잡았습니다. 당시 저는 슈뢰딩거의 방정식을 연구하고 있었습니다. 수학과 화학과 물리학이 저를 깊이 사로잡은 이유 중 하나가 물질과 에너지가 어떻게 움직이는가에 대한 이 특정한 묘사가 어쩜 그렇게 잘 들어맞느냐 하는 것이었습니다. 잘된 이론은 대부분의 경우 대단히 간단하고 아름답습니다. 왜 그럴까요? 왜 수학은 자연을 설명하는 데 이토록 상식 밖으로 효과적인 것일까요?

3. 대폭발. 우주에 시초가 있었다는 데 사실상 이제 거의 모든 과학자들이 동의하고 있습니다. 약 137억 년 전, 상상하기조차 어려운 독특한 성질의 우주가 존재했습니다. 골프공보다 작았던 우주가 갑자기 출현하여 확장되기 시작했습니다. 그리고 그 후로 계속해서 확장되고 있습니다. 대폭발의 메아리와도 같은 우주 배경 복사 연구를 통해 우리는 우주의 수명을 계산할 수 있습니다. 은하계가 우리에게서 얼마나 멀어지고 있는지를 관찰할 수 있기 때문입니다.

물론 이러한 연구는 난관에 부딪칩니다. 왜냐하면 현재의 과학으로는 대폭발이 일어나기 이전에 대해서는 알지 못합니다. 아무것도 없는 데서 뭔가가 나온 것처럼 보이기만 할 뿐입니다. 자연은 아무것도 없는 데서 무언가를 만들어 내지 못합니다. 만일 자연이 스스로 자연을 창조해 내지 못한다면, 우주는 어떻게 생긴 것일까요? 어떤 자연적인 힘이 지금의 자연을 창조했다고 임의로 상정할 수는 없습니다. 그렇게 되면 그 자연적인 힘을 창조한 것이 무엇이냐는 질문을 피할 수 없기 때문입니다. 우리는 아직 이 문제를 해결하지 못했습니다. 타당성이 있는 유일한 설명은 이 우주를 창조한 어떤 초자연적 힘이 있을 수밖에 없다는 것입니다. 물론 그 힘은 공간이나 시간에 제약을 받을 필요가 없습니다.

여기까지의 논의를 통해 창조자가 있다는 가설이 도출됩니다. 그 창조자를 '하나님'이라고 부릅시다. 이 하나님은 초자연적이며 시간과 공간에 제약을 받지 않습니다. 그리고 정말 끝내 주는 수학자이기도 합니다. 이제 좀 뭔가 들어맞기 시작하는 것 같습니다.

4. 정교하게 설계된 우주의 물리 상수. 글쎄요, 아마도 하나님은 대단한 물리학자이기도 한 것 같습니다. 제가 알게 된 또 다른 사실은 우주는 완벽하게 정교한 미세 조정이 이루어져 있다는 점입니다. 이를 통해 복잡성이 만들어지고, 생명체가 살아갈 수 있게 됩니다. 물리학이나 화학을 공부하는 사람들은 물질과 에너지의 행태를 관장하는 일련의 법칙이 있다는 것을 잘 알 것입니다. 그것들은 대단히 간결하고 아름다운 방정식입니다. 하지만 이 법칙들 속에는 언제나 상수가 있습니다. 예를 들어, 중력 상수나 빛의 속도 같은 것입니다. 현재로서는 그 상수 값들을 유도해 내지 못합니다. 미래에도 가능할 것 같지 않습니다. 상수들은 그저 상수일 뿐입니다. 주어진 수치입니다. 따라서 실험을 해서 측정을 해내는 방법 외에는 상수를 도출해 낼 방법이 없습니다.

이러한 상수들이 지금과는 조금 달랐다고 가정해 보십시오. 뭔가 문제가 될까요? 중력 상수가 지금보다 조금 더 강하거나 약했다면 우주에는 어떤 변화가 있을까요? 1970년대 존 바로우(John Barrow)와 프랭크 티플러(Frank Tipler)가 이런 계산을 해 보았습니다. 답은 놀랄 만한 것이었습니다. 우리가 만일 열다섯 가지의 물리 상수 가운데 아무것이나 택해 아주 작은 변화를 준다면, 모든 것이 전부 들어맞지 않게 되어 버립니다.

중력 상수를 예로 들겠습니다. 만일 중력이 지금보다 100억 분의 1 정도만 약했다고 한다면, 대폭발이 있은 후 중력은 모든 별과 은하, 천체 그리고 저와 여러분을 끌어당기기에 충분하지 못했을 것입니다. 결국 우리는 끝없이 팽창하고 서로 멀어지며 불모의 우주를 만들었을 것입니다. 반대로 중력이 지금보다 조금이라도 더 강했다면 어떻게 됐을까요? 우주는 서로 잘 합체되었겠지요. 하지만 그 시기가 너무 빨랐을 것입니다. 대폭발은 얼마지 않아 거대한 충돌로 이어졌을 것이고 생명체는 출현할 기회가 없었을 것입니다. 시기가 맞지 않았을 것이기 때문입니다.

우주에 관한 자료를 보면 놀라지 않을 수가 없습니다. 우리가 존재할 수 있는, 믿기지 않을 정도로 칼날같이 정교한 설계를 보면 입이 다물어지지 않습니다. 이것을 대체 어떻게 이해할 수 있을까요? 제 생각에는 세 가지 가능성이 있습니다.

첫째, 언젠가는 우리가 이론적으로 이러한 상수들이 왜 그러한 값을 가져야 하는지, 어떤 연역적인 이유가 있는지를 규명해 낼 수 있게 되는 것입니다. 그러나 제가 이야기를 나눠 본 대부분의 물리학자들은 그럴 가능성이 그다지 높지 않다고 말했습니다. 상수들 간의 관계가 규명될 수는 있을지 모르겠습니다. 하지만 전체를 알기는 어려울 것 같습니다.

두 번째 가능성은, 우리의 우주가 다른 상수 값을 갖는 수없이 많은 다른 우주들 가운데 하나일지도 모른다는 것입니다. 그렇다면 우리는 모든 것이 옳게 맞춰진 우주들 가운데 하나에 살게 된 것입니다. 그렇지 않으면 이런 대화를 나눌 수조차 없었겠지요. 이것이 바로 '다중 우주'(multiverse) 가설입니다. 우리가 그 무한한 다른 우주들을 결코 관찰할 수 없을 거라는 점을 받아들일 용의만 있다면 옹호가 가능한 가설입니다. 물론 거기에는 상당한 믿음이 필요합니다.

세 번째 가능성은, 우주는 의도적이라는 것입니다. 우주 상수들이 지금의 값을 갖는 이유는 창조주 하나님이 대단한 수학자이자 물리학자이기 때문에, 우주가 흥미로워지기 위해서는 어떤 일련의 다이얼을 돌려야 하는지를 알고 계셨던 거라는 가능성입니다.

지금까지 말씀드린 세 가지 가능성 가운데 어떤 것이 가장 그럴듯해 보입니까? '오캄의 면도날 원칙'에 의하면 가장 간단한 설명이 옳을 가능성이 가장 높다고 했습니다. 그래서 저는 세 번째 가능성을 믿기로 했습니다. 하지만 어떤 면에서 저는 첫 번째, 두 번째 가능성을 거쳐 세 번째 주장으로 오는 동안 창조주라는 개념을 도출할 수 있었습니다.

참 흥미롭습니다. 우리는 어디까지 와 있는 것일까요? 우리는 아인슈타인의 신 개념에까지 와 있는 것입니다. 아인슈타인은 자연 신이 존재한다고 믿었고 분명히 수학이 작동하는 방식에 감탄했습니다. 우리가 아는 한, 아인슈타인은 현재 과학이 알고 있는 수준의 정교한 우주 설계에 대해서는 알지 못했습니다. 하지만 아마도 알았더라면 우리와 같은 방식으로 받아들였을 것입니다.

5. 도덕 법칙. 그렇다면 우리는 자연신론에서 유신론으로 나아갈 수 있을까요? 다시 C. S. 루이스에게로 돌아가려고 합니다. 「순전한 기독교」의 1장 제목은 "우주의 의미를 아는 실마리로서의 옳고 그름"입니다. 루이스는 도덕 법칙에 관해 이야기합니다. 저는 대학에서 철학 과목을 듣지 않았습니다. 하지만 이 제목이 어떤 주장을 하고 있는가를 이해하기 시작하자, 진리를 말하고 있음을 깨달았습니다. 정말로 놀라운 방법으로 진리를 일깨우고 있었습니다. 갑자기 깨달음을 얻는 그런 순간이었습니다. 살아오는 동안 알고 있었던 것이지만 그다지 생각해 본 적이 없는 것이었습니다.

그렇다면 이러한 제목이 주장하는 바는 무엇인가요? 동물의 왕국에서 인간은, 올바른 행동이 무엇인가에 대한 기준을 가진 유일한 존재입니다. 인간은 원칙을 깨뜨릴 자유가 있는 듯하지만 그 원칙 아래 살아갑니다. 옳은 행동이 있고 그른 행동이 있습니다. 인간은 옳은 행동을 해야 하고 그른 행동을 하지 말아야 한다고 생각합니다. 물론 우리는 그 원칙을 깨뜨릴 수도 있습니다. 원칙에 어긋나는 행동을 할 때면 변명을 합니다. 이것은 곧 우리가 원칙이 옳다는 것을 알고 있으며 그래서 옳은 것을 어겼을 때에는 죄책감으로부터 자유로워지려고 노력한다는 것을 의미합니다.

누군가는 재빨리 반대할 것입니다. "잠깐만요! 제가 알고 있는 인간 문화 가운데는 끔찍한 행동을 장려하는 것들이 있습니다. 그들도 도덕 법칙 아래 살아간다고 어떻게 말할 수가 있습니까?" 글쎄요, 그런 사람들의 문화를 배울 때 우리가 알게 된 사실 가운데 하나는, 우리가 끔찍하다고 생각하는 것들이 그들에게는 '옳은' 행동이라는 점입니다. 문화에 대한 이해는 다양하기 때문입니다. 도덕 법칙은 보편적인 것 같습니다. 하지만 어떤 특정 행동이 옳고 그르냐는 그 문화가 '옳음'과 '그름' 어떻게 규정하느냐에 따라 결정됩니다.

도덕 법칙 때문에 인간은 때로는 상당히 극적인 일들을 하게 되기도 합니다. 그 한 예가 바로 이타주의입니다. 인간이 다른 인간을 위해 보상에 대한 기대 없이 무언가 희생적인 일을 하는 경우입니다. 이것은 무엇을 의미할까요? 일각에서는 이것이 진화로 설명될 수 있다고 주장합니다. 예를 들어, 어떤 남자가 그의 가족에 대해 이타적이라고 한다면 우리는 이것이 진화적인 관점에서 어떻게 타당한지를 어렵지 않게 알 수 있습니다. 왜냐하면 가족은 그와 동일한 DNA를 공유하기 때문입니다. 가족들의 DNA가 생존하도록 돕는 것은 자신의 DNA를 존속시키는 것과 같습니다. 재생산에 적합하게 생명체가 진화한다는 다윈주의자들의 관점에 부합하는 설명입니다.

만일 우리가 누군가를 도울 때 그들이 후에 우리를 도울 것이란 기대를 가진다면, 즉 상호 호혜적인 이타심을 갖는다면, 분명 재생산 적응도(reproductive fitness)를 높이는 데 유익할 것입니다. 또는 하버드 대학 진화 역학 프로그램의 단장인 마틴 노웍(Martin Nowak)이 주장한 것과 같은 논리를 펼칠 수도 있습니다. 만일 우리가 죄수의 딜레마(Prisoner's Dilemma : 공범자가 서로 협력해 범죄를 숨기면 증거 불충분으로 형량이 낮아짐에도, 상대의 범죄 사실을 알려 주면 감형해 준다는 수사관의 유혹에 빠져 무거운 형량을 선고받게 되는 현상—역주)와 같은 게임 이론을 가지고 컴퓨터 모델링을 해 본다면, 모든 참여자들이 상대에 대해 이타적으로 행동할 때 개인에게도 유리한 결과가 돌아오는 것을 알게 됩니다.

하지만 이 같은 진화적 관점의 이타주의나 게임 이론의 교훈이 주는 또 다른 결론은, 같은 그룹 안에 있지 않은 사람들에 대해서는 여전히 적대적이어야 한다는 점입니다. 그렇지 않으면 진화론의 모든 주장은 무의미해집니다. 글쎄요, 이런 주장이 우리 현실에 부합할까요? 이것이 우리가 실제 경험한 것과 맞아떨어지나요? 도덕 법칙이 가장 극적으로 효력을 발휘할 때가 어떤 상황 속에서인가요? 그것은 우리가 가족들, 즉 언젠가는 우리에게 잘해 줄 사람들에게 친절하고 도움을 줄 때가 아닙니다. 혹은 우리가 속한 집단의 다른 구성원들에게 잘해 줄 때도 아닙니다.

우리를 놀라게 하고 경탄케 하는 것, 그리고 '이거야말로 숭고한 인간성의 전형이야!'라고 말하게 하는 것은 자기 이해의 범주를 넘어서는 철저한 이타주의입니다. 인도 캘커타 거리에서 죽어가는 이들을 돌보는 테레사 수녀를 보았을 때, 나치의 대학살로부터 이름도 모르는 유대인들을 구하기 위해 자기 목숨을 위태롭게 한 오스카 쉰들러(Oskar Schindler)를 보았을 때 그리고 성경의 선한 사마리아인을 보았을 때 여러분은 어떤 생각을 하셨습니까?

웨슬리 오트리(Wesley Autrey)는 어떻습니까? 오트리는 아프리카계 미국인으로 건설 노동자입니다. 하루는 뉴욕 시 지하철 플랫폼에 서서 지하철을 기다리고 있었습니다. 그때 옆에 있던 젊은 대학원생이 간질 발작을 일으켰습니다. 그러고는 지하철이 들어오고 있는 철로로 떨어졌습니다. 주변에 있던 모든 사람들은 공포에 질렸지요. 잠시 생각할 틈도 없이 웨슬리는 철로로 뛰어들었습니다. 여전히 발작을 일으키고 있는 젊은 학생을 철로 사이의 좁은 틈새로 끌어 당기고 자신의 몸으로 그 학생의 몸을 덮었습니다. 그리고 그 위로 지하철이 지나갔습니다. 기적적으로 거기에는 두 사람 모두가 살 수 있을 정도의 공간이 있었습니다.

이것이야말로 철저한 이타주의입니다. 웨슬리와 그 대학원생은 전에 만난 적도 없었고 어떤 다른 상황 속에서 만나게 됐을 가능성도 거의 없는 사람들이었습니다. 둘은 서로 완전히 다른 집단에 속해 있었습니다. 우리 사회가 흔히 구별하듯, 하나는 아프리카계 미국인이었고 다른 하나는 백인이었습니다. 하지만 뉴욕 시민들은 열광적인 존경과 찬사를 보냈습니다. 당연하지요. 얼마나 놀라운 희생 정신입니까? 자기 목숨을 아끼지 않은 얼마나 숭고한 행동입니까?

진화론은 이렇게 말할 수도 있겠지요. "웨슬리, 대체 무슨 생각을 한거요? 당신의 재생산 적응 기회를 망칠 생각인거요?" 진화론자들의 입장에서 웨슬리의 행동은 스캔들이라 할 만합니다. 그렇지 않습니까? 생각해 보세요. 여전히 저는 여러분에게 이렇다 할 증거를 제공하고 있지는 않습니다. 하지만 저는 진화론자들이 도덕성을 진화론적 관점에서 완전히 설명해 낼 수 있다고 주장하는 것을 보면, 지나치게 쉬운 설명이 아닌가 하는 생각을 떨칠 수 없습니다. '그냥 그러니까 그렇다'라는 식의 설명은 좀 지나친 것 같습니다. 다른 설명이 분명히 있을 것 같습니다.

루이스는 이런 질문을 했습니다. 만일 당신이 신이 존재한다는 증거를 찾고 있다면, 위대한 수학자이자 물리학자이기만 한 것이 아니라 인간을 보살피시고, 선함과 경건함의 본체이시며, 그에게 속한 사람들도 선하고 경건하기를 원하시는 하나님이 존재한다는 증거를 찾고 있다면, 이 도덕 법칙이 당신의 마음속에 새겨져 있는 것을 발견하게 되는 것이 훨씬 더 흥미롭지 않겠습니까? 당신의 마음속에 그 법칙이 새겨져 있어 다른 사람을 사랑하고 돕는 것을 지향하게 한다고 생각하는 것이 훨씬 더 그럴듯하지 않습니까? 제게는 이 설명이 훨씬 타당하게 들립니다.

저는 몇 해에 걸쳐 이 같은 내적 논쟁의 한복판에 있었습니다. 실로 긴 싸움이었습니다. 그리고 저는 서서히 저 자신보다 훨씬 위대한 어떤 존재에 대한 두려움을 경험하기 시작했습니다. 칸트의 말에 동의하지 않을 수 없었습니다. "저는 두 가지 것으로 인해 끊임없이 그리고 점점 더 깊이 경외와 두려움을 느낍니다. 좀더 오랫동안, 좀더 진실된 마음으로 그것들을 바라볼수록 그렇습니다. 바로 별들이 반짝이는 하늘과 제 마음속 도덕 법칙입니다."

제 심정이 꼭 그랬습니다. 하지만 저는 하나님이 정말 어떤 분이신지를 꼭 알아내야만 했습니다. 다시금 세계의 종교들을 탐구하기 시작했습니다. 그들이 무슨 이야기를 하는지 알고 싶었습니다. 각종 종교에 관한 책을 읽으면 읽을수록 확실히 전보다는 훨씬 더 잘 준비된 상태여서인지, 유일신을 믿는 주요 종교들 간에는 커다란 유사점이 있다는 것을 알 수 있었습니다. 상당수의 핵심 교리들이 실제로 서로 호응이 잘 되는 것을 발견할 수 있었습니다. 저는 좀 놀랐습니다. 서로 극단적으로 다를 것이라 생각했기 때문입니다. 물론 차이점도 있었습니다.

이때쯤 저는 편치 않은 상황에 이르렀습니다. 도덕 법칙이 신의 존재를 가리킨다면, 그리고 그 신이 선하고 경건하다면, 반면 저 자신은 그렇지 않은 상태라는 것을 인정하지 않을 수 없었기 때문입니다. 도덕 법칙에 위배되는 행동을 하는 것에 대해 스스로를 용서해 보려고 아무리 노력해도 죄책감은 사라지지 않았습니다. 잊을 만하면 다시 생각나곤 했습니다. 하나님의 사람이 어때야 하는지를 희미하게나마 인식하기 시작했는데, 제가 가진 실수와 결점들 때문에 그런 이미지는 자꾸 물러나기만 했습니다. 그래서 저는 과연 신과의 관계를 온전히 가질 수 있는지, 갖기를 원하긴 하는 것인지 자신이 없어졌습니다. 저의 부족함 때문에 새롭게 알기 시작한 신의 존재 앞에서 절망감만 들었습니다.

점점 커져 가던 불편함의 장막 속에서 한 가지 깨달음이 찾아왔습니다. 제가 탐구하던 신앙들 가운데, 이런 상태에 대한 해결책을 가진 분이 있다는 사실을 알게 된 것입니다. 그분은 바로 예수 그리스도였습니다. 하나님을 안다고 주장하기만 하신 분이 아니라 스스로 하나님임을 주장하신 분입니다. 놀라운 희생으로 그는 십자가에 달려 죽으셨고 죽음에서 부활하셨습니다. 나의 불완전함과 하나님의 경건함 사이에 다리가 되어 주시기 위함이었습니다. 전에도 그리스도가 우리의 죄 때문에 죽으셨다는 말을 들어 본 적은 있었습니다. 하지만 그저 아무나 지껄이는 소리인 줄 알았습니다. 그런데 갑자기 그 말이 전혀 횡설수설 같지 않게 들리는 것입니다. 제가 꿈꿔 왔던 그 어떤 것보다도 타당한 것이었습니다.

그래서 이 여정을 시작한 지 2년이 지난 어느 날, 오레곤의 케스케이드 마운틴에서 하이킹을 하는 중에, 무엇이 진리이고 중요한가를 깨닫지 못하게 어지럽히는 모든 방해 요소들을 버렸습니다. 그리고 더 이상 저항할 이유가 없는 지점에 다다랐음을 느꼈습니다. 더 이상 저항하고 싶지 않았습니다. 모든 것을 내려놓고 항복하고 싶었습니다. 그날 저는 그리스도인이 되었습니다. 그것이 31년 전의 일입니다. 저는 두려웠습니다. 제가 대단히 우울하고 어두운 사람으로 변하는 것이 아닐까 겁이 났습니다. 유머 감각도 잃고 아프리카 같은 오지로 부름받는 것은 아닐까 걱정스러웠습니다. 하지만 그 대신 저는 커다란 평안과 기쁨을 경험했습니다. 하나님과 나 사이에 놓여 있던 그 다리를 드디어 건넜다는 안도감이 들었습니다. 신앙은 눈 먼 사람처럼 빠져드는 것이리라는 잘못된 예상과는 정반대로, 신앙과 이성은 함께 갔습니다.

이미 알아차렸어야 했습니다. 성경에 대해 조금씩 더 알아가면서, 저는 마태복음 22:37의 말씀을 읽게 되었습니다. 거기서 예수님은 계명 가운데 가장 큰 것이 무엇이냐는 질문을 받습니다. 예수님이 구약 성경과 일치하지 않는 무언가를 이야기하도록 바리새인들이 함정을 파고 있었던 것입니다. 예수님이 대답하셨습니다. "네 마음을 다하고 혼을 다하고 지성을 다해 주 너의 하나님을 사랑하라[네 마음을 다하고 목숨을 다하고 뜻을 다하여 주 너의 하나님을 사랑하라(개역개정 성경)]." 바로 여기입니다! "네 지성을 다해." 우리는 믿음 앞에 나아갈 때 우리의 지성을 사용해야 하는 것입니다. 마크 놀(Mark Noll)은 「복음주의 지성의 스캔들」(Scandal of the Evangelical Mind, IVP)이라는 책을 썼습니다. 그 책에서 그는 최근 우리가 하나님이 주신 가장 큰 계명 가운데 잘 따르지 못하는 부분이 있는 것 같다고 지적했습니다. "…네 지성을 다해 주 너의 하나님을 사랑하라!"

신앙과 과학에 관한 대화

그때는 참으로 흥미진진한 시기였습니다. 더욱이 저는 이미 유전학을 연구하는 과학자였습니다. 주위 사람들에게 제가 새롭게 눈뜨게 된 좋은 소식에 관해 이야기하자 걱정스러운 반응을 보였습니다. "과학자가 신앙이라니! 머리 아프지 않아? 자네 지금 위험해. 그러다 큰일 난다고. 신앙과 과학의 세계관은 함께 갈 수가 없어." "진화는 신앙과 양립할 수가 없지 않나? 그 점에 대해 어쩌려고 그래?"

저는 이런 대화를 수없이 나누었습니다. 사실, 이후로도 수년 동안이나 그런 대화를 계속해야 했습니다. 그 가운데는 스티븐 콜버트(Stephen Colbert)와의 대화도 있었습니다! 과학과 신앙이 양립할 수 있느냐에 대한 재치 넘치는 대화를 보고 싶다면 다음의 웹 페이지를 한번 방문해 보시기 바랍니다. www.colbertnation.com/the-colbert-report-videos/79238/december-07-2006/francis-collins.

여기서 문제가 되는 것은 무엇일까요? 과학과 신앙의 대화에서 진화는 정말 장애물일까요? 우리는 이 질문을 깊이 생각해 볼 필요가 있습니다. 과학과 신앙 사이의 긴장이 충분히 근거가 있는 것인지를 생각해 보아야 합니다. 종교를 가진 사람들 가운데는 진화에 대해 이렇게 말하는 사람들이 분명히 있습니다. "진화론은 이제 곧 폐기될 운명에 처했어." 과학자들은 진화론에 많은 오류가 있다는 것을 알고 있습니다. 하지만 그 누구도 그것을 인정하려 하지 않습니다. 이 문제에 관한 실질적인 문제가 과연 무엇일까요?

유전자와 위(僞)유전자. 여러분에게 제가 가진 관점을 말씀드리겠습니다. DNA를 연구하는 사람으로서의 관점입니다. DNA는 아마도 이 질문에 관한 실마리를 제공해 줄 수 있는, 현재 우리가 상상할 수 있는 가장 강력한 창문이 될 것입니다. 다윈 역시 자신의 이론을 검증할 더 나은 수단을 상상하기 힘들었을 것입니다. 타임머신이 있는 것이 아니라면 말입니다. DNA는 디지털 기호로 해독이 가능하며, 우리에게 참으로 경이적인 통찰을 제공합니다.

사실 결론적으로 말씀드리자면, DNA 연구는 다윈의 이론이 잘 맞아떨어진다는 것을 논쟁의 여지가 없게 만듭니다. 아직 규명해 내지 못한 수학적인 세부 사항이 일부 있기는 하지만, 제 생각에는 2009년 현재 거의 모든 생물학자들은 진화론을 학문의 근간으로 바라보고 있습니다. 진화론 없이는 생명과학을 생각할 수가 없을 정도입니다.

제가 방금 말씀드린 것을 지지해 줄 만한 증거로는 무엇이 있을까요? 먼저 화석 기록을 들 수 있겠습니다. 하지만 저는 화석에 대해서는 말씀드리지 않겠습니다. DNA에 관해 말씀드리겠습니다. DNA가 좀더 자세한 정보를 제공해 줄 수 있기 때문입니다. 하지만 화석 기록은 제가 앞으로 말씀드릴 내용과 완전히 일치합니다.

인간 게놈 프로젝트에서는 다양한 생명체의 게놈을 비교, 연구하였습니다. 인간 게놈만 해독해 낸 것이 아니라 쥐, 침팬지, 개, 꿀벌, 성게 그리고 마카크(아프리카·아시아산 원숭이—역주) 그리고 심지어 오리너구리까지 해독했습니다. 이것들은 "네이처"(*Nature*)지나 "사이언스"(*Science*)지의 표지를 장식했던 것들이고, 지금까지 30종 이상의 동물 게놈을 더 해독하였습니다.

DNA 배열을 컴퓨터에 입력한다 해도 컴퓨터는 그 생명체가 어떤 모습을 하고 있는지 알지 못합니다. 화석 기록에 대해서도 마찬가지입니다. 하지만 컴퓨터로 일종의 도표를 만들어 낼 수는 있는데, 말하자면 진화 계보라고 할 수 있습니다. 즉, 공동의 조상을 가진 계보와 완전히 일치하는 도표입니다. 인간 역시 그 계보의 일부로 포함되고, 이전에 해부학이나 화석 기록에 기초해 만들었던 계보와도 세부 사항이 일치합니다.

우리는 컴퓨터를 통한 이러한 결과가 공통의 조상을 증명하는 것은 아니라고 주장할 수 있습니다. 실제로 그렇게 피력한 연구진도 있었습니다. 하나님이 그 모든 생명체들을 각각 특별한 창조 활동으로 만드셨다면, 그 생명체들의 게놈을 발생시킬 때 일부 동일한 모티브를 사용한 것이라고 이해할 수 있습니다. 외형이 가장 유사한 생물들은 기능상 게놈의 배열이 가장 유사한 경우입니다. 게놈의 전반적인 유사성이 어디에서 기인한 것인가 하는 데 대한 또 다른 주장에 대해서는 제가 논박하지 않겠습니다.

하지만 이 부분에 대해 좀더 자세히 들여다보겠습니다. DNA의 작은 한 토막에 담긴 세부 사항을 살펴보겠습니다. 인간과 젖소, 쥐 그리고 여타의 꽤 많은 포유류에게서 공통적으로 발견되는 유전자 세 개를 예로 들겠습니다. EPHX2, GULO 그리고 CLU가 그것입니다. 이 세 유전자는 앞서 말한 인간, 젖소 그리고 쥐에게서 동일한 순서로 배열되어 있습니다. 이 같은 배열 자체만으로도 공통의 조상을 연상시킵니다. 그렇지 않고서야 왜 이 유전자들이 그러한 배열로 뭉쳐 있겠습니까? 이 세 유전자들은 각각 전혀 다른 기능을 가지고 있습니다. 서로 가까이 배열될 만한 아무런 논리적인 이유가 없어 보입니다. 하지만 그 세 유전자는 함께 배열되어 있습니다.

제가 이 유전자 배열을 선택한 데는 이유가 있습니다. 왜냐하면 이 유전자들을 가지고 굉장히 흥미로운 이야기를 해 볼 수 있기 때문입니다. 젖소와 쥐에게 이 세 가지 유전자들은 모두 특정한 기능을 가집니다. 하지만 인간에게는 그중 가운데 유전자인 GULO가 완전히 망가져 있습니다. 사실, 인간에게 GULO는 우리가 위(僞)유전자라고 부르는 것입니다. 코딩 가운데 절반 가량이 삭제되어 있습니다. 사실상 그냥 존재하지 않는 것입니다. 그래서 이 유전자는 단백질을 합성하지 못합니다. 할 수 있는 역할이 거의 없습니다. 그저 과거부터 존재했던 조그마한 DNA 화석으로서, 세대를 거쳐 전달되기만 할 뿐입니다.

이러한 사실은 어떤 결과를 말해 줄까요? 이것은 다운그레이드입니다. 업그레이드가 아닙니다. 바로 이 점이 흥미로운 점입니다. GULO는 굴로노락톤 산화제(gulonolactone oxidase)를 가리킵니다. 이것은 어떤 일을 할까요? 이것은 비타민 C라고도 알려진 아스코르브산을 합성하는 마지막 단계를 촉진하는 효소입니다. GULO가 부족하기 때문에, 장거리를 항해하는 선원들은 괴혈병이 잘 걸리지만, 배에 숨어든 쥐들은 그렇지 않습니다. 인간에게 GULO는 특별한 상황이 아니고서는, 평소에는 없어도 잘 지낼 수 있는 것들 중 하나입니다. 분명히 오래 전에 돌연변이가 생긴 것입니다. 돌연변이를 없앤 진화적 동인은 없었습니다. 우리 인간들은 비타민 C를 합성해 낼 수 있는 능력이 전혀 없습니다. 반면 다른 동물들은 그렇지 않습니다. 재미있는 것은 침팬지들도 우리와 같은 문제를 가지고 있다는 점입니다.

그렇다면 이제, 모든 생명체가 공통의 조상을 갖는 것이 아니라고 한다면 유전자 배열에 대한 이 같은 분석이 어떻게 해석될 수 있는지를 생각해 보겠습니다. 다시 말해 각각의 종이 특별한 창조 활동에 의해 만들어졌다고 주장하려면, 우리는 하나님이 의도적으로 결함이 있는 유전자를, 공통의 혈통을 추론할 수 있는 바로 그 지점에 심어 두었다고 말할 수밖에 없습니다. 아마도 우리의 믿음을 시험하기 위한 목적을 가지고 말입니다. 하나님이 인간과 침팬지의 유전자에 그 같은 일을 하신 것입니다. 하지만 제가 아는 하나님은 그런 일을 했을 것 같지 않습니다. 그런 논리는 하나님이 기만을 일삼는 분인 것처럼 보이게 할 뿐입니다.

만들어진 신?

이 같은 사례를 더 많이 들어 볼 수도 있습니다. 하지만 유전자 배열을 자세히 들여다볼수록, 진화는 근본적으로 옳은 이론이라는 사실을 피할 수가 없습니다. 인간도 진화의 일부라는 이론 역시 마찬가지입니다. 만일 이것이 사실이라면, 신이 존재할 수 있는 여지가 있을까요? 더구나 신이 존재할 여지가 없다고 주장하는 사람들이 진화론이라는 방망이를 신자들의 머리 위에 휘두르고 있습니다.

방망이를 휘두르는 사람들 가운데 가장 잘 알려진 이가 아마 리처드 도킨스일 것입니다. 그가 쓴 「만들어진 신」(*The God Delusion*, 김영사)은 수백만 권이 팔려나갔고, 아마 굳이 부제를 달 필요가 없는 몇 안 되는 책 가운데 하나일 것입니다. 도킨스는 천부적인 작가이자, 진화론을 대중에게 설파하는 데 대단히 뛰어난 능력을 발휘한 대변인이기도 합니다. 그는 최근 종교에 대해 더욱더 적대적인 비평가가 되어, 종교가 단지 불필요하고 잘못 알려지기만 한 것이 아니라 세상에 존재하는 모든 나쁜 일들의 근본적인 원인이 되는 사악한 것이라고 주장하고 있습니다.

도킨스는 자신의 주장을 뒷받침하기 위한 도구로 과학을 이용합니다. 신의 존재를 증명하는 과학적인 증거가 존재하지 않는다는 것을 보여 주기 위해 애를 씁니다. 그가 이미 상정하고 있는 답은 신은 존재하지 않는다입니다. 물론 여기에도 문제가 있습니다. 그중 하나는, 체스터턴이 지적한 바와 같이, 무신론은 보편적인 부정을 주장하지 않을 수 없고, 그것은 다시 위험한 도그마가 되어 돌아옵니다. 또 다른 문제는 분류상의 오류입니다. 신은 대부분의 종교에서 어떤 중요성을 갖기 때문에 자연을 뛰어넘어 존재할 수밖에 없습니다. 물론 범신론은 예외가 될 수 있습니다. 하지만 거의 모든 종교는 신이 자연에 제한을 받지 않는다는 것에 분명히 동의합니다. 그러나 과학은 자연에 제한됩니다. 과학이 이렇다 저렇다 평가할 수 있는 영역은 철저히 자연에 속한 것으로 제한됩니다. 과학은 그 점에 대해서는 정말 탁월합니다. 하지만 과학이라는 도구를 집어 들고 신의 존재를 부정하려 한다면, 그것은 범주를 잘못 택한 것입니다. 과학은 자연적 세계 밖에 있는 것에 대해서라면 그 어떤 질문에 대해서도 침묵해야 합니다.

도킨스와 저는 이 문제에 대해 "타임"지를 통해 논쟁을 벌인 적이 있습니다. 당시의 대화를 기록한 기사는 아직 타임지 홈페이지에 게재되어 있으니 원하시면 살펴볼 수 있습니다. 일차적으로 우리는 여러 가지 이슈에 대해 각자의 의견을 주고받았습니다. 저는 과학적인 관점에서 신의 존재를 부인하는 것이 범주상 어떻게 가능하느냐고 물었습니다. 인터뷰 막바지에서 그는, 이성적 논리만으로는 초자연적인 존재의 가능성을 부정할 수 없다는 사실을 인정했습니다. 하지만 그는, 그런 존재가 있다면 그것은 인간이 생각할 수 있는 그 어떤 것보다도 더 위대하고 복잡하며 놀라운 존재일 거라고 이야기했습니다. 저는 펄쩍 뛰며 이렇게 소리치고 싶었습니다. "할렐루야, 여기 개종한 사람이 있습니다!" (그렇게 하지는 못했습니다.)

이 일화는 중요한 점을 알려 줍니다. 사람들이 신앙을 부정하거나 신앙에 돌을 던지고 싶어할 때, 그들은 믿음을 희화화합니다. 믿음을 편협하고 속좁아 보이게 만들고, 성숙한 신앙인이라면 알아볼 수 없는 형태로 변형시켜 버립니다. 물론 그것은 유서 깊은 논쟁의 기술이기도 합니다. 상대가 가진 입장을 틀리게 상정하고 그 잘못된 가정을 해체시키는 것입니다. 그러면 상대방은 어리둥절해집니다. "대체 무슨 일이 벌어진 거지?" 이러한 기법이 바로 크리스토퍼 히친스나 샘 해리스(Sam Harris), 대니얼 데닛 그리고 리처드 도킨스 등이 쓴 무신론 저서들의 전략이었습니다.

진화론과 신앙의 화해: 바이오로고스

그렇다면 이제는 어떻게 해야 할까요? 진화론과 신앙은 어떻게 화해할 수 있을까요? 제가 여러분을 결코 풀리지 않는 딜레마로 몰아넣었나요? 제가 어떻게 개종을 하게 되었는지 이야기하고 이제 와서는 진화가 사실이라고 이야기했으니 말입니다. 글쎄요, 이것은 딜레마가 아니라고 말씀드리고 싶습니다. 과학자들의 40퍼센트 가량이 인격적인 하나님을 믿는 신자들입니다. 제 경험에 의하면, 그들 대부분이 저와 같은 결론에 도달합니다. 그것은 실제로 꽤나 간단하고 사실 너무나 당연한 길입니다. 하지만 그 길은 놀랄 만큼 거의 이야기되지 않습니다. 그 이야기를 하자면 이렇습니다.

전지전능한 하나님은 시간과 공간의 제약을 받지 않으십니다. 우리가 사는 우주는 137억 년 전에 창조되었습니다. 그 오랜 기간은 복잡성이 발전하는 데 꼭 필요한 시간입니다. 하나님의 창조 계획에는 우리가 사는 세계에 경이로울 만큼 다양한 생명체를 만들기 위한 진화 매커니즘이 포함되어 있었습니다. 가장 특별한 점은 그 계획 안에 우리 인간을 포함시키셨다는 것입니다. 오랜 동안의 진화가 이루어진 후 충분히 발달된 신경 집합체인 뇌가 형성되었고, 그리고 하나님은 자유 의지와 영혼을 가진 인간성을 우리에게 주셨습니다.

따라서 인간은 이런 특별한 지위를 선물로 받게 되었습니다. 성경적으로 표현하지만, "하나님의 형상을 따라" 만들어졌습니다. 하지만 이것은 정신에 관한 것이지 몸에 관한 것이 아닙니다. 우리 인간은 그러한 선물을 받아 자유 의지를 가지고 하나님을 거역할 수 있게 되었습니다. 그리고 곧 그러한 불순종이 도덕 법칙에 어긋난다는 것을 깨닫는 데도 이르게 됩니다. 따라서 우리는 하나님으로부터 멀어집니다. 하지만 그리스도인들에게는 예수님이 그 거리를 해소할 다리가 됩니다.

바로 이것입니다. 믿음도 부인하지 않고 과학에도 위배되지 않는 매우 간단한 관점입니다. 이 관점에 의하면 하나님은 창조주이며, 자연 법칙은 창조의 도구입니다. 그리고 우리는 창조의 결과물들을 더 깊이 탐구해 볼 수 있는 위치에 놓이게 됩니다.

이 관점은 종종 '유신론적 진화론'(theistic evolution)이라고 불립니다. 하지만 이 용어는 제가 말씀드리는 관점을 잘 대변하고 있지는 않습니다. '진화론'은 체언이고 '유신론적'은 수식어입니다. 마치 우리의 무게 중심이 과학을 옹호하는 쪽으로 약간 기운 듯한 느낌을 줍니다. 또 많은 사람들은 유신론적이라는 말이 의미하는 것이 무엇인지에 대해서도 고개를 갸우뚱거립니다. 그래서 우리에게는 좀더 나은 용어가 필요합니다. 저도 하나 제안을 했습니다. 바로 '바이오로고스'(BioLogos)입니다. 이 용어는 하나님의 말씀인 '로고스'

(logos)로부터 생명, 즉 '바이오'(bios)가 창조되었다는 뜻을 담고 있습니다. "태초에 말씀이 계시니라"(요 1:1). 생명은 말씀으로부터 왔습니다. 로고스를 통한 생명입니다. 즉, 간단히 줄여 바이오로고스입니다.

이런 점에서 제 책의 제목이 가리키는 바와 같이, 우리는 생명의 우주적인 코드인 DNA 분자를 하나님의 언어로 생각해 볼 수 있을 것입니다.

바이오로고스에 대한 반대

1. 진화는 정말 오랜 시간을 걸쳐 이루어졌다고 하지 않습니까? 어떤 이들은 생명체들이 오늘날의 모습을 이루기까지 걸렸을 그 **오랜** 시간이 마음에 걸리는 것 같습니다. 왜 하나님은 지구의 현재 모습을 이루기 위해 그렇게 오랜 시간을 보내셨을까? 하지만 오래 걸렸다는 판단은 인간의 관점입니다. 인간의 존재는 화살이 지나가는 것 같은 선형적인 시간대에 제한되어 있습니다. 어제는 반드시 오늘 전에 있어야 하고, 오늘은 반드시 내일 이전에 있어야 하는 시간대입니다. 하지만 하나님은 조물주로서 시간을 뛰어넘어 존재하신다는 것을 기억해야 합니다. 그 사실을 기억한다면 이 문제 역시 풀 수가 있습니다. 하나님이 시간을 뛰어넘어 존재하신다면, 우리에게는 정말 긴 것처럼 보이는 과정도 하나님에게는 엄청나게 짧은 시간일 수 있습니다.

2. 진화는 완전히 무작위적인 과정 아닌가요? 그렇다면 하나님이 그 과정에 개입하실 여지가 있을까요? 이것도 마찬가지입니다. 진화의 과정이 우리에게는 무작위적인 것으로 보여질 수 있습니다. 하지만 시간의 한계 밖에 존재하시는 하나님에게는 무작위성이란 것이 적용되지 않습니다. 우리 눈에는 닥치는 대로 벌어진 것 같은 과정 속에서 발생한 결과물들에 대해서조차 하나님은 완전한 지식을 소유하고 계실 것입니다. 이런 관점에서 우리는, 하나님은 진화가 이루어진 모든 과정의 지식을 가지고 계시다고 말할 수 있습니다. 그러므로 이 반박 역시 근본적인 것이 아닙니다. 종종 본질적인 문제처럼 묘사되고 있

기는 하지만 말입니다.

3. 진화론이 박테리아 편모 같은 고도로 복잡한 생명체를 정말로 해명할 수 있습니까? 이것은 지적 설계론이 내세우는 반박 질문입니다. 진화가 정말 생명체에서 발견할 수 있는 고도로 복잡한 구조를 설명해 낼 수 있는가 하는 것입니다. 지적 설계론이 말하는 가장 대표적인 예가 바로 박테리아 편모입니다. 박테리아 편모란 박테리아의 표면에 달린 미세한 모터 같은 것으로, 이것을 이용해 액상 물질 속에서 이동할 수 있습니다. 편모는 약 서른두 개의 단백질로 구성되었으며, 이 전체가 하나로 작동하기 위해서는 각각의 단백질이 반드시 옳은 방식으로 결합되어 있어야 합니다. 만일 서른두 개의 단백질 가운데 하나를 인위적으로 비활성화시키면 편모는 작동하지 않습니다. 그래서 이 지극히 단순한 관점에서 사람들은 이 기관이 어떻게 진화의 기초 단계를 거칠 수 있었는지를 의아해합니다. 서로 아무런 관련이 없는 것 같은 그 서른한 개의 단백질이 어떻게 우연히 결합되어 있는지, 또 거기에 마지막 서른두 번째 단백질이 어떻게 더해져 박테리아의 번식에 기여하게 되었는지를 알 수 없다는 것입니다. 수학적으로 타당성이 없는 과정 같다는 지적입니다.

하지만 우리가 박테리아 편모나 그와 유사한 다른 사례를 연구해 보면, 이 모터는 어느 순간 갑자기 발생한 것이 아니라는 점을 점점 더 명확히 알 수 있습니다. 박테리아 편모의 모터를 이룬 부속들은 다른 기관들로부터 하나씩 모였고, 결국 우리가 지금 감탄해 마지않는 기능을 수행할 수 있는 역량을 점진적으로 축적하게 된 것입니다. 이런 약간의 부가 지식을 가지면, 편모의 발달 과정 역시 오랜 시간에 걸친 점진적인 변화의 표준적인 진화 과정과 크게 다를 것이 없어 보입니다. 그 과정에 자연 선택이 관여한 점도 마찬가지입니다.

따라서 이 관점이 매우 설득력 있다고 생각하는 분들에게는 죄송한 말씀이지만, 지적 설계론은 과학적 지식이 가진 확연한 빈틈을 채워 하나님의 존재를 주장하는 데 있어 점차 설 자리를 잃어 가고 있습니다. 기존의 과학이 가졌던 틈새가 최근 과학에 의해 빠르게 채워지고 있기 때문입니다. 과학의 빈틈을 채우는 존재로서의 하나님이라는 접근 방식은, 믿음의 정당성을 입증하는 데 그다지 효과적이지 못했습니다. 지금도 마찬가지입니다. 하지만 안타깝게도 많은 복음주의 교회들은 이 지적 설계론에서 매달려 있습니다. 진화론자들에게서 쏟아지는 물질적·무신론적 비판에 대항하기 위한 방법으로 여기고 있는 것입니다. 하지만 결국 오류가 있는 것으로 판명되고 있는 이 대안적 이론에 교회가 매달리는 것은 성공적인 전략이 아닙니다.

한번 생각해 보십시오. 지적 설계론은 이제 형편없는 과학으로 판명되었을 뿐 아니라, 형편없는 신학으로까지 간주되고 있습니다. 왜냐하면 지적 설계론은 하나님이 창세 초기에 뭔가 실수를 하셨고, 그래서 끊임없이 개입하여 잘못된 것들을 시정했다는 내용을 내포하고 있기 때문입니다. 태초부터 모든 과정을 제대로 시작하셔서 그런 식의 개입은 더 이상 필요 없었다고 생각하는 것이 훨씬 더 멋진 하나님 아닐까요? 제 생각은 그렇습니다.

4. 이 관점은 성경과 상충되지 않습니까? 제 생각에는 이것이 바로 창세기 1, 2장의 관점에서 진화론을 어떻게 이해할 수 있느냐를 두고 많은 그리스도인들이 제기하는 질문일 것입니다.

이 모든 것은 결국 다음의 질문으로 수렴됩니다. 과학과 성경이 정말로 이야기하는 것이 과연 무엇인가요? 이 둘은 정말 갈등 관계에 있는 것인가요? 이 질문에 대답하기 위해 우리는 영적 해석이 무엇인지를 진지하게 고민해 볼 필요가 있습니다. 각 구절의 의미는 무엇인가? 그 부분을 쓴 저자의 의도는 무엇이었는가? 누구를 대상으로 쓰여졌는가? 원문의 언어는 무엇인가? 그 언어 속에서 그 구절을 표현한 단어들의 뜻은 무엇인가? 창세기 1장과 2장을 목격자가 있는 역사로 읽을 수 있을까? 이 부분은 좀더 신화적이고 시적인 것으로 읽혀지는가? 저는 성경 해석학의 전문가가 아닙니다. 하지만 이 부분을 연구하는 데 평생을 바친 학자들이 많습니다.

창세기와 과학 사이에 갈등이 있다고 인식하는 것은, 궁극적으로는 성경을 문자 그대로 읽으려 하는 해석 방식의 결과라고 할 수 있습니다. 문자적인 해석은 상대적으로 최근 들어 이루어진 방식입니다. 수세기를 거쳐 오는 동안 많은 고매한 신학자들은 성경을 문자 그대로 해석해야 한다고 결론내리지는 않았습니다.

더욱이 창세기 1장에서 2장을 꼼꼼히 읽어 보면 거기에 두 가지 창조 이야기가 나오는 것을 알아차릴 수 있을 것입니다. 두 이야기는 식물들과 인간의 출현 순서에서 그다지 일치하지 않습니다. 그렇다면 두 이야기 모두가 문자 그대로 옳을 수는 없습니다. 어쩌면 이것은 우리가 그 두 가지 창조 이야기를 읽을 때 과학 논문을 읽듯 받아들여서는 안 된다는 점을 지적하고 있는지 모릅니다.

이런 점들을 종합해 볼 때, 저는 창세기 말씀을 가지고 과학이 생명의 기원에 대해 가르쳐 주는 것을 이해하는 일이 전혀 불가능하지 않다는 생각을 하게 되었습니다. 또한 저는, 이 부분에 대해 씨름을 하다가 아우구스티누스의 글을 만나게 된 것을 특히 감사하게 생각합니다. 아우구스티누스는 창세기의 이 의문점에 끈질기게 매달리고 여기에 대해 네 권의 책을 쓰기도 했습니다. 결국 그는 창세기의 그 구절들이 정확이 무엇을 의도했는지를 알 수 있는 현실적인 방법은 없다고 결론지었습니다. 그리고 아우구스티누스는 1600년 전인 그 당시에 매우 선견지명 있는 경고를 덧붙였습니다. 저자의 의도를 알 수 있는 현실적인 방법이 없으므로 그 부분을 읽을 때에는 특정한 해석에 지나치게 매달리지 않도록 주의해야 한다는 것입니다. 새로운 발견이 이루어지면 그 해석이 더 이상 설득력을 갖지 못할 수 있기 때문입니다. 여기 아우구스티누스의 간곡한 권고가 있습니다.

창조 사건은 우리가 가진 지력으로는 이해하기가 너무 어렵고 그 수준을 완전히 뛰어넘는다. 그런 점에서 우리는 성경의 구절들이 매우 다른 방식으로 해석될 수 있다는 것을 발견하게 된다. 우리가 얻은 믿음에 편견을 심어 주지 않으면서 말이다. 그렇기 때문에 우리는 성급하게 어떤 결론에 이르려 해서는 안 되고 한쪽 방향을 지나치게 고집해서도 안 된다. 진리를 위한 추구가 더 진전되고 나면 그러한 주장은 쉽게 폐기될 수 있기 때문이다. 그리고 그때 우리의 믿음도 함께 떨어질 수가 있다.

「창세기의 문자적 의미」(*The Literal Meaning of Genesis*) 중에서

저는 아우구스티누스의 권고가 자주 참고되기를 바랍니다. 그래서 저는 이것을 「신의 언어」에서 좀더 자세하게 다루었습니다. 이 문제를 매우 신중하게 다룬 책이 두 권 더 있습니다. 하나는 저의 친구이기도 한 대럴 포크(Darrel Falk)의 「과학과 화해하기」(*Coming to Peace with Science*)이고, 다른 하나는 칼 기버슨(Karl Giberson)의 「다윈 구하기」(*Saving Darwin*)입니다.

저는 지금 우리가 이 대화를 나누고 있다는 데 큰 힘을 얻기는 합니다만, 신앙과 과학에 대한 토론의 장이 대부분 스펙트럼의 양 극단에 위치하는 입장으로 독식되고 있다는 점이 유감스럽습니다. 한쪽 극단에는 하나님의 존재를 부인하는 무신론자들이 있고, 다른 한쪽에는 특정 성경 구절에 대한 자신들의 해석과 일치하지 않는다는 이유로 과학을 신뢰할 수 없다고 말하는 근본주의자들이 있습니다. 하지만 저는 이러한 대화를 나누는 이 자리에 희망이 있다고 생각합니다.

저는 '바이오로고스'라는 재단을 설립하였습니다. 이 재단의 웹사이트(biologos.org)에 방문하시면, 과학과 신앙에 대한 가장 빈번한 질문 서른세 가지에 대한 답변을 보실 수 있습니다. 그 서른세 개의 질문은 제게 온 3천 통 이상의 이메일을 분석한 것입니다. 과학과 신앙을 조화시키는 방법을 좀더 깊이 알기 원하는 분들에게 도움이 되기를 희망합니다.

우리는 인류가 가진 가장 중요한 질문에서부터 이야기를 시작했습니다. 신

은 존재하는가? 저의 답은, 그렇다입니다. 제가 그것을 증명해 낼 수는 없습니다. 하지만 신이 존재한다는 증거는 참으로 강력합니다. 이 질문이 여러분에게 흥미를 불러일으킨다면, 아마도 여러분은 아직 많은 시간을 들여 이 질문의 답을 탐색해 보지 않았을 것입니다. 시간을 들여 깊이 생각해 보시기를 권합니다. 이 질문은 여러분이 마지막에 한번에 풀어내기 위해 잠시 밀쳐 둘 수 있는 성격의 것이 아닙니다. 어쩌면 살다가 갑작스럽게 이 질문에 대한 시험을 치르게 될 지도 모릅니다.

저는 베리타스 포럼이 이런 토론의 기회를 마련해 주신 것을 기쁘게 생각합니다. 또한 이 토론이 이곳에서 이루어질 수 있도록 자리를 허락해 준 캘리포니아 공과대학에도 감사합니다.

질의 응답

질문자 1 먼저 적대적이지 않은 토론을 이끌어 주셔서 감사합니다. 대단히 예민한 주제였기 때문에 쉽지 않은 일이었을 텐데 정말 감사드립니다.

콜린스 감사합니다.

질문자 1 박사님이 범신론을 언급하신 것과 관련해 질문하겠습니다. 저는 개인적으로 범신론적인 세계관에 끌립니다. 왜 박사님은 신에 대한 박사님의 관점이 범신론과는 상응하지 않는다고 생각하시는지를 말씀해 주시겠습니까?

콜린스 물론 범신론은 모든 자연물 속에서 신을 봅니다. 그것은 제 생각에도 많은 이들에게 호소력 있는 개념입니다. 그리고 그것은 분명 신의 개념과도 양립할 수 있습니다. 하지만 그것만으로는 충분하지 않습니다. 왜냐하면 범신론의 개념만으로는 우주 대폭발 이론이 외치는 조물주의 문제를 해결할 수 없기 때문입니다. 또한 우주 상수로 대표되는 정교한 자연 설계의 문제도 설명하지 못합니다. 더욱이 범신론은 신의 거룩함이라는 개념을 제공하지 못합니다. 저는 신의 거룩함이야말로 신의 존재 의의를 말해 준다고 생각합니다. 제 신앙관의 핵심 역시 신의 형상을 닮아 거룩함을 성숙시켜 가는 것입니다.

물론 여러분이 들으신 바대로 제 신앙의 또 다른 중요한 부분은 바로 예수님입니다. 저는 한때 그분이 신화라고 생각했습니다. 하지만 역사를 배우면서, 그분의 생애가 놀랄 만큼 잘 문서화되어 있다는 것을 발견했습니다. 역사는 카이사르에 대해서보다 예수님의 삶에 대해 훨씬 더 자세히 기록하고 있습니다. 그리고 실제로 예수님의 죽음과 부활에 대해서도 상당히 믿을 만한 증거들을 가지고 있습니다. 물론 이것은 범신론이 가진 것과는 상당히 다른 종류의 관점입니다.

정리해서 다시 한 번 말씀드리자면, 자연을 신의 확장으로 생각하는 것은, 받아들이기에 전혀 거리낌 없는 개념입니다. 실제로 우리는 그런 인식을 좀더 분명히 하여 자연을 좀더 존중하고 책임감 있는 자세로 대할 필요가 있습니다. 하지만 제가 서 있는 위치에서 볼 때 범신론만으로는 결코 충분치 않습니다.

질문자 2 오늘 오후, 한 라디오 프로그램을 통해 「선해지기 위한 탄생」(*Born to Be Good*)이라는 대처 켈트너(Dacher Keltner)의 책을 알게 되었습니다. 그 책에서 저자는 감사와 연민, 이타주의 등이 어떻게 진화되었는지를 이야기했습니다. 또한 이타주의적이고 도덕적인 행동을 유발하는 유전자 코드를 식별했다고 주장하는 이스라엘의 연구를 인용하기도 했습니다. 여기에 대해 박사님은 어떻게 생각하십니까?

콜린스 그 특정한 유전자에 대해서는 모릅니다. 아시다시피, 성격 검사를 통해 그 사람의 이타성이나 너그러움 정도를 분류할 수 있습니다. 또 일란성 쌍둥이를 보면 그들은 다른 사람들보다는 서로 훨씬 비슷한 행태를 보입니다. 이러한 것들로 미루어 볼 때, 너그럽고 이타적인 성격과 행동에 영향을 주는 어떤 유전적인 특질이 있을 수 있다고 추측해 볼 수 있습니다. 하지만 유전적 특질은 다른 영향과 비교해 본다면 상당히 경미한 축에 속합니다. 특히 자유의지에 따른 결정과 비교한다면 말입니다. 만일, 실제로 이타적인 행동에 영향을 미치는 어떤 신경적 경로가 있다고 해 봅시다. 그렇다 해도 그것이 이타성을 인간성의 일부로 심어 놓은 신적인 섭리가 있었다는 가능성을 감소시키지는 못합니다. 결국 이타성을 이식시킨 어떤 매커니즘이 존재한다는 것을 상기시킬 뿐입니다.

비슷하게, 우리는 깊은 명상이나 진지한 기도의 삶을 경험한 사람들에 관한 흥미로운 이야기들을 들은 적이 있을 것입니다. 그러한 이야기들을 통해 오랜 명상과 기도가 사람의 두뇌의 특정 부분을 일깨운다는 것을 알게 됩니다. 일상적으로는 잘 사용되지 않는 부분일 것입니다. 그래서 어떤 이들은 그것을 두고, "그것 봐. 영성은 현실적인 사건이라고 볼 수 없어"라고 말합니다. 다른 한편에서는, "글쎄, 이걸 보니 영성이라는 게 정말 있는 것 같은데"라고 이야기합니다. 영적인 체험이나 이타주의 같은 인간의 특별한 자질이 있다면, 그것을 실행시킬 수 있는 구체적인 경로가 있어야 할 것입니다. 어떤 유전자나 신경 조직이 관련되어 있을 수밖에 없어 보입니다.

질문자 3 첫 번째 질문은, 불가지론에 관한 것입니다. 박사님도 한때는 불가지론자였다는 언급을 하셨습니다. 저는 현재 불가지론자라고 분류될 수 있을 것 같습니다. 오늘 밤 박사님이 말씀하신 내용에 모두 동의합니다. 들으면서 저는 박사님의 이야기가 불가지론자들을 위한 상당히 좋은 논리라는 생각을 했습니다. 한 가지 더 추가하자면, 신에 대한 믿음은 심리학적으로 일종의 목발 같은 거라는 느낌을 받았습니다. 솔직한 감상을 말씀드리자면 그렇습니다.

두 번째 질문은, 만일 물리학이 세계를 구성하는 모든 것을 결정론적으로 설명해 줄 수 있다면 자유 의지가 남을 여지가 있을까요? 왜냐하면 장기적인 차원의 자유 의지만이 남는다는 생각이 들었기 때문입니다. 다시 말해, 신이 모든 것을 계획해 놓으셨고 그것대로 모든 것이 움직여지게 하셨다는 것은 우리가 일반적으로 부르는 자유 의지와는 상당히 다른 것으로 느껴집니다.

콜린스 좋습니다. 매우 의미 있는 질문들입니다. 두 번째 질문을 먼저 대답한 후에 첫 번째 질문에 대한 답을 해 보도록 하겠습니다. 뉴턴의 시대로 돌아가 생각해 봅시다. 그때 사람들은 고전 역학적 세계관만 가지고 있었습니다. 자유 의지가 개입될 여지가 전혀 없는 것처럼 보였습니다. 우주의 모든 것이 미리 결정되었다고 믿었습니다. 고전 역학 법칙에 따라 우주의 모든 부속의 움직임이 미리 정해진 것입니다.

하지만 이후 양자 역학이 등장했습니다. 양자 역학을 철학적 논의에 끌어들이는 것이 타당하든 그렇지 않든, 양자 역학은 분명히 우리가 간과할 수 없는 것이 되었습니다. 양자 역학의 관점에서는 불확실성이 치고 들어옵니다. 아무것도 아주 정확하게 정의된 것이 없는 것입니다. 순수 물리학에 있어서도 불확실성의 원칙이 현실의 일부가 됩니다. 왠지 김빠지게 하는 감이 없지 않지만, 이것은 합당한 발견이라고 생각합니다.

불가지론에 관한 질문을 생각해 보겠습니다. 불가지론이 완전히 원칙에 입각한 입장이라는 데는 저도 동의합니다. 제 경험에 비추어 보아도, 원칙이 확고하기 때문에 불가지론자인 사람들이 있었습니다. 하지만 제가 아는, 스스로 불가지론자라고 칭하는 대부분의 사람들은 저와 같은 경우였습니다. 즉, "그 주제에 대해 별로 생각하고 싶지 않아"라고 말하는 부류입니다. 그것은 그다지 설득력 있는 입장이 아닙니다. 왜냐하면 신에 관한 성찰에는 참으로 중요한 일련의 질문이 포함되어 있기 때문입니다.

불가지론자인 어떤 한 사람을 가정해 봅시다. 그 사람은 신의 존재를 지지하거나 반대하는 모든 증거들을 신중하게 들여다보았습니다. 그리고 결론내립니다. "그 어떤 증거도 신이 있는지 없는지에 대해 결정적인 증거를 제시하지 못했어." 그러고는 그 자리에 머뭅니다. 제 생각에는 이 자리에 계신 많은 분들이 이런 입장일 것 같습니다. 하지만 시간이 지남에 따라 생각은 변할 수 있습니다. 그런 일이 벌어져도 놀라지 마십시오.

제게는, 불가지론적 입장은 결국은 자포자기하는 듯한 인상을 줍니다. 질문에 대해 결국 대답하지 못하기 때문입니다. 그래서 저는 좀더 나아가고 싶어졌습니다. 그래서 다시 말씀드리지만, 유신론자로서 특히 그리스도인으로서의 제 입장을 증명해 내지는 못하지만, 제가 경험한 증거들 그리고 예수 그리스도와 그의 삶에 대한 상당히 강력한 증거들은 무시해 버리기 어렵습니다. C. S. 루이스로 돌아가 보겠습니다. 많은 불가지론자들은 그리스도가 위대한 스승이었다는 점은 인정합니다. 그도 그럴 것이 그리스도의 말씀을 읽어 보면 그 외에 다른 결론을 내리기는 어렵습니다. 하지만 그리스도를 신으로 간주할 수 없다고 합니다. 하지만 그 논리를 유지하기는 어렵습니다. 왜냐하면 말씀이 그리스도는 신이었다고 했기 때문입니다. 자기가 신이라고 주장하는 사람의 주장은 철회하면서 그가 '위대한 스승'이라는 부분만 살려 둘 수는 없습니다. 스스로 신이라고 주장하는 사람이 있다면 그는, 사악하거나 미쳤거나 아니면 정말 그가 말하는 대로일 수 있습니다. 만일 마지막이 맞는 말이라는 생각이 든다면, 다시금 불가지론으로 되돌아갈 수는 없습니다. 거기가 바로 제가 난관에 처한 지점이었습니다. 그리고 결과적으로는 그것이 바로 제가 내린 이 결정에 이르도록 인도했습니다.

여기 계신 여러분 모두가 여러분 각자의 여정 위에 있습니다. 하지만 제가 제 신앙에 대해 이야기하면서 마치 여러분도 제가 걸었던 것과 똑같은 길을 걸어야 한다거나, 현재 여러분은 영적인 사람이 아니라는 생각을 심어주게 될까 봐 걱정스럽습니다. 오늘 저녁에 제가 전하고자 했던 메시지를 그렇게 받아들이지 않으시길 바랍니다. 그리스도인은 너무 자주 그런 식의 편협한 모습으로 비추어지곤 합니다. 저는 그런 부류이기를 원치 않습니다.

오늘 이 자리에 참석하신 여러분은 참으로 긴 토론을 견디어 냈습니다. 저는 그런 여러분 모두가 이 여정이 참으로 흥미진진한 것이고 그래서 한 번 뛰어들어 볼 만하겠다는 생각을 갖게 되었기를 바랍니다. 그리고 그 여정 중에 분명히 답을 얻게 되실 것입니다. 물론 쉽게 얻어지지 않을 수 있습니다. 또한 이 여정에 관심을 갖는 분이라면, 여러분 주변에는 그것에 대해 더 깊은 대화를 나누기 원하는 사람들이 많다는 것을 기억해 주십시오. 오늘 이 자리를 마련한 분들을 포함해서 말입니다. 그래서 저는 이 자리가 그저 또 한 번 왔다 지나가는 그런 자리가 되지 않기를 바랍니다. 여러분 중 몇몇 사람이라도 오늘의 토론을 시작으로 의미심장한 무언가를 지속적으로 찾아가게 되길 바랍니다. 여러분은 참으로 훌륭한 질문을 해주었습니다. 이곳 캘리포니아 공과대학에서 여러분과 함께하게 된 것에 다시 한 번 감사드립니다.

알리스터 맥그래스 Alister McGrath
런던 킹스칼리지에서 신학, 목회, 교육을 가르치는 교수이자 신학·종교·문화 센터 소장이다. 또한 옥스퍼드 대학의 기독교변증론센터 소장이기도 하다. 변증론과 조직신학, 과학과 종교의 상호 작용 등에 대해 가르친다. 수많은 책을 저술하였으며 대표작으로는 「복음주의와 기독교적 지성」(*A Passion for Truth*, IVP), 「도킨스의 망상」(*The Dawkins Delusion?*, 살림) 등이 있다.

데이비드 헬팬드 David J. Helfand
컬럼비아 대학 천문학부 학장이자 컬럼비아 천체물리학연구소 공동 소장이다. 또한 물리학부에서도 교수로 활동하고 있다. 그의 연구 분야는 전파 조사, 중성자 별과 초신성 잔해 그리고 활성 은하계 중심의 기원과 진화 등이다.

5. 신(新)무신론자와 생명의 의미

컬럼비아 대학 베리타스 포럼, 2006

알리스터 맥그래스의 강의

신은 만들어졌을까요? 리처드 도킨스는 최근 저서, 「만들어진 신」에서 분명히 그렇다고 말합니다. 저는 이 책에 관해 조금 더 이야기 한 후 오늘 우리가 논의할 의제를 세우려고 합니다. 그리고 나서 우리의 생각이 어디로 향하는지 살펴보겠습니다.

제가 젊었을 때, 오늘 밤 이 주제에 관해 여기 컬럼비아 대학에서 이야기하게 될 거라는 사실을 알았더라면 참 많이 놀랐을 것 같습니다. 저는 북아일랜드에서 자랐습니다. 아일랜드가 어떤 곳인지를 아는 사람이라면, 그곳이 흥분과 낭만이 가득한 섬이 아니라는 사실을 잘 아실 것입니다. 북아일랜드는 상당히 재미없는 곳이었습니다. 기억을 더듬어 보면 어린 시절 가장 고대하며 기다렸던 것 중의 하나가 일 년에 한 번씩 열리던 당나귀 경주 대회였습니다. 그러니 제가 이곳 컬럼비아에 와서 이렇게 강의를 하게 될 것이란 생각은 참으로 신나는 일이었을 것입니다.

하지만 젊은 시절의 제가 많이 놀랐을 거라고 생각한 데는 또 다른 이유가 있습니다. 북아일랜드에서 살던 시절, 저는 무신론자였습니다. 여러분도 아시다시피 무신론자에도 참으로 다양한 유형과 깊이가 있습니다. 먼저 매우 너그러운 유형의 무신론자가 있습니다. 이들은 하나님을 믿지는 않지만 누군가가 믿는다는 것을 문제삼지 않습니다. 이와는 다른 무신론자도 있습니다. 말씀드리기 부끄럽습니다만 저는 두 번째 유형의 무신론자였습니다. 저는 기본적으로 종교적인 사람은 어느 날 갑자기 진리의 빛을 보았다고 주장하는, 철저한 바보들이라고 생각했습니다. 그러면서도 저는 그 같은 모습을 참고 견뎌야만 했습니다. 하지만 신이 사라진 시대의 새벽이 밝아 오고 있었습니다.

1960년대 후반, 저는 종교는 곧 사라질 거라 믿어 의심치 않았던 무리 가운데 하나였습니다. 신이 사라진 그래서 좀더 밝고 합리적인 세상이 곧 이루어질 것이라 굳게 믿었습니다. 사회학도 저의 이 같은 견해를 뒷받침한다고 생각했습니다. 종교는 곧 과거 속에 묻혀 사회적·문화적·지적 영역의 주요 동인의 역할을 했던 과거의 영광을 곧 상실하게 될 것이라 기대했습니다.

무엇보다 저는 북아일랜드의 상황 때문에 그 같은 관점이 마음에 들었습니다. 아시다시피 북아일랜드는 가톨릭과 개신교 사이의 반목이 심했고 서로 흠집을 내는 데 골몰하고 있었습니다. 그러한 상황을 지켜보며 저는 종교란 결국 극단주의와 폭력에 휩쓸릴 수밖에 없다는 결론을 내렸습니다.

북아일랜드에 방문한 한 영국인 이야기를 해 드리겠습니다. 토요일 밤 그 영국인은 꽤 늦은 시간에 벨파스트를 지나게 되었습니다. 그러다 야구 방망이를 하나씩 든 젊은이 한 무리를 만나게 되었습니다. 그들은 그 영국인에게 위협적으로 물었습니다. "당신은 개신교요, 아니면 가톨릭이요?"

그 영국인은 생각했습니다. 왜냐하면 그가 어느 쪽을 택하든 앞으로 벌어질 일에 별 도움이 안 될 것 같았기 때문입니다. 그때 그에게 획기적인 아이디어가 떠올랐습니다. "나는 무신론자요!"

잠시 정적이 흘렀습니다. 하지만 젊은이들은 곧 되물었습니다. "그럼 당신은 개신교 쪽의 무신론자요, 아니면…?"

과학에 눈뜨게 된 학창 시절, 제게는 과학과 무신론은 서로 떼려야 뗄 수 없는 연관성이 있는 것처럼 보였습니다. 그리고 종교는 곧 사라질 수밖에 없을 것 같아 보였습니다. 하지만 옥스퍼드로 가서 본격적으로 과학을 공부하게 되자, 제 생각은 극적으로 변했습니다. 일차적으로는 무신론을 위한 지적 논리가 충분치 않다는 결론을 내리게 되었습니다. 무신론은 적절한 과학적 토대 위에 세워진 것이 아니라는 점을 깨닫게 되었습니다. 그래서 저는 무신론에서 기독교 신앙으로 지적인 순례를 떠나 보기로 결심했습니다.

여러분이 깊이 생각해 보셔야 하는 부분이 바로 이 점입니다. 리처드 도킨스의 「만들어진 신」을 읽어 보신 분들이라면 도킨스에게 있어 유효한 지적 순례란 종교로부터 무신론으로 이동하는 것뿐입니다. 이것이 책 전반에 걸쳐 다뤄지는 주제입니다. "신은 환상이다. 합리적인 과학은 기독교 신앙이 틀렸음을 입증할 수 있다. 종교가 여전히 남아 있는 이유는 우리가 생물학적으로 혹은 심리학적으로 신을 믿도록 프로그램되어 있기 때문이다." 이것이 「만들어진 신」의 주장입니다.

저는 오늘 밤 토론을 위해 이 책의 주장들을 펼쳐 보이겠습니다. 첫 번째 요점은 매우 간단합니다. 리처드 도킨스는 왜 400면이 넘는 책을 써서 신이 만들어졌다고 절절히 이야기해야 했을까요? 더욱이 종교적 믿음은 몇 세대 전에 사라졌다는 생각이 지배적인 이 시대에 말입니다.

분명히 1960년대에는 종교가 곧 사라질 것이라는 강력한 기대가 있었습니다. "40년 후에 우리는 이런 대화를 하지 않을 것입니다." 하지만 우리는 오늘 밤 그 대화를 하고 있습니다. 많은 수의 학생들이 이곳에 모여 있다는 사실 자체가, 이런 대화는 흥미롭고 중요하며 살아 있는 주제라는 점을 가리킵니다. 우리 할아버지들은 열띠게 나누었을 이야기지만 우리에게는 상관 없어진 이야기가 아닙니다.

무신론자가 아닌 과학자

자, 여기 정말 의미심장한 질문이 있습니다. 그럼 리처드 도킨스가 한 이야기를 들여다보도록 합시다. 먼저, 그는 과학은 무신론으로 향하는 초고속 도로라고 했습니다. 진정한 과학자라면 무신론자일 수밖에 없다는 말입니다.

같은 해, 매우 흥미로운 세 권의 다른 책이 출간되었습니다. 하버드 대학의 천문학 교수인 오웬 깅그리치(Owen Gingerich)가 「신의 우주」(*God's Universe*)라는 책을 썼습니다. 또 많은 분들이 프랜시스 콜린스의 「신의 언어」를 읽어 보셨을 것입니다. 콜린스는 인간 게놈 프로젝트의 총책임자입니다. 또한 폴 데이비스(Paul Davies)가 우주의 미세 조정에 대해 쓴 「골디락스 수수께끼」(*Goldilocks Enigma*) 역시 대단히 획기적인 책입니다.

깅그리치와 콜린스의 책은 전통적인 그리스도인의 주장이라고 할 수 있습니다. 즉, 자신들이 연구하는 천문학이나 생물학이 기독교 신앙과 얼마든지 양립 가능하다는 것입니다. 자연에 대한 연구가 그리스도인의 지적 이해를 실제로 강화시켜 준다는 생각입니다. 폴 데이비스는 어떤 지적인 조물주, 다른 말로 하면 신이라고 불릴 수밖에 없는 어떤 존재가 있다고 주장했습니다.

제가 언급한 이 세 책 외에도 훨씬 더 많은 책을 추가할 수 있습니다. 간단히 말하자면, 정말 많은 과학자들이 하나님을 믿습니다. 그들은 믿음을 가지는 것이 지적인 자살 행위라고 생각하지 않습니다. 오히려 신앙이 그들의 과학 연구에 끈기와 역동성을 부여한다고 믿습니다.

이러한 사실이, 오히려 단순하다고 볼 수 있는 리처드 도킨스의 세계관과 어떻게 호응될 수 있겠습니까? 과학이 무신론으로 이끈다니요? 제 생각에 진짜 문제는 훨씬 더 복잡하고 흥미진진한 것입니다. 제가 사물을 좀더 신중하게 들여다보며 든 생각은, 그리스도인의 시각에서도, 무신론의 시각에서도, 불가지론자의 시각에서도 자연 현상을 이해할 수 있다는 것입니다. 자연은 이 모든 해석들을 포용할 수 있습니다. 하지만 자연은 그 어떤 것도 강요하거나 요구하지 않습니다.

이번에는 스티븐 제이 굴드(Stephen Jay Gould) 같은 학자를 한 번 생각해 보겠습니다. 그분은 매우 흥미로운 학자였는데 무신론자였습니다. 하지만 그는 자신이 과학을 연구했기 때문에 무신론자가 된 것은 아니라고 분명히 말했습니다. 그는 매우 흥미로운 책 「영원한 바위」(*Rocks of Ages*)에서, 과학은 신에 관한 질문에 이렇다 저렇다 할 수 없다고 주장했습니다. 과학적인 수단을 적용할 영역이 아니라는 것입니다. 다시 말해, 신에 관한 질문은 과학적 방법의 너머에 존재합니다. 그의 언급을 통해 저는 과학이 우리에게 말할 수 있는 것에 한계가 있는지에 관한 의문이 생겼습니다. 이점에 대해서도 이후에 이야기해 보도록 하겠습니다.

신앙 vs. 과학

도킨스의 또 다른 주장에 대해 살펴보도록 하겠습니다. 「만들어진 신」을 관통하는 중요한 주장 가운데 하나가 바로 종교적인 사람들은 비사고적 과정인 '믿음'이라는 상태에 처해 있다는 것입니다. 그의 또 다른 책 「이기적 유전자」(*Selfish Gene*, 을유문화사)를 인용하자면 그것은 단순 이탈, 증거에 대한 거부, 현실 도피 과정입니다. 신앙이란 불가능한 것을 믿는 것입니다. 반면 과학은 절대적 확실성을 가지고 가설을 입증할 수 있습니다. 매우 강력한 극단주의입니다. 과학은 100퍼센트의 확실성을 가진 반면, 종교는 0퍼센트입니다. 그렇기 때문에 사기꾼과 어리석은 사람들 그리고 정직하지 못한 사람들만이 종교를 믿습니다.

여기에서 매우 흥미로운 논점을 발견할 수 있습니다. 먼저 저는 과학을 진지하게 받아들이는 사람이라면 누구라도 증거에 기반하여 사고하는 것이 대단히 중요하다는 점을 말씀드리고 싶습니다. 도킨스의 생각에 동의하지 않는 부분이 많지만, 증거를 강조한 점은 옳다고 할 수 있습니다. 증거가 없다면 주장은 빈껍데기일 뿐입니다. 저에게도 증거의 중요성은 절대적입니다. 하지만 증거는 다양하게 해석할 수 있습니다. 이것이 바로 과학 이론에 급진적인 변동이 생기는 이유입니다.

제가 정말 문제삼는 것은 도킨스는 자연을 관찰하고 해석하는 데 있어서 지적인 유연성이 없다는 점입니다. 다시 말해, 우리는 모두 같은 것을 관찰하면서도 전혀 다른 방식으로 바라볼 수 있습니다. 테리 이글턴(Terry Eagleton)은 "런던 리뷰 오브 북스"(London Review of Books)에 도킨스의 책에 대한 매우 인상 깊은 서평을 게재했습니다. 서평에서 그는, 사람들은 자신의 주장이 100퍼센트 방어 가능하거나 정당할 수 없다는 것은 알면서도 그렇게 주장하는 것이 옳다고 믿기 때문에 주장을 펼치게 된다고 말했습니다.

저는 이 점에 주목해야 한다고 생각합니다. 무신론은 분명히 방어가 가능한 해석입니다. 기독교도 마찬가지입니다. 하시만 어느 편이든 완전히 상대를 제압할 만한 논증을 갖지는 못합니다. 그래서 자연에 대한 최상의 해석이 무엇인가는 여전히 계속되는 논쟁입니다. 길버트 하먼(Gilbert Harmon)은 이미 고전이 된 그의 유명한 논문 "최상의 설명을 향한 추론"(Inference to the Best Explanation)에서, 사물을 평가하기 위한 최상의 방법이 무엇이고, 어떤 분류를 사용해야 하는가에 관해 진지하게 논의하고 있습니다.

종교는 폭력을 부른다

이제 세 번째 논점으로 넘어가겠습니다. 제가 보기에는 이 점이 도킨스의 가장 강력한 논점입니다. 바로 종교가 폭력을 부른다는 주장입니다. 제가 실제로 경험한 북아일랜드의 상황만 보더라도 저 역시 이 논점을 쉽게 이해할 수 있습니다. 제가 자랄 때만 해도 종교가 폭력을 불러일으킨다는 것은 자명하게만 보였습니다. 최소한 제 조국인 북아일랜드에서 만큼은 종교를 없애 버리면 폭력도 사라질 것 같다는 생각을 했을 정도입니다.

이것이 1960년대에 제가 가졌던 생각입니다. 하지만 최근에는 꼭 그런지 확신할 수 없습니다. 그 이유를 설명해 드리겠습니다. 물론 종교가 폭력을 야기할 수 있다는 점은 의심의 여지가 없습니다. 하지만 종교는 폭력의 필요 조건도, 충분 조건도 아닙니다. 로버트 페이프(Robert Pape)의 자살 폭탄 테러에 관한 연구를 보며 이와 관련해 매우 흥미로운 점을 발견할 수 있습니다.[1]

또한 20세기를 돌이켜보면 비주류 견해였던 무신론이 주류로 이동한 것을 알 수 있습니다. 특히 무신론은 소비에트 연방을 장악했습니다. 이러한 역사를 되짚어 볼 때 무신론 역시 폭력과 압제의 책임에서 자유로울 수 없습니다.

결국 폭력은 종교나 반종교의 문제가 아닌 것 같습니다. 인간 본성에 폭력적 성향이 있다는 점도 주의 깊게 고려해야 할 것입니다. 인간은 뭔가 위대한 일을 하고 싶어 합니다. 하지만 동시에 끔찍한 일을 하는 데 휩쓸리기도 합니다. 다른 말로 하면, 인간은 감동을 받으면 그로 인해 선한 일을 하기도 하고 악한 일을 하기도 합니다.

다시 테리 이글턴의 서평으로 돌아가 보겠습니다. 그는 이렇게 말했습니다. "도킨스 교수는 종교를 '과학적으로' 그리고 '공정하게' 평가하는 데 400페이지가 넘는 지면을 썼다. 하지만 단 한 페이지에서도 좋은 점을 이야기하지 않는다. 종교에는 좋은 점도 있고 나쁜 점도 있다. 그렇기 때문에 종교는 폐지가 아니라 개혁이 필요하다."

여기서 저는 제가 말씀드리고 싶은 마지막 논점을 발견합니다. 도킨스의 주장이 받아들여졌다고 가정해 보겠습니다. 종교가 사라질 거라고 가정해 보십시오. 그것이 우리 사회의 폭력을 종결시킬까요? 사회학자들은 그렇지 않다고 말할 것입니다. 왜냐하면, 사회는 불일치를 빚어내는 제도를 만들어 내는 데 탁월한 능력을 가졌기 때문입니다. 그러한 사회적 체계는 종교적일 수도 있습니다. 혹은 성차별적일 수도 있습니다. 혹은 계급적일 수도 있습니다. 아니면 인종적일 수도 있습니다. 부족에 따라 나뉠 수도 있고 경제적 지위에 따라 나뉠 수도 있습니다. 사회 체계를 세우는 근간은 무엇이든 될 수 있습니다. 인간의 본성은 분열을 키우고 그 분열의 이유를 설명하는 데 놀라운 능력을 가지고 있습니다. 뿐만 아니라 이러한 단순한 차이를 집단 간의 치명적인 갈등으로 변화시키는 내적 동기도 충만합니다.

그렇기 때문에 저는 종교가 사라진다고 해서 폭력이 실제로 사라질지 의문입니다. 물론 종교적 갈등이 야기한 폭력은 사라지겠지요. 하지만 다른 종류의 폭력이 그 빈 자리를 재빨리 채울 것입니다. 도킨스는 종교가 사회를 잘못된 방향으로 끌고 갈 수 있다는 것을 매우 강력하게 보여 주었습니다. 하지만 그는 종교의 병리적인 부분이 마치 종교의 본래 상태인 것처럼 말합니다. 이 점은 비판할 만하다고 생각합니다.

간단한 사례를 들고 제 이야기를 마무리하겠습니다. 제가 옥스퍼드에서 화학을 공부하고 있을 때, 필수 전공 서적 가운데 하나가 루이스 피셔(Louis Fieser)와 메리 피셔(Mary Fieser)가 쓴 「유기 합성을 위한 시약」(*Reagents for Organic Synthesis*)이었습니다. 매우 두꺼운 책이었습니다. 죄송한 말씀이지만 좀 지루한 책이었습니다. 그 책을 통해 시약에 대해서보다는 오히려 하버드 대학 화학 교수인 루이스 피셔에 대해 더 알게 되었습니다. 그는 다양한 스테로이드를 합성할 수 있는 여러 시약을 발명했습니다. 또한 혈액의 응고를 억제하는 요인에 대한 합성 시약도 만들어 냈습니다. 이것은 혈우병 환자들을 돕는 데 크게 기여했습니다. 하지만 1942년 그는 다른 것도 발명했습니다. 당시 미국은 일본이 태평양의 군사적 강자로 부상하고 있는 것을 감지하게 되었습니다. 이를 견제하기 위해 무기가 필요했습니다. 이때 피셔가 구원 투수로 등판해 네이팜(napalm: 화염성 폭약의 원료로 쓰이는 젤리 형태의 물질—역주)을 발명했습니다. 여기서 저는 매우 단순한 생각을 가지고 이렇게 말해 버릴 수 있습니다. "이것 봐, 과학도 사악하잖아. 그러니 과학도 그만두지."

하지만 저는 그렇게 말하고 싶지 않습니다. 여러분 중 누구도 그렇게 말하지 않을 것입니다. 이러한 사례는 그저 인간의 본성이 어떠한가를 다시 한 번 상기시켜 줄 뿐입니다. 때로 우리는 위대한 일을 합니다. 하지만 때로 악한 일을 하기도 합니다. 그러한 악한 행위는 비판받을 필요가 있고, 우리는 그런 악행을 제거해야 합니다. 하지만 거기에는 좋은 점들 또한 있습니다. 저는 종교도 마찬가지라고 생각합니다. 그러므로 함께 종교를 개혁합니다. 종교를 없애기 위한 시도는 리처드 도킨스의 기대와는 달리 훨씬 악한 것을 불러일으킬 뿐이라고 생각합니다.

데이비드 헬팬드의 강의

여러분은 제가 리처드 도킨스가 아닌 것을 알아보실 수 있을 것입니다. 물론 저는 그가 가진 직함을 탐내고 있기는 합니다. '과학의 대중적 이해를 높이는 교수'라니, 참 멋진 타이틀인 것 같습니다. 여하튼 저는 리처드 도킨스가 아니므로 「만들어진 신」에 관해 그리고 그의 일반적인 견해에 관해 항목마다 변호하지는 않겠습니다. 하지만 분명히 해 두자면 저는 그가 가진 견해에 깔린 많은 전제에 상당히 공감합니다.

역사에 걸쳐 인간은 신비로운 현상에서 의미를 발견해 왔습니다. 역사가 기록되기 이전 시대에도 마찬가지였을 것입니다. 중국인들이 멋스럽게 '손님별'[客星]이라 부른 혜성이 하늘에 나타나면 군대나 왕조의 운명이 결정되었습니다. 태양, 계절의 변화, 쓰나미, 태풍 등 모든 자연 현상을 초자연적 전조로 설명했습니다. 물론 우리가 그것들을 이해하기까지는 말입니다.

의인화한 우주관, 인간 중심의 우주관, 인간이 측정할 수 있는 우주관

테드 해리슨(Ted Harrison)은 「우주론」(*Cosmology*)이라는 멋진 책을 쓴 우주학자입니다. 이 책에서 그는 우주 안에서 인간은 어떤 존재이고 우리의 현실은 무엇인가에 관해 시대별로 세 가지 개념을 구분했습니다. 바로 의인화한(anthropomorphic) 우주관과 인간 중심의(anthropocentric) 우주관, 그리고 인간이 측정할 수 있는(anthropometric) 우주관입니다.

의인화한 혹은 신인 동형의 세계관에 따른 우주관은 '마법의 시대'를 지배한 관념입니다. 이 우주관 아래서는 자아와 정신 그리고 외부 환경이 분리되어 있지 않습니다. 선사 시대를 지배했을 거라고 추정하는 이 관념이 우리의 언어 속에 일부 남아 있습니다. 우리는 '성난' 파도, '온화한' 바람 등의 표현을 곧잘 사용합니다. 자연 현상에 인간의 감정을 이입하는 것입니다. 이 같은 사고는 선사 시대의 지배적인 사고였습니다. 하지만 현재에도 특정 지역에서 이러한 사고가 왕성하게 부활하고 있습니다. 예를 들어, 캘리포니아 남부가 그렇습니다.

인간 중심의 우주론은 의인화한 우주관 이후에 발생했습니다. 이 시기는 '신화의 시대'라고 부를 수 있습니다. 인간은 강력한 신들을 위해 신전을 짓기 시작했습니다. 그 신들은 자연의 힘을 통제합니다. 하지만 그들은 인간과 같은 감정에 사로잡히고, 인간들이 하는 고민에 몹시 집착합니다. 이것은 근본적으로는 지구 중심의 우주관이라고 할 수 있습니다. 우리는 여기에 앉아 우주를 바라보고, 우주의 나머지는 이 강력한 신들에 의해 움직여집니다.

인간이 측정할 수 있는 우주관은 '과학의 시대'를 지배하는 사고입니다. 이것은 '인간은 만물의 척도'라고 했던 프로타고라스의 사고와는 다른 것입니다. 과학의 시대를 지배하는 우주관은, 인간이 이성적 인지 능력을 사용해 우주를 측정할 수 있고, 우주 안에서의 인간의 위치를 이성적으로 평가할 수 있다고 믿습니다. 그리고 생물학적 진화가 만든 흥미로운 산물인 인간의 정신 속에서 우주를 탐험해 볼 수 있다고 생각합니다.

교차되지 않는 두 영역

저는 이러한 주제에 대해서는 전문가가 아닙니다. 맥그래스 교수가 전문가이지요. 그래서 이 부분을 준비하기 위해 몇몇 책을 읽어 보았습니다. 맥그래스 교수와 리처드 도킨스의 책 외에 제가 읽은 책에는 케네스 밀러(Kenneth Miller)의 것도 있습니다. 밀러는 브라운 대학에서 생물학을 가르치고 있으며 수많은 우수 강의 수상을 한 탁월한 교수입니다. 언제 꼭 한 번 뵙고 싶은 분입니다. 대중에게는 진화생물학의 대변자로 잘 알려져 있습니다. 신생 지구 창조론자, 최근에는 지적 설계론자 등의 공격에 맞선 인물입니다. 그는 2005년 펜실베니아 도버 재판(도버 교육청과 관할 여덟 개 지역 학부모들 사이의 재판. 교육청이 생물학 교육 과정에 지적 설계론을 삽입한 것은 성경의 창조론을 부추기는 것으로 종교와 국가 기관의 분리를 규정한 헌법에 위배된다는 학부모들의 주장으로 소송이 진행됨 — 역주)의 주요 증인이었습니다.

그는 「다윈의 하나님 찾기」(*Finding Darwin's God*)라는 훌륭한 책을 썼습니다. 이 책의 앞 200면 가량은 지적 설계와 창조론 그리고 최근 미국 내 종교적 집단들이 정부에 일격을 가하기 위해 만들어 낸 여타의 공상적 주장(이것들이 주류로 편입되지 않기를 희망합니다)들이 가진 논증을 조목조목 분석하고 해체하는 데 할애되었습니다.

하지만 마지막 두 장에서 그는, 제가 보기에 양자역학을 잘못 이해한 학부 2학년들이나 할 것 같은 실수를 합니다. 그 잘못된 이해를 가지고 자신의 신실한 가톨릭 신앙을 정당화하기 위해 신의 존재를 증명하려고 시도합니다. 참으로 이해하기 힘든 일이 아닐 수 없었습니다. 그는 다음과 같이 썼습니다. "신이라 불리기에 합당한 어떤 신이든 기적을 행할 수 있다. 하지만 과학이 기적에 대해 무슨 할 말이 있겠는가? 없다. 말 그대로 기적적인 일들은 설명과 이해와 과학을 뛰어 넘는다."

글쎄요, 만일 그것이 사실이라면 저는 이렇게 묻지 않을 수 없습니다. 왜 바티칸은 저명한 전문가들을 패널로 불러, 성자로 공표하려는 후보자들이 행한 기적의 실재를 규명하려는 것일까요? 만일 과학이 기적과 아무런 상관이 없다면 바티칸에서 왜 이런 활동을 하는지 이해할 수 없습니다.

스티븐 제이 굴드는, 맥그래스 교수가 언급한 개념인 '교차되지 않는 두 영역'(nonoverlapping magisteria)을 약자로 NOMA라고 표현합니다. 두 개의 분리된 영역이 존재한다는 것입니다. 종교는 종교이고, 과학은 과학이라는 견해입니다. 저는 항상 이 개념이 혼란스러웠습니다. 먼저 굴드의 입장을 생각해 보면, 이러한 주장은 그다지 솔직하지 못한 주장일 수 있습니다. 왜냐하면 맥그래스 교수가 지적했듯 그는 무신론자였기 때문입니다. 이보다 더 솔직하지 못하고 꺼림직한 것은 미국국립과학학회(National Academy of Science of the United States of America)가 이 NOMA 관점을 채택했다는 사실입니다. 미국의 가장 훌륭한 과학자들로 구성된 이 단체는 회원의 90퍼센트 이상이 스스로를 무신론자라고 여기고 있는데도 말입니다. 그럼에도 국립과학학회는 과학은 과학이고 종교는 종교라는 이 관점을 채택했습니다.

이 결정에 대해 제가 문제를 제기하는 이유는, 이것이 일방적인 분리이기 때문입니다. '토리노의 수의'(Shroud of Turin : 예수님의 장례식 때 사용된 수의로 알려진 유물. 수의에는 남성의 형상이 그려져 있는데 어떤 이들은 이 그림이 예수의 형상이 찍힌 것이라고 믿는다— 역주) 프로젝트를 예로 들어 봅시다. 이 프로젝트는 1970년대 후반 시작되었습니다. 일군의 과학자와 기술자 그리고 로스 알라모스 핵무기실험실(Los Alamos Nuclear Weapons Laboratory)에서 동원된 수백만 파운드의 장비들이 토리노로 모여들었습니다. 그리고 그 수의가 정말 그리스도의 시신을 싼 수의가 맞는지를 증명하기 위해 각종 과학 실험을 하도록 무제한의 접근이 허용되었습니다. 첫 번째 실험 결과는 상당히 긍정적이었습니다. 그 결과는 과학 저널이 아닌 일반 언론사를 통해 발표되었습니다. 못 박힌 손 부위의 혈흔에서 철이 발견됐다는 것입니다.

그리고 수의에 남은 형상은 그 시대의 사진술로는 조작해 낼 수 없는 3차원 입체로 분석된다는 등의 발표였습니다.

결국 10년이 지나서, 교회가 수의 일부를 1제곱센티미터 크기로 두 조각 잘라 이중 은폐의 방식으로 각각을 두 개의 독립된 실험실로 보냈습니다. 수의의 연도를 측정한 결과 두 실험실 모두 오차 범위 20년에, 650년 정도 전의 것으로 추정하였습니다. 약 1351년대의 수의라는 것입니다. 1351년은 아비뇽 교황이, 수의를 들고와 그리스도의 것이라고 사기친 프랑스의 한 주교에 대해 '매우 교묘하게 그려진' 것이라고 판정하여 파면한 때입니다. 제가 드리고 싶은 질문은, 그 수의의 탄소 14 데이터가 정말 기원 후 26년 가량으로 나왔다고 가정해 봅시다. 만약 그랬다면 맥그래스 교수나 다른 누군가가 이렇게 말했을까요? "아, 그래요? 하지만 과학은 종교와 아무 상관이 없습니다. 그러니 그 데이터 결과는 고려하지 않겠습니다."

결코 그렇게 말하지 않았을 것 같습니다. 전 세계의 모든 그리스도인이 이렇게 말했겠지요. "여기, 성경의 믿음에 대한 과학적 증거가 있습니다."

그렇다면 DNA 증거는 어떻습니까? 우리는, 약 4만 년 된 뼈를 가지고 네안데르탈인의 DNA를 해독할 것이라는 사실을 신문에서 읽었습니다. 네안데르탈인의 전체 게놈 배열을 분석한다는 것입니다. 이런 가정을 한 번 해 보면 어떨까요? 우리가 유럽의 한 성당이 보관하고 있던 성 유해함에서 뼈 한 조각을 발견했다고 합시다. 그래서 DNA 분석을 해 보고 중합효소 연쇄반응을 해 보았습니다. 그리고 놀랍게도 그 파편이 X염색체와 Y염색체를 가지고 있으며, 그리스도의 신체 일부라는 것을 알게 되었다고 합시다. 물론 좀 이상하겠지요. 그것은 정말 기적 같은 일이지만, 어쨌든 믿음을 지지하는 증거의 하나로 간주될 것입니다.

그렇기 때문에 저는 교차하지 않는 두 영역이라는 개념을 받아들일 수가 없습니다. 왜냐하면 그러한 분리가 너무나 일방적이기 때문입니다. 만일 일이 잘 풀리지 않으면 사람들은 "과학은 과학일 뿐이야"라고 말할 것입니다. 반면 일이 잘 풀리면 "와, 과학이 우리의 믿음을 뒷받침해 준다"라고 할 것이기 때문입니다.

저는 맥그래스 교수의 말에 대답하고 싶은 것이 상당히 많습니다. 하지만 이대로 서서 이야기하기보다는, 대화를 하는 것이 좀더 생산적일 것 같습니다. 저는 이제 자리로 돌아가 사회자께 단상을 내어 드리도록 하겠습니다.

대화

사회자 맥그래스 교수님, 헬팬드 교수님의 주장에 대해 하실 말씀이 있으십니까?

맥그래스 일단 기본적인 전제를 몇 가지 말씀드리겠습니다. 그러고 나면 훨씬 더 세부적인 토론을 진행할 수 있을 것입니다. 네, 맞습니다. 케네스 밀러 교수는 참으로 탁월한 작가입니다. 하지만 제 견해를 그분의 관점에서 판단받고 싶지는 않습니다. 이렇게 말씀드려도 된다면 말이죠.

굴드의 견해도 대단히 흥미롭습니다. 하지만 저는 교차되지 않는 두 영역이라는 그의 관점에는 전혀 동의하지 않습니다. 제가 이야기하고자 했던 요점은, 만일 과학에 어떤 인식론적 한계를 설정하는 논제를 세우고자 한다면 그것은 상당히 합당한 논제라는 점이었습니다. 피터 메더워(Peter Medawar)의 유명한 저서 「과학의 한계」(*The Limits of Science*)를 예로 들겠습니다. 그의 핵심 요점 가운데 하나는, 근본적인 거대 의문들이 있다는 것입니다. 예를 들어, 왜 우리가 여기에 있는가, 생의 목적은 무엇인가 같은 것들입니다. 이것은 실제적인 질문들입니다. 그럼에도 과학은 여기에 답할 능력이 없습니다. 그가 말하고자 했던 바는 과학이 그러한 답을 하기에 실질적으로 한계가 있다는 점을 과학자들이 인식해야 한다는 점이었습니다. 그래서 저는, 근본적인 문제는 과학이 이러한 추상적인 거대 질문들에 대답을 할 수 있는 영역은 어디이고 할 수 없는 영역은 어디인지를 판단하는 것이라고 생각합니다.

예를 들어, 저는 「신의 언어」를 쓴 콜린스 교수의 접근 방식을 선호합니다. 그의 관점을 보면, 두 영역이 일부 교차됩니다. 다시 말해, 두 영역은 상호 침투합니다. 교차되는 영역이 분명히 있습니다. 의미 있는 것은 이 두 영역이 실제로 서로를 강화시킨다는 점입니다.

그렇기 때문에 이런 대화를 나누는 것이 참 흥미롭습니다. 이 대화가 어디로 향할지 정말 궁금하고요.

헬팬드 저는 이 포럼의 홍보 포스터를 보고 미소를 지었습니다. 거기에는 "성찰 없는 삶은 살 가치가 없다"라고 하는 유명한 인용문이 포함되어 있었습니다. 제 아내도 이것을 보면 미소를 지을 것입니다. 왜냐하면 제 격언은, '성찰만 하는 삶은 살 가치가 없다'에 가깝기 때문입니다. [웃음]

맥그래스 재미있는 말이군요.

헬팬드 맥그래스 교수님과 제가 가진 유일한 차이점은, 저는 '우리는 왜 여기에 있는가'와 같은 질문을 흥미롭다고 생각하지 않는다는 점입니다. 물론 과학이 그것에 대답을 주지 못한다는 데 동의합니다. 하지만 저는 그런 질문 자체가 흥미롭지 않습니다. 과학이 대답하지 못하기 때문이 아니라, 그냥 재미있는 질문으로 여겨지지 않는 것입니다.

저는 1킬로그램의 우주 자취 성분의 나이와 규모, 구성 등을 밝혀낼 수 있고, 성간 구름 속에서 발견한 단백질산으로부터 원시 박테리아가 진화된 기원을 이해할 수 있다는 점 등은 참으로 놀랍다고 생각합니다. 이런 것들 모두가 매우 흥미롭습니다. 하지만 '우리가 왜 여기에 있는가'를 물을 필요가 있는지는 잘 모르겠습니다.

맥그래스 저는 그 질문이 정말 흥미롭습니다. 다른 많은 이들에게도 대단히 근원적인 질문이라고 생각합니다. 리처드 도킨스의 책을 읽으며 느낀 것이지만, '이 질문은 논외의 것으로 해 둡시다'를 거의 원칙처럼 세워 두고 있었습니다. 그래서 '삶의 목적'의 '목'자도 꺼내면 뭔가 불합리한 시도처럼 보는 듯 했습니다.

물론 대단히 어려운 질문이긴 합니다. 하지만 그것이 흥미롭지 않다는 교수님의 지적에 대해서는, 저는 대단히 흥미롭게 여긴다고 말씀드릴 수밖에 없습니다. 또 실제로 많은 사람들이 묻고 싶어 하는 질문이라고 생각합니다. 어쩌면 사람들은 이렇게 말하고 싶을지도 모릅니다. "글쎄, 과학자들이 이 질문에 대답할 수 없다면, 아예 답변이 존재하지 않는지도 모르지." 아니면 우리는 이렇게 말해야 할지도 모르겠습니다. "어쩌면 다른 데서 답을 찾아야 할지도 몰라." 그런 경우라면, 우리는 이렇게 말할 수도 있습니다. "과학은 과학의 힘이 미치는 영역에 있어서는 훌륭한 역할을 하고 있어. 그러니 이 질문들이 답변을 얻을 수 있는지를 알려면 어딘가 다른 영역을 찾아봐야 할지 몰라."

헬팬드 글쎄요, 저는 과학이 그러한 질문에 답하는 것이 실제 가능하다고 생각합니다. 물론 개인적으로는 흥미로운 주제라고 생각하지는 않지만 과학은 그 질문에 답할 수 있습니다. 매우 흥미롭지만 심각한 오류를 가진 「로봇의 반란」(*The Robot's Rebellion*)이라는 책을 하나 소개하겠습니다. 이 책의 저자는 키스 스타노비치(Keith Stanovich)로 토론토 대학의 인지심리학 교수입니다. 그 책에서 스타노비치는 인간의 두뇌가 발달하는 데 얼마나 많은 기제와 과정이 필요한지를 논의합니다. 뇌 속에서 이루어지는 대부분의 과정은 자동으로 이루어집니다. 대부분이 수십만 년 동안의 진화를 통해 발전한 것으로, 번식을 목적으로 합니다. 포식자의 먹이가 되지 않고, 자신의 식량을 찾는 것을 목적으로 합니다. 그래서 우리는 이런 종류의 행동을 많이 봅니다. [맥그래스 교수에게 공을 던짐] 움찔하셨지요? 교수님이 움찔하신 것은, 교수님의 두뇌 회로는 다가오는 공에 대해 재빨리 반응하도록 만들어졌기 때문입니다. 이러한 회로는 생존에 대단히 유용합니다. 그런 회로의 대부분이 생존에 매우 유용하며, 모두 세렝게티 대평원에서 계발되었습니다. 그래서 그 회로들은 현대의 기술 사회에서는 그다지 유용하지 않습니다. (이 나라에 살며 경험할 수 있는 가장 무시무시한 일은 자기 직감대로 일하는 대통령이 있다는 것입니다. 직감은 좀 다른 환경에서 계발된 것이기 때문에 오늘날의 현대 사회에서 따르기에는 대부분 부적절합니다. 대통령만의 직감을 말하는 것이 아니라 어느 누구의 것이라도 마찬가지입니다.)

하지만 스타노비치가 말했듯 우리는 이런 직감을 보완할 수 있는 것을 가지고 있습니다. 바로 일련의 사고 과정입니다. 이것은 생존 활동에 항상 병행하는 것은 아니더라도 자연 상태 속에서 반복적으로 발생합니다. 그리고 그러한 습관적인 일련의 과정들은 즉각적으로 언어와 연계됩니다. 그렇기 때문에 두뇌가 '우리는 왜 여기에 있는가'라는 질문을 흥미롭게 여기는 이유가 무엇인지를 밝혀내는 것은 어쩌면 인지적 연구를 통해 과학이 해결할 수 있는 질문일 수 있습니다. 물론 저의 두뇌는 이 질문을 흥미롭게 여기지 않습니다.

맥그래스 아마 그럴 것입니다. 하지만 버트란드 러셀(Bertrand Russell) 같은 학자를 한 번 예로 들어 보겠습니다. 그는, 사람들은 어떻게 생존하는지를 배우고 난 후에야 그때부터 인생의 거대한 의문들에 관심을 갖는다고 했습니다. 다시 말해, 우리가 생존을 위해 투쟁하고 있을 때에는 왜 우리가 여기에 있는지 따위를 물을 시간이 없을 것입니다. 왜냐하면 그런 질문에 몰입하기 시작하면, 우리는 여기에 오래 있을 수가 없을 테니까요. 사자나 다른 무언가에게 잡아먹히고 말겠지요.

그래서 러셀은 여러 방식으로 이 점을 강조하고 있습니다. 인간의 사고 역량은 우리가 생존하는 데 필요한 수준 이상일지 모릅니다. 하지만 그렇기 때문에 우리의 머릿속에 떠오르는 질문들은, 아무리 생존에 필수적인 것이 아니라 할지라도 중요합니다. 예를 들어, 그의 고전적인 질문도 여기에 속합니다. "좋은 삶이란 무엇인가? 우리는 어떻게 그러한 삶을 살 수 있을까?"

제게는 이러한 질문이 참으로 중요하게 보입니다. 이제 제가 강조하고자 하는 바를 말씀드리겠습니다. 제가 정말 흥미롭다고 생각하는 것입니다. 리처드 도킨스는 그의 책 「악마의 사도」(A Devil's Chaplain, 바다출판사)에서 이렇게 말했습니다. "과학은 무엇이 좋고 무엇이 나쁜가를 결정할 수단을 갖고 있지 않다." 저는 도킨스의 견해를 교수님에게 전가시키는 것이 아닙니다. 하지만 여기서 주목할 만한 것은 만일 우리가 그 고전적인 질문, "좋은 삶이란 무엇인가? 우리는 어떻게 그러한 삶을 살 수 있을까?"를 묻고 있다면, 도킨스는 과학은 그 질문에 대답할 수가 없다고 말하고 있는 것 같습니다.

과학에 대해 비판하려는 의도는 조금도 없습니다. 하지만 제 생각에 도킨스의 언급 이면에는, 그러한 질문은 제기할 만한 질문이라는 전제가 깔려 있는 것처럼 보입니다. 인간의 사고 과정은, 생존에 기여하는 능력이 없기에 단순히 두뇌의 역량 과다로 치부해 버릴 것이 아니라 인간답게 산다는 것이 무엇인가를 묻기 위해 굉장히 큰 의미가 있습니다.

헬팬드 두 번째 질문인 "좋은 삶이란 무엇이고, 어떻게 그런 삶을 살 수 있는가" 하는 것은 저 역시 흥미롭다고 여기는 질문입니다. 저 역시 과학이 그 답을 할 수 없다고는 생각하지 않습니다.

맥그래스 네, 그렇다면 다음으로 넘어가 볼까요? 제가 리처드 도킨스의 책에서 참으로 흥미롭다고 생각했던 점은 바로 종교적 갈등이 야기하는 폭력에 대한 의문입니다. 이 점에 대해 저는 제 의견을 말씀드렸는데 헬팬드 교수님도 언급해 주실 수 있으십니까?

헬팬드 아니요, 그 점에 대해서는 맥그래스 교수님의 의견에 전적으로 동의합니다. 오늘날, 엄청나게 증가한 폭력의 한 원인으로 종교를 지적하지 않을 수 없습니다. 하지만 종교가 없다 해도 결과는 같을 것입니다. 이 점에 대해서는 교수님과 논쟁할 것이 없습니다. 사회에서 종교를 완전히 폐지하면 폭력이 근절될 것이라는 주장은 가설이 불과합니다. 이 점에 대해서는 도킨스의 의견에 전혀 동의하지 않습니다.

맥그래스 그렇다면 도킨스가 제기한 의문 가운데 교수님과 저 사이에도 문제가 되는 것을 이야기해 보도록 하겠습니다. 바로 종교적 신앙이 증거에 기반하여 생각될 수 있는 사안인가 아니면 실제로 전혀 다른 궤도를 도는 행성인가 하는 것입니다.

먼저 제가 어떻게 생각하는지를 말씀드리고, 다시 교수님에게 기회를 돌려드리겠습니다. 저는 제 믿음의 기초를 '토리노의 수의' 같은 것 위에 세우고 있지 않습니다. 또 기적과 신비에 대해 초기 인류가 이해했던 방식인 자연의 힘 따위로 돌아가고 싶지도 않습니다.

저는 자연의 힘에 대해서는 온전히 과학에 기반해 이해합니다. 하지만 이것이 하나님에 대한 제 믿음에는 아무런 영향을 주지 않습니다. 이렇게 표현해 보는 것은 어떨까 싶습니다. 신앙적 믿음은 증거에 기반하고 있습니다. 하지만 그 증거는 악명 높으리만큼 이해하기가 어렵습니다.

실제로 제가 알게 된 사실 가운데 하나는 다음과 같습니다. 자연계에 속한 수많은 것들은 조사와 해석이 필요한데 거기에는 서로 상충하지만 가능성 있는 설명이 많다는 것입니다. 제 생각을 이미 잘 표현해 준 C. S. 루이스의 말을 인용하겠습니다. 신학과 시에 대하여 쓴 에세이에서 그는 이렇게 말했습니다. "나는 태양이 떠오른 것을 믿는 것처럼 하나님을 믿습니다. 태양이 떠오른 것을 내가 볼 수 있기 때문만이 아니라, 그것이 떠올랐기 때문에 다른 모든 것들을 볼 수 있기 때문입니다."

루이스의 말을 통해 우리는 현상을 설명하기 위한 일종의 뼈대를 얻을 수 있습니다. 혹은 렌즈일 수도 있겠고, 프리즘일 수도 있겠습니다. 이러한 렌즈를 통해 우리는 사물을 보고, 말이 안 되는 것 같은 일도 이해해 낼 수가 있습니다. 그래서 저는 제 입장에 대해 이렇게 변호하고 싶습니다. 믿음은 믿음 안에서 이해될 수 있는 것이고 그 믿음을 통해 다른 것을 이해할 수 있게 된다고 말입니다.

헬팬드 하지만 '증거'라는 단어를 사용하지 않으셨습니까? 저는 교수님이 교수님의 믿음을 지지하는 데 어떤 증거를 찾으셨는지가 궁금합니다. 루이스의 말을 인용한 것을 두고 증거라고 말씀하신 것인가요?

맥그래스 아닙니다. 루이스를 인용한 것은, 세계관이 여러 가지 수준에서 평가되어야 한다는 점을 말하려는 것이었습니다. 그중 하나는 이런 것입니다. 관찰 결과를 얼마나 진실하게 반영하는가? 다시 말해 얼마나 증거에 기반하고 있는가? 교수님과 토론할 수 있어 너무 기쁘다는 것을 다시 한 번 말씀드립니다만, 제 관점에서 보면 모든 세계관이 어느 정도는 거의 신앙이라고 봐도 좋을 것 같습니다. 왜냐하면 입증될 수 없는 주장들을 하고 있기 때문입니다. 그 세계관들이 증거에 기반을 두어야만 한다는 말이 아니라, 그 세계관을 통해 세계를 바라보기 시작했을 때 얼마나 많은 설명이 가능한가, 얼마나 많은 부가 가치를 가져올 수 있는가가 중요합니다.

헬팬드 오늘 제가 이 포럼에 참여해 토론하는 것을 제 동료 가운데 하나가 보았다면 흥미로운 관찰을 해내지 않을까 생각합니다. 바로 불확실성입니다. 불확실성은 증거와 관련이 깊습니다. 그리고 과학자들은 불확실성을 전혀 불편하게 느끼지 않습니다. 우리들은 대학원생들이 만들어 낸 그래프에 오차를 표시하는 선이 없으면 그 그래프를 공개하지 못하게 합니다. 우리는 대단히 직관적인 방식으로 확률이나 양자역학을 활용하기는 하지만, 그리고 교수님은 이것을 우주에 신이 개입할 여지를 남겨 주는 불확실성으로 보셨지만, 우리는 이것을 가장 정교한 물리학이라고 여깁니다. 양자역학은 놀랄 만큼 정교한 주장을 할 수 있습니다. 하지만 이것은 확률에 기반하며 과학자들은 이를 편안하게 받아들입니다. 교수님이 가진 '믿음'의 정의로 깊이 들어가지 않더라도 저는 대부분의 사람들이 불확실성을 매우 불편하게 여긴다는 느낌을 받는데, 바로 이런 점이 그들에게 믿음을 발생시키는 기초가 되는 것 아닐까 궁금합니다.

맥그래스 저는 그리스도인이며 하나님을 믿습니다. 하지만 그 믿음을 절대적 확실성을 가지고 증명해 낼 수 없다는 사실을 인식합니다. 하지만 제가 무신론 철학자와 논쟁을 할 때면 그들도 마찬가지인 것을 발견하게 됩니다. 상대 철학자도 동일한 이야기를 하기도 하고, 또 이번 논쟁도 동일한 방향으로 이어질 거라는 생각이 듭니다만, 그렇다고 항상 그렇기만 한 것은 아닙니다.

우리가 나눈 이번 토론의 최종 결과는, 우리 두 사람 모두 각자의 입장을 정당화할 수 있지만 그 정당성을 절대적인 확실성으로는 입증해 내지 못한다는 결론이 될 수 있습니다. 하지만 그 정도라 할지라도 각자의 실존을 의탁할 수 있을 정도로는 충분하다고 믿을 수 있겠지요. "우리가 설 수 있는 기초로는 충분합니다"라고 말하면서요.

헬팬드 그렇습니다. 그런데 한 가지 고백할 것이 있습니다. 저는 제가 주류에 속한 과학자라고 생각하지 않습니다. 저는 과학이 무엇이든 입증해 낼 수 있다고 믿지 않습니다. 그것은 수학의 영역에서나 가능한 것입니다. 수학은 우리가 수립한 모든 규칙들에 대해 어떤 명제가 진실인지 거짓인지를 증명하는 것입니다.

따라서 저는 과학이 무엇이 진실이냐를 입증하는 매커니즘이라고 생각하지 않습니다. 과학은 과정입니다. 대단히 사회적인 과정입니다. 이 과정을 통해 우리는 자연에 대해 좀더 세부적이고 예측 가능한 설명을 얻을 수 있는 모델을 만들어 낼 수 있습니다. 그렇기 때문에 그 과정은 저의 '성찰하지 않는 삶'을 이끄는 데 충분하고도 남습니다.

맥그래스 네, 저는 과학에 대한 교수님의 관점이 매우 마음에 듭니다. 그러한 관점이 실제로 옳다고 생각합니다. 물론 관중석에 계시는 분들 가운데는 이 점에 대해 우리 둘 모두에게 도전장을 내밀 분도 계실 것입니다. 하지만 일단 이 점에 대해서 의견이 일치된 만큼, 리처드 도킨스에 대한 불일치에 대해 좀더 이야기해 보는 것이 좋겠습니다.

도킨스는, 과학에 대한 지나치게 단순한 관점이라고 표현할 수밖에 없는 관점을 가진 것 같습니다. "과학은 사물을 확실성의 잣대로 증명한다. 그 방식에는 신이 존재할 수 있는 개념적인 여지가 없다." 다시 한 번 말씀드리지만, 저는 이것은 과학이 실제로 무엇을 할 수 있는가에 대한 잘못된 진술이라고 생각합니다. 그렇기 때문에 조금 전에 교수님이 하신 말씀이 제가 이 점에 대해 어떻게 생각하는지를 아주 강력하게 표현해 주고 있습니다.

물론 교수님의 그러한 관점이 형이상학적인 함의를 가지고 있다고 볼 수는 없을지 모르겠습니다. 하지만 실제로는 그렇습니다. 과학이 무엇을 할 수 있고 할 수 없는지에 대해 현실적인 입장을 취할 수 있도록 도와줍니다.

헬팬드 네, 저도 전적으로 동의합니다. 하지만 교수님은 급격한 이론의 변화 혹은 패러다임의 이동 등이라 부르는 것이 과학에 있어서 중요하다는 것을 언급하셨습니다. 그 점에 대해 두 가지를 말씀드리고자 합니다. 과학에 있어서의 급격한 이론 변화는 실제로는 '과학을 하지 않는' 과학 철학자들에 의해 주로 논의된다는 점입니다. 실제로 과학 내부의 급격한 이론 변화 과정은, 주요 일간지들이 화요일 섹션에서 주로 다루듯 한 개 혹은 두서너 개의 과학 분야에서 동시에 벌어진다고 하는데, 실제로는 전혀 그렇지 않습니다. 과학은 그런 식으로 진행되지 않습니다. 특히 교수님은 책에서, 1870년에서 1900년 사이의 기간을 언급하셨습니다. 당시는 물리학이 모든 연구를 완성했다고 생각했던 시기였습니다.

그것이 바로 과학 역사가들이 책을 쓰는 방식입니다. 제 생각에 그것은 진실과는 거리가 매우 멉니다. 제가 아주 흥미롭게 있었던 책 중 하나가 「아인슈타인의 시계와 푸앵카레의 지도」(*Einstein's Clocks and Poincare's Maps*)입니다. 바로 교수님이 언급하셨던 시기에 활동하던 과학자들입니다. 그 책은 거대한 과학적 변화가 있었다고 말합니다. 하지만 누구나 인정할 수 있는 작은 분야에서 벌어진 일이었고, 근본적으로 잘못된 것에 관해서였습니다. 당연히 수정되었어야 했던 것이었습니다.

따라서 과학은 진화합니다. 이것은 지극히 사회적인 현상입니다. 또한 과학의 진화는 생물의 진화와는 달리 스티븐 굴드 식의 단속 평형(Punctuated equilibria: 유성 생식을 하는 생물 종의 진화 양식은 대부분의 기간동안 큰 변화없는 안정기와 비교적 짧은 시간에 급속한 종분화가 이루어지는 분화기로 나뉜다는 진화 이론-역주)으로 일어나는 것이 아니라, 연속적인 방식으로 이루어집니다. 때로는 서로 다른 비율로 진화가 이뤄지기도 합니다. 하지만 만일 급격한 이론 변화가 과학에서 일어난다면, 그것은 과학의 위대한 힘을 강화시키는 방향으로 일어날 것입니다.

우리는 우리가 가졌던 개념을 완전히 폐기하는 데 기꺼우며 심지어 열성적이기도 합니다. 또한 그럴 능력도 있습니다. 예를 들어, 뉴턴의 중력 이론을 아인슈타인의 상대성 이론으로 교체해 버린 것이 그렇습니다. 하지만 저는 이 말씀을 꼭 드려야겠습니다. 제가 틀렸다면 고쳐 주십시오. 하나의 학문으로서 신학은 급진적인 이론 변화에 면역되어 있습니다. 왜냐하면 만일 신학이 급격한 이론 변화를 겪었다면 더 논의할 주제를 갖지 못했을 것이기 때문입니다.

맥그래스 과학에 대해 방금 언급하신 내용은 참으로 옳습니다. 특히 제 견해에서는 그렇습니다. 급격한 이론 변화라는 것은 실제로는 그다지 급격한 것이 아닐 수 있습니다. 그저 죽 지속되어 왔던 과학적 변화 과정의 일부일 수 있습니다. 혹은 현재 우리가 잠정적으로 어떤 위치에 있는가를 표시하기 위함일 수 있습니다. 다시 말해 이것은 오늘날 우리가 현상을 이해하는 방식이기는 하지만, 계속 진전되다 보면 장래에는 다른 방식으로 발전될 수 있다는 것입니다.

하지만 신학적 부분에 대해서도 말씀드리겠습니다. 저는 개신교도입니다. 그리고 아마 교수님도 종교개혁이라는 것을 들어 보셨겠지요? 종교개혁은 토머스 쿤(Thomas Kuhn)이, 급격한 패러다임 변천이라고 표현한 것과 매우 잘 호응합니다. 개신교의 핵심은 과거에 한 번 벌어진 일회적인 개혁을 추앙하는 것만이 아니라 지속적인 재개혁과 수정을 제안한다는 것입니다. 하나님을 아는 지식에 있어 최선의 체계를 가졌는가를 항상 재확인하려 합니다. 그를 위해 성경적인 닻을 갖기를 원합니다.

사도 바울은 데살로니아 교회에 쓴 편지에서 무엇이 선한 것인지를 시험하고, 그 선한 것을 붙들기 위해 최선을 다하라고 했습니다. 그래서 저는 모든 것을 다시금 점검하고 시험하기를 계속하는 그리스도인들의 기본 생각을 대표합니다. 이것은 곧 비판에 대응한다는 것을 의미하기도 합니다.

저는 리처드 도킨스의 책 내용 가운데 동의할 수 없는 것이 아주 많다는 것을 발견했습니다. 하지만 저는 그 글을 써야 했던 그의 의지와 권리를 존중합니다. 마찬가지로 그것에 반응해야 할 저의 의무도 소중하게 여깁니다. 이것은 제가 걷는 길에 다가오는 도전들에 대응하는 과정의 일부입니다. 또한 그러한 도전이 제기하는 질문들에 대해 답을 찾아가며 다시 생각해야 할 것이 무엇인가를 살펴볼 수 있습니다.

헬팬드 아무래도 제가 뉴턴의 중력 이론을 신이 존재한다는 주장과 동일시했고, 아인슈타인의 상대성 이론을 신이 존재하지 않는다는 주장과 동일시한 것 같습니다. 제 언급에 대해 교수님은 좁은 관점을 취해 이해하셨고, 그렇게 이해하실 만도 합니다. 제 생각에 관중들은 교수님이 어떻게 17년간 무신론자였다가 23년간 그리스도인이 되었는지에 더 관심이 있을 것 같습니다. 원하신다면 저는 그 반대 방향의 변화를 말씀드릴 수 있습니다.

이렇게 말씀드려도 좋을지 모르겠습니다만, 제게는 교수님 같은 분이 그러한 변화를 겪으셨다는 사실이 참으로 기이하기만 합니다. 그래서 저는 정말 어떻게 그런 일이 있었는지를 듣고 싶습니다. 정말 궁금합니다.

맥그래스 제가 경험한 변화를 이야기하는 것은 참으로 즐거운 일입니다. 제 말은, 저 역시도 그러한 변화가 놀랍기는 마찬가지입니다. 아마도 저는 자부심이 상당했을 것입니다. 아마 여전히 그럴지도 모릅니다. 자유로운 사상가로서 말입니다. 다시 말해, 아무도 제게 무엇을 생각하라고 지시한 적이 없습니다. 저의 자유로운 사고 과정이 저를 어디로 이끌지를 알았더라면 참 많이 놀랐을 것입니다. 하지만 이 문제들의 일부를 부각시키기 위해 말씀드리자면, 무신론자였을 때 저는 상당히 교조적인 무신론자였다고 할 수 있습니다. 과학에 대해 대단히 단순한 이해를 갖추고 말입니다. 지금 와서 보니, 과학에 대해 당시 제가 가지고 있던 이해는 리처드 도킨스가 현재 가지고 있는 이해와 매우 흡사합니다. 교수님이 가지고 계시는 훨씬 미묘한 이해가, 이렇게 표현해도 된다면 제 생각에는 옳은 것 같습니다. 저는 이 점을 분명히 해 두고 싶습니다. 저는 사물에 대해 지극히 단순한 관점을 가지고 있었습니다. 그것이 과학과 무신론 그리고 여타의 것들에 대한 이해를 서로 묶어 두고 있었던 것입니다. 그것이 당시 제가 가졌던 사물의 존재 방식이었습니다. 그 관점을 통해 제 과학 연구가 더욱 더 발전할 수 있다고 기대했고, 지적으로 더욱 왕성한 무신론자가 될 것이라고 생각했습니다.

그런데 여러 가지 일들이 벌어지기 시작했습니다. 그중 하나는 과학철학과 관련된 것이었습니다. 그리고 저는 우리가 절대적인 증거에 대해서는 그다지 이야기하고 있지 않다는 것을 깨닫게 되었습니다. 오히려 믿을 만한, 그럴듯한 이유를 가지고 계속적으로 수정해 나가기 위해 준비하고 있을 뿐이었습니다. 이러한 깨달음이 제게 가장 흥미로운 선택의 여지를 안겨 주었습니다. 다시 말해, 우리는 어떤 관점이라도 취할 수가 있습니다. 옳다고 여겨지고, 우리의 삶에 관련성이 높다고 여겨지는 관점입니다. 하지만 그럼에도 불구하고 그것을 완전히 입증할 수는 없습니다. 생각이 여기에 미치자 종교적 믿음이 전혀 새로운 방식으로 보이기 시작했습니다.

그때 제게 커다란 영향을 미쳤던 또 다른 것은 세계관이라는 개념 자체였습니다. 세계관이라는 개념은 당시 제가 이제 막 눈뜨기 시작한 것이었습니다. 다시 말해, 이런 생각 혹은 저런 생각이 아니라 생각들 간의 네트워크로 세계를 바라보는 방식을 제공하는 것이 세계관임을 알게 되었습니다. 무신론이라는 것 자체도 일종의 세계관이었습니다. 따라서 무신론이 내세우는 주장에 대해 눈에 보이는 어떤 증거를 내보일 수 있는 차원의 것이 아니었습니다. 그러자 모든 세계관이 결국은 한 배를 탄 것과 다를 바 없어 보이기 시작했습니다. 따라서 다른 세계관들에 대해서도 재고해 볼 여지가 생겼던 것입니다. 그래서 기독교 세계관을 새로운 눈으로 바라보기 시작했고, 이후 수많은 일들이 벌어졌습니다.

두 가지 정도만 짚어서 말씀드릴 수 있을 것 같습니다. 제게 허락된 시간이 제한되어 있기 때문입니다.

두 가지 중 하나는 역사에 대한 깊은 관심입니다. 즉, 다음과 같이 물었던 것입니다. '신약 시대에 실제로 무슨 일이 있었던 거지?' 이것은 나사렛의 예수가 과연 어떤 의미를 가지는가를 묻는 일종의 철학적 성찰에 더한 관심이었습니다. 만일 제가 그를 과거에 있었던 흥미로운 선생의 하나로 치부해 버릴 수 있었다면, 글쎄요, 그것으로 끝이었을 것입니다. 하지만 그 이상의 무언가가 있는 것 같아 보였습니다.

그리고 거기에는 다른 무언가가 있었습니다. 그것은 설명하기가 참 어렵습니다. 저는 무언가 옳은 것이 있을 수 있다는 것을 깨닫기 시작했습니다. 하지만 보고 식별할 수 있을 만큼 우리 삶에 확실한 영향을 주는 것 같지는 않았습니다. 그런데 만일 기독교가 옳다면, 그것은 실제로 우리 삶을 변화시킬 역량이 충분함을 발견하게 되었습니다. 기독교의 믿음은 실재이면서 동시에 진리였습니다. 이러한 사실은 실제로 제 삶에 거대한 영향을 미쳤습니다. 이것이 바로 제가 믿음의 여정을 시작하게 된 과정입니다. 물론 그 여정은 여전히 계속되고 있습니다. 왜냐하면 여전히 더 많은 것을 발견해 내고 있고, 그것으로 인해 무척 기쁘기 때문입니다.

저의 순례 여정이, 어떤 사람들이 기대하는 것과는 반대 방향으로 이루어졌다는 것은 참으로 흥미로운 일입니다.

헬팬드 네. 글쎄요, 제 생각에 비평가들은 이렇게 말할 것 같습니다. 무신론에 대한 교조적인 믿음은 신에 대한 교조적인 믿음으로 쉽게 변할 수 있다고요. 하지만 교수님이 매우 명료하게 설명하신 바와 같이…

맥그래스 음, 그렇다면 저는 앞으로 도킨스에게 어떤 일이 벌어질지 큰 관심을 가지고 지켜봐야겠습니다.

헬팬드 매우 쇠약한 상태가 될 때가 언제일지에 대해서는 그 당사자는 알지 못한다고 합니다. 이 말은 맞는 말 같습니다. 아인슈타인이 언젠가 이런 말을 한 적이 있습니다. 훌륭한 젊은 물리학자가 형편 없는 늙은 철학자가 된다고요. 지금 상황에 잘 들어맞는 말 같습니다. 네, 어쨌든 좋습니다. 청중들은 관심을 가지고 들으셨을지 모르니까요. 이제는 제가 겪은 변화에 대해 좀 간략하게 설명해 드리도록 하겠습니다.

저는 매우 작고 따분한 마을에서 나고 자랐습니다. 제 어머니는 영국 출신으로 감리교도였습니다. 하지만 우리의 작은 마을에는 감리교 교회가 없었습니다. 그래서 어머니는 당시 회중파라 불렸던 교단의 교인이 되셨습니다. 회중파 교회는 현재는 그리스도 연합교회(United Church of Christ)라고 불립니다. 미국 개신교에서 좌파적 정치 성향을 가진 교단입니다.

제 아버지는 유대인이었습니다. 하지만 부활절 새벽 예배의 아침 식사로 베이컨을 굽는 유대인이었습니다. 그래도 속죄일에는, 심지어 할머님이 아흔아홉의 일기로 세상을 떠나신 후에도, 매년 금식을 하셨습니다. 그러니 저는 어떤 의미에서는 범기독교적 환경에서 자랐다고 할 수도 있겠습니다. 아마도 제 아버지가 우리가 살았던 마을의 유일한 유대인이었을 것입니다. 물론 그 마을은 작은 마을이었습니다. 우리는 유대교 회당에 가지 않고 교회에 갔습니다. 실제로 저는 매일 교회에 갔습니다. 성가대에서 찬양을 했고 오르간도 연주했습니다. 고등학교 2, 3학년 때는 교회 청년부에서 회장을 맡기도 했습니다.

하지만 결코 깊은 감정을 가진 적은 없었던 것 같습니다. (제 아내는 아마 저에게 그쯤에서 교회 나가는 것을 그만두지 그랬느냐고 할지 모르겠습니다. 실제로 저는 아직까지도 신앙에 대해 깊은 감정을 가져 본 적이 없습니다.) 저는 신앙에 대해 깊은 감정적인 반응을 한 적이 없었습니다. 모두 좋은 의식이었습니다. 실제로 저는 의식을 좋아합니다. 그것은 좋은 일입니다. 그러나 당시의 제 삶을 이 이상 재구성할 수가 없습니다. 아무래도 삶에 대한 성찰이 부족한 것 같습니다. 하지만 여리고 전투가 당시 한 몫을 했습니다. 아마 그때 저는 고등학교에서 물리 시간에 소리 파장에 대해 배우기 시작했었을 것입니다. 무슨 이유에서인지 그 수업은 여리고 전투와 관련이 있었습니다. 여러분은 아마 여호수아가 여리고 성벽을 돌다가 나팔을 불자 성벽이 무너져 내리고 싸움이 끝난 것을 기억하실 것입니다.

저는 여리고 전투에서 있었을 소리 파장에 대해 생각하기 시작했습니다. 어떤 강도의 소리 파장이길래 육중한 바위로 쌓은 성벽을 무너뜨릴 수 있었을까 고민했습니다. 그리고 이렇게 생각했던 것 같습니다. '말도 안돼.' 대학교 1학년 2학기쯤이 되자, 저는 종교에 관한 모든 것이 저와는 관련 없는 일로 여겨졌습니다. 그래도 저는 당시 남성 합창단에 소속되어 있었기 때문에 그 지역 성공회 교회에 매주 일요일마다 가서 노래를 불렀습니다. 저는 제가 어느 한편에서 다른 편으로 대대적인 이동을 했다고 생각하지는 않습니다. 하지만 신이 과연 존재하느냐 그렇지 않느냐를 두고 깊이 성찰하지 않고도 제 삶을 지극히 편안하게 영위하고 있습니다. 종교의 문제가 제 코 앞에 닥치지 않고서는 말입니다. 이 나라에서는 종교가 정치에 지속적인 영향을 끼치고 있기 때문에 그런 일들이 종종 벌어지는 것 같습니다. 저는 그것이 참으로 무시무시하다고 생각합니다.

지난주 워싱턴에서 기자 회견을 가졌던 이유도 바로 그것입니다. 당연히 종교적 중립을 지켜야 할 세속 정부가 종교로부터 많은 영향을 받고 있기 때문입니다. 저는 이 점에 대해 좀더 적극적인 입장을 표명해야 할 필요가 있다고 생각합니다. 도킨스가 불러일으킨 논쟁 정도의 수준으로는 아니더라도 말입니다. 하지만 최소한 이 나라에서 벌어지고 있는 종교의 영향은 비이성적이고 위험하다는 것을 분명히 확신하는 입장으로서 말입니다.

    사회자 감사합니다.

휴 로스 Hugh Ross

기독교 변증가이자 과학자와 신앙인의 모임인 '믿음의 이유'(Reasons to Believe, RTB)를 설립했다. 브리티시 컬럼비아 대학에서 물리학을 전공하고 토론토 대학에서 천문학으로 대학원 과정을 마쳤다. 박사 학위를 취득한 이후에는 캘리포니아 공대에서 준성체(QSO), 즉 '퀘이사'에 관해 연구했다. 최근 저서로는 「이론 그 너머」(*More Than a Theory*)가 있다.

6. 진리의 증거에 사로잡힌 과학자

미시간 대학 베리타스 포럼, 1995

저는 이 강연을 통해 두 가지 이야기를 하려고 합니다. 제 개인적인 이야기를 먼저 하겠습니다. 그 이야기를 통해 제가 어떻게 하나님을 믿게 되었는지를 말씀드리겠습니다. 그리고 두 번째로는 지난 몇 세기 동안 천문학계, 특히 우주론을 연구하는 사람들에게 어떤 일들이 벌어졌는지를 이야기하겠습니다. 두 이야기가 유사하다는 것을 알게 되실 것입니다.

저는 캐나다에서 태어나고 자랐습니다. 스물일곱 살이 될 때까지 진지하게 기독교 신앙을 가진 사람을 만나지 못했습니다. 제가 자란 동네에는 하나님께 관심 있는 사람이 없었습니다. 한편 저는 일곱 살의 나이에 과학에 빠져들기 시작했습니다. 벤쿠버에는 비가 자주 세차게 옵니다. 그러다 비가 많이 오지 않은 어느 날 밤, 저는 부모님과 산책을 하게 되었습니다. 그때 별을 보았고 저는 부모님에게 별들이 뜨거운지 뜨겁지 않은지를 물었습니다. 부모님은 "그래, 아주 뜨겁단다"라고 대답하셨습니다. 저는 이유를 물었습니다. 그러자 부모님은 도서관에 가 보라고 말씀하셨습니다.

그날 저녁 산책이 천문학과 물리학을 처음으로 접하게 된 계기였습니다. 얼마 후 처음으로 도서관을 찾게 되었고, 제 미래의 직업을 알게 되었습니다.

열다섯 살이 되었을 때는 주변의 권유로 도서관에서 매주 이뤄지는 토론 모임에 참여하게 되었습니다. 그 모임에서 사람들은 우주를 존재하게 한 신이나 혹은 무언가가 있을 수밖에 없다는 생각을 나누었습니다. 우주의 구조를 설명하는 몇몇 이론들 가운데 대폭발 이론이 가장 우세해 보였습니다. 저는 알버트 아인슈타인의 추론을 따라, 우주가 대폭발을 통해 만들어졌다면 우주의 시초라는 것이 있어야 하고 그렇다면 그 시작을 일으킨 존재, 즉 시초자가 있을 수밖에 없다는 결론을 내렸습니다.

하지만 저는 이 시초자가 과연 인간들에게 관심을 가질 것인지 혹은 우리와 소통하려고 노력할 것인지에 대해서는 매우 회의적이었습니다. 우주에 천억에서 조에 이르는 엄청난 양의 별이 있다면, 우주의 창조자는 우리가 지구라 부르는 한 점 먼지에 불과한 행성에서 이루어지는 일들에 그다지 관심을 갖지 않을 것 같았기 때문입니다.

세계 종교에 대한 탐구

고등학교 마지막 학년이 되자 저는 지적인 정직성을 가져야 한다는 명분에 사로잡혔습니다. 그래서 최소한 세계 종교의 경전들을 읽어 보아야겠다 결심했습니다. 그런 과정을 통해 종교에 대한 저의 가정이 실제로 옳았다는 개인적인 만족감을 얻고 싶었습니다. 즉, 종교는 인간이 만들어 낸 사기라는 가정이었습니다. 과학적인 분석은 제게 이미 익숙해진 방법이었습니다. 그래서 같은 방식으로 종교에 접근했습니다.

고대로부터 내려온 힌두교의 경전인 베다부터 읽어 보기로 했습니다. 하지만 몇 장을 채 읽기도 전에, 과학적으로 말이 안 되는 것들을 꽤 발견했습니다. 당시 제가 사용한 일반 법칙은 우리가 우주를 올려다볼 때 찾을 수 있는 것들이었습니다. 실제로 그 일반 법칙은 과학의 어느 분야에서나 적용되는 법칙일 것입니다. 바로 일관성, 미, 조화입니다. 거기에는 모순이 없었습니다. 그래서 저는 만일 우주를 창조한 신이 우리 인간과 직접적인 방식으로 소통하기로 결심하였다면, 그 소통의 성격은 우주에서 관찰되는 일반 법칙을 따를 것이라고 가정했습니다. 하지만 인간이 결부되는 일인 만큼 소통 과정에 인간의 감정과 발상이 끼어들 것이라고 생각했고, 그런 특징들을 찾아내려고 했습니다. 즉, 저는 인간적인 관점을 찾고 있었던 것입니다.

그래서 태양의 표면에 인간 문명이 있었다는 대목을 읽게 되자 웃음을 터뜨리지 않을 수 없었고 이렇게 생각했습니다. '3천 년 전의 힌두교인들은 태양의 표면이 얼마나 뜨거운지 감지하지 못했나 보군.' 그리고 베다에서 시간이 영원하다는 이야기가 나올 때, 저는 대폭발 이론을 떠올렸습니다. 시간은 유한하며 시초가 있다는 대폭발 이론에 비추어 볼 때 모순이 되는 내용이었습니다. 그리고 달과 행성들에 대해서도 잘못된 진술이 연이어 나오자 저는 '흠, 힌두교에 대해서는 더 이상 고려할 점이 없겠어'라고 생각했습니다.

저는 불교가 어떤 이야기를 하는지 가장 궁금했습니다. 왜냐하면 저는 밴쿠버의 차이나타운에서 자랐기 때문입니다. 무신론과 불가지론을 제외하면 제가 사는 동네의 지배 종교는 불교였습니다. 하지만 불교가 우주론에 관한 내용과 우주의 기원에 대한 교리를 힌두교에서 차용했다는 것을 알게 되기까지는 그리 오랜 시간이 걸리지 않았습니다. 문자 그대로 뭉텅이째 빌려 온 것들이었습니다. 그래서 저는 '이것이 불교라면 불교도 신적인 기원을 가졌다고 할 수 없겠어. 인간이 만들어 낸 거야'라고 생각했습니다.

다음 경전으로 이슬람 신앙의 코란을 읽어 보기로 결심했습니다. 코란에까지 이르자 저는 경전들이 가진 공통 분모를 알아차리게 되었습니다. 모두 소수만 이해할 수 있는 시로 기록되었다는 점입니다. 지적 엘리트주의의 허세를 가지고 쓰여 있었습니다. 그래서 당신이 만약 그 위대한 '깨달음을 얻은 사람' 가운데 하나라면 시의 의미를 이해할 수 있을 것입니다. 그렇지 않다면 그냥 포기하는 게 낫습니다. 일곱 살부터 천문학을 공부해 온 제 경험에 비추어 보면 그런 방식은 맞지 않았습니다. 우주는 모든 것을 모두에게 열어 놓고 있습니다. 들여다보기 원하는 모두에게 직접적인 접근을 허락하고 탐구의 대상이 됩니다. 우주는 소수만을 위한 것이 아닙니다. 그래서 저는 코란의 모호함이 불편하게 여겨졌습니다.

    코란을 읽는 데 있어 더 큰 문제는 대체 얼마나 더 읽어야 검증해 볼 수 있을 만큼 충분히 구체적인 진술을 만나게 될까 하는 것이었습니다. 아마 저는 베다보다 코란을 좀더 많이 읽었을 것입니다. 결국 논란이 될 만한 구절을 찾게 되었습니다. 바로 별들이 행성보다 우리에게 가까워질 때의 효과에 관한 것이었습니다. 저는 그 내용이 틀린 것을 알고 있었습니다. 좀더 빈번한 오류는 역사적인 사건들을 잘못된 지리적 위치와 결부시키는 점이었습니다. 저는 어떤 구절의 내용들이 일이천 마일 정도의 오차를 가지고 기록된 것을 알아차릴 만큼은 지리를 알고 있었습니다. 그래서 저는 코란도 덮었습니다.

    다음으로 읽은 책들은 모르몬교의 교재였습니다. 모르몬교는 이슬람과 유사했습니다. 후기 예언자들과 후기 경전들을 중심으로 이루어져 있었습니다. 그 책들을 살펴보며 모르몬교는 미래 역사를 예측할 수 있는 능력에 기반하여 초자연적 영감을 주장한다는 사실을 발견했습니다. 조셉 스미스(Joseph Smith: 모르몬교 창시자— 역주)가 남북전쟁을 예견했다는 것은 조금 인상적이었습니다. 하지만 1830년대 상황에서는 다른 이들도 같은 예측을 내놓았었습니다. 바로 신문 기자들이었습니다. 더구나 남북전쟁에 대해 조셉 스미스가 말한 세부 사항들은 명백하게 틀린 것들이었습니다. 예를 들어, 그는 모든 유럽 국가들이 남북전쟁에 적대국으로 참여할 것이라고 말했었습니다. 하지만 실제로는 단 한 국가도 그렇게 하지 않았습니다. 저는 우주의 배후에 있는 존재라면 그 어떤 오류도 없어야 할 것이라고 가정한 상태였습니다. 그래서 모르몬교 역시 고려의 대상에서 제외하였습니다.

오류를 찾기 위해 성경을 탐독하다

결국, 저는 성경을 집어 들었습니다. 그 성경은, 제가 다니던 공립학교에 찾아온, 검은 정장을 입은 두 신사가 주고 간 것이었습니다. 그들은 교실에 아무 말 없이 들어와 선생님 책상에 상자 두 개를 놓고 갔고 두 상자는 성경으로 가득 차 있었습니다. 제 성경도 거기에 들어 있었습니다. 제 나이 열한 살에 집어 든, 기드온협회에서 준 그 선물을 저는 여전히 가지고 다닙니다.

하지만 그 선물은 제 책장에 6년 동안 묵혀 있었습니다. 또한 엘리자베스 여왕 시대의 영어로 쓰인 성서였습니다. 만일 그것을 열한 살에 읽으려 했었다면, 마치 외국어로 쓰인 것처럼 느껴졌을 것입니다. 하지만 캐나다의 학교 시스템에는 셰익스피어가 중, 고등학교 과정에 포함되어 있습니다. 저는 그 성경을 펼치기 전까지 아마 열댓 개의 희곡을 읽었고, 수백 개의 구절을 외우고 있었을 것입니다. 그렇게 성경을 읽기 시작하자 더 이상 외국 언어로 느껴지지 않았습니다. 그리고 저는 단박에 성경의 특별함을 알아볼 수 있었습니다.

그것은 소수만을 위한 시가 아니었습니다. '숨겨진' 의미를 찾기 위한 힌트 같은 것도 없었습니다. 뭔가 의심스러운 것을 찾기 위해 수많은 장을 넘겨야 했던 다른 경전들과는 달리, 모든 장마다 예닐곱 가지는 검증해 볼 만한 구절들이 있었습니다. 실제로 창세기 1장만 봐도 서른 구절 이상이 과학적·역사적 검증을 필요로 하는 것처럼 보였습니다.

그러한 가능성이 저의 과학적 기질에 불을 지폈습니다. 사실 성경을 읽기 시작한 첫날 밤 창세기 1장을 탐구하느라 세 시간 반을 들였습니다. 검증해 볼 만한 대목이 너무 많았기 때문입니다. 그 장을 읽어가며, 저는 열한 가지의 창조 사건과 세 가지의 초기 조건에 관한 구절을 발견했습니다. 모두 발생 순서대로 배열되어 있었습니다. 또한 현대 과학적 관점에서도 모순되지 않게 묘사되어 있었습니다. 저는 일곱 살부터 천문학을 공부해 온 탓에, 세계 곳곳에서 이야기하는 수많은 창조 신화를 제법 잘 알고 있었습니다. 그리고 어느 정도 현실성을 가지는 바빌론의 창세 신화인 '에누마 엘리쉬'(Enuma Elish)보다 성경의 창세기가 훨씬 탁월하다는 것을 알아차릴 수 있었습니다. 세상의 창조에 관해 에누마 엘리쉬는 열세 개의 사건을 언급하고 있고 그 가운데 두 가지가 옳았습니다. 하지만 성경은 열네 가지 모두가 옳았습니다.

제가 인상 깊게 보았던 또 다른 것은 창세기의 창조론은 과학적 방법론을 반영하고 있다는 점이었습니다. 창세기는 먼저 '준거의 틀'을 밝히고 있었습니다. 그리고 '초기 조건'을 나열하였고, 그 다음 사건들을 '발생 순서대로' 기술했습니다. 그리고 '최종 결과'를 선언하는 것으로 장을 마무리하고 있었습니다. 저는 이 구조를 보고 매우 놀랐습니다. 그래서 그로부터 십 년 후, 스코틀랜드 출신 신학자 토머스 토랜스(Thomas Torrance)의 글을 읽고 수긍하지 않을 수 없었습니다. 그는 성경이 과학적 방법론의 원천이라고 설명했습니다.

저는 열네 개 사건 가운데 열네 개가 모두 맞은 것에 상당히 고무되었습니다. 사실 확률을 계산해 보면 더욱 놀랍습니다. 고대의 한 작가가 다양한 창조 사건을 올바른 시간 순으로 배열했다는 것은 60억 분의 1의 확률도 안 될 일이라고 생각했습니다. 그런 말도 안 되는 가능성 때문에 저는 성경을 하루에 최소한 한 시간 이상 읽기로 결심했습니다. 뭔가 그럴듯한 오류나 모순을 찾기 위해서였습니다. 오류나 모순을 단 한 개라도 찾아낼 수 있다면, 그것으로 이 책 역시 신적 기원을 가진 것이 아니라고 단정하기에 충분하다고 생각했기 때문입니다. 저는 한 6주 정도 걸릴 거라고 예상했습니다. 하지만 18개월이 걸렸습니다. 그나마 일부를 뛰어넘었기 때문에 그 정도였습니다.

창세기 1장 같은 장을 새롭게 만날 때마다 놀라움도 커져갔습니다. 장마다 예닐곱, 혹은 열댓 개 가량의 구절들이 역사적·지리적·과학적 검증의 대상이 될 만했습니다. 그래서 저는 읽기를 멈추지 않았던 것입니다. 결국 18개월이 지나서, 저는 그간 단 한 개의 오류나 모순을 찾지 못했다는 것을 깨달았습니다. 제가 온전히 이해하지 못한 장들이 아주 많았습니다. 하지만 저는 이렇게 생각했습니다. '이것은 정말 천체물리학과 다를 바가 없는 것 같은데.' 당시 저로서는 아직 이해하지 못하는 천체물리학 분야가 많았습니다. 또한 제가 해결할 수 없는 문제들도 발견했습니다. 하지만 천문학이나 물리학에서도 마찬가지입니다. 풀리지 않은 수수께끼들은 오늘날까지도 남아 있습니다.

하지만 18개월간 성경을 탐사하며 저는 일반적으로 과학에서 목격하게 되는 것을 경험하게 되었습니다. 시간이 지남에 따라 연구자는 이전에는 풀지 못하던 문제들을 점점 더 많이 풀 수 있게 되는 법입니다. 그래서 18개월의 기간 동안 첫 번째 달에는 풀지 못했던 문제를 열네 번째 달에는 풀 수 있게 되었습니다. 이것은 우리가 우주의 기록을 연구할 때 볼 수 있는 양상입니다. 과학의 연구 결과와 다를 바가 없었습니다. 이러한 경험을 통해 저는 이 책은 실제로 어떤 신성한 원천으로부터 왔을 것이라는 사실에 설득되었습니다. 인간에게서 나온 것일 수가 없어 보였습니다. 인간의 노력으로 인한 결과라면 그 정도로 신뢰할 만한 기록이 될 수가 없을 것 같았습니다.

신약 성경을 읽을 때가 되자, 저를 놀라게 하는 것을 또 발견하게 되었습니다. 바로 사도 바울의 말이었습니다. 그는 사람들에게 자신들의 믿음을 시험대 위에 올려 검증하라고 촉구하고 있었습니다. 다른 경전들은 '시험을 피하라'라고 말하는 듯 했습니다. 시험해 보라는 성경의 권유는 저의 과학자적 기질에 호소하는 바가 컸습니다. 사도 바울은 먼저 그것을 시험해 보아 입증할 수 있을 때까지 믿지 말라고 했습니다.

제가 브리티시 컬럼비아 대학에 다니게 되었을 때 저는 더 이상 열일곱 살이 아니었습니다. 그 대학은 1960년대 후반, 하나님에 대한 신앙에 특히 적대적인 것으로 정평이 나있었습니다. 성경이 진리이고 믿을 가치가 있다는 데 설득되었기는 했지만 여전히 저는 동료 학생들과 교수들을 설득할 만한 강력한 주장을 갖지는 못했습니다. 그래서 성경을 다시 한 번 읽기로 했습니다. 그 두 번째 읽기에서 제가 결심했던 것은 과학적 발견을 정확하게 예측한 부분에 대해서는 기록을 해 보자는 것이었습니다.

몇 주 후, 제가 만든 목록에는 지구가 구형이라는 사실, 중력의 법칙, 열역학 제1, 2법칙 그리고 중력에 영향을 받는, 맨눈으로 관찰 가능한 유일한 성단의 정체 등이 포함되었습니다.

이 목록을 가지고 이사야 선지자같이 오래 전에 살던 누군가가 이러한 과학적 발견을 우연히 해낼 수 있는 가능성을 계산해 보기로 했습니다. 그리고 제가 보게 된 것은 성경이 말하는 정보는 인간적 기원에서는 나올 수 없었을 것이라고 하는 기막힌 확률적 증거였습니다.

역사적 정확성 검증

저는 역사적인 측면에서도 같은 유형의 검증을 해 보았습니다. 모르몬교의 경전과는 달리, 성경에는 수천 년을 앞선 예언이 수백 가지나 나와 있었습니다. 조셉 스미스는 20년 후를 내다볼 수 있었지만 모세는 3,400년 후의 미래를 예언할 수 있었습니다. 그리고 성경 기자들은 사람들이 태어나기도 전에 그들을 이름으로 지목하여 일어날 일을 예언했습니다. 저는 미래에 탄생할 왕을, 그가 태어나기 3백 년 전에 이름으로 이야기하고, 그가 무슨 일을 할지, 어디에서 그 일을 할지 그리고 그러한 일이 정확히 어떤 연도에 이루어질지를 예언한 선지자에게 놀라지 않을 수 없었습니다. 그래서 저는 이러한 예언들을 확인하고, 그것이 우연히 성취되었을 가능성을 계산해 보기로 결심했습니다.

선지자 이사야는 사이러스(Cyrus: 고레스)라는 왕이 나타날 것이라고 말했습니다. 그는 아직 존재하지도 않은 왕국인 메데스와 페르시아 제국을 통치할 왕이었습니다. 또한 그 왕은, 마찬가지로 아직은 존재하지 않은 또 다른 왕국인 바빌로니아 제국을 정복할 것이라고도 했습니다. 이사야는 계속해서 예언합니다. 이 바빌로니아 제국이 유대 땅을 정복하고 유대 사람들을 끌고 가 70년 동안 바빌로니아에서 노예로 부릴 것이라고 했습니다. 그때 사이러스 왕이 나타나 유대인들을 해방하고, 그들의 성과 왕국, 성전을 재건할 자금을 줄 것이라고 했습니다. 뿐만 아니라 유대인들의 종교 의식에 들어가는 비용까지도 댈 것이라고 했습니다. 그리고 이 모든 일이 실제 일어났습니다.

그렇다면 이런 일들이 우연히 일어날 수 있는 가능성은 얼마나 될까요? 누군가의 이름을 그 사람이 태어나기 80년 전에 추측할 수 있는 확률이 얼마나 있을까요? 어떤 사람에게 붙여질 수 있는 이름의 총합을 X라고 하면, 그 확률은 X분의 1입니다. 거기에 연도를 정확히 맞출 가능성은 얼마나 될까요? 이번에도 가능한 연수의 총합을 Y라고 할 때 확률은 Y분의 1이 됩니다.

하지만 그것들은 독립적인 두 개의 사건입니다. 그러니 그 연도를 정확히 맞추고 이름을 정확히 맞출 수 있는 확률은 X분의 1과 Y분의 1을 곱한 것입니다. 그러고 나면 또 다른 여덟 가지 세부 사항의 가능성을 계산해야 합니다. 결국은, 이사야가 미래의 왕에 대하여 예언한 것이 정확히 예언대로 이루어질 가능성은 1조 분의 1도 채 되지 않는 것입니다.

제가 이러한 것들을 연구 중일 때, 몇몇 학자들은 다니엘서가 정말 느부갓네살 궁정의 그 다니엘이 쓴 것인가를 두고 논쟁을 벌이고 있었습니다. 그리고 사해 문서가 발견되었습니다. 그 문서들에는 다니엘서의 모든 장이 포함되어 있었습니다. 그것으로 논쟁이 종결되었습니다. 다니엘서는 기원전 2백 년 이전에 살던 사람이 썼을 것으로 추정되었고 다니엘만이 저자가 될 가능성이 있는 유일한 후보자였습니다. 다니엘이 2백 년 후에 이루어질 역사적 사건들을 정확하게 예언했다는 사실은 미래에 대한 정말 놀랄 만큼 정교한 예측이 가능하다는 것입니다. 다니엘은 그리스 제국의 붕괴는 물론, 그리스와 로마 두 왕조들에 영향을 미친 다양한 사건들을 예언했습니다.

저는 또한 예언이 바로 제 눈 앞에서 이루어지는 것을 경험하기도 했습니다. 저는 1940년 후반부터 대학 도서관을 찾아가 신문을 읽는 것을 취미로 삼게 되었습니다. 신문을 통해 알게 되는 실제 사건들과 이스라엘의 재탄생에 관한 예언을 비교해 보기 위해서였습니다. 저는 성경의 예언과 기막힐 정도로 세밀하게 들어맞는 일들을 목격하였습니다. '마른 뼈들의 골짜기'를 발견한 것에 대한 전 세계적인 공포와 절망감이 신문을 가득 채웠습니다. 여기 오래된 신문에 실린 아우슈비츠의 사진들을 보면, 수십만 개의 해골로 쌓아 올려진 골짜기를 볼 수 있었고, 그 장의 기사에는 "시오니즘은 이제 끝났다. 오륙십만 유대인들의 죽음과 함께"라는 제목이 붙어 있었습니다. 하지만 불과 몇 년 만에 세계는 이스라엘이라는 국가의 재탄생을 목격하였습니다.

다윗 왕이 예언했듯이 국가의 재건은 죽음의 수용소를 탈출한 이들의 지휘 아래 이루어졌습니다. 손목에는 이들이 사형 선고를 받은 자들임을 표시하는 수용소 번호가 여전히 찍혀 있었습니다. 다윗 왕은, 이들이 예루살렘이 새 유대 국가의 일부가 되는 데 열쇠가 되는 전투를 치를 사람들임을 예언했습니다. 모두 3천 년 전에 기록된 예언이었습니다. 그리고 정확히 기록된 내로 이루어졌습니다. 이스라엘의 독립을 위한 전쟁 가운데 가장 중요했던 전투는 바로 히틀러의 죽음의 수용소에서 살아남은 이들로 구성된 두 개 연대에 의해 치러졌습니다. 그들의 손목에는 여전히 수용소 번호가 남아 있었습니다. 텔아비브와 예루살렘 사이의 길을 트는 과정에서 가장 많은 사상자가 발생했습니다. 하지만 그것은 다비드 벤 구리온(David Ben Gurion)이 말한 대로였습니다. "그들이 흘린 피가 아니었다면, 오늘의 이스라엘은 없었을 것이다." 그리고 다윗 왕은 이 사건들을 정확히 예언했던 것입니다.

이러한 예언들을 더 들어서, 신적인 개입이 아닌 우연에 의해 그러한 일들이 성취되었을 확률을 계산해 보십시오. (후에 저는 제가 계산했던 확률을 캘리포니아 공과 대학에 다녔던 동료들에게 확인시켰습니다. 그들은 그리스도인이 아니었습니다. 그리고 그들이 도출해 낸 확률은 저의 확률보다 훨씬 낮았습니다.) 제가 계산했던 확률은 10의 100승 분의 1보다 작았습니다. 이 확률에 나타나는 0의 개수는 중요한 의미를 지닙니다. 바로 물리학의 법칙들보다도 성경이 더 높은 수준의 신뢰도를 가진다는 것입니다.

열아홉 살 때 이러한 확률 계산을 착안하고 나서 얼마 지나지 않아 물리학 수업에서 열역학 제2법칙의 신뢰도를 도출하라는 과제를 받았습니다. 공학이나 과학 분야를 공부하지 않은 분들을 위해 좀더 설명해 드리도록 하겠습니다. 공기 분자로 가득 찬 객석을 생각해 보십시오. 모든 분자가 같은 온도를 가진 것은 아닙니다. 어떤 것은 매우 차고, 어떤 것은 매우 뜨겁습니다. 그것들의 평균 온도가 바로 이 공간의 온도입니다. 하지만 이 객석 안의 모든 공기 분자가 물이 어는 점 이하의 온도로 내려가 눈 깜짝할 사이에 객석에 앉은 사람들의 근처로 모여 그들을 동사시킬 가능성은 수학적으로 유한한 확률입니다. 계산해 보면 아마 10의 80승 분의 1 정도의 확률입니다. 그만큼 확률이 낮기 때문에 정상적인 사람이라면 방금 묘사한 것 같은, 열역학 제2법칙의 갑작스러운 역전 현상을 걱정하지 않을 것입니다. 저는 그런 걱정을 하며 아침에 눈을 뜨지 않습니다. 성경이 인간에 의해 쓰였을 가능성은 열역학 제2법칙이 역전될 가능성보다도 훨씬 낮았습니다. 저는 이 사실을 열아홉 살에 깨닫게 되었습니다. 성경은 그만큼 높은 수준의 신뢰도를 가진 책이었습니다.

증거에 대한 반응

그때 저는 진리에 대한 반응을 촉구하는 메시지에 응답하기 시작했습니다. 제가 가진 기드온 성경에는 일단 성경의 확실성을 납득하고 나면 정확히 무엇을 해야 하는지를 설명하는 지면이 있었습니다. 먼저, 거기에는 제가 완벽하지 않다는 것을 상기시키는 문장이 있었습니다. 저는 그것이 사실이라는 것을 인정했습니다. 하지만 제 관심을 사로잡은 또 다른 말이 있었습니다. 사람이 윤리 도덕적으로 완벽한 삶을 살기 위해 노력하면 할수록 그 사람의 양심이 살아나고, 그래서 그 사람은 더욱 더 비참한 기분에 빠져든다는 거였습니다.

저는 "이거 난데!"라고 말했습니다. 성경에 대한 지난 18개월의 연구 기간 동안, 저는 온전히 선한 삶을 살기 위해 갖은 노력을 다했습니다. 그러나 노력하면 할수록 저는 더 비참해졌습니다. 그 글은, 그것이 하나님은 완벽하시며 완벽을 요구하신다는 것을 말씀하시는 하나님의 방식이라고 설명했습니다. 저는 스스로 온전해질 수가 없습니다. 온전함을 얻는 유일한 길은 예수 그리스도가 주시는 용서를 받아들이는 것이라고 했습니다. 저는 "맞아!" 하며 무릎을 쳤습니다. 저는 예수 그리스도가 저를 위해 무엇을 성취하시고 어떤 고난을 받으셨는지 이미 많이 읽었습니다. 그래서 바로 그 순간 저는 제 삶을 그분께 드리기로 그에게 맹세했습니다. "저도 그 용서를 얻기를 바랍니다. 저도 당신과 같아지기 위한 길에 들어서기를 원합니다." 저는 서명을 한 뒤, 예수 그리스도가 제 삶의 주인이 되어 주시기를 구했습니다.

다른 과학자들의 반응

그런 후 저는 제 삶에서의 변화뿐 아니라 다른 과학자들의 사고에서의 변화도 목격할 수 있었습니다. 1980년대 초 많은 물리학자들이 무신론을 주장하기 위해 책을 썼습니다. "신은 존재하지 않는다. 왜냐하면 물리학이 모든 것을 설명할 수 있기 때문이다." 그중 유명한 학자 가운데 하나가 폴 데이비스(Paul Davies)와 그의 책 「신과 새로운 물리학」(*God and the New Physics*)이었습니다. 이 책을 출간하고 불과 1년 후, 그는 또 다른 책을 출간했습니다. 「수퍼포스」(*Superforce*)라는 제목으로, 데이비스는 이 책에서 "물리학의 법칙들은 너무 정교하고 섬세하게 만들어져 있다. 그래서 그 자체가 어떤 신성한 조물주를 필요로 한다"고 말했습니다. 하지만 그는 여전히, 모든 우주적 발달 너머의 것들까지도 물리학 법칙의 영향을 받는다고 주장하고 있었습니다.

「수퍼포스」를 쓰고 3년이 지나, 데이비스는 「우주의 청사진」(*The Cosmic Blueprint*)이라는 책을 펴냈습니다. 그 책에서 그는 우주가 설계되었다고 하는, 태양계 내에서 관찰된 가장 최근의 증거를 묘사했습니다. 상상할 수 있는 어떤 형태로든 생명체가 존재하기 위해 우주가 세밀하게 조정되었다는 다양한 특징을 상세하게 기술했습니다. 그리고 그는 우주가 설계되었다고 하는 증거가 너무 '압도적'이기 때문에 왜 이 모든 것이 존재하는가를 설명하기 위해서는 우주의 배후에 누군가가 있다고 생각할 수밖에 없다고 결론지었습니다.

영국 우주학자인 에드 해리슨(Ed Harrison)은 이렇게 표현했습니다.

> 여기 신의 존재에 대한 우주적인 증거가 있다. 윌리엄 페일리(William Paley)의 지적 설계 주장이 더욱 발전되고 재단장되었다. 우주가 미세 조정되었다는 관찰 결과들은 신적인 설계를 입증하는 증거가 된다. 당신의 선택은 무엇인가? 우연한 발생? 그렇다면 무한히 많은 수의 우주를 필요로 한다. 아니면 지적 설계. 지적 설계라면 단 하나의 우주만을 필요로 할 것이다. 많은 과학자들이 자신이 관찰한 바를 받아들이면 신적 설계 쪽으로 기운다.[1]

우주적 증거를 인식한 많은 과학자들이 왜 신적 설계라는 결론을 택하고, 다양한 특징을 가진 무한한 수의 우주가 존재하는 가운데 아주 우연히 하나의 우주에서만 생명체가 살 수 있게 되었다는 주장을 포기하는지 설명하겠습니다. 후자의 견해를 받아들이기 위해서는, 일단 생명이 살 수 있는 우주가 단 하나뿐이라는 직접적인 증거가 있는 상황에서도 무한한 수의 우주가 있다는 가설이 유익하다는 점을 가정해야 합니다. 다시 말해 그것은 마치 동전 한 개를 1만 번 던져 올린 후 1만 번 모두 연속해서 앞 면만 나오는 것을 보고도 거기에 어떤 조작도 없다고 결론내리는 것과 같습니다. 그러한 결론이 합리적일 수 있으려면 거의 무한한 수의, 똑같이 생긴 동전을 던져 올렸을 때 다른 결과를 보인다는 **증거**가 있을 때뿐입니다.

그런 증거가 없다면, 합리적으로 도출할 수 있는 결론은 누군가 그 동전을 조작했고, 그래서 동전이 항상 앞면을 보이게 된다는 결론입니다. 같은 추론 과정으로, 어떤 연구자들은 누군가 우리 우주를 설계했고 그래서 우리가 오늘날 여기에 있다는 결론을 내립니다. 또 그중 일부는 저와 같은 맹세를 하고 그리스도를 따르는 자가 되기도 합니다.

이쯤에서 저는 우주의 유한한 시초를 인정하는 것에서 어떻게 우주의 시초자, 즉 창조자를 인정하고 또 예수 그리스도라 알려진 사람을 인정하게 되는지 그 추론 과정을 좀더 분명히 밝히고자 합니다.

스티븐 호킹(Stephen Hawking)과 로저 펜로즈(Roger Penrose)가 1970년대에 공동으로 출간한 논문을 보면 좋은 출발점을 얻을 수 있습니다. 그들이 내린 결론은 이렇습니다. 만일 일반 상대성 방정식이 우주의 역동성을 설명하는 데 신뢰할 만하다면, 우리는 우주의 물질과 에너지에 대한 궁극의 시작점을 마주하게 될 뿐 아니라, 그 물질과 에너지가 분배된 공간과 시간의 차원 역시 시작점을 갖게 된다는 것입니다. 호킹은 이렇게 선언했습니다. "우리는 시간의 시초가 있다는 점을 증명했다." 이 선언은 1970년대로서는 다소 과장처럼 여겨졌습니다. 하지만 노벨상을 수상한 일반 상대성 이론의 확증으로 인해 더 이상 과장된 주장이 아님이 밝혀졌습니다. 호킹과 펜로즈의 결론은 일반 상대성 이론에 따라 실제로 추론 가능한 것입니다.

만일 우주의 시간에 시초가 있다면, 그리고 시간이 유한하다면, 시간은 창조된 것입니다. 공간도 창조된 것이 틀림없습니다. 물질과 에너지도 마찬가지입니다. 시간은 인과 관계 현상이 발생하는 차원 혹은 영역입니다. 따라서 시간이 유한하고 시작점을 가진다는 사실은 그러한 시간 차원을 만든 원인은 그 차원에 제한을 받지 않는 어떤 주체여야 한다는 것을 의미합니다. 즉, 그 주체는 시간과 길이와 폭과 높이를 뛰어넘어 움직일 수 있어야 합니다.

하나님의 독특한 특징 가운데 하나가 바로 초월적인 존재라는 점입니다. 원인과 결과를 뛰어넘어 활동하시고 길이, 폭, 넓이, 시간으로부터 자유로우십니다. 다른 경전과 비교하자면, 성경은 그러한 하나님을 묘사하는 유일한 책입니다. 다른 종교에서 우리는 시간 차원 **안에서** 탄생한 신 혹은 신들을 봅니다. 그러나 성경에서 하나님은 시간의 제약을 넘어 창조하셨습니다. 따라서 이 증거 하나만으로도, 세계의 온갖 종교가 말하는 모든 신들 가운데 과학적 정밀함으로 실제와 부합하는 신은 성경의 하나님 한 분뿐입니다.

다음 단계는 성경과 자연을 통해 드러난 그 창조주의 인격적 특징을 살펴보고 그러한 성품이 어떤 방식으로 창조성과 능력, 전지함을 드러내는지 그리고 인간에 대한 관심과 보살핌을 보여 주는지를 확인하는 것입니다. 우리가 깊이 파고들다 보면, 우리는 정말 성경의 하나님을 식별할 수 있게 됩니다. 특히 예수 그리스도는 자신의 삶과 기적을 통해 자연에 대한 그의 신성한 능력을 보여 주었습니다. 생명과 죽음에 대해서도 마찬가지입니다.

예수 그리스도와 인격적인 관계를 맺기 위해 제가 추천하는 접근 방법은 이렇습니다. 먼저 성경의 신뢰성에 대한 증거를 확인하십시오. 실제로 이것은 다윗 왕이 시편 2장에서 가르쳐 준 방식을 그대로 따른 것입니다. 다윗 왕은 '깨우친' 마음을 가지고 하나님께 나아와야 한다고 말합니다. 그리고 두 번째로 우리의 의지를 하나님께 내어 드려야 합니다. 그렇게 함으로써 우리는 우리의 창조주와의 진정한 관계로 들어갈 수 있습니다. 이것이 단계별 과정입니다. 하나님을 아는 지식이 먼저, 그리고 의지, 그리고 감정입니다. 많은 사람들은 감정으로 바로 뛰어들기를 원합니다. 그런 방식은 안정감 있게 성장할 수 있는 관계를 세우는 데 부적절합니다. 하나님과 단단하고 지속적으로 성장하는 관계를 맺는 것이야말로 우리의 영혼이 진정으로 갈망하는 것입니다.

폴 비츠 Paul C. Vitz

뉴욕 대학 심리학 명예 교수이자 버지니아 알링턴 대학의 심리학 교수이며 동대학 심리학 연구소의 상임 학자다. 또한 가톨릭 학자 연맹의 회원이기도 하다. 「심리학의 종교성」(*Psychology as Religion*, 교육과학사), 「아버지 없는 자녀들의 무신론」(*Faith of the Fatherless*) 등의 책을 저술하였다.

7. 무신론의 심리학

플로리다 대학 베리타스 포럼, 1995

오늘 밤 저는 무신론이 갖는 심리학적 이유를 이야기할 것입니다. 본격적으로 시작하기에 앞서 말씀드리고 싶은 것이 있습니다. 무신론의 심리학적 이유를 주제로 삼은 것은, 무신론자나 불가지론자 또는 종교에 대한 회의론자들에게 아무런 이성적 기반이 없다고 생각해서가 아닙니다. 제가 말씀드릴 내용은 오늘 밤 이루어질 여러 토론 주제들 가운데 하나입니다. 여러분은 심리학자인 제가 무신론을 어떻게 바라보고 있는지를 들으실 것입니다. 사람들이 하나님에 대한 믿음을 거부하는 심리학적 이유와 그 사례들을 들어 보겠습니다.

그러나 저는 철학적이고 이성적인 논증들을 제시하지 않을 것입니다. 우주 상수나 대폭발을 해석하는 방법에 대해서 논의하지도 않을 것입니다. 대신 개인의 심리를 어떻게 이해할 수 있을지를 성찰해 보도록 하겠습니다. 이 경우, 여러분 중 상당수가 전문가라고 할 수 있을 것입니다. 저보다도 훨씬 전문적일 수 있습니다. 왜냐면 우리는 모두 자신의 내면적 삶을 상당한 수준으로 인식하고 이해하고 있기 때문입니다. 이를 전제로 제 이야기를 시작하겠습니다.

제 강연의 제목은, "무신론의 심리학"입니다. 여러분 중 누군가에는 이 제목이 다소 이상하게 여겨질 것입니다. 심리학계에 몸담고 있는 제 동료들은 분명 그렇게 생각하는 것 같습니다. 조금 과장하자면 다소 충격적이라고 받아들이는 것 같습니다. 왜냐하면 심리학은 대략 한 세기 전쯤 처음으로 학문으로 수립된 이래로 오늘 저의 강연의 제목과는 정반대의 것에 초점을 맞춰 왔기 때문입니다. 바로 종교적 믿음이 갖는 심리학입니다. 실제로 여러 측면에서 현대 심리학은 하나님에 대한 믿음을 설명해 보겠다고 도전장을 내민 심리학자들에 의해 시작되었다고 해도 과언이 아닙니다.

심리학의 기원 가운데 상당 부분이 방금 언급한 것과 같은 동기를 가졌을 뿐 아니라 종교에 대한 일반적인 비판적 경향에도 밀접하게 영향을 받았습니다. 그렇기 때문에 대부분의 심리학자들이 무신론의 심리학을 제안하려는 시도를 경계심을 가지고 바라보는 것은 놀라운 일이 아닙니다. 최소한 이러한 프로젝트는 상당수의 심리학자들을 환자의 입장에 처하게 만들고 자신이 환자들에게 했던 방식대로 자기들 역시 당하게 되는 약간의 쓴맛을 보게 합니다. 심리학자들은 항상 다른 사람들을 관찰하고 해석합니다. 그러나 이번에는 심리학자들 자신이 심리학 이론과 정황이라는 현미경 아래 놓이는 것이 어떤 기분인지를 경험해 볼 때입니다.

몇 가지 전제

어쨌거나 저는, 종교를 해석하기 위해 사용되었던 심리학적 개념들이 일종의 양날의 칼이 되어 무신론을 해석하는 데도 사용될 수 있다는 것을 보여 드리고 싶습니다. 그러한 개념들은 종교를 해석하는 데도 종종 효과적이었습니다. 하지만 시작하기에 앞서 제 이야기의 기초가 되는 전제 두 가지를 말씀드리고자 합니다.

첫째, 저는 하나님에 대한 믿음을 가로막는 주요 장벽이 이성적인 것이 아니라 일반적으로 심리적이라 할 수 있는 것이라고 가정할 것입니다. 물론 많은 탁월한 철학자들과 과학자들이 여기에 동의하지 않을 것입니다. 신자이든 비신자이든 이 전제에 동의하지 않을 수 있습니다. 저는 그분들을 불쾌하게 만들고 싶지 않습니다. 물론 저는 많은 사람들이 이성적인 논증에 강력한 영향을 받는다는 사실을 인정합니다. 하지만 셀 수 없이 많은 사람들이 비이성적이고 심리적인 요인에 더 많은 영향을 받습니다. 인간의 마음이라는 것은 아무도 온전히 헤아려 낼 수 없고, 그 모든 기만을 알아낼 수 없습니다. 하지만 최소한 시도는 해 보는 것이 심리학의 합당한 과제인 것 같습니다.

따라서 제 이야기를 시작하기 위해, 먼저 저는 하나님을 믿기 거부하는 심리적 장벽이 커다란 중요성을 갖는다고 말씀드리고 싶습니다. 그 심리적 장벽에 어떤 것들이 있는지 잠시 후 언급하겠습니다. 무의식에 관한 최초의 이론가 중 하나인 사도 바울은 형제들에게 이런 편지를 썼습니다. "…원함은 내게 있으나 선을 행하는 것은 없노라.…내 지체 속에서 한 다른 법이 내 마음의 법과 싸워 내 지체 속에 있는 죄의 법으로 나를 사로잡는 것을 보는도다"(롬 7:18, 23). 저는 이 구절이 신학인 동시에 심리학으로 들립니다. 심리적 요인이 믿음은 물론, 행동에도 지장을 주고 있는 것입니다. 그리고 그 요인들은 아마 무의식적인 것이었을 것입니다. 사도 바울에게 그랬던 것처럼 말입니다.

뿐만 아니라, 사람들이 각자의 삶 속에서 경험하게 되는 요인들 또한 엄청나게 다양합니다. 어떤 사람들은 하나님을 믿는 데 수많은 방해 요인을 갖습니다. 하지만 다른 어떤 이들은 거의 없을 수도 있습니다. 따라서 저는 이러한 상황을 고려해 첫 번째 전제를 세우고자 합니다. 바로 우리는 다른 이들을 그들이 가진 믿음 때문에 판단해서는 안 된다는 점입니다. 우리는 할 수만 있다면 그들의 상황을 이해하려고 노력해야 합니다.

두 번째 전제는 믿음에 대한 온갖 종류의 심각한 심리적 방해 요인에도 불구하고 우리는 모두 하나님을 받아들이거나 거부할 자유가 있다는 점입니다. 이 전제는 첫 번째에 모순되는 것이 아닙니다. 물론 제가 앞서 말씀드린 것처럼, 과거나 현재의 특정한 환경 때문에 그 결과로 하나님을 믿는 것이 훨씬 더 어렵게 느껴지는 사람이 있을 수 있습니다. 하지만 이런 가정을 해 볼 수 있습니다. 어떤 사람이 살아가다 어느 순간이든, 분명 상당히 많은 순간에 자신이 하나님을 향해 나아갈 것인지 아니면 더 멀어질 것인지를 선택할 수 있다는 것입니다. 물론 그 사람이 여러 해에 걸쳐 천천히 하나님께 가까워지기로 결단했어도 많은 방해 요인이 없어지지 않을 수도 있습니다. 그리고 여전히 믿음의 상태에 이르지 못할 수도 있습니다.

또 어떤 이들은 믿음에 이르기 전에 죽기도 합니다. 그러나 우리 모두와 마찬가지로 그들도 심판받을 것이라고 가정할 수 있습니다. 믿음의 여정에서 얼마나 멀리 갔는지, 다른 이들을 얼마나 진심으로 사랑했는지 그리고 그들이 가진 것을 얼마나 잘 사용하였는지 등에 대해서 말입니다. 한편, 어떤 이들은 아무런 심각한 심리적 어려움이 없음에도 불구하고 여전히 하나님을 거부할 수도 있습니다. 의심할 여지 없이 그런 사람들은 아주 많이 있습니다.

이러한 두 가지 전제를 간단히 살펴본 후 마지막으로, 불신앙을 갖게 하는 요인과 신앙에 이르는 길을 특별히 더 길고 어렵게 만드는 요인에 대해 생각해 보겠습니다.

단순 개인적 동기와 사회적 동기: 개인사의 사례

자, 그러면 심리적 요인을 몇 가지 제시하며 시작하겠습니다. 먼저 제가 개인적 동기와 사회적 동기라고 부르는 것부터 말씀드리겠습니다. 학계 전반에 걸쳐 신에 대한 믿음은 비이성적이고 미성숙한 욕구와 바람에 기초하고 있다는 사고가 지배적인 것 같습니다. 반면 다른 회의주의나 무신론 등은 이성적이며, 사물과 현상에 대한 황당한 평가는 하지 않는다고 생각합니다.

이러한 가정을 비평하기 위해 제 개인사를 간략히 말씀드리는 것이 필요할 것 같습니다. 다소 미온적인 기독교 집안에서 자란 저는 1950년대 대학에 들어가면서 무신론자가 되었습니다. 그리고 대학원을 거쳐 뉴욕 대학의 실험 심리학자로 첫 사회 생활을 시작할 때까지도 무신론자였습니다. 다시 말해, 저는 성인이 되어 개종한 사람이라는 것입니다. 좀더 정확히 말하면 기독교로 **재개종**한 사람입니다. 뉴욕 학계의 대단히 세속적인 환경 속에서도 불구하고 놀랍게도 삼십 대 후반에 신앙으로 돌아간 경우입니다.

저는 제 개인사를 자세히 이야기하느라 여러분을 지루하게 할 생각은 없습니다. 하지만 제 경험을 돌이켜 볼 때 이제는 분명하게 알게 된 사실이 있습니다. 바로 제가 열여덟 살에 무신론자가 되어 서른여덟 살까지 무신론자로 남아 있었던 이유는 지적으로 피상적이었고 깊이 있는 성찰을 하지 못했기 때문이라는 점입니다. 당시 제가 무신론자가 되었던 동기는, 오늘날도 많은 지성인들에게나 사회과학자들, 혹은 대학생들에게 흔하게 나타나는 현상입니다.

학부생이었던 그 당시에는 그다지 의식하지 못했지만, 제가 무신론자가 되었던 주요 요인 가운데는 제가 일반 사회화라고 부르는 것이 포함됩니다. 젊은 시절 제게 크게 영향을 미쳤던 것 중 하나가 바로 도저히 그냥 넘겨 버릴 수 없는 어떤 사회적 불편함이었습니다. 저는 미국 중서부 지역 출신이라는 점이 왠지 창피했습니다. 그 지역 출신이라는 사실이 저를 몹시 따분하고 촌스럽고 편협하게 만드는 것 같았습니다. 실제로 신시내티에서 온 독일계, 영국계, 스위스계 혼혈이라는 배경에는 도무지 낭만적인 것도, 인상적인 것도 없습니다. 지독하게 지루한 중산층이었습니다.

미시건 대학으로 진학하며 저는 별 볼일 없게 느껴졌던 가정 환경에서 탈출하여 세속의 세계로 들어갈 수 있었습니다. 그래서 저는 이 새롭고 흥미진진하고 화려한 세계에 편안히 안착하고 싶은 욕심이 생겼습니다. 지난 두 세기 동안 출세 지향성을 가진 수없이 많은 젊은이들이 저와 비슷한 동기를 가지고 사회로 뛰어들었을 것입니다. 예를 들어, 세속화된 유대인들을 한 번 생각해 보십시오. 그들은 유대인들이 모여 사는 게토에서 벗어나고 싶어 했습니다. 자기 부모 세대가 가진 이상하고 창피스러운 행동 방식을 떠나 일반 사회에 동화되고 싶었기 때문입니다.

혹은 근본주의자 부모님을 부끄럽게 여기는, 이제 막 뉴욕에 도착한 젊은 이를 생각해 보십시오. 이런 종류의 사회화 압력이 많은 사람들을 하나님에 대한 믿음에서 멀어지게 했습니다. 하나님에 대한 믿음뿐 아니라 그것과 관련되어 있던 모든 것들에서 벗어나고자 노력하게 했습니다. 제가 대학원에 다니던 시절 소규모 세미나에 참석한 적이 있었는데, 그곳에 참여한 모든 참가자들이 부모 세대에 대해 이런 종류의 부끄러움을 가졌다고 말했습니다. 또한 현대의 세속화된 세계의 일부가 되기 위해 사회화의 압박을 경험한 적이 있다고 했습니다. 한 학생은 남부 침례교 가정환경에서 벗어나려 안간힘을 썼고, 다른 학생은 조그마한 모르몬교 마을의 환경에서, 또 다른 학생은 브루클린의 유대인 게토에서 벗어나려 했습니다. 그리고 네 번째 학생은 저였습니다.

또 다른 종류의 사회화, 즉 제가 무신론자가 되고 싶어 했던 주요 이유는, 제가 활동하는 곳에서 강력하고 영향력 있는 심리학자로 받아들여지기를 바랐기 때문입니다. 특히 대학원 지도 교수님에게 인정받고 싶었습니다. 대학원생으로서 저는 심리학 학계의 독특한 문화 속에 철저하게 사회화되었습니다. 스탠퍼드 대학에서 저를 지도해 주신 교수님들은, 제가 파악한 바에 따르면, 심리학 이론에 있어서는 첨예하게 대립했지만 두 가지 점에 대해서는 똘똘 뭉쳐 있었다고 할 수 있습니다. 바로 강력한 개인적 야망과 종교에 대한 거부입니다. 시편 기자가 "그의 마음의 욕심을 자랑하며 탐욕을 부리는 자는 여호와를 배반하여 멸시하나이다"라고 쓴 것처럼, 그들이 하는 생각은 오로지 '신은 없다'는 거부였습니다. 이런 환경 속에서, 마치 제대로 된 옷을 걸쳐 대학생처럼 보이게 하는 법을 배우듯, 저는 어떻게 하면 제대로 된 심리학자처럼 생각할 수 있는지를 배웠습니다. 바로 무신론적이고 회의적인 사고와 태도였습니다.

무신론자가 되고자 했던, 피상적이지만 여전히 매우 강력한 비이성적 압박 가운데 마지막 이유는 아마도 가장 중대하면서도 단순한 것입니다. 바로 개인적 편의입니다. 실제로 오늘날 이 강력한 신(新)이방 세계에서 진지한 신자로 산다는 것은 상당히 불편한 일입니다. 신자가 되면 많은 즐길 거리를 포기해야 하고, 돈도 들고, 상당한 시간도 필요합니다. 저는 더 즐기고 싶었습니다. 저는 시간이 별로 없었고, 제가 생각하기에는 아직 돈도 충분히 벌어 놓지 않았습니다.

깊이 생각해 보지 않더라도 신실한 신자가 되었을 때 거부해야 하는 쾌락거리에 무엇이 있을지 상상하는 것은 그다지 어렵지 않을 것입니다. 시간은 또 어떻습니까? 예배를 드리러 가는 것은 물론이고, 소모임에 가는 시간도 있어야 할 것이고 기도회나 성경 공부에 참여하는 시간도 필요할 것입니다. 도움이 필요한 사람들을 위해 할애해야 하는 시간도 있어야겠지요. 저는 자신을 챙기는 데 너무 바빴습니다. 종교적인 사람이 된다는 것은 정말 불편한 일 같았습니다. 여러분은 이런 이유가 당시 이십 대였던 저처럼 미숙한 풋내기에게나 해당한다고 생각하실지 모르겠습니다. 하지만 이런 이유는 매사가 바쁜 이십 대에만 해당하는 이유가 아닙니다. 사실 얼마 전, 올더스 헉슬리가 왜 신자가 아니었는지를 이야기하는 내용을 접하게 되었는데 이유는 바로 신자로 살아가야 하는 부담 때문이었습니다.

하지만 저는 다른 지성인에게로 우리의 관심을 돌리고 싶습니다. 여러분 중에도 아시는 분이 있을 것입니다. 바로 모티머 애들러(Mortimer Adler)입니다. 저명한 미국 철학자이자 작가이자 지성으로, 시카고 대학 교수입니다. 신과 종교적인 문제를 생각하고 그것을 주제로 책을 쓰는 데 삶의 대부분을 보냈습니다. 그중 하나가 「신을 생각하는 법」(*How to Think About God*)이라는 제목의 책입니다. 이 책에서 애들러는 신이 존재한다는 것을 강력하게 주장하고 있습니다. 책의 후반부에서 그는 살아 계신 하나님을 받아들이는 데 매우 근접하는 모습을 보입니다. 하지만 결국 그는 뒷걸음을 치고, 종교와 무관하게 살아가는 절대 다수의 편에 남습니다. 하지만 애들러는 그 결정이, 자신의 지적 성찰이 이끄는 데를 따라 내려진 것이 아니라, 의지에 따라 내려진 것이라는 인상을 남겼습니다.

애들러의 비평가 중 하나가 여기에 대해 다음과 같이 평했습니다. "애들러는 그의 자서전 「대체로는 철학자였던 한 사람」(*Philosopher at large*)에서 이런 인상이 사실과 무관하지 않음을 확인해 주었다. 이 책에서 그는 왜 두 번이나 온전한 종교적인 헌신의 문턱에서 멈춰 섰는지 그 이유를 탐색하고 결국 이유를 찾아낸다. '그 이유는 내 의지가 어떤 상태였느냐의 문제였을 뿐 내 지력이 무엇을 향하느냐의 문제는 아니었다.'" 이분은 철학자입니다. 심리학자가 아니었습니다. 그리고 애들러는 계속해서 말했습니다. "[진지한 신자가 되는 것은] 내 삶에 극적인 변화를 필요로 할 것이다. 진짜 문제는, 나는 진정한 신자로서 사는 것이 내키지 않았다는 점이다." 바로 이것입니다. 놀랄 만큼 정직하고 의식적인 인정입니다. 진정한 신자로 사는 것이 너무 골치 아프고 불편하다는 것입니다. 저는 많은 불신자들이 불신자인 이유가 이와 같은 거라고 가정하지 않을 수 없습니다.

요약하자면, 새로운 환경에 동화되고자 하는 사회적 욕구 때문에, 심리학계의 일원으로 인정받고자 하는 직업적 욕구 때문에 그리고 편안한 생활 방식을 원하는 개인적 욕구 때문에 무신론은 명백히 최상의 선택인 것처럼 보였습니다. 이러한 이유들을 돌이켜보면 저는 솔직하게 이렇게 말씀드릴 수 있습니다. 만일 누군가 다시 무신론자로 돌아가고 싶냐고 묻는다면, 그것은 마치 사춘기 시절로 돌아가고 싶냐고 묻는 것과 같이 들립니다.

무신론자가 되는 좀더 근본적인 심리학적 이유

이제 무신론자가 되는 좀더 근본적인 심리학적 이유에 대해 접근해 보고자 합니다. 물론 저는 방금 말씀드린 피상적인 이유들이 가장 일반적인 원인이라고 생각합니다. 하지만 어떤 사람들에게는 이러한 이유가 문제가 되지 않습니다. 그래서 이번에는 좀더 근본적인 이유를 말씀드리도록 하겠습니다.

저는 이런 분들에게 훨씬 큰 연민을 느낍니다. 이런 분들이 대체로 가장 열정적인 무신론자들이지만 말입니다. 이들은 그저 가벼운 무신론자들이 아닙니다. 이들은 자신들의 무신론적 입장을 매우 공격적으로 밀어붙이기도 하고, 큰 차이를 만들어 내기도 하는 사람들입니다.

신앙에 대한 프로이트의 생각. 제 생각을 말씀드리기에 앞서, 지그문트 프로이트는 신앙을 어떻게 해석했는지 간략히 말씀드리겠습니다. 앞으로 무신론의 심리학을 논의하는 데 있어 프로이트를 자주 언급하게 될 것이기 때문입니다.

프로이트는 신에 대한 사람들의 믿음은 신뢰할 만하지 않다고 주장한 첫 번째 심리학자였습니다. 그는 신앙의 기원 때문에 사람들의 믿음을 신뢰하기 어렵다고 했습니다. 다시 말해, 프로이트는 다소 인신 공격적인 주장을 대단히 대중적이고 영향력 있는 주장으로 만들었습니다. 그는 믿음이라는 진리가 지닌 가치를 논하지 않았습니다. 프로이트는 그저 그 믿음의 원천을 신뢰할 수 없다고 주장했을 뿐입니다. 그는 이러한 입장을, 길이가 그다지 길지 않은 「환상의 미래」(*The Future of an Illusion*)라는 책에서 자세하게 밝혔습니다. 여기에서 프로이트가 말하는 '환상'이란 종교를 가리킵니다. 그는 종교가 진실인지 거짓인지를 문제삼지 않았습니다. 그저 종교를 심리적 환상으로 간주했습니다. 보호받기를 원하는 우리의 원초적인 욕구 때문에 발생한 환상인 것입니다. 우리는 우리를 보살펴 줄 아버지를 필요로 합니다. 그것은 매우 기초적이고 유아기적이고 무의식적인 욕구입니다. 종교에 대한 믿음이 생기는 것도 이런 욕구 때문이고 그래서 환상이라는 것입니다.

이러한 주장은 자세히 들여다보면 그다지 설득력이 없습니다. 무엇보다도 프로이트는 이러한 원천이, 과학이나 문학, 심리 분석과 같이 문명에 이바지하는 여타의 분야들에도 동일하게 적용 가능하다고 했습니다. 따라서 만일 신앙의 원천이 신뢰할 만하지 않아 그 가치가 받아들여지지 않는다면, 프로이트의 논리대로라면 우리는 문명이 만든 다른 성취 또한 받아들여서는 안 되는 것입니다. 왜냐하면 그러한 성취 역시 같은 종류의 동기에서 발생한 것이기 때문입니다.

또한 프로이트는 인간의 가장 오랜 심리적 욕구 중 하나가 바로 사랑받고, 보호받고 싶어 하는 욕구라고 했습니다. 그래서 어느 면으로 보나 든든한 아버지나 신적인 보살핌을 원한다는 것입니다. 하지만 이것은 납득하기가 쉽지 않은데, 아버지라는 개념을 가진 종교가 많지 않기 때문입니다. 특히 지중해 지역의 기독교 이전 종교나, 유대교 이전의 종교들이 그렇습니다. 어떤 주요 종교들은 신의 개념을 아예 갖지 않거나, 신에 대한 이해도 기독교와 사뭇 다릅니다. 그래서 이러한 종류의 욕구가 하나님에 대한 기독교나 유대교의 믿음을 설명하는 데는 어느 정도 부합할지는 몰라도 보편적인 욕구라고 가정하기에는 설득력이 부족합니다. 그것이 보편적인 욕구라면 모든 종교가 같은 개념의 신을 가지고 있어야 할 것입니다.

프로이트의 투사 이론. 지적으로 설득력이 약한 이 주장을 잠시 접어 두고, 이번에는 프로이트의 투사 이론을 살펴보겠습니다. 먼저 이 이론에 대한 기초적인 이야기 두 가지를 말씀드리겠습니다. 먼저, 이것은 프로이트가 창안한 이론이 전혀 아닙니다. 이 이론은 저명한 독일 철학자인 루드비히 포이어바흐(Ludwig Feuerbach)가 1840년대에 처음 주창한 이론입니다. 제 생각에 프로이트는 포이어바흐의 해석을 전혀 뒤집지 않았습니다.「환상의 미래」를 저술하면서 포이어바흐의 이론을 더 발전시켰을 뿐입니다.

두 번째로, 프로이트의 해석은 심리분석의 일환이라고 볼 수 없습니다. 많은 사람들은 심리학에 대한 프로이트의 깊은 이해에서 투사 이론이라는 해석 방식이 도출되었다고 생각합니다. 하지만 프로이트가 공식적으로도 밝혔듯이 투사 이론은 심리 분석의 일환이 아니고, 심리학이 주로 사용하는 일상적인 언어나 개념적 준거의 틀을 사용하고 있지 않습니다.

기억해 두어야 할 것은 이것입니다. 프로이트는 하나님을 믿는 사람들에 대한 심리 분석을 해 본 경험이 거의 없습니다. 어쩌면 전무할지도 모릅니다. 프로이트가 펴낸 그 어떤 사례 연구에서도 신을 믿는 사람에 관한 것은 없습니다. 최소한 연구 대상자가 심리 분석에 임한 그 시기에는 말입니다. 프로이트의 가까운 친구이자 동료인 언스트 존스(Ernst Jones)는, 그가 평생 신앙이 있는 유대인조차 만나는 것을 꺼려했다는 언급을 했습니다. 프로이트의 심리 분석에 참여했던 그 어떤 사람도 신자가 아니었습니다.

따라서 프로이트는 신을 믿는 사람들의 무의식 세계와 심리에 대해서는 그다지 전문가라고 할 수 없습니다. 아마 여러분 자신의 직관적인 심리에 대해서는 여러분이 오히려 전문가일 것입니다. 프로이트는 우리에게 믿음에 대한 좋은 이론을 남기지 않았습니다. 최소한 제가 보는 관점에서는 그렇습니다. 그가 남긴 논리는 심리 분석에 뿌리를 두고 있지도 않고 믿음을 가진 사람들을 임상적으로 충분히 연구하고 있지도 않습니다. 그가 남긴 것은 초기 이론가이자 철학자인 포이어바흐의 입장을 잘 발전시킨 것뿐입니다.

그런데 이상하게도 프로이트는 의도와는 달리, 그의 이론은 역설적으로 왜 사람들이 신을 **믿지 않는가**를 이해할 수 있는 좋은 기초 이론이 됩니다. 이제 왜 사람들이 무신론자인가를 이해하기 위해 그의 이론을 출발점으로 삼아 보겠습니다. 여기서 '심리학 101'(Psych 101, 심리학 입문 과정—역주)을 상기해 볼 필요가 있습니다. 프로이트의 생각 중 첫 번째로 살펴볼 것은, 그를 매우 유명하게 만들어 준 것입니다. 바로 프로이트 이론의 핵심인 오이디푸스 컴플렉스입니다.

프로이트와 오이디푸스 컴플렉스. 프로이트는 오이디푸스 컴플렉스가 인류에게 보편적인 것이라고 말했습니다. 그러나 이것을 믿을 만한 근거는 어디에도 없습니다. 하지만 프로이트는 이것이 보편적이고 무의식적이라고 말합니다. 남자 아이의 경우 무의식적으로 자신의 아버지를 거부하거나 제거하거나 죽이고자 하고 어머니에 대해서는 일종의 에로틱한 소유욕이 있다고 합니다.

저는 이것이 우리의 심리를 이해하는 보편적인 설명이라고 믿지 않습니다. 저의 상담 경험을 돌아 보아도, 오이디푸스 컴플렉스는 그다지 흔한 경우가 아니며 가끔 들어맞는 이론입니다. 즉, 오이디푸스 컴플렉스적 심리를 가진 누군가를 만나는 경우는 드문 경우입니다.

어떤 경우이든, 프로이트는 우리의 실제 아버지에 대한 이해와 태도를 신과 연관시켰습니다. 그는 신이 아버지의 표상이며 신에 대한 우리의 태도는 아버지에 대한 태도와 매우 유사하다는 것입니다. 그렇다면 어린 남자 아이에게 이 고전적인 오이디푸스적 해설은 무슨 의미를 가질까요? 이것은 모든 남자 아이는 꿈에서든 공상에서든 자신의 아버지를 죽이고 싶은 무의식적인 강렬한 욕구를 가지고 있으며 그 결과로 어머니를 소유하고자 한다는 의미입니다.

프로이트는 신이 곧 아버지 상이라고 제안하고 있습니다. 이것은 곧 우리 모두가 신을 살해하고자 하는 무의식적 욕망을 가졌다는 것을 의미합니다. 우리는 신에게서 독립해 우리가 원하는 대로 세상을 차지하고 싶은 욕망을 가진 것입니다. 이런 맥락에서 그가 말하는 바는, 무신론자들은 해소되지 않은 오이디푸스 컴플렉스를 가졌다는 것입니다. 왜냐하면 일반적으로 아이에게 그 아버지는 살해하기에는 너무 큰 존재이기 때문에 아이는 그 영향력에서 벗어날 수가 없습니다. 그래서 아버지를 살해하는 대신, 아이는 그를 공격자로 규정하고 아이에게 있는 공격적이고 성적인 욕망은 무의식적으로 억압된 채 남아 있다는 것입니다.

그래서 프로이트는 우리 모두가 신을 살해하고자 하는 욕망을 가지고 있다고 주장합니다. 저는 바로 이 부분에 그가 말하고자 하는 바가 있다고 생각합니다. 먼저 제가 지적하고 싶은 것은, 여기에서 무신론은 오이디푸스적 소원 성취의 한 사례라는 점입니다. 즉, 개인적으로 해소되지 않은 오이디푸스 컴플렉스인 것입니다. 하지만 앞서 말씀드렸다시피 오이디푸스 논리는 그다지 보편적이지 않습니다. 그러므로 우리는 이제 이 특정 방정식 같은 이론에서 좀더 근본적인 것으로 나아가야 합니다. 좀더 광범위하기도 하고 단순하기도 한 설명입니다.

결함이 있는 아버지 이론. 이제 말씀드릴 것은 제가 '결함이 있는 아버지 이론'이라 이름붙인 것입니다. 프로이트의 진술을 통해 이러한 내용을 확인할 수 있습니다.

> 심리 분석을 통해, 우리는 아버지 컴플렉스와 신에 대한 믿음 사이의 긴밀한 연관 관계를 파악할 수 있었다. 이러한 분석은 한 개인에게 있어 신이란, 논리적으로 격상된 아버지 상에 불과하다는 점을 보여 준다. 뿐만 아니라 젊은이가 자기 아버지의 권위에 대한 환상이 깨어졌을 때 그 즉시 종교에 대한 믿음도 상실하게 되는 것을 알 수 있다.

이 진술은 어머니에 대한 무의식적인 성적 욕구나 아버지에 집중된 경쟁적 증오심을 전제로 하고 있지 않습니다. 대신 단순하면서도 쉽게 이해할 수 있는 주장입니다. 일단 아이가 이 땅의 아버지에 대해 실망하거나 존경심을 상실하게 되면, 천국의 아버지에 대해서도 믿음을 가질 수 없게 된다는 말입니다.

아버지가 그 권위를 잃고 자녀를 실망시킬 수 있는 방법은 참으로 다양합니다. 잠시 후 임상학적 증거들을 언급하겠지만, 그중 몇 가지를 들어 보면 아버지가 존재하기는 하지만 눈에 띄게 약해지고 초라해졌을 때 그리고 존경할 가치를 잃었을 때 등입니다. 아버지로서가 아니라면 차라리 유쾌하고 괜찮은 남자일 수 있음에도 말입니다. 혹은 아버지가 존재하지만 신체적으로나 성적으로 혹은 심리적으로 학대를 할 때도 그렇습니다. 아니면 아버지가 돌아가셨거나 가족을 버렸거나 떠나 버려 함께 있지 않은 경우도 있을 수 있습니다. 아주 어린 자녀들의 경우 부모가 죽으면 자신을 버렸다고 해석하기도 합니다. 한 살에서 세 살까지의 아이들은, 사람이 죽는 것은 그 사람이 떠나겠다고 선택했기 때문이라고 생각합니다. 저는 이 모든 경우들을 종합해서, 무신론을 야기한다고 여겨지는 이 요인들을 '결함이 있는 아버지 가설'이라고 부릅니다.

이 접근 방법을 지지하기 위해 저명한 무신론자들의 삶에 대한 역사적인 자료를 이용해 상당한 양의 사례를 제공하고자 합니다. 왜냐하면 이 가설을 처음 생각하게 된 계기가 그들의 전기를 읽으면서였기 때문입니다.

프로이트의 결함 있는 아버지. 프로이트와 그의 실제 아버지 사이의 관계에서부터 시작해 보겠습니다. 프로이트의 전기 작가들은 그의 아버지 제이콥이 프로이트에게 실제로 커다란 실망감을 안겨 주었고, 어쩌면 그보다 더 심한 경우일 수 있다는 데 동의합니다. 이들의 일화에 대해 쓴 전기 작가들이 상당히 많습니다. 프로이트의 아버지는 가족을 재정적으로 부양하지 못하는 무능한 사람이었다고 합니다. 프로이트가 자랐던 비엔나에 관한 기록 중 제이콥이 세금을 납부해야 하는 정상적인 직업을 가지고 있었는지에 대해서는 기록이 없습니다. 대신 가족에게 필요한 돈은 외가나 다른 친지들에게서 얻어 썼던 것으로 보입니다.

게다가 프로이트의 아버지는 반유대주의에 대응하는 데 소극적이었던 것으로 보입니다. 프로이트는 아버지에 대한 한 일화를 소개합니다. 이것은 그의 전기 작가들을 통해 자주 반복된 이야기입니다. 제이콥은 어떤 반유대주의자가 자신을 '더러운 유대인'이라고 부르고 모자를 쳐서 떨어뜨리는데도 저항하지 않았다고 합니다. 젊은 프로이트는 불의에 맞서지 못하고 그저 굴욕을 받아들이고 피해 버리는 아버지의 행동에 굴욕감을 느꼈다고 합니다. 프로이트는 많은 점에서 복잡하고 야망에 찬 남자였습니다. 모든 사람들이 그는 대범한 용사였고, 다른 이들의 용기를 높이 샀다는 것을 잘 알고 있습니다. 청년 프로이트는 여러 차례 반유대주의자들에 맞서 몸싸움을 벌이기도 했다고 합니다. 물론 위대한 지성적 용사 중 하나였다는 점은 두말할 나위 없습니다.

프로이트의 아버지는 가족을 경제적으로 부양하지 못했다는 점이나, 반유대주의에 용기 있게 대항하지 못했다는 점 외에도 많은 결함을 갖고 있었습니다. 성인이 된 프로이트의 편지를 보면 이런 말이 기록되어 있습니다. 그의 아버지는 변태 성욕자였고 그 자녀들은 이로 인해 고통을 받았다는 것입니다. 그밖에도 많은 도덕적 결함이 있었을 가능성이 높습니다. 이 정도만으로도 이미 우리는 프로이트가 많은 측면에서 아버지에게서 멀어지고 싶어 했을 거라는 충분한 증거를 얻었습니다.

한 가지 더 생각해 볼 것은, 그의 아버지는 분명히 종교와 관련이 있었다는 점입니다. 바로 유대교입니다. 왜냐하면 프로이트가 성장함에 따라 그의 아버지는 상당히 많은 양의 유대교 경전을 읽기 시작했던 것입니다. 따라서 프로이트에게 있어 그의 아버지는 종교, 특히 유대교를 상징하고 있었고 또한 약함과 무능함, 어쩌면 변태적 기질까지 의미했는지 모릅니다. 용기도 없고 다른 능력도 부족하며 얼간이라고 불릴 수도 있는 이러한 아버지를 두고 있다면, 그것이 프로이트에게 커다란 상처가 되었다고 해도 놀랄 일이 아닐 것입니다. 프로이트의 아버지 쪽으로는 아버지의 형제가 유일한 친척이었는데, 그는 프로이트가 자랐던 비엔나에서 살고 있었다고 합니다. 하지만 이 삼촌은 러시아 화폐를 위조하다가 구속되어 감금되었다고 합니다. 이것은 비엔나의 신문에도 실린 사건이었습니다. 그러니 프로이트가 아버지에게서 거리를 두고 싶었던 이유는 너무 많았던 것입니다.

칼 마르크스, 루드비히 포이어바흐, 마들린 머레이 오헤어. 칼 마르크스에 대해서는 그 증거가 분명치 않습니다. 여전히 그 구체적인 내용을 탐색하고 있습니다만, 그가 자신의 아버지를 존경하지 않았을 것이란 상당량의 증거가 있습니다. 그런데 여기서 중요한 사실은, 아버지에 대한 마르크스의 이러한 불만은 아버지가 기독교로 개종했다는 사실에 기인한다는 점입니다. 그것도 어떤 종교적인 확신 때문이 아니라 자본가 계급의 일원으로서 유리한 고지를 차지하고자 하는 욕망 때문이었습니다. 편의상의 동화였던 것입니다. 그러면서 마르크스의 아버지는 가족의 오랜 전통을 깨뜨렸습니다. 그의 아버지는 가족 중 랍비가 되지 않은 첫 번째 사람이 되었습니다. 마르크스의 가족은 외가, 친가 모두 오랜 랍비 전통을 이어 오고 있었습니다.

이번에는 루드비히 포이어바흐 이야기를 해 보겠습니다. 포이어바흐야말로 어떤 면에서는 가장 특출난 최초의 무신론자 가운데 하나입니다. 그는 1800년대에 태어난 독일 학자입니다. 그리고 그는 아버지에게 분명히 심각하게 상처를 입은 듯 보입니다. 포이어바흐가 열세 살 때 그의 아버지는 가족을 버리고 그들이 살던 곳과 멀지 않은 곳에서 다른 여자와 공개적으로 동거하였습니다. 당시 그처럼 공개적으로 가족을 버리는 것은 어마어마한 스캔들이었습니다. 어린 루드비히는 아버지에게 거부당했다는 깊은 상처를 입었을 것입니다.

이번에는 시간을 1백 년쯤 뛰어넘어 미국에서 가장 잘 알려진 무신론자인 마들린 머레이 오헤어(Madalyn Murray O'Hair)의 삶을 들여다봅시다. 마들린은 1960년대 공립학교에서 기도하는 것을 금지하도록 소송을 제기했던 사람으로 공격적인 무신론자입니다. 마들린의 아들 윌리엄의 자서전인 「신이 없는 나의 삶」(*My Life Without God*)에서 한 구절을 인용해 보도록 하겠습니다. 윌리엄은 이 책에서 어린 시절 자신이 어떤 가정에서 자랐는지를 묘사하고 있습니다. 여덟 살 때부터의 일을 기록하고 있습니다. "우리는 가족으로서 무언가를 함께 하는 일이 거의 없었다. 외할아버지와 어머니 사이의 증오가 건강한 가족의 관계를 막았다." 그는 어머니가 왜 외할아버지를 그토록 미워했는지 잘 모르겠다고 썼습니다. 하지만 마들린은 그의 아버지를 정말 미워했습니다. 그 책의 첫 장은 마들린이 자신의 아버지를 고기 칼로 죽이려 하는 끔찍한 장면으로 시작됩니다. 마들린은 아버지를 죽이는 데 실패했지만 이렇게 소리질렀습니다. "당신이 죽는 것을 꼭 보고 말거야! 아직 때가 안 됐을 뿐이야! 당신의 무덤을 짓밟아 줄거야." 마들린이 이토록 아버지를 강렬하게 증오한 원인이 무엇이든 간에 이 책은 그 깊이가 엄청났다는 것을 명백하게 보여 줍니다. 마들린의 어린 시절에서 기인했을 것입니다. 최소한 심리적인 학대가 있었을 것이고 신체적인 학대도 원인이 되었을 가능성이 있습니다.

결함 있는 아버지의 다른 사례들. 몇 가지 다른 사례들도 언급하려 합니다. 좀더 최근 사례들입니다. 제 아내가 이 예를 들어도 좋다고 허락해 주었습니다. 그녀와 관련된 사례입니다. 제 아내는 꽤 종교적인 아이였습니다. 미국 중서부에서 자랐고 특히 아버지와 가까웠습니다. 왜냐하면 아버지와 함께 교회에 가는 일이 많았기 때문입니다. 아내의 어머니는 항상 교회에 갔던 것은 아니었던 모양입니다. 제 아내는 교회에 가는 것을 매우 좋아했다고 합니다. 아버지 옆에 앉아 찬송하는 것을 즐거워했습니다. 이렇게 어린 시절부터 십대에 이르기까지 아버지와 함께 교회에 다녔습니다.

그녀가 열여섯이 된 어느 날, 학교에 있는데 집으로 빨리 돌아오라는 메시지를 받았습니다. 아버지가 목숨을 끊은 것입니다. 아버지는 자살을 했고, 제 아내는 전혀 준비되어 있지 않았습니다. 아내의 어머니는 이 일로 심각한 심리적 외상을 입었고 제 아내는 어머니를 돌보아야 했습니다. 외동딸인 아내는 대학에 진학한 지 1년 반쯤이 되던 때 자신이 무신론자가 되었음을 깨달았습니다. 제가 아내를 처음 만났을 때 우리는 둘 다 무신론자였습니다. 저는 회의론자였다고 하는 편이 더 맞을지 모르겠습니다. 우리는 1960년대에 결혼했고, 결혼 서약에서 신을 전혀 언급하지 않았습니다. 당시 제 아내는 하얀색 미니스커트에 긴 녹색 스타킹을 신고 있었습니다. 우리 아이들은 그 결혼 사진을 볼 때마다 자지러집니다.

제 아내가 하나님에 대한 믿음을 회복한 것은, 이 모든 일의 원인이 아버지의 자살이 가져다준 충격 때문이었다는 것을 깨달은 후였습니다. 그간 아버지를 생각하지 않고는 하나님을 볼 수가 없었던 것입니다. 아버지의 자살은 엄청나게 고통스러운 거절의 경험이었습니다. 제 아내는 아버지가 매우 심각한 우울증에 시달렸다는 사실을 알지 못했습니다. 오늘날의 의술로 훨씬 잘 치료 받을 수 있을 만한 질환이었습니다. 여러분도 상상하실 수 있겠지만, 제 아내에게 이 경험은 가족의 삶이라는 것을 산산이 조각낸 충격이었습니다. 이 일로 인해 모든 일들이 급격하게 변했습니다. 그리고 이 사건이 그녀를 무신론으로 치닫게 했다는 것을 얼마간의 시간이 지난 후 인식하게 되었습니다. 제 아내는 하나님에 대한 믿음에서 상당히 멀리 떨어졌습니다. 하지만 그렇게 멀리는 아니었습니다. 대학에서 중세의 역사를 전공하게 되었고 그 이전부터 계속되어 온 역사인 종교를 공부하지 않을 수 없었습니다.

또 다른 사례는 알버트 엘리스(Albert Ellis)입니다. 유명한 임상심리학자입니다. 엘리스는 행동 기술을 사용하는 접근법을 개발하여 합리적 정서 치료(Rational Emotive Therapy)라 불리는 접근법을 창안했습니다. 그는 뉴욕에 연구소 및 상담 센터를 가지고 있었습니다. 몇 해 전, 저는 그와 함께 한 컨퍼런스에 참여했습니다. 그곳에서 저는 강연을 통해 무신론에 대한 지금의 이론을 발표했었습니다. 그 컨퍼런스에서는 같은 분야에 몸담고 있는 무신론자와 유신론자를 짝지어 시리즈 강연을 주최했습니다. 예를 들어 생물학자 둘, 사회학자 둘 하는 식이었습니다. 우리는 두 심리학자였습니다. 그는 무신론자였고 저는 유신론자였습니다. 그가 먼저 심리학적 관점에서 종교에 대한 비판을 했습니다. 그는 종교에 대해 정말 비판적이었습니다. 상당히 가혹할 정도였습니다. 그는 신자들을 묘사하기 위해 거친 언어를 사용했고 때로는 정말 저속한 언어를 사용하기도 했습니다. (그 방법은 수사적으로 그다지 효과적이지 않았습니다. 왜냐하면 청중의 상당수가 침례교인들이었기 때문입니다.)

그가 대단히 뛰어난 지성인인 것은 사실입니다. 그는 심리학에 커다란 기여를 했습니다. 다음 차례에서 그는 제가 이 결함 있는 아버지에 대한 해석을 내놓는 것을 들었습니다. 두 사람 모두 강연을 마친 후 우리는 함께 단상에서 걸어 내려갔습니다. 나란히 걸어 내려가야 했기 때문에 서로 마주보며 인사를 주고받았습니다. 그가 저를 보며 이렇게 말했습니다. "글쎄요, 저는 제 아버지와 잘 지냈습니다." 그래서 대답했습니다. "네, 심리학 이론이 항상 맞는 것은 아니지요." 심리학 이론이 60-70퍼센트의 확률로 들어맞는다면 그것은 상당히 성공적인 이론이라고 할 수 있습니다. 그래서 그의 말에 별로 신경을 쓰지 않았습니다.

뉴욕으로 돌아와서 저는 뉴욕의 작은 출판사의 편집자로 일하는 친구와 통화를 하게 되었습니다. 저는 제 강연에 대한 이야기를 하게 되었습니다. 그는 신앙인이었고 그래서 제 강연의 원고를 보내 주었습니다. 한 달 정도 지난 후 그는 다른 용건이 있어 제게 다시 전화했습니다. 한참 대화를 하던 중 그가 말했습니다. "그런데 폴, 그거 알아? 자네 이론이 알버트 엘리스에 완벽하게 적용되는 거?"

그래서 제가 말했습니다. "에이, 무슨 소리야. 자네가 읽은 그 원고는 내가 컨퍼런스에서 강연하며 썼던 거야. 그도 거기 있었고 내 강연을 들었다고. 그리고 자기에게는 들어맞지 않는다고 말했는걸."

하지만 제 친구가 말했습니다. "글쎄, 우리가 그의 전기를 출간하게 되었거든. 그래서 어제 최종본을 읽어 봤어."

"어땠는데?" 제가 물었습니다.

그러자 제 친구는 다음의 이야기를 들려주었습니다. "엘리스는 1920년대에서 1930년대 사이에 뉴욕에서 자랐어. 그의 어머니는 정신 질환을 앓고 있었고 아버지는 바람을 심하게 피우다가 결국 가족을 버렸더라고. 자식이 둘이었는데, 알버트랑 그의 형이랑. 어머니는 정신 질환 때문에 생계를 꾸릴 수가 없어서 두 형제가 1930년대 뉴욕 거리에서 스스로 살아남아야 했지. 종종 뉴욕에서 아버지와 우연히 마주쳤나 봐. 파티장이나 거리에서 혹은 어떤 모임들에서. 그런 만남이 어디 반가웠겠어?"

그 나이 때의 소년이 이런 상황 속에서 어떤 기분이었을지 상상하실 수 있겠습니까? 우리는 지금 1930년대를 이야기하고 있습니다. 다른 사람들은 모두 가족이나 아버지가 있었지요. 최소한 엘리스의 눈에는 그렇게 비쳤을 것입니다. 하지만 엘리스와 그의 형은 살아남기 위해 싸워야 했습니다. 돈을 벌고 모든 것을 스스로 해결해야 했습니다. 그런데 이 아버지라는 사람은 근처에 있으면서도 그들을 위해 아무것도 해주지 않았습니다. 저는 아직도 엘리스가 그런 사실을 부인했었다는 것을 믿을 수가 없습니다. 그는 자신의 삶을 합리적 정서 치료에 바쳤던 분입니다. 저는 비로소 왜 그가 그토록 엄청난 에너지와 개인적 원한을 가지고 하나님을 표현했는지를 이해할 수 있었습니다.

몇 가지 다른 증거들도 있습니다. 여기는 간략하게 훑고 지나가겠습니다.

• 최초의 공개적 무신론자는 프랑스 철학자이자 합리주의자인 바롱 돌바크(Baron d'Holbach)입니다. 그는 폴 앙리 디트리히(Paul Henry Dietrich)라는 이름으로 태어났습니다. 그는 열세 살에 고아가 되어 삼촌과 함께 살았고 아버지의 성을 따르는 것을 거부하고 돌바크라는 성을 사용했습니다. 뭔가 아버지에게 단단히 화가 나 있었음을 짐작할 수 있습니다.

• 버트란드 러셀의 아버지는 그가 네 살이 되던 해 돌아가셨습니다. 그리고 평생 아버지를 대체할 만한 다른 인물이 없었습니다. 이 경우는 다소 복잡하기는 하지만 여전히 결함 있는 아버지 역학을 지지합니다.

• 프리드리히 니체도 러셀과 같은 나이에 아버지를 잃었습니다. 그 역시도 아버지를 대체할 인물을 갖지 못했고 그의 삶 역시 제 이론에 잘 들어맞는 경우입니다.

• 장 폴 사르트르(Jean Paul Sartre)의 아버지는 그가 겨우 15개월 때 죽었습니다. 하지만 사르트르는 평생 아버지 상과 그의 아버지에 집착했습니다. 그의 전기 작가들은 이것이 그의 전 생애에 걸쳐 온갖 기괴한 방식으로 그를 사로잡았던 것이라고 설명했습니다.

• 프랑스의 실존주의 작가인 카뮈는 한 살 때 아버지를 잃었습니다.

다른 사례도 있습니다. 저는 여전히 저술 활동을 하고 있는 한 무신론 철학자에 관한 이야기를 들은 적이 있습니다. 제 친구이기도 한 다른 철학자가 미국철학협회(American Philosophical Association)에서 주최하는 한 회의에 참석했다고 합니다. 강연이 끝난 후에 여러 호텔에서 파티가 열렸고 제 친구가 한 연회장에 들어갔습니다. 이 무신론 철학자도 그곳에 있었습니다. 약간 취해 있었다고 합니다. 갑자기 그 철학자가 연회장 바닥에 엎드려 바닥을 치며 말했습니다. "아버지가 미워, 아버지가 너무 미워." 이 철학자의 아버지는 잘 알려진 신학자이자 종교 작가입니다.

이런 종류의 사례는 아주 많습니다. 하지만 여러분은 제 말의 요점을 파악하셨을 거라고 생각합니다. 이 심리학 이론은 돌아가신 아버지나 곁을 떠난 아버지들이 어떻게 무신론의 정서적 기초가 되는지를 비교적 분명하게 설명합니다. 만일 우리의 아버지가 부재하거나 약하거나 때로는 죽음으로써 우리를 버렸다면, 혹은 우리를 방치할 정도로 믿을 만하지 못하거나 다양한 방법으로 우리를 학대하거나 기만할 만큼 지독한 사람이라면, 같은 속성을 하늘의 아버지에게 이입하고 신을 거절하는 것은 그다지 어려운 일이 아닐 것입니다.

최근 비슷한 이야기를 다른 사람에게서 들은 일이 있습니다. "스타 트렉"의 작가인 진 로든버리(Gene Roddenberry)입니다. 그는 근본주의자 아버지를 두었습니다. 매우 적대적이고 해로운 형태의 근본주의였습니다. 성경은 자식 세대에게 전가되는 아버지의 죄에 대한 경계와 책망으로 가득 차 있습니다. 어머니의 죄에 대해서는 아무런 언급이 없습니다. 아버지에 관한 내용뿐입니다.

무신론이 어떻게 자리잡는지에 관한 또 다른 예가 있습니다. 이 예는 많은 것을 설명해 주지는 못하지만 무신론의 심리에 대해 감을 잡을 수 있게 도와줍니다. 다음은 "뉴욕타임즈"의 작가 러셀 베이커(Russell Baker)의 자서전에서 따온 내용입니다. 그는 주로 편집자 코너에 유머 있는 칼럼을 게재했습니다. 그의 자서전에서 그는 자신의 아버지가 갑자기 병원으로 옮겨진 후 얼마

되지 않아 돌아가신 것을 쓰고 있습니다. 그때 러셀은 다섯 살이었습니다. 그는 슬픔 속에 엉엉 울었고, 가정부인 베시에게 이렇게 말했다고 합니다.

> 처음으로 신에 대해 진지하게 생각하게 되었다. 한참을 울고 우는 사이 나는 베시에게 만약 신이 사람에게 이런 일을 할 수 있다면, 신은 혐오스럽고 더 이상 나에게는 쓸모가 없다고 말했다. 베시는 내게 이미 하늘나라에 간 아버지가 누리고 있을 행복과 평안, 천사들과 함께하는 기쁨에 대해 이야기해 주었다. 베시의 말은 나의 분노를 잠재우는 데 실패했다. "하나님은 우리를 마치 친 자식처럼 사랑하신단다." 베시가 말했다. "만일 하나님이 나를 사랑하신다면, 왜 내 아버지를 죽게 해?" 베시는 나도 언젠가는 이해할 거라고 말했다. 하지만 그날 오후, 아마 그때 이런 식으로까지 표현하지는 못했겠지만 나는 신이 사람들에 대해 별로 관심이 없다고 결론지었다. 모리슨 빌에 사는 그 누구도 이 사실을 인정하고 싶지 않겠지만 말이다. 그리고 그 날부터 하나님은 믿을 만하지 않다는 결론을 내렸다. 그 후, 나는 어떠한 진정한 신념을 위해서도 울지 않았다. 신에 대한 어떤 기대감 갖지 않았다. 그저 무관심이 있을 뿐이라고 생각했다. 또한 그 누구도 두려움 없이 깊이 사랑할 수 없게 되었다. 내게 엄청난 고통을 가져다줄 거라고 생각했기 때문이다. 나이 다섯에 나는 회의주의자가 되었다.[1]

이런 말씀으로 결론을 내리고자 합니다. 오늘날 많은 사람들이 무신론자가 되는 것은 유행과도 같은 피상적인 동기들도 있습니다. 하지만 많은 경우, 매우 근본적이고 불편한 심리적 원천이 자리잡고 있기도 합니다. 물론 결함 있는 아버지라는 가설을 세워 말을 하는 것은 어려운 일이 아닙니다. 하지만 우리는 각 개별 사례 이면에 놓인 그들의 깊은 상처와 어려움, 그 복잡성들을 잊어서는 안 됩니다. 아버지가 그들을 버리고, 거부하고, 미워하고, 기만하고 혹은 신체적으로나 성적으로 학대하였기 때문에 무신론자가 된 사람들의 경우,

거기에는 뭔가 이해할 만한 것이 있을 것입니다. 분명히 아이가 그 아버지의 연약함 때문에 그를 미워하게 되었거나 혹은 절망하게 되었다면 그것은 엄청난 비극입니다. 결국 아이는 그저 자신의 아버지를 사랑하고 그 아버지에게 사랑받기를 바랐을 뿐입니다.

무신론자가 된 원인이 이러한 고통스러운 경험에 기반해 있는 불신자들을 위해, 하나님의 사랑으로 은혜를 입은 신자들은 궁극적으로는 그 둘이 모두 천국에서 만날 수 있게 되기를 위해 기도해야 합니다. 만일 그렇게 된다면, 한때 무신론자였던 사람들은 신자들보다도 더 큰 기쁨을 경험하게 될 것입니다. 왜냐하면 무신론자들은, 우리 하늘 아버지의 집에 있는 자기 자신을 발견하는 놀라운 기쁨을 누리게 될 것이기 때문입니다.

달라스 윌라드 Dallas Willard
기독교 학자이자 저술가다. 남캘리포니아 대학 철학 교수로 오랫동안 재직 중이며, 논리와 인식론이 주요 연구 분야다. 그의 저서 「하나님의 모략」(*The Divine Conspiracy*, 복있는사람)은 "크리스채너티 투데이"의 '올해의 책'으로 선정되었고, 「그리스도를 아는 지식」(*Knowing Christ Today*, 복있는사람), 「하나님의 음성」(*Hearing God*, IVP) 등 30여 권의 책을 저술했다.

8. 니체 vs. 예수 그리스도

스탠퍼드 대학 베리타스 포럼, 2002

오늘 밤 저는 우리 시대에 가장 논란이 되는 핵심 주제에 대해 논의할 것입니다. 그 주제를 효과적으로 대표하기 위해 프리드리히 니체와 예수 그리스도의 이름을 사용해 보았습니다. 저는 오늘 밤 니체를 공격하기 위해 이 자리에 선 것이 아님을 힘주어 말씀드리고 싶습니다. 예수 그리스도에 대해서도 마찬가지입니다. 하지만 니체와 예수 그리스도가 현대 사회의 본질적인 사안들과 깊은 관련을 맺고 있기 때문에 그들의 목소리를 여러분에게 들려주고 싶은 것뿐입니다.

니체를 이해하기란 쉽지 않습니다. 마찬가지로 예수 그리스도를 이해하기도 쉽지 않습니다. 하지만 그들의 명성이나 성격 혹은 추상적 개념들로 인해 정작 그들이 진정으로 말하고자 했던 것들이 희미해졌다는 사실이 안타깝습니다. 하지만 오늘 저녁 우리는 니체와 그리스도 모두를 열린 마음으로 바라볼 것입니다. 그리고 그들이 무슨 말을 하고자 했는지에 귀 기울여 볼 것입니다.

시대의 흐름을 탄 니체

그럼, 니체부터 시작해 보겠습니다. 니체는 오늘날 대학과 문화에서 대단히 중요한 인물입니다. 그는 그가 살았던 시대에 새롭게 부상하던 조류를 상징하게 되었습니다. 당시 그는 자신의 사상이 훗날 그렇게 큰 성공을 거두게 될지 생각도 못했을 것입니다. 그의 사상은 제2차 세계대전이 지난 후에 일반 문화 속에 널리 퍼지게 되었습니다. 니체의 관점은 꼭 니체만의 것이라고 할 수는 없습니다. 그는 당시의 문화를 움직이는 동력이 아니었습니다. 오늘날의 문화에서도 마찬가지입니다. 그럼에도 그는 그 자신보다 훨씬 깊은 무언가를 대표하는 상징이 되었습니다.

니체는 소위 캘리포니아에서 우리가 자주 하는 말로 '파도 타기'를 한 경우입니다. 그 파도는 소위 기독교 문화라고 부를 수 있는 어떤 것에 대항한 예술계와 지성계의 반발이었습니다. 그리고 니체는 그것을 깊이 있게 경험하였습니다. 어린 시절 가정 환경을 통해서만이 아니라 그가 젊은 학자로서 학문에 매진하며, 그리고 후에 바젤 대학의 교수가 되어서도 그랬습니다. 당시는, 실제적인 영적 역동성을 잃은 기독교 이념이 여전히 사회의 지배 논리가 되는 상황에 대한 거대한 반발이 시작되고 있었던 때입니다. 이러한 물결이 가시화된 것은 영국에서부터였을 것입니다. 당시 영국에서는 옥스퍼드나 케임브리지 대학의 교수가 되기 위해서는 성공회의 서른아홉 개 조항을 받아들인다는 신앙고백을 했어야 했는데 이것이 논란의 시작이었습니다.

당시 기독교 사회나 정부의 대체적인 활동은 "하나님이 살아 계신다"는 그들의 신앙고백과는 거리가 멀었습니다. 오늘날 우리가 사용하는 동전에 쓰여 있듯 모든 사람들이 이런 말을 합니다. "우리는 하나님을 믿는다." 하지만 그들은 하나님을 **믿지 않았습니다**. 그들은 자신들의 능력을 믿었고, 패거리를 만들고 다른 집단을 압박할 수 있는 힘을 믿었습니다. 그리고 자기들이 원하는 방식대로 일을 움직여 갔습니다. 종종 아주 사소한 사안들에 대해서도 말입니다. 니체는 이런 현상을 목격했던 것입니다.

기독교의 지배력은 20세기까지 독일이나 프랑스뿐 아니라 영국이나 이곳 미국에까지 매우 확연하고 철저하게 영향을 미쳤습니다. 지금 우리는 그 영향력이 어느 정도였는지를 가늠하기가 쉽지 않습니다. 하지만 그것이 당시의 방식이었고, 니체는 그 문화를 바라보며 그것이 하나님과 무관하다는 것을 알아차렸습니다. 하나님께 충성을 맹세하기는 하지만 실제 지식이나 윤리 그리고 학문적·문화적 삶은 하나님과 거리가 있었습니다. 니체는 그러한 위선적인 시스템을 혐오했습니다. 학문 탐구와 진리에 대해 위선적이었던 지배 문화에 대한 역겨움이 니체의 사상을 발전시킨 동력이 되었습니다.

그는 아마도 최연소 학자로 교수가 되었을 것입니다. 하지만 몇 해 안 가 사임했고 그는 건강 상의 이유를 들었습니다. 하지만 발터 카우프만(Walter Kaufmann)이나 다른 학자들은 건강이 그 원인은 아니었다는 사실을 잘 알고 있었을 것입니다. 사실 그가 사퇴한 까닭은 시스템에 대한 혐오 때문이었습니다. 니체는 도저히 그 사회 시스템의 일부가 될 수 없었던 것입니다.

이 시기의 지식은 점점 더 신학과 교회, 신으로부터 멀어져 갔습니다. 1880년대 예일 대학 총장이었던 노아 포터(Noah Porter)와 윌리엄 그레이엄 섬너(William Graham Sumner)에 관한 흥미로운 이야기가 하나 있습니다. 섬너는 자신의 사회학 강의에서 신에 대해서 한마디도 하고 싶지 않아 허버트 스펜서(Herbert Spencer)의 책을 사용하기로 결정했다고 합니다. 포터가 그 책을 읽어 보았습니다. 그때 당시는 대학의 총장들이 교재로 사용될 책들을 읽었다고 합니다. 그리고 포터는 섬너에게 왜 이 책은 신을 전혀 언급하지 않느냐고 물었다고 합니다. 그 질문에 대한 섬너의 대답은 당시 학계의 심층 구조를 알 수 있게 해줄 뿐 아니라 앞으로 나가올 시대가 어떠할지도 예측하게 해줍니다. "이 책이 신에 관해 아무런 말을 하지 않는 이유는, 신은 이 사회학 과목과 아무 관련이 없기 때문입니다."

잠시 시간을 가지고 그 대답을 생각해 보기 바랍니다. 사실 이 말은 오늘날을 기준으로 본다면 그다지 충격적이지 않습니다. 왜냐하면 우리는 그런 사고에 이미 익숙하기 때문입니다. 여기 모인 우리는 세계에서 가장 좋은 교육을 받고 가장 발 빠르게 새로운 정보를 배우지만 신에 대해서는 아무것도 알지 못합니다. 저는 여러분 중 상당수가, 신이 인간의 삶과 관련이 있다는 생각에 반대한다는 것을 알고 있습니다. 하지만 이 변화의 시기가 오기 전까지는, 중세 사람들이 말한 것처럼 '신학은 학문의 여왕'이라고 전제되었습니다. 데카르트의 「성찰」(Meditations)을 읽어 보신 분이라면, 그가 우리는 신을 알기 전까지는 아무것도 진정으로 알 수 없다고 한 것을 아실 것입니다. 왜냐하면 우리에게 아주 명백하고 당연하게 느껴지는 생각들조차도 그것이 진정으로 그렇다는 것을 알 수 있는 유일한 방법은 하나님이 그것을 보증해 줄 때뿐이기 때문입니다. 이것이 당시의 지성들이 가진 전제였습니다.

니체는 이러한 사고에 변화가 생기고 있음을 인식했고, 동시에 사람들이 그 점에 대해 정식하지 못하다는 것도 알아차렸습니다. 이것이 바로 그의 유명한 말, "신은 죽었다"가 의미하는 바입니다. 니체는 자신이 신을 죽였다거나, 신이 죽었다는 것을 증명해 냈다고 선언한 것이 아닙니다. 그의 말은, 문화가 변화되는 흐름에 비추어 자연스러운 반응이었습니다.

니체와 구성주의

니체는 당시 학계와 지성인들 사이에서 부상하던 어떤 흐름을 대표하는 상징적 인물입니다. 그 흐름은 오늘날 우리 대학과 문화 속에서 많은 이들에게 당연한 것으로 전제되고 있습니다. 바로 구성주의라 부를 수 있는 것입니다. 우리가 아는 세계는, 인간의 지성과 언어와 사회적 구조로 구성된 것이라는 관점입니다. 우리가 생각하고 살아가는 정체성과 조건들은 삶의 특정 과정의 산물입니다. 우리는 어떤 대상이 동일한 것인지 다른 것인지를 구분하고, 그것들의 행동, 존재 방식에 따라 구분합니다. 그렇게 함으로써 우리는 우리가 살아가는 목적이 무엇인지를 깨달을 수 있습니다.

니체는 이것이 동시에 억압적이라는 점을 포착하였습니다. 이 역시 오늘날의 우리에게도 매우 친숙한 사고입니다. 그렇지 않습니까? 일단 어떤 틀이나 구조가 형성되고 나면 그 후에는 그것이 개인을 억압한다는 관점입니다. 그리고 각각의 구성을 나누는 경계는, 진리를 표현한다기보다는 지배 논리를 표현합니다.

일단 우리가 세계의 실재를 직접 파악할 정신적 역량을 포기하고 나면, 그때는 무엇이 결정적 요인이 되어 우리의 세계와 삶을 구성하게 될까요? 바로 권력입니다. 이러한 구성주의적 사고가 퍼지기 시작한 것이 니체가 활동하던 시기였습니다. 물론 그러한 사상은 이미 한두 세기를 걸쳐 지속적으로 발전해 오고 있었습니다. 심지어 데카르트의 시대에도 있었습니다.

존재하는 것은 보이는 외양뿐입니다. 우리는 그것을 우리의 의지에 따라 재구성하고 또 재구성합니다. 그래서 니체가 보기에는 지배하고자 하는 의지가 모든 것을 결정짓는 궁극의 원칙이었습니다. 학계는 물론이고 영적·종교적·역사적·정치적인 모든 측면이 힘의 논리에 움직이는 듯 했습니다. 니체의 「도덕의 계보」(Genealogy of Morals)에서 한 두 문장을 인용해 보도록 하겠습니다. 7절에 나오는 내용입니다.

인간이라는 이름을 가진 철학적 짐승을 포함한 모든 동물은 자신들의 힘을 과시할 수 있는 최적의 상태를 확보하기 위해 본능적으로 투쟁한다. 모든 동물은 매우 섬세한, 타고난 재간을 가지고 자기의 힘을 발휘할 최적의 상태를 방해하는 모든 간섭을 본능적으로 혐오한다. 모든 간섭을 거부하려는 본능이 워낙 뛰어나 그에 비하면 이성은 별 볼일 없는 재주에 불과하다. [그리고 그는 삽입 문장으로 다음의 진술을 썼습니다.] 최적의 상태를 수립하기 위한 그 투쟁 과정은 행복으로 인도하는 것이 아니라 권력으로 인도한다.

이것이 바로 니체에게 대단히 중요한 문제였습니다. 니체는 당시 영국에서 가장 우세했던 윤리의 형태인, 이른바 쾌락적 공리주의를 '돼지의 철학'이라고 불렀습니다. 행복이 삶의 목적이 아니었습니다. 권력이 삶의 목적이었습니다. 이제 니체의 일반 이론을 말씀드리겠습니다. 우리의 목적은 자신의 권력을 실현하는 것입니다. 우리가 하는 일은 무엇이든 그저 동일한 본능적 충동의 선언일 뿐입니다. 이것이 바로 그가 '권력에의 의지'라고 부른 것입니다. 사람들이 하고자 하는 것은 자신의 권력을 실현하고 발휘하는 것입니다. 다른 모든 것은, 그것을 '진리'라 부르든, '경건'이라 부르든, 무엇이든지 간에 실제로는 권력을 향한 의지의 표현일 뿐입니다.

그리고 바로 이 권력을 향한 의지로부터 **구성주의**가 등장합니다. 인간의 활동이란 자신의 힘을 발휘하는 데 적합한 세계를 구성하기 위한 노력일 뿐이라는 것입니다. 니체는 유대교와 기독교의 윤리가 어떻게 해서 지배 논리가 되었는지에 관해서도 구구절절 기술했습니다. 그것은 약자에 속한 사람들의 실력 행사였다고 합니다. 강자들에게 분노한 약자들 가운데, 자기들에게 유리한 논리로 강자에게 사기를 칠 만큼 영리한 이들이 있었습니다. 이 약자들은 강자들에게, 강한 것은 사악하고 사람은 오히려 약할 때 선하다는 사고를 주입했습니다. 그래서 "가난한 자는 복이 있나니", "애통하는 자는 복이 있나니"라고 그들은 설파했습니다. 하지만 니체는 "강한 자는 복이 있나니"라고 말합니다. 그는, 그가 '노예 윤리'라 칭한 이러한 논리는 그저 힘을 발휘하기 위한 영리한 장치일 뿐이라고 했습니다. 니체는 금욕주의나 기독교 전통의 수도사들에게서 권력을 향한 의지의 최대치를 발견했습니다. 왜냐하면 삶을 포기하고, 스스로 가난과 순종과 독신주의를 맹세한다는 것은 권력을 향한 의지의 거대한 발현이라고 보았기 때문입니다.

여러분은, 니체의 사상이 참 교묘하게 만들어진 해설이라는 점을 감지하셨을 것입니다. 일단 이 관점, 즉 지성이 그 자체와는 독립적으로 존재하는 실재를 포착할 수 없다는 관점을 수용하고 나면, 우리가 왜 이런 식으로 생각하고 사는가에 대해 설명하고자 하는 내적 원리들을 제외하고는 남는 것이 없습니다. 그리고 아마 인식적 구성주의와 도덕적·사회적 구성주의가 그런 시도들일 것입니다.

니체와 현상주의

니체가 수용한 사고방식은 철학에서는 **현상주의**라고 부르는 것입니다. 현상주의란 우리가 인식할 수 있는 것은 모두 외양으로 이루어져 있다는 사상입니다. 니체는 관점(perspective)이라는 말을 즐겨 사용했습니다. 우리가 가진 전부는 관점일 뿐이며, 현실에는 그것을 특정 방식으로 조직하고자 하는 의지 이상의 것은 존재하지 않는다고 말했습니다.

데이비드 흄이나 존 스튜어트 밀, 언스트 마흐(Ernst Mach), A. J. 에이어, 혹은 넬슨 굿맨(Nelson Goodman) 등을 읽어 본 사람이라면 니체의 입장이 어떤 것인지를 이해할 것입니다. 즉, 인생에서 추구해야 할 일이란 개인적 의지에 완벽성을 기하는 일입니다. 다시 말해, 생이란 의지의 최대치를 구현하는 것이고, 자기 확대를 위해 강렬하게 통합된 상태를 지향합니다. 인생의 의미는 이것뿐입니다. 니체의 사상을 가장 잘 드러내는 말 중 하나가 여기에서 나옵니다.

예를 들어 그는 "화산 아래 당신의 집을 지으라"라고 말했습니다. 그 상황을 지금 한 번 상상해 보십시오. 여러분의 의지에 뭔가 한몫 할 것 같지 않습니까?

하지만 그 같은 세계 전체에 대한 개별 의지의 공격적인 반항이나 개인의 의지에서만 유일한 가치를 찾는 것은 니체를 허무주의자로 만들지 않습니다. 니체는 종종 허무주의자로 분류되는데 사실 그는 매우 건강한 가치를 가졌다고 볼 수 있습니다. 바로 다음과 같은 사고 때문인데요. 어떤 사람이 자신의 삶을 어느 정도 의지에 따라 실현할 수 있느냐가 그 사람이 얼마나 건강한 사람인지 알 수 있는 척도라는 것입니다. 키르케고르나 도스토옙스키 등 19세기 작가들의 작품 속에서도 이와 유사한 점을 발견할 수 있을 것입니다. 19세기 지성인들은, 오늘날에 비하면 아무것도 아닌 수준처럼 보일지라도, 과학 기술이 발달하는 것과 함께 개인성이 점차 상실되어 가는 것을 감지하고 있었습니다.

이에 대한 반발로 사람들은 말했습니다. "나는 세계 전체에 반항할 거야. 인과 법칙을 무시할 거야." 도스토옙스키는 「지하로부터의 수기」(*The Underground Man*, 열린책들)에서 이렇게 말했습니다. "연산 법칙이 내게 무슨 의미야?" 만일 여러분이 아는 전부가 일반 진실뿐이라면, 여러분의 의지는 위축되고 그러면 여러분은 아무것도 아닌 존재가 됩니다. 이것이 바로 구성주의가 야기하는 일반적인 경향입니다. 인간의 정신 세계를 조그마한 세계에 몰아넣어 문을 잠궈 버리고, 의지는 결국 갈 곳을 잃어 그 자신에게로 돌아가 자기 주장을 하는 데서 만족할 수밖에 없습니다.

제가 여러분에게 니체가 옳았음을 이야기할 필요가 있을까요? 텔레비전 상업 광고를 볼 때 그 초점이 무엇인지를 생각해 보십시오. 거의 100퍼센트, 자기 의지 실현에 맞추어져 있을 것입니다. 어떻게 그게 가능하느냐고요? 바로 이 자동차를 사거나 이 향수 제품을 사거나 할 때 여러분은 특별해질 수 있습니다. 수백만의 다른 소비자들과 함께 말입니다.

니체의 사고를 대학이라는 환경에 적용한다면, 우리가 대학을 추천할 수 있는 유일한 근거는 이곳에서 학업을 이수했을 경우 그 사람이 얻을 수 있는 개인적 성공의 정도뿐입니다. 사회에 기여하는 정도에 대해서도 몇 마디 할 수 있겠지요. 하지만 가족에 대해서는 아무런 말도 하지 않을 것입니다. 그 대신 개인의 창조성과 판단 역량이 높이 평가될 것임을 강조합니다. 그리고 사람들이 그 대학의 졸업생에게 얼마나 많은 돈을 지불할 것인지를 이야기합니다. 이것이 바로 구성주의에 의해 닫힌 마음이 만들어 내는 자연스러운 결과입니다. 그리고 니체의 사상이 지닌 자연스러운 귀결인 그러한 의지는 결국 자기 자신에게로 돌아갑니다.

저는 니체를 헐뜯고 싶지 않습니다. 그는 이미 당시의 문화 속에 일어나던 현상을 표현한 사상가일 뿐 선동가가 아닙니다. 그러나 그는 시대를 앞선 사람이었고 그래서 오랜 기간 동안 위험한 미치광이로 치부되었습니다. 하지만 그의 사상은 곧, 특히 세계대전 이후 주목받기 시작합니다. 왜냐하면 1, 2차 세계대전은 니체가 이미 절망적이라고 결론 내린 문화의 실체가 폭로된 것이었기 때문입니다. 이러한 니체의 통찰이 바로 우리가 정말 귀하게 여겨야 하는 부분입니다.

니체와 모더니즘

따라서 니체에게서 발견하는 것은 우리가 **모더니즘**이라고 부르는 것의 자연스러운 표출이라고 할 수 있습니다. 모더니즘은 모든 것을 지배하는 개념입니다. 매우 복잡한 개념입니다만, 저는 다음과 같이 정의해 보고자 합니다. 제가 지나치게 단순화하는 것을 용서해 주십시오. 모더니즘이란 과거를 현재의 안내자로 받아들이지 않는 사고를 의미합니다.

데카르트에서 니체에 이르기까지 개인의 의식에서 지식의 기초를 찾을 수 없다는 점이 명백해지자, 우리는 과거를 제거해 버릴 수밖에 없게 된 것입니다. 최소한 과거를 지나치게 진지하게 의문의 대상으로 삼았기 때문에 더 이상 안내자로 인정할 수 없게 되어버린 것입니다. 이러한 사고가 어떻게 가능했는지를 이야기하려면 대단히 많은 시간이 소요됩니다. 특히 교회와 성경 그리고 유대교와 기독교의 역사와 관련하여 그 추이를 살펴보려면 상당한 시간이 필요합니다. 어떻게 역사가 설 자리를 잃었는지 그래서 현대 철학자들이 순수한 사고에 기반하여 영원한 진리의 기초를 세우고 그 위에 다시 도덕을 재건하려 노력했는지를 이해하는 데는 많은 설명이 필요합니다. 이것이 바로 모더니즘이 추구해 온 것입니다.

모더니즘은 그 모든 역사와 함께 과거의 종교를 제거하기 위해 노력했습니다. 왜냐하면 종교는 분열적이기 때문입니다. 이것은 오늘날의 상황과 관련이 깊습니다. 모더니즘에 따른 분열을 극복하기 위한 방법은 이것입니다. 역사를 한 켠에 밀쳐두고, 각각의 역사가 저마다의 방식으로 도덕적 진리를 표현했던 사고방식을 포기해 버리면 더 이상의 분열이 없을 것이라는 것입니다. 실제로 모더니즘이 태동하게 된 계기 중의 하나가 유럽 내의 종교 전쟁과 갈등을 종식시키자는 시도이기도 했습니다.

따라서 우리는 이제 막 만들어진 도덕적 진리들을 가지게 되었습니다. 하지만 일단 인간의 정신을 치밀하게 살피고 인간이 가진 전부는 그 정신 세계 뿐이라는 점을 발견하게 되면, 우리는 질문하기 시작합니다. 이 보편 진리는 어디에서부터 왔는가? 우리는 각자의 정신 세계에서도 벗어날 수가 없는데 어떻게 보편 진리를 소유했다고 말할 수 있는가? 그렇지 않습니까?

데카르트는 보편 지식을 찾는 프로젝트를 성공시키지 못했습니다. 그저 자기 자신만을 만족시켰을 뿐입니다. 하지만 이 자기 만족은 철학자로서의 직업 생명에는 치명적이었습니다. 스스로 자기만의 논증에 만족하고 있을 때 다른 이들은 거기에 아무도 공감할 수 없기 때문입니다. 그래서 칸트에서 헤겔과 쇼펜하우어, 그 후에는 마르크스와 니체 그리고 이들을 넘어 프로이트 등에 이르는 기간 동안 우리 삶의 기초를 세웠던 '진리'라는 개념은 사라지게 되었습니다.

그렇다면 남는 것이 무엇일까요? 개인의 의지입니다. 알래스데어 맥킨타이어(Alasdair MacIntyre)는 이것을 그의 저작에서 매우 잘 묘사했습니다. 특히 「누구의 정의이고, 어떤 근거인가?」(*Whose Justice? Which Rationality?*)라는 책을 들 수 있습니다. 실천적 이성의 기초가 갑자기 사라지고 개인의 욕망만

이 행위의 근거가 되는 지점에까지 이른 것입니다.

여기에서 남는 것은 무엇일까요? 역시 개인의 의지입니다.

제가 같은 말을 반복하고 사이사이 쉼을 두는 것은 우리가 이렇게 말하기 쉽기 때문입니다. "그외에 다른 무엇이 또 있을까?"

보십시오. 우리는 구성주의와 모더니즘의 철저한 영향 아래 있습니다. 개인의 욕망만이 행동의 기초라는 것을 당연하게 받아들입니다. 하지만 이러한 사고가 시작된 것은 현대에 접어들어 '인간이 독자적으로'라는 개념이 시작되면서부터입니다.

니체와 진리

니체는 이러한 사고가 어떻게 가능해지는지를 이해하고 있었습니다. 그리고 그는 이것이 단지 종교 때문이 아니라고 말하는 데까지 이릅니다. 철학자들이 진리에 대해 이야기할 때, 사실은 스스로를 기만하고 있다는 것입니다. 그리고 니체는 진리의 이름으로 신앙을 파괴하는 사람들을 적그리스도, 회의주의자, 허무주의자와 같은 말로 부릅니다

그는 이런 질문을 던집니다. "이러한 사람들은 어떤 부류일까? 오늘날의 이 정직한 학자, 철학자, 과학자들은 어떤 사람들일까?"

그리고 스스로 이렇게 답변합니다. "이들이 우리가 찾던 부류다. 이들이야말로 바로 그들이다. 이 교수들, 작가들, 과학자들이야말로 오늘날의 금욕적 이상을 대표한다. 수도사나 설교자, 경전들이 아니다. 이들이 바로 진리를 위해 자기를 부인하는 자들이다."

하지만 그는 이렇게 덧붙입니다. "그렇지만 이들 역시 자유 영혼의 상태에서는 거리가 멀다. 왜냐하면 여전히 진리를 믿기 때문이다."

흥미롭지요? "그들은 여전히 진리를 믿는다." 하지만 니체는 말하길, 그들은 자신들이 진리를 믿고 있다는 식으로는 행동하지 않는데, 왜냐하면 그들이

진정으로 추구하는 바는 그들 자신의 의지이기 때문이라고 했습니다. 자기 의지를 추구하고 있다는 것을 숨기고, 실제 무슨 일이 벌어지고 있는지를 숨기기 위해 진리를 내세웠다는 것입니다. (니체가 스스로를 표현하기 위해 즐겨 사용했던 용어 가운데 하나가 바로 심리학자라는 말입니다.) 그는 이렇게 말했습니다. "그들이 하는 일을 정말 이해하게 되면, 우리가 보게 되는 것은 그저 권력에의 의지 외에는 없다."

그렇다면 진리는 단순히 또 다른 열정 가운데 하나가 됩니다. 이것 역시 더 이상 우리 자신을 인도하는 길잡이가 될 수 없습니다. 왜냐하면 진리는 그저 자기 의지의 표현이기 때문입니다. 그리고 20세기는 "진리는 아무것도 아니다"라고 하는 니체의 사고에 동참하게 됩니다. 지금 우리가 참여하는 이 포럼은 라틴어를 사용하여 '베리타스'라고 뭔가 훨씬 품위 있게 부르고 있습니다. 하지만 캠퍼스 어디를 가든 누군가 '진리'를 물으면, 사람들은 즉시 이렇게 말합니다. "누구의 진리?"

이것은 니체가 기독교의 가르침, 혹은 좀더 정확히 말해 그리스도의 가르침에 대항한 전투의 첫 번째 판을 얼마나 철저히 승리했는가를 보여 주는 가장 결정적인 증거입니다. 잠시 짚고 넘어갔으면 하는 것은, 이 토론을 통해 니체가 실제 비판하고자 했던 것은 그리스도와는 거의 관련이 없다는 점을 여러분이 이해하셨으면 한다는 점입니다. 니체가 첫 판을 이겼고, 진리는 설 곳을 잃었습니다. 보편적인 것은 그 무엇이든 갈 곳을 잃게 되었습니다. 실용주의, 실존주의, 실증주의, 언어 구성주의, 해체주의, 해석학 등이 우세한 사고방식으로 등극하게 됩니다. 이제는 더 이상 접근 가능한 도덕적 지식의 총체가 존재하지 않습니다. 니체를 포함해 사람들은 그저 문제가 무엇인지를 외칠 뿐입니다.

다시 한 번 잠시 멈춰 여러분이 이 점을 생각해 볼 시간을 드리겠습니다. 더 이상 우리 문화 속에는 도덕적 지식의 총체라는 것이 없습니다. 만일 누군가가 수학이나 역사 물리학 등에 대해 무언가 알고자 하면 우리는 그들을 어디로 보내면 될지 잘 알고 있습니다. 그러나 만일 누군가가 어떻게 하면 선한 사람이 될 수 있는지를 알기 원한다면 우리는 그들을 어디로 보내면 될까요? 스탠퍼드 대학으로 보내면 될까요? 일단 남캘리포니아 대학으로는 보내지 않으시길 바랍니다. 우리 대학에는 그런 학과가 없습니다. 다른 어떤 대학도 마찬가지입니다.

이 점을 잠시 깊이 생각해 보셨으면 합니다.

여기가 바로 니체가 개입되는 지점입니다. 왜냐하면 만일 도덕 지식의 총체가 존재하지 않는다면 남는 것은 오직 의지뿐이기 때문입니다. 남는 것은 그저 충동뿐입니다. 그리고 곧, 실제로 진정한 의미의 '의지'라고 부를 수 있는 것은 아무것도 남지 않게 됩니다. 이제, 그 모든 과정이 끝나게 됩니다. 우리는 과거라고 불리는 모든 짐에서 놓여납니다. 그것을 기독교라고 부르든 아니면 원하는 다른 어떤 것이라 부르든 관계없습니다. 어쨌든 우리는 그 과정을 거친 것입니다.

이제 우리는 십계명이나 비슷한 종류의 무언가를 법원에 걸어 두어야 할지 말아야 할지를 두고 논쟁을 벌일 수 있습니다. 하지만 그것은 지식에 관한 것이 아닙니다. 그저 걸자고 하는 측에서든, 걸지 말자고 하는 측에서든 상징성의 문제일 뿐입니다. 아무도 그 양자를 누가 더 낫다고 말할 수 없습니다. 어떤 교수도, 십계명을 진리라고 생각하는지 그렇지 않은지를 두고 학생을 평가할 수 없습니다. 그러고는 학생의 성취를 지식으로 판단하지 않는다고 말합니다.

진리 그리고 진리와 자유의 관계

니체와 예수 그리스도 사이에 벌어지는 문제의 핵심은 진리입니다. 저는 이 자리에서 기독교과 관련된 모든 것들을 일일이 다 이야기하지는 않을 것입니다. 예수 그리스도에 관해서만 이야기할 것입니다. 저는 여러분이 그를 지식의 분야에서 의미 있는 사람으로 생각해 주기를 부탁드리고 싶습니다.

보십시오. 이것이 인간 삶의 짐입니다. 지식 속에서 행동의 기초를 찾는 것은 쉬운 일이 아닙니다. 하지만 살아가면서 자연스럽게 그런 일을 받아들이게 됩니다. 어쨌든 우리가 그런 사람들이기를 바랍니다. 그럼에도 사실 저는 이 점에 대해 그다지 낙관적이지 않습니다. 왜냐하면 저는 종종 제 학생들에게 이런 질문을 합니다. "시험지에 쓴 내용을 믿고 있니?" 그러면 그들은 웃습니다. 우리의 문화 속에서 중요한 것은 '옳은' 답을 아는 것입니다. 꼭 그 답을 믿을 필요는 없습니다. 그래도 제 생각에는 니체와 예수 그리스도의 관계에서 핵심 사안은, 진리와 그것과 자유의 관계, 복된 삶과 성취라고 말할 필요가 있습니다. 이점이 바로 오늘 이야기의 주요 기점이고, 이제 결론을 향해 치닫고 있느니만큼 저는 다시 한 번 강조해 말씀드리고 싶습니다. 니체와 예수 그리스도 사이의 문제의 핵심은 진리, 진리와 자유와의 관계, 복된 삶, 그리고 그 성취입니다.

"도적질하지 마라." 이것이 자유와 무슨 관련이 있을까요? 니체는 제2차 세계대전 이후 그 누구보다도 더 효과적으로 모더니즘을 대표하게 되었습니다. 이런 니체와 그가 완성한 모더니즘의 전제는, 인간은 개별적으로 사회적으로 각자 닫혀 있다는 것입니다. 언어에 의해, 문화와 역사 혹은 각자의 정신 세계에 의해 저마다의 공간에 갇혀 있습니다. 그래서 '타자'에게로 나갈 길을 찾지 못합니다. 우리 자신의 생각과 감정으로 창조된 것이 아닌, 우리 외부에 믿을 만하게 존재하는 무언가를 향해 나아가지 못합니다. 그렇게 하지 못하는 불능이 우리를 다시 개인의 의지로 돌아가게 하는 것입니다. 그리고 의지가 결국은 삶의 궁극의 실재가 되고 맙니다.

그래서 자유는 그저 '무엇으로부터의 자유'만 존재합니다. 데카르트는, 그의 사고 속에서 자신이 세상으로부터 자유롭다는 것을 발견합니다. 하지만 그렇다면 그는 그 세계에 어떻게 도달하게 된 것일까요? 닫힌 세계 속에 갇혀 스스로 방향을 상실한 채 자유롭다고 선언하는 것은, 실제로는 구속의 일종에 불과합니다. 정신과 세계에 대한 정신의 인식을 이해하려는 근대적 시도는 결과적으로 '무언가로부터의 자유'를 점점 더 강조해 왔습니다. 따라서 우리는 홀로 남는 저주를 경험합니다. 자기 집착만이 유일한 가능성입니다. 원하는 것을 하고 있다는 것이 우리가 아는 유일한 자아 실현이고 행복한 삶입니다.

이 감옥이 어떻게 작용하는지를 보여 드리겠습니다. 누군가 이렇게 묻습니다. "내가 뭘 해야 하지?"

그러면 우리는 대답합니다. "네가 원하는 일을 해."

그 사람이 정직하다면 이렇게 되물을 것입니다. "내가 원하는 게 무엇인지 모르겠어."

여러분이 원하는 것이 무엇입니까? 진정으로 원하는 것이 무엇입니까? 보십시오. 이것이 니체와 자유가 우리를 옭아맨 방법입니다. 왜냐하면 이제 우리는 우리가 원하는 것이 무엇인지를 모르기 때문입니다. 그리고 이 현대 사회의 구조 속에서 우리는 살아 있다면 행동하고 욕망해야 합니다. 왜냐하면 **합리적인** 인간은 충동에 따르도록 프로그램되어 있기 때문입니다. 이상하게도 우리는 욕망하기를 욕망하도록 강요받는 세계에 살고 있습니다.

우리는 비아그라 사회에 살고 있습니다. 비아그라가 무엇입니까? 욕망하기를 욕망하도록 만들어진 것입니다. 그리고 다양한 형태의 중독은, 진리와 현실의 세계로부터 뿌리 뽑힌 의지가 만들어 낸 고독으로부터 탈출하기 위한 몸부림입니다.

자유와 지향성

틀 안에 갇힌 정신 세계와는 또 다른 전통을 대표하는 것을 보여 드리기 위해, 20세기 말엽에 쓰인 T. H. 그린(Green)의 책에서 몇 문장을 읽어 드리겠습니다.

> 우리는 자유를 이야기할 때 그것이 의미하는 바가 무엇인지를 신중하게 고려해야 한다. 자유는 단지 억압과 강요로부터의 자유만을 의미하지 않는다. [그것은 무엇으로부터의 자유다.] 자유는 단지 우리가 하고 싶은 대로 하는 것만을 의미하지도 않는다. [자유는 우리가 좋아하는 것이 무엇인지를 넘어선다.] 또한 다른 사람들의 자유가 상실된 것을 대가로 어느 한 사람이나 한 집단만이 즐길 수 있는 자유를 의미하지도 않는다. 뭔가 높이 여겨질 만한 자유를 말할 때, 그것은 뭔가 해 볼 만하고 즐길 만한 일을 하고 즐길 수 있는 긍정적인 능력과 역량을 의미한다. 뿐만 아니라 그 무언가는 우리뿐 아니라 다른 이들도 누리고 즐길 수 있는 것이어야 한다. 우리가 의미하는 자유는 각각의 사람이 자기 동료들의 도움과 그들이 마련해 준 안전을 통해 발휘할 수 있는 능력이며, 그 자유 역시 동료들의 안전을 마련해 주기 위해 그들을 돕는다.[1]

이것은 오늘날 우리가 일반적으로 생각하는 자유의 개념과 완전히 다른 것입니다. 이것은 우리의 정신 세계에도 부합하고, 세상을 향해서도 열려 있는 자유입니다.

정신을 이해하는 전통으로서 근대 이전부터 오랫동안 존재해 온 것이 있습니다. 그것은 구약 성경과 신약 성경으로 대표되고, 성 아우구스티누스와 토마스 아퀴나스로 대표됩니다. 그 전통은 현대에까지도 이어지고 있습니다. 그리고, 21세기인 오늘날에도 이 전통을 대표하는 사람들이 있습니다. 엠마누엘 레비나스(Emmanuel Levinas)와 에드먼드 후설(Edmund Husserl), 그리고 마틴 하이데거(Martin Heidegger) 같은 학자들입니다. 이들이 주로 사용하는 용어가 바로 '지향성'입니다. 지향성이란 뭔가 **외부에 있는 것에 대한 열린 마음**을 의미합니다.

여기에서는 정신이 세상을 창조하지 않습니다. 세계가 지향성을 통해 존재합니다. 그리고 물론 기독교의 전통에서는 하나님이 존재합니다. 따라서 신은 항상, 이미 존재하는 것으로 여겨집니다. 이것이 정신의 본질에 대한 아우구스티누스의 기본적인 가르침입니다. 바로 내면의 빛이 존재하는 것입니다. 그리고 그 내면의 스승은 하나님이고, 그 빛이 정신과 상호 작용을 합니다. 그래서 우리의 정신이, 스스로 창조해 낸 세계가 아닌 하나님이 창조해 낸 세계에 닿을 수 있는 것입니다. 그 세계 안에서, 거기에 있는 사람들과 함께, 진정한 자유를 향해 움직일 수 있는 의지에 대한 적절한 근거를 찾습니다.

따라서 우리는 자유를 보고 싶을 때, 아무 할 일 없이 뛰어 다니는 아이를 바라보지 않습니다. 오히려 훈련된 피아니스트가 피아노 앞에서 도저히 앉아서는 들을 수 없을 만큼 아름다운 작품을 연주할 때 우리는 자유를 봅니다. 그것이 자유입니다. 파바로티(Pavarotti)가 무대에 올라 웅장한 아리아를 부를 때, 마법과도 같은 그 엄청난 공연을 해낼 때 자유를 봅니다. 그렇다면 그는 어떻게 그런 경지에 오를 수 있었을까요? 그는 자기 자신에만 몰입함으로써 그런 경지에 오른 것이 아닙니다. 그는 자유를 얻기 위해 늘 첫 번째 단계를 밟은 것입니다. 바로 현실에 자기 자신을 복종시킨 것입니다. 그것이 바로 자유의 첫 단계입니다.

이것을 하기 위해 우리는 진리가 필요합니다. 왜냐하면 진리가 우리를 현실로 안내하기 때문입니다. 현실이란 우리가 무언가를 잘못했을 때 마주하게 되는 것입니다. 이것이 제가 생각하는 현실의 정의입니다. 그런데 진리를 알면 그러한 불쾌한 일들을 피할 수 있습니다. 다시 말해, 진리는 우리로 하여금 그러한 불쾌한 일들과 마주치지 않고 사는 방식을 드러내도록 돕습니다. 진리를 통해 우리의 의지를 현실에 복종시킴으로써 말입니다. 제 말이 이해하기 어렵지는 않을 것입니다. 그저 평범한 일상을 떠올려 보십시오.

물론 진리를 깨우치기가 언제나 쉽다는 의미는 아닙니다. 하지만 진리의 기본은 매우 단순합니다. 아이들도 즉시 알아차립니다. 잘 믿기지 않는다면, 아이에게 무언가를 해주겠다고 약속하십시오. 그리고 그 약속을 어겨 보세요. 아이는 진리가 무엇인지를 알 것입니다. 또한 그들은 거짓이 무엇인지도 압니다. 거짓을 가지고 현실을 관리하기 위해 노력하는 것이 얼마나 중요한지도 알고 있습니다. 아이에게 물어 보십시오. "이거 네가 한 것이지?"

"아니요. 쟤가 했어요." [손가락질하며]

보십시오. 이것이 바로 현실을 관리하기 위해 노력하는 것입니다. 하지만 이해해 둬야 할 중요한 점은 진리의 세계가 **있다**는 점입니다. 그리고 진리를 이렇게 이해하는 전통이 고대 세계에서부터 발전하여 현재에까지 이르고 있다는 것을 기억해야 합니다. 새로운 정신에 관한 이론이 등장하여 우리의 정신이 세계를 알아가는 것을 가로막으며 그래서 결국 세계를 아는 것이 불가능하다고 말하기 전까지 말입니다. 이 정신 이론이 니체와 다른 사상가들을 사로잡았고, 자유를 가능케 하는 진리에 접근하는 것을 가로막았습니다.

공동체 안의 자유

자유를 누리기 위해서는 진리 외에도 필요한 것이 있습니다. 바로 공동체입니다.

여기에 대해 몇 가지를 말씀드리겠습니다. 이 부분은 매우 중요합니다. 예를 들어, 한 작은 아이가 세상에 태어났습니다. 그 아이는 다른 사람들과 관계를 맺어야 합니다. 결합 이론(theory of bonding)은 최근 몇십 년 동안 소개된 모든 이론들 가운데 가장 심오하고 가장 중요합니다. 이미 존재하고 있는 세계 안으로 들어가지 못하는 아이들은 시작조차 할 수 없습니다. 그들은 죽게 됩니다. '결합'이라는 용어가 익숙하지 않다면 꼭 사전을 찾아보시기 바랍니다. 우리는 바로 여기에 삶을 의존하고 있기 때문입니다.

아이가 세상에 태어나면, 그 아이는 이미 진행되고 있는 삶 속으로 들어와야 합니다. 그렇게 하지 못하면, 살아남지 못합니다. 이렇게 간단합니다. 이것은 단지 신체적인 문제만이 아닙니다. 아이가 어머니의 눈을 들여다볼 때, 또 그 어머니가 아이의 눈을 들여다볼 때 어떤 일이 벌어집니까? 그것은 그 아이가 누구인가와 관련된 매우 심오한 것입니다. 그리고 그 아이가 자라감에 따라 아이는 세상을 신뢰해야 합니다. 그런데 진리를 찾지 못한다면 세상을 신뢰할 수 없습니다. 따라서 인간됨의 성취는 신뢰와 진리가 있는 공동체를 통해 가능합니다. 그리고 그 안에서 의지가 성장할 수 있는데, 의지를 통해 자기 삶의 일부가 아니었던 것을 자기 삶 속으로 끌어들일 수 있게 됩니다.

잠깐 예수에 대해 생각해 보십시오. 성스러운 종교 인물로서가 아니라, 자기가 무슨 말을 하는지를 아는 사람으로서 생각해 보십시오. 여기 그가 서 있습니다. 작은 공동체로 모인 그의 학생들, 혹은 제자들과 함께 있습니다. 예수가 제자들에게 말합니다. "만일 너희가, 내가 말한 바대로 살면 너희는 진정으로 나의 제자이고 삶에 대한 진리를 깨닫게 될 것이다." 여기에서 진리라 함은 하나님의 왕국, 세상의 현실, 공동체와 사랑의 의미 등 그 모든 것들을 의미합니다. "그리고 진리를 알게 될 것이니 진리가 너희를 자유롭게 할 것이다."

그렇다면 이제 아주 단순한 것으로 돌아가 봅시다. 세상을 온전히 누리며 살 수 있는 역량으로서의 자유를 생각해 보십시오. 그런 일이 어떻게 가능합니까?

자유의 시험과 예수 안의 진리

자, 그렇다면 이제 재경기입니다. 예수 그리스도와 니체 사이의 재경기는 삶에 대한 것입니다. 바로 **여러분**의 삶 속에서 이루어집니다. 여러분은 니체로 상징되는 문화의 후계자들입니다. 저 역시 마찬가지입니다. 또한 우리는 니체의 사상으로 가득한 세상에서 살고 있습니다. 그렇다면 이제 질문은 우리가 그 세상 속에서 자유를 찾을 수 있느냐입니다. 그리고 예수 그리스도가 여기, 또 다른 세계를 제시하고 있습니다. 잠시 그를 지적인 사람으로 생각해 보십시오. 이 캠퍼스를 자기 집처럼 여기며 아마 한두 과목 정도는 강의하는 사람으로 말입니다. 그가 이렇게 말합니다. "여러분이 만일 제 가르침을 실행에 옮긴다면, 여러분은 제 제자가 될 것이고 저는 여러분의 선생이 될 것입니다. 그리고 여러분은 삶과 세계에 대한 진리를 알게 될 것입니다. 그 진리를 깨닫게 됨으로써 여러분은 여러분이 본래 의도된 모습을 온전히 성취하게 될 것입니다."

이것이 바로 재경기입니다. 이 경기의 성격은 뭔가 추상적으로 논쟁이 가능하거나 말만으로 증명이 가능한 것이 아닙니다. 이것은 실행에 옮겨 보아야 하는 것입니다. 그것이 검증 방법입니다.

제가 여러분에게 그 결과가 무엇인지를 말씀드릴 필요는 없을 것 같습니다. 아무도 아직, 니체가 추천한 방법으로 성취에 이르는 길을 찾아내지 못했습니다. 니체 자신도 그 방법으로는 길을 찾지 못했습니다. 저는 니체를 헐뜯기 위해 이 말을 하는 것이 아닙니다. 저는 니체의 생각에 아주 많이 공감하고 있습니다. 사실 니체야말로 저를 철학의 세계로 이끈 사람 중 하나입니다. 왜냐하면 삶의 진정한 문제를 풀어내고자 노력했던 그의 예리함 때문이었습니다. 그리고 우리도 그만큼이나 날카롭게 이 문제를 생각해 볼 필요가 있습니다. 하지만 그렇다고 해서 정신의 본질과 의지에 대해 그가 가지고 있었던 잘못된 전제를 공유할 필요는 **없습니다**. 그리고 저는 그 잘못에서 벗어날 수 있는 길이 바로 삶에 대한 예수의 가르침을 받아들이는 것이라고 생각합니다. 충분히 비판적으로, 회의적으로 생각해 보십시오. 그리고 그 가르침을 실행에 옮겨 시험해 보십시오.

그리고 만일 삶에 대한 그 시험의 결과로 예수가 두 번째 시합을 이겼음을 알게 되었을 때, 그간 우리가 니체의 사상에 젖어 있었음을 부끄러워할 필요는 없습니다. 그것이 우리의 기회이니 놓치지 마십시오.

로드니 브룩스 Rodney Brooks

MIT 공대 컴퓨터과학과 인공 지능 연구소 소장이며, 파나소닉사의 로봇공학 석좌 교수다. 그의 연구는 지능이 있는 로봇을 제작하는 것과 인간의 지능을 이해하는 것 모두와 관련 있으며, 이를 통해 인공지능 로봇을 제작하기 위해 노력하고 있다. 저서로는 『살과 기계 장치』(Flesh and Machines), 『코끼리는 체스를 두지 않는다』(Elephants Don't Play Chess) 등이 있다.

로잘린 피카드 Rosalind Picard

MIT 공대 미디어 연구소에 속한 감성컴퓨터기술 연구분과의 책임자이며, '씽스댓씽크 컨소시엄'(Things That Think Consortium)의 공동 책임자다. 수많은 논문을 발표하였으며, 다차원 기호 표본화, 컴퓨터 시력, 패턴 인식, 기계 학습과 인간-컴퓨터 상호 작용 등이 주요 연구 분야다. 감성 컴퓨터 기술, 컨텐츠 기반 이미지와 비디오 검색의 선도자로 국제적인 명성을 가지고 있다.

# 9. 살아 있는 기계
: 로봇은 인간이 될 수 있는가
MIT 공과대학 베리타스 포럼, 2007

이 포럼은 다음의 네 가지 질문에 대해 로드니 브룩스 교수와 로잘린 피카드 교수가 각자의 견해를 밝히는 것으로 시작되었다. 개별적인 강연 후에는 두 교수가 함께 토론하는 시간을 가졌다.

1. 인간을 어떻게 정의하는가?
2. 로봇이 '인간'이라 불릴 수 있으려면 어떤 필요충분 조건이 있어야 하는가?
3. 로봇이 '인간'이라 불릴 수 있는 필요충분 조건과 관련하여 오늘날의 기술은 어떤 수준에까지 와 있는가?
4. 로봇이 '인간'이 될 수 있는가에 관한 개인적인 생각은 어떠한가?

로드니 브룩스의 강의

오늘 포럼에 초청해 주셔서 대단히 감사합니다. 저와 함께 토론에 참여하기로 해준 로지(로잘린 피카드)에게도 고맙다는 말씀을 전하고 싶습니다. 저는 오랫동안 로봇을 만들어 왔습니다. 호주에서는 로봇의 초기 형태를 만든 그레이 월터의 기계를 기반으로 로봇을 만들었고 이후에는 대학원생으로서 로봇을 만들었습니다. MIT에 오고 난 후 저와 제 학생들은 매우 다양한 형태의 로봇을 제작하기 시작했습니다. 그 성과로 화성 탐사가 이루어지기도 했습니다. 1992년 이후로는 휴머노이드 로봇을 제작하는 데 주력하고 있습니다. 또한 저는 지금까지 수백만 개의 로봇을 판매한 아이로봇사(iRobot Corporation: 1990년 MIT의 인공 지능 연구소 과학자들이 설립한 로봇 전문 기업―역주)의 사업에도 참여하고 있습니다. 보시다시피 저는 오랫동안 로봇에 대단한 관심을 가지고 있었습니다.

그리고 오늘 밤 이 포럼에도 참석할 자격이 있다고 생각하는데요. 그 이유는 저는 로봇이기 때문입니다. 농담이 아니라, 오늘의 주제인 살아 있는 기계에 대한 질문에 진지하게 답하기 위해 드리는 말씀입니다. 저는 저 자신을 살아 있는 기계로 인식하고 있습니다. 저는 분자로 만들어졌습니다. 그 분자들이 어떤 원칙과도 같은 패턴으로 상호 작용을 하고, 그 결과 여러분 앞에 이 같은 모습으로 설 수 있습니다.

하지만 저는 동시에 인간이기도 합니다. 저는 제가 인간인 동시에 로봇이며 우리 모두 역시 로봇이라고 주장합니다. 그리고 저는 이러한 질문과 답변이 제우스나 야훼 또는 브라만이나 시바, 부처 등과는 아무런 관련이 없다고 생각합니다. 종교는 구별된 영역입니다. 마찬가지로 예수나 마호메트나 혹은 론 허버드(Ron Hubbard: 외계인 종교라 불리는 사이언톨로지의 창시자―역주)와도 전혀 관련이 없습니다. 그들은 전혀 다른 세계에 있습니다. 제 생각에 과학은 그러한 세계와 분리해 연구할 때 가장 효과적입니다. 그러니 아마 저는 종교의 관점에서는 회의론자라고 분류될 수 있을지 모르겠습니다.

로봇이 인간이 될 수 있는가

이제 로봇이 인간이 될 수 있는지 여부에 관해 말씀드리겠습니다. 사람들은 세상이 인간과 인간이 아닌 것으로 구분된다고 생각합니다. 즉, 인간과 그 외의 것들을 구별합니다. 어떤 이들은 아마 단계적인 차이가 있다고 말할 것입니다. 예를 들어, 침팬지가 물고기보다는 인간에 좀더 가깝다고 말입니다. 저는 종종 이런 궁금증을 갖습니다. 만일 네안데르탈인이 멸종되지 않고 존재한다면 우리의 세계는 어떤 모습일까? 인간으로서의 우리는 또 어떤 모습일까? 네안데르탈인에 관한 고고학적 연구가 진척될수록 우리는 그들이 언어를 사용했을 가능성이 있다는 증거들을 발견하게 되었습니다. 도구는 분명히 사용했을 것으로 보입니다. 또한 죽은 자들을 다루는 방식에 있어서 일종의 종교적인 믿음이 있었을 거라는 증거들 또한 있습니다. 네안데르탈인이 정확히 어떠한 방식으로 살아갔는지는 알기는 어렵습니다만 인간과는 달랐던 것 같습니다.

만일 네안데르탈인이 여전히 존재했더라면 우리는 그들을 어떻게 대했을까요? 그들에게 친절했기를 바랍니다. 하지만 역사를 돌이켜 보면 실제로 우리는 친절하지 않았을 것 같습니다. 그래서 네안데르탈인이 멸종한 것인지도 모릅니다. 어쨌든 네안데르탈인과의 공존은 돌고래들과의 공존과는 달랐을 것입니다. 돌고래는 인간과 별개의 종으로 분류할 수 있을 만큼 차이가 충분히 많지만 네안데르탈인의 경우는 그 경계가 애매했을 것입니다.

이처럼 다른 모든 동물들과 마찬가지로 로봇과 관련해 우리가 제기할 수 있는 질문은, 인간과의 거리를 나타내는 스펙트럼에서 다양한 형태의 로봇들을 어디에 위치시키느냐입니다. 여러 종류의 로봇들은 저마다 어떤 동물군과는 유사점을 가지고 또 다른 동물군과는 차이점을 가지기도 할 것입니다. 그래서 저는 어느 지점에서 로봇이 인간이 될 수 있느냐는 질문 자체가 과연 합당한 질문인지 의문이 듭니다. 이 질문은, 네안데르탈인이 인간과 유사한 것처럼 로봇도 인간과 그만큼 유사해질 수 있느냐는 전제를 깔고 있기 때문입니다.

바이러스를 한 번 생각해 보겠습니다. 바이러스는 살아 있습니까? 살아 있지 않습니까? 저는 잘 모르겠습니다. 그런데 흥미로운 사실은 지난 몇 년간 연구자들이 데 노보(*de novo*)라는 바이러스를 만들어 냈는데 바이러스성 원료로부터가 아니라 생물학적 원료를 사용해서 DNA 구조를 만들어 냈다는 점입니다. 또한 그 바이러스는 게놈 원료를 통해 게놈을 복제하는 과정을 거치지 않고, 컴퓨터로 그려낸 설계도를 가지고 게놈을 만들었습니다. 완전히 밑바닥에서부터 바이러스를 만들어 낸 것입니다. 원자와 분자로 만들어진 것입니다. 인공의 바이러스이지만 진짜 바이러스입니다. 둘은 같은 바이러스입니다.

박테리아의 경우는 바이러스만큼은 연구가 진전되지 않았습니다. 박테리아의 경우도 최소한의 게놈과 마이코플라즈마(mycoplasm)를 통한 결합 및 대응을 통해, 이미 존재하는 박테리아를 복제해서든 아니면 아예 전혀 새로운 박테리아를 만들어서든 데 노보 박테리아가 가능한지를 연구 중에 있습니다. 하지만 아직은 그 단계에 이르지 못했습니다. 그래도 머지 않아 박테리아 복제 역시 성공할 것이라고 생각합니다.

기술의 단계

두 번째 질문은 로봇이 물고기나 쥐, 얼룩말 정도의 수준으로 발달하기까지 얼마나 많은 시간이 걸리겠느냐입니다. 이것은 곧 한 조각, 한 조각을 복제하는 것과 같습니다. 하지만 저는 조금 다른 주장을 하고 싶습니다. 그리고 두 가지 의문을 제기해 보겠습니다. 저는 기본적으로 인간이 기계라고 생각하기 때문에, 다시 말해 모든 생물학적 시스템이 원칙적으로 기계라고 생각하기 때문에 원자 대 원자 복제가 가능하다고 생각합니다. 물론 엄청나게 어렵겠지요. 하지만 원칙적으로는 복제하는 것이 가능합니다. 그것이 제가 가진 과제이기도 합니다. 인간 수준의 존재를 다른 재료로 만들어 내는 일, 그것이 바로 제가 현재 하고 있는 일이고 제가 갈망하는 일이기도 합니다. 실리콘과 알루미늄이 현재 제가 사용하는 재료입니다. 제 주장을 좀더 분명하게 말씀드리자면 이렇습니다. 원칙적으로 어떤 존재를, 존재하고 있는 다른 재료를 사용하여 만들어 내는 일은 가능합니다.

그러면 두 가지 질문이 잇따릅니다. 첫 번째 질문은 제가 패트릭 윈스톤(Patrick Winston)과 협동 강의를 할 때에 제기한 것입니다. 패트릭 윈스톤 교수는 인공 지능이라는 주제에 접근하기 위해 그가 어린 시절에 겪은 일화로 강의를 시작하곤 했습니다. 패트릭은 애완 너구리를 키우고 있었는데 재주가 매우 비상한 녀석이었다고 합니다. 우리를 뚫고 나오기도 하고 물건들을 흐트러뜨리기도 하고 망가뜨려 놓기도 했습니다. 하지만 아무리 녀석이 비상한 재주를 가지고 자신을 놀라게 해도 결코 그 너구리가 다른 복제 로봇 너구리를 만들어 낼 수 있을 것이라고는 생각하지 않았다고 합니다. 결코 그럴 만큼 영리하지는 않았습니다. 그렇다면 인간은 그 일을 해 낼 만큼 영리할까요? 원칙적으로 저는 가능하다고 말했습니다. 하지만 우리가 그것을 해 낼 만큼 충분히 영리하기도 할까요? 제가 가장 걱정하는 점이 바로 이것이기도 합니다. 켄타우루스 자리의 가장 밝은 별에서 온 비행 물체를 탄 외계인들이 지구를 내려다 보고는 말합니다. "저기 MIT를 좀 봐. 저 웃기는 로드니 브룩스란 인간이 뭘 좀 알고나 저러는 건가? 자기의 로봇 복제를 만들 수 있다고 생각하는데 거참 귀엽지 않아?" 우리는 이 일을 해낼 만큼 영리하지 못할 수도 있습니다.

두 번째 질문은 제 제자 가운데 하나인 신시아 브리질(Cynthia Breazeal) 때문에 갖게 되었습니다. 신시아는 미디어 연구소의 교수진입니다. 그녀는 제게 이런 의문을 갖게 했습니다. "우리가 원하는 것이 뭘까? 가전 제품 아니면 친구?" 저는 제 냉장고가 하루 24시간, 일주일 내내 일한다는 사실 때문에 우울해지고 싶지는 않습니다. 저는 그 정도의 감정을 싣고 싶지 않습니다. 그러니 우리는 어쩌면 인간 수준의 로봇은 원하지 않는지 모르겠습니다. 다만 특정 기능을 가진 로봇을 만들고 싶은 것 같습니다.

이러한 것들이 제가 가진 질문들입니다. 우리는 그간 오랜 시간에 걸쳐 많은 로봇을 만들어 왔고, 더 많이 만들면 만들수록 로봇들은 인간의 특성을 가지게 되었습니다. 그래서 사람들은 로봇을 살아 있는 존재로 여기게 되었고, 로봇이 인간과 비슷한 종류라고 생각하게 되었습니다. 어떤 이들은 이렇게 말하기도 합니다. "당신들은 사람들을 농락하고 있습니다. 인간과 비슷하게 생긴 로봇을 만들어서 사람들이 착각하게 만드는 것입니다."

키스멧(Kismet)은 신시아 브리질의 학위 프로젝트 로봇입니다. (인간과 대화하며 상호 작용하는 로봇에 관한 비디오 클립을 보여 주며) 제가 사람들을 기만하고 있는 건가요? 만일 제가 하루 종일 사람들을 속일 수 있다면요? 일년 내내라면 어떻습니까? 혹은 평생을 그렇게 한다면 또 어떨까요? 그것은 사실상 진짜라고 봐야 하지 않을까요?

개인적 견해

기자들이 항상 제게 하는 질문 두 가지를 하며 이야기를 마치고자 합니다. 기자들은 헐리우드 영화를 보고 이런 질문을 합니다. (기자들이 질문을 만들어 내는 궁극적인 원천이 바로 헐리우드입니다.) "우리가 로봇을 두려워해야 할까요? 로봇들이 우리가 사는 세계를 정복하고 싶어 할까요?" 저는 오늘 밤에는 이런 유의 질문은 잠시 접어 두도록 하겠습니다. 또 다른 질문은, (어쩌면 이 질문은 결국 앞선 질문의 일부일지도 모르겠습니다만) 우리는 로봇을 포용하게 될까요? 헐리우드의 로봇 영화들은 모두 로봇이 인간으로 받아들여지는가에 초점을 맞추고 있습니다. 그중 제가 제일 좋아하는 배역은 "스타 트랙"의 데이터입니다.

왜 사람들은 로봇이 인간성을 가졌다고 받아들이는 것을 힘들어할까요? 글쎄요, 역사는 이런 사례를 여러 차례 반복해서 보여 주었습니다. 갈릴레오는 지구가 우주의 중심이라고 하는 당시의 주류 관념에 도전장을 내밀었습니다. 하지만 갈릴레오는 사람들을 화나게 했습니다. 왜였는지를 잘 알고 계시지요? 신이 인간을 위해 세상을 창조했으니, 당연히 우리가 사는 지구가 우주의 중심이어야 한다는 것입니다!

다윈이 등장했을 때 대부분의 사람들은 동물을 하나의 영역으로, 인간을 또 다른 영역으로 간주하고 있었습니다. 다윈은 이런 종의 구분에 도전했고 이렇게 말했습니다. "인간과 동물은 결국 같은 기원에서 출발했다." 이 주장은 사람들을 매우 화나게 했습니다. 또 과학이 발전하다 보니, 인간의 사고라는 것이 기계 장치에서의 컴퓨터 작용과 다를 바가 없는 것으로 인식되기도 합니다. 체스 세계 챔피언인 게리 카스파로프(Gary Kasparov)가 IBM 컴퓨터인 딥 블루(Deep Blue)에 졌습니다. 세계 챔피언이 기계 뭉치에게 패한 것입니다. 그러나 게리는 이렇게 말했습니다. "글쎄, 최소한 그 기계는 나를 이겼다고 **즐거워하지**는 않았잖아." 그는 옳았습니다. 컴퓨터는 승리를 기뻐하지는 않았고 반면 게리는 그의 특별함을 유지할 수 있었습니다. 그는 졌지만 여전히 특별했습니다. 인간은 특별해지는 것을 좋아합니다.

최근 우리는 이런 종류의 사례를 한두 가지 목격했습니다. 몇 해 전 화성에서 운석이 발견되었을 때 그 운석에 생물학적 흔적이 있었는지 여부를 두고 논쟁이 일었습니다. 어쩌면 인간이 창조된 곳이 이곳 지구가 아닐지도 모릅니다. 우주의 다른 어딘가일지 모릅니다. "무슨 소리야? 우리는 지구에서 창조된 것이 틀림 없어." 그리고 게놈 구조가 해독되었을 때 우리는 감자보다도 유전자의 수가 적은 것으로 밝혀졌습니다. 사람들은 또 화를 냈습니다. 우리는 특별한 존재이기를 희망합니다.

하지만 제 생각에 인간은 그다지 특별할 것 같지 않습니다. 로빈 윌리엄스(Robin Williams)가 나온 "바이센테니얼 맨"(Bicentennial Man)이라는 대단히 저평가된 영화가 하나 있습니다. 바이센테니얼 맨은 로봇으로, 시간이 지남에 따라 인간의 특성을 갖게 되었습니다. 반대로 사람들은 기술을 이용해 생명을 연장하고 있습니다. 베이비 부머의 한 사람으로 저 또한 그렇게 할 것입니다. 달팽이관을 이식하는 사람들이 있습니다. 망막을 이식하기도 합니다. 팔, 다리를 조정하기 위해 신경 계통을 이식하기도 합니다. 많은 실리콘과 철제가 우리 몸 안으로 들어가고 있습니다. 우리 인간은 점점 더 로봇과 같아지고, 동시에 우리는 로빈 윌리엄스 같은, 혹은 좀더 동물에 가까운 로봇을 만들기 위해 점점 더 많은 생물학적 재료를 사용하기 시작했습니다. 이 영화의 마지막은 누가 더 인간에 가까운가에 대한 의문을 제기합니다. 바이센테니얼 맨이 더 인간다운지, 아니면 인간으로 시작했던 그 존재가 더 인간다운지.

따라서 「살과 기계 장치」(Flesh and Machines)라는 제 책에도 썼지만, 저는 앞으로 로봇과 인간, 이런 구분이 없어질 것이라 생각합니다. 우리는 같은 종류가 되어갈 것입니다. 이후 50년 혹은 5백 년에 걸쳐 기술이 발달함과 더불어 로봇과 인간은 결국 융합될 것이라고 생각합니다.

로잘린 피카드의 강의

인간을 어떻게 정의하는가

저와 로드니 브룩스 교수는 각각 15분 동안 네 가지의 질문에 답하도록 요청을 받았습니다. 대단히 어려운 질문들입니다. 박사 학위 구술시험 수준의 문제입니다. 그러니 바로 답변을 시작하도록 하겠습니다. 첫째, 우리가 인간을 어떻게 정의할 수 있는가라는 질문에 대답하기 위해 저는 일단 구글 검색을 시도했습니다. '인간을 어떻게 정의하는가?'라고 입력했더니, 위키피디아의 정의가 검색되었습니다. 하지만 여러분도 아시다시피 요즘 위키피디아는 검증되지 않은, 상당히 위험스런 내용이 포함되어 있습니다.

위키피디아는 인간을 두 발로 걷는 포유류라고 정의했습니다. 저는 이런 생각이 들었습니다. "글쎄? 그게 다야? 너무 단순한 것 같은데." 그래서 저는 두 발로 걷는 포유류를 입력해 보았습니다. 그것만으로는 우리를 설명하기에 충분치 않다고 생각했기 때문입니다. 그러자 개미핥기, 천산갑 등이 검색되었습니다. 이들 역시 두 발로 걷는 포유류였습니다. 인간을 정의하기 위해 무언가 더 있을 것이라는 제 의심이 증명된 셈이었습니다.

저는 좀더 신뢰할 만하며 역사가 있는 참고 자료를 찾아 웹스터 온라인 사전을 찾았습니다. 웹스터 사전에는 기본적으로 우리가 '사람'(man)이라고 나와 있었습니다. 혹은, 인간은 "인간적인 형태와 특질을 가지고 있다"라고 했습니다. 그래서 저는 이렇게 생각했습니다. '좋아, 누가 나를 사람이라고 부르는 것에 대해서는 불만이 없어. 남자라는 뜻을 가지고 있기도 하지만, 남녀 모두에게 적용되었던 일반적인 말이니까.' 종종 어떤 사람들은 여전히 제게 '친애하는 교수님'(Dear Sir)이라고 쓰기도 합니다. 그래서 저는 웹스터 사전에 사람과 인간(human being)을 동시에 입력하고 뜻을 찾아보았습니다. 웹스터는 정의를 찾지 못했습니다. 그래서 생각했습니다. '이거 정말 어려워지겠는데.' 실제로 저는 좀더 깊이 파고들어 보았습니다. 하지만 그다지 만족할 만한 결과는 찾지 못했습니다. 물론 정확하게 말하면 '사람'이라는 개념 아래, 인간에게는 나타나지만 다른 동물들에게는 없는 것들을 중심으로 우리의 특징을 설명하고 있습니다. 언어라든지 추상적인 추론 과정이라든지 이종 교배 등이 그것입니다. 우리는 이 정의에서도 인간은 두 발로 걷는 포유류라는 구분과 해부학적으로 유인원과 어떻게 다른가에 초점이 맞추어져 있음을 볼 수 있습니다. 그럼에도 DNA에 관해서는 아무런 언급이 없다는 점에 놀랐습니다.

하지만 저는 여러분이 인간에 대한 지금까지의 정의에 대해, 제가 그랬던 것처럼 만족하지 못하셨기를 바랍니다. 왜냐하면 정의를 내릴 때 이같이 기능적이고 측정 가능한 특질에 기반한다면 누군가는 제외될 수밖에 없기 때문입니다. 먼저 두 다리가 없는 사람들을 생각해 볼 수 있겠습니다. 그들은 두 발로 걷지 않습니다. 누군가는 사고 때문에 그런 일이 벌어졌을 수도 있고, 또 누군가는 유인원과 해부학적 유사성이 없는 채로 태어났을 수도 있습니다. 또한 저는 자폐증을 가진 사람들에 대해 연구하고 있는데, 이들은 정교한 언어를 가지고 있지 않습니다. 이들은 비언어적으로 소통합니다. 또한 저는 제 부모님에게 입양된 딸인데, 두 분은 자신들의 생물학적 자녀를 가질 수 없었습니다. 즉, 누군가는 위키피디아나 웹스터가 만든 정형화된 분류에 속하지 않는다는 것입니다. 하지만 그래도 그들은 여전히 사람입니다. 사실 우리가 역사를 조금만 상기해 본다면, 사람들이 어떤 집단을 인종이나 문화에 기초해 인간이 아니라고 정의하는 것이 대단히 큰 비극을 초래했음을 기억할 수 있을 것입니다. 참으로 안타깝고 불편한 진실이 아닐 수 없습니다.

결국, 이로써 저는 인간을 정의하기 위해 좀더 나아가야겠다는 결론에 이르렀고, 우리가 일반적으로 생각하는 특질들로 인간을 정의하면 항상 누군가를 제외시킬 수밖에 없다고 생각하게 되었습니다.

로드니 브룩스 교수가 자신이 준비해 온 비디오를 여러분에게 전부 보여주지는 않았지만, 그래도 여러분이 볼 때 인간처럼 상호 작용한다고 생각할 만한 로봇에 관해서는 보여 주었습니다. 연구에 참여한 피실험자가 키스멧과 오랜 시간 상호 작용하다보면, 그는 키스멧을 인간처럼 대하게 됩니다. 하지만 키스멧은 분명 인간이 아닙니다. 로봇입니다. 물론 브룩스 교수는 두 가지가 동일하다고 생각하지만 말입니다.

그래서 저는 사고 실험을 하기로 했습니다. 다들 할로윈 때 재미있는 캐릭터로 변장하기를 좋아하실 텐데요. 제가 호박으로 차려 입었다면 어떨까요? 사실, 호박은 참 크죠. 그러니 상상해 보건대, 제가 그 호박에 구멍을 파고 안으로 들어가 다시 구멍을 막았다고 합시다. 그래서 아무도 그 호박을 볼 때 여느 호박과 다를 것이 없다고 생각하도록 했습니다. 사실 저는 일반적인 호박과 무게가 별반 차이가 없고, 물성에 있어서도 거의 수분인 점이 동일합니다.

그리고 호박은 말을 하지 않으니 저도 아무 말을 하지 않을 것입니다. 그리고 제가 만일 길 한 가운데 놓이게 되었다면 호박처럼 굴러서 그 자리를 피할 것입니다. 그러니 기본적으로 저는, 호박의 기능적인 특질에 있어서 호박과 다를 바가 없을 것입니다. 그렇지 않습니까?

하지만 물론 이것은 우스운 이야기입니다. 로봇이 인간의 기능적인 특질을 몇 가지 만족시켰다고 해서 갑자기 인간이 되는 것만큼이나 말입니다.

사실, 인간을 정의하는 데 있어서 오래된 사전을 들춰 보면 다른 정의가 한 가지 더 있습니다. 바로 영혼(spirit)입니다. 이것은 하나님의 형상과 영적 세계를 일깨워 줍니다. 수많은 종교의 전통을 들여다보면 인간이 영혼을 가졌다고 설명합니다. 하지만 저는 그리스도인입니다. 창세기에서 제가 배운 바에 따르면 인간은 하나님의 이미지(형상)를 따라 창조되었습니다. 이것이 정확히 무엇을 의미할까요? 여기에는 매우 다양한 해석이 있을 수 있습니다. 그 전부를 오늘 이 시간에 살펴볼 수는 없을 것입니다.

하지만 저는 하나님이라는 말에 대해 간략히 언급하고 싶습니다. 일반적으로 많은 사람들은 이 말이 함축하는 의미를 그리스도인이나 유대인들이 생각하는 것보다 훨씬 축소시키는 것 같습니다. 만일 우리가 신을 그저 막강한 우주의 산타클로스나 벨 보이 정도로 생각한다면, 다시 말해 우리가 원하는 것을 요청할 때 가져다주는 정도의 존재로 생각한다면, 혹은 리처드 도킨스가 그런 것처럼 신을 시간과 공간에 제약을 받는 존재로 바라본다면, 그것은 구약 성경의 신이 아니고, 그 이미지를 따라 우리를 창조한 신도 아닙니다.

그렇다면 우리가 어떻게 시간과 공간을 초월하는 존재의 이미지를 따라 만들어질 수 있었을까요? 여기 MIT에서 우리는, 이미지란 뭔가 작은 공간에 투사된 영상이라고 생각합니다. 그렇다면 우리가 그 투사를 거꾸로 되돌린다면, 그 본체는 뭔가 우리의 상상을 충분히 뛰어넘고도 남을 존재일 것입니다.

로봇이 인간이 되기 위한 필요충분 조건은 무엇인가

그러면 두 번째 질문으로 넘어가 로봇이 인간으로 불리기 위한 필요충분 조건을 생각해 보겠습니다. 사실 저는 이 질문을 시간을 절약하는 데 사용하도록 하겠습니다. 왜냐하면 매우 간단하게 답할 것이기 때문입니다. 저는 로봇이 인간이 될 수 있는 필요충분 조건은 아무것도 없다고 생각합니다. 저는 인간이 로봇과 동일하다고 생각하지 않습니다. 로봇이 인간으로 불리게 될 것이라고 생각하지도 않습니다. 물론 로드(로드니 브룩스)는 스스로를 로봇이라고 생각하지만 말이죠. 생명공학적으로 인간을 만드는 것은 가능할 수 있다고 생각합니다. 현재 우리가 인간 장기의 일부를 생명공학을 이용해 만들고 있는 것처럼 말입니다. 언젠가는 어떤 놀라운 발견과 기술로 궁극적으로는 우리가 인간을 만들어 내는 데까지 이를지 모릅니다. 그렇게 만들어진 것은 인간입니다. 로봇이 아닙니다. 그러나 인간이 만들어진 재료가 아닌 다른 것으로 만들어진 것은 전혀 다른 성질을 가지게 될 것입니다.

잠깐 다른 질문을 하나 제기하고 싶습니다. 도대체 누가 인류를 **제작**하고 싶어할까요, 로드? 제 말은 새로운 인간을 만드는 훨씬 즐거운 방법이 있는데 말입니다! [웃음] 죄송합니다. 로드에게도 자녀들이 있다는 것을 알고 있어요. 재닛(로드의 아내), 미안해요. 하지만 꼭 묻고 싶은 질문이었습니다.

기술의 수준

다음 질문은 앞서 로봇이 인간으로 불릴 수 있는 필요충분 조건과 관련하여 오늘날의 기술이 어떤 단계에 와 있는가 하는 것입니다. 말씀드렸듯 저는 로봇이 인간이라 불릴 것이라고 생각하지 않습니다. 저는 감성 컴퓨팅(affective computing)이라고 불리는 분야를 연구하고 있습니다. 우리 연구소는 컴퓨터에 감성 지능을 부여하는 기술 개발에 선두를 달리고 있습니다. 컴퓨터의 감성 지능이란 인간의 감정적인 신호를 감지하고 그에 반응하는 것입니다. 그렇게 함으로써 컴퓨터가 자폐증을 가진 사람들이나 눈이 먼 사람들의 얼굴 표정을 읽고 그들에게 도움을 주는 것입니다. 우리는 다른 여러 용도와 더불어 기술을 덜 꺼림직한 방식으로 이용하기 위해 노력하고 있습니다.

하지만 가장 논쟁이 될 만한 질문은 아마 우리가 컴퓨터에 얼마만큼의 기술을 부여하느냐일 것입니다. 감정을 소통할 능력을 주는 수준이어야 할까요, 아니면 감정을 **가질** 수 있는 수준까지여야 할까요? 우리는 현재 기계 장치에 감정 **매커니즘**이라고 불리는 기술을 부여하는 방법을 연구 중에 있습니다. 이 수학적 기능과 과정은 동물에게도 존재한다고 여겨지는 감정이 컴퓨터에서도 작용할 수 있게 하는 것입니다.

하지만 이러한 기술이 컴퓨터에게 감정 자체를 제공하는 것은 아닙니다. 즉, 감정을 발달시킬 수 있는 경험을 제공하는 것은 아닙니다. 우리가 감정이 있다고 말할 때 으레 떠올리게 되는 감정의 주관적인 측면은 부여되지 않습니다. 우리는 컴퓨터를 미소 짓게 만들 수 있고, 그래서 행복해 보이도록 할 수 있으며, 행복한 것처럼 행동하고, 행복한 언어를 검색해 오게 할 수 있습니다. 또한 컴퓨터가 운율을 맞춘 시를 쓰게 할 수도 있습니다. 하지만 컴퓨터가 인간과 같은 자아나 내적인 경험을 가진 것은 아닙니다.

결론적으로, 지금의 최신 기술로도 어떻게 주관적인 감정을 창조해 낼 수 있는지는 알지 못합니다. 윤리적 감정, 즉 옳고 그름에 대한 감정도 마찬가지입니다. 자유 의지의 개념이나 영혼, 정신 혹은 다른 어딘가에서 로드가 표현한 대로, '생명을 주는 주스' 등도 어떻게 만들어야 할지 아직 실마리를 찾고 있지 못하는 것들입니다. 우리는 점점 더 다양한 감정 매커니즘을 만들 수 있게 되었습니다. 또한 의식적 기능에 있어서 자각에 해당하는 것을 부여할 수 있는 단서들도 가지게 되었습니다. 하지만 아직은 주관적인 감정이나 윤리적 감각, 영혼, 의지 등을 어떻게 만들어 낼 수 있는지는 모릅니다.

저는 '아직'이라는 말을 사용했습니다. 왜냐하면 과학자들은 그렇게 할 수 없다고 증명해 낼 수 있지 않는 한, 할 수 없다고 말하지 않기 때문입니다. 따라서 저는 인간이 그것들을 만들어 내는 것이 불가능하다고는 말하지 않을 것입니다. 그저 아직은 우리가 모른다고만 이야기하겠습니다. 또한 저는 그리스도인이기는 하지만 '인간과 차원이 다른 하나님'을 주장하지도 않겠습니다. 이 역시 과학자들이 증명해 낼 수 있는 것이 아니기 때문입니다. 아직 인간이 해내지 못했다고 해서, 오직 하나님만이 그 일을 할 수 있다고는 말할 수 없기 때문입니다. 물론 저는 하나님은 그러한 창조를 하실 수 있다고 믿습니다. 하지만 하나님은 인간의 정신 세계를 이해할 수 있도록 인간에게 그런 영역에 접근할 수 있는 길을 열어 주실지도 모릅니다. 그러니 저는 이 영역에 대한 가능성을 열어 두려고 합니다.

개인적 견해

저는 이미 로봇이 인간이라 불릴 수 있는 조건들에 대해 저의 개인적 견해를 일부 말씀드렸습니다. 이제 저와 로드의 견해 차이를 지적해 보도록 하겠습니다. 저는 로드가 자신의 책 「살과 기계 장치」를 언급해 준 것을 기쁘게 생각합니다. 그 책에서 그는 "진화를 인간을 출현시킨 매커니즘으로 받아들인다면 우리는 우리 자신이 고도로 조직된 생체 분자의 집합에 지나지 않음을 알 수 있다. 분자 생물학의 핵심 원칙은 **그것이 곧 존재하는 전부다**라는 것이다."

저는 이런 생각의 일부만 동의합니다. 제가 동의하고 동의하지 않는 부분을 명백하게 구분 짓고자 합니다. 저는 "…에 지나지 않는다"라고 하는 부분은 과학을 사용해서 말할 수 있는 내용이 아니라고 생각합니다. 이것은 이안 허친슨(Ian Hutchinson)을 따르는 과학 지상주의의 사례라고 생각합니다.

과학은 우리에게 생체 분자들의 내부를 볼 수 있게 해줍니다. 하지만 그것이 우리를 구성하는 전부라고 말할 수는 없습니다. 많은 성취를 이루고 사회적으로 유명하며 중요한 과학자들조차 이것이 인간의 전부라고 말하기도 합니다. 하지만 그런 말들을 믿지 마십시오. 왜냐하면 그것은 과학적인 진술이 아니기 때문입니다. 그것은 추정에 근거한 진술입니다. 또한 그것은 세계관에 기초한 진술이며, 그 세계관은 과학에 근거한 것이 아니라 믿음에 근거한 것입니다.

하지만 우리가 과학이라는 영역의 핵심적인 원칙이 무엇인가를 말할 때에, 기본적으로 지금 이 조건이 주어진 전부라고 가정하는 것이 필요하다는 점은 동의합니다. 그것은 우리가 과학을 할 때 갖는 기본적인 전제입니다. 저 스스로는 잘 표현하지 못하겠고, 과학적인 지식이 무엇인가를 말할 때에 시드니 해리슨(Sydney Harrison)의 만화가 설명하는 방식을 인용하고자 합니다. 어떤 사람이 칠판에 무언가를 쓰고 있습니다. 수학 공식과 수치가 가득합니다. 왼편에도 수학적인 내용이 잔뜩 쓰여져 있고, 오른편에도 마찬가지입니다. 그리고 그 사이에 좁은 틈새가 있는데 거기에 그 사람이 이렇게 썼습니다. "…그리고 기적이 일어났다." 어떻게 하면 왼편에 쓰인 내용과 오른편에 쓰인 내용을 등가로 만들 수 있을까요? 과학을 하는 사람들은 "그리고 기적이 일어났다"라는 식의 표현을 허용하지 않습니다. 과학에서 우리는 오직 측정 가능하고 반복적이며 다른 관찰자들도 확인할 수 있는 명백하게 규명될 수 있는 것들만을 고려합니다. 하지만 과학을 하기 위해 이러한 가정을 할 때에도 우리는 큰 그림을 놓치지 말아야 합니다. 완고하고 편협한 시야를 가진 과학자가 되어서는 안 될 것입니다. 우리는 과학적 지식이라는 것이 많은 종류의 지식 가운데 그저 하나임을 인식해야 합니다.

로드는 외계인의 존재를 믿는다고 합니다. 저는 몰랐던 사실이지만, 어쨌든 좋습니다. 제가 외계인에 대한 예를 하나 들겠습니다. 외계인들이 라디오를 어떻게 만들 수 있는가에 대한 설명서 하나를 발견했다고 상상해 봅시다. 또 필요한 모든 부속을 찾았고, 그것들을 조립했더니 뭔가 라디오 같은 것이 만들어졌습니다. 라디오와 같은 무게를 가졌고 필요한 모든 부속을 갖췄습니다. 그리고 외계인들이 전원을 켰습니다. 그 시점에, 그들이 이 실험을 하고 있던 장소에 라디오 전파가 흐르고 있었다고 가정하겠습니다. 외계인들이 라디오의 전원을 올렸을 때, 그들은 어떤 결론을 내리게 되었을까요? 음악이 라디오에서 흘러나오고 있습니다. 그리고 외계인들은 다시 라디오 내부의 작은 부품들을 자세히 들여다보았습니다. 그 작은 것들이 합쳐져 음악을 만들어 내고 있었기 때문입니다. 그래서 외계인들은 그것을 복제해 보았습니다. 복제품 역시 음악을 만들어 냈습니다. 그래서 그들은 음악이 만들어지는 원리를 알아냈다고 생각했습니다. 그들이 음악을 설명해 낸 것입니다.

그 외계인들은 이 현상을 설명하기 위해 **신생**(emergent)이라는 용어도 사용합니다. (과학자들이 이 용어를 사용할 때에, 여러분의 머릿속에 빨간 깃발이 올려지기를 바랍니다. 왜냐하면 이 말을 어원 그대로 번역하면 '이 일이 어떻게 일어났는지 우리는 아무런 단서가 없다'라는 의미를 내포하기 때문입니다.) 결국 그들은 라디오가 어떻게 음악을 만들어 냈는지 진짜로 안 것이 아닙니다. 하지만 음악은 흘러나왔습니다. 하지만 물론, 이후에 그들도 라디오 전파에 대해 알게 될 수 있습니다. 그리고 음악가나 라디오 방송국 등 음악을 만들어 내는 다른 것들의 존재도 알아차릴 수 있습니다. 그렇지 않습니까? 그러니 우리는 과학을 할 때에 겸손해야 합니다. 왜냐하면 우리가 어떤 현상을 만들어 내는 무언가를 제작했다고 하더라도, 우리가 그 현상을 온전히 이해했다고 말할 수는 없기 때문입니다.

따라서 언젠가 우리가 생체공학적으로 혹은 기계적으로 인간과 같은 기능을 하는 무언가를 만들었다고 하더라도, 외계인들이 라디오를 만든 것과 마찬가지입니다. 그렇게 인간과 같은 것을 만들었다 하더라도 우리가 인간이 되기 위해 무엇이 필요한지를 완전히 이해했다고 할 수는 없습니다. 어떤 기능을 복제했다고 하는 것이 음악을 실은 전파, 혹은 생명의 전파를 이해한 것과는 같지 않습니다.

많은 사람들이 신약 성경의 고린도전서 13장, 보통 '사랑 장'이라고 하는 부분을 잘 알고 있을 것입니다. 이것은 사도 바울이 쓴 부분입니다. 우리는 결혼식 등에서 그 장이 인용되는 것을 수없이 들었습니다. "사랑은 오래 참고, 사랑은 시기하지 않으며…." 그 사랑 장의 마지막 부분에는 이런 내용도 기록되어 있습니다. 그 부분을 읽을 때 저는, 언젠가 우리가 이 모든 것을 온전히 이해하게 될 날이 올 것이라는 생각이 들어 매우 감동을 받습니다. 사도 바울은 이렇게 기록했습니다. "우리가 지금은 거울로 보는 것같이 희미하나 그때에는 얼굴과 얼굴을 대하여 볼 것이요, 지금은 내가 부분적으로 아나 그때에는 주께서 나를 아신 것같이 내가 온전히 알리라"(고전 13:12). 또 다른 번역을 보면, "우리는 창문을 통해 희미하게 본다"라고 했습니다.

저는 시간과 공간을 초월하시며 우리 대부분이 상상할 수 있는 그 무엇보다도 위대하신 그 하나님은 우리를 온전히 아신다고 믿습니다. 현재 우리는 분명히 다 알고 있지 않습니다. 우리가 과연 끝내 알아낼 수 있을지도 의문입니다. 하지만 고린도전서 13장을 읽으며 저는 언젠가 우리도 알게 될 것이라는 확신을 가지게 되었습니다. 하지만 그것은 지금 이 생 이후의 삶에서일 것입니다. 그때가 되면 온전히 알게 될 것입니다.

토론

사회자 브룩스 교수님, 앞서 우리가 분자의 집합에 지나지 않다는 생물학자의 입장에서부터 토론을 시작해 볼 수 있겠다고 제안하셨는데요. 그러면 그 점에서부터 이야기를 풀어가 보도록 하겠습니다.

브룩스 네. 먼저 우리가 그 할로윈 분장을 한 호박을 요리한다면 일반 호박과 맛이 다를 것이란 점부터 말씀드리고 싶네요. [웃음]

피카드 어떻게 확신하시지요?

브룩스 아마 닭고기 맛이 날 것입니다. [웃음] 저는 이안 허친슨이 한 이야기는 들어 보지 못했지만, 일단 로지의 논리를 따르자면 저는 과학 지상주의라는 혐의를 받고 있습니다. 기꺼이 그렇게 하겠습니다. 실제로 저는 로지의 이야기를 들으며 한 가지 놀라운 점을 발견했습니다. 네 번째 질문에 대한 답변을 하면서, 로지는 살아 있는 시스템, 인간, 그리고 인간으로 살아가는 존재라는 어떤 등가의 시스템을 우리가 만들어 낼 가능성이 있다는 점을 인정했습니다. 한편 인간에 대한 정의의 하나로 **영혼**이라는 단어를 사용했습니다. 그리고 그것이 로봇에게는 결여되어 있는 것이라고 말했습니다. 또한 우회적으로 살아 있는 시스템에는 분자만으로는 설명되지 않는 다른 무언가도 있다고 제안했습니다.

따라서 만일 그것이 사실이라면, 저는 여기서 두 가지 가능성을 봅니다. 영혼, 혹은 그것이 무엇이든, 신이 인간에 집어넣은 그것이 생물학적 시스템에 어떤 영향을 미치는 경우와 그렇지 않은 경우입니다. 만일 영혼이 생물학적 시스템에 어떤 영향을 가진다면, 영혼 역시 과학적 탐구의 대상이 되었을 것입니다. 왜냐하면 우리가 그것을 관찰할 수 있었을 테니까요. 그런 경우가 아니라면 모든 분자 생물학자들 앞에 가리개가 있어서 영혼의 영향을 관찰할 수 없는 것인지도 모릅니다. 어쨌든 영혼이란 것이 분자 생물학의 영역에 포함된다면 우리가 찾아낼 수 있을 것입니다. 하지만 과학자들이 관찰할 수 없다면 문제가 될 수 있습니다. 다시 말해, 다른 재료를 이용해 로봇을 만드는 데 걸림돌이 될 수 있다는 것입니다. 살아 있는 시스템을 움직이는 무언가가 있기는 한데 그것을 우리가 통제할 수도 복제할 수도 없기 때문입니다. 신이 아주 영민하게, 인간이 만드는 모든 복제 박테리아에 영혼을 슬그머니 삽입시킨다면 모를까 말입니다. 인간 모르게 신이 그런 일을 한다는 가능성을 둘 수도 있습니다.

하지만 어쨌든 그것은 어떤 효과를 가지든가 가지지 않든가 할 것입니다. 만일 어떤 효과를 가진다면, 영혼이라는 것은 우리가 찾아볼 수 있는 무언가

일 것입니다. 다만 그 증거를 발견한 적이 없는 것입니다. 이같이 어떤 현상에 대한 증거가 부재할 때 과학적인 방법론에 입각해 말하자면, 무슨 일이 벌어지고 있다는 어떤 증거를 우리가 찾을 수 있을 때까지는 그것은 존재하지 않는 것입니다. 그런 일들이 있을 수 있습니다. 제가 '생명을 주는 주스'라는 표현을 한 이유는 우리가 과학적인 관점에서 놓친 것이 있을 수 있다는 점을 설명하기 위해서입니다. 따라서 그 밝혀지지 않은 무언가가 살아 있는 시스템에 영향을 미친다면, 우리는 그것을 탐구해 볼 수 있을 것입니다. 물론 그것을 밝혀내는 데 실패할 수도 있습니다. 우리가 그것을 찾아낼 만큼 똑똑하지 않을 수 있기 때문입니다.

따라서 만일 그것이 아무런 영향이 없다면, 인공적인 피조물을 만들어 내는 데 있어서도 아무 문제가 되지 않을 것입니다. 이것이 바로 제 견해입니다. 그리고 저는 앞서 로지 교수가 과학과 종교는 다른 영역이라고 말한 점에 대해 실제로 동의합니다. 저는 그 둘이 서로 다른 영역이며 서로 교류하지 않는다고 생각합니다.

피카드 저는 두 가지가 서로 다른 영역이며 교류하지 않는다고 말한 적이 없습니다.

브룩스 글쎄요. 그렇게 말씀하신 것 같은데요. [웃음]

피카드 여하튼 저는 그 주제에 대해 대단히 많은 생각해 왔습니다. 혹시 에드윈 아보트(Edwin Abbott)의 『플랫랜드』(*Flatland*, 늘봄)를 읽어 보신 적이 있으신가요? 거기에는 2차원 공간에 사는 사람들이 있습니다. 물론 그들에게도 아주 미세한 정도의 깊이가 있어서 움직일 수가 있습니다. 그래서 3차원이나 4차원의 것이 출현해도 모든 이들이 그것을 이상하게 생각합니다. 왜냐하면 2차원의 세계에서는 3차원이나 4차원의 것을 설명할 수가 없기 때문입니다. 하지만 그것들도 그 2차원의 세계에 존재할 수는 있습니다.

브룩스 물론 그렇습니다.

피카드 그래서 저는 인간의 영혼에 하나님의 이미지가 있다는 것을 그런 식으로 생각합니다. 즉, 우리 안에 일종의 존재감을 가지고 있는 것입니다. 어쩌면 우리는 그 존재를 우리 안에 초대할 수도 있고, 더 큰 자리를 차지하도록 허용할 수도 있는 자유를 가졌는지도 모릅니다. 저는 우리가 살아가는 세계 안에 있는 모든 것을, 우리의 현재 상태로 측정할 수 있다고 생각하지 않습니다. 우리는 일종의 플랫랜드에 갇힌 존재들이라고 생각합니다. 이곳에서 우리는 실제로 무슨 일이 벌어지는지 그저 투사된 영상만을 보고 있을지 모릅니다. 우리가 더 높은 차원의 현실로 해방되기까지는 온전히 이해할 수 없는 것입니다. 이것이 바로 과학과 종교의 영역을 구분하지 않는 저의 생각입니다.

로드 교수님은 또한 영혼의 증거가 없다는 언급을 하셨는데요. 제 생각에는 사람들의 경험이 종종 과소평가되고 있는 것 같습니다. 저는 경험이 어떻게 증거가 될 수 있는가에 대해서도 많은 생각을 해 보았습니다. 예를 들어 지금 이 병의 높이라든가 또는 그밖의 무언가를 과학적으로 측정한다고 할 때, 단지 우리가 이것을 반복적으로 측정하는 것이 아니라, 우리의 '경험'이 그것을 반복적으로 측정하는 것입니다. 궁극적으로 우리의 과학적 측정 역시 인간 경험을 필요로 합니다. 우리는 종종 인간의 경험이 바로 무엇이 참인지 거짓인지를 판단하는 궁극적 주체라는 사실을 간과하는 것 같습니다.

수없이 많은 사람들이 성령을 경험했다고 이야기합니다. 서구 문화권에 속한 사람들뿐 아니라 중국, 한국, 아프리카 그리고 이 지구상 구석구석의 사람들이 그런 체험을 증거합니다. 물론 경험이라는 것은 무엇이 현실인가 하는 것의 매우 제한된 일부분일 가능성이 높지만, 그래도 그 역시 현실이라고 생각합니다. 그리고 그 경험을 증거로 이해할 수 있다고 생각합니다.

브룩스 저는 먼저 플랫랜드에 대한 이야기로 돌아갔다가, 다시 방금 하신 말씀에 대한 제 생각을 말씀드리겠습니다. 한스 마벡(Hans Marbeck)은 플랫랜드에 대한 일련의 훌륭한 예시를 내놓았습니다. 그는 우리가 누군가의 시뮬레이션 속에서 무선으로 조종되는 로봇일지도 모른다고 말했습니다. 그 시뮬레이션 프로그램은 다른 곳에서 운용되고 있습니다. 그래서 그는 이런 발상을 하게 되었습니다. 우리를 움직이는 그 프로그램의 버그를 찾아내서 빠져나갈 틈새를 노리는 것입니다. 우리는 어떤 변칙이 발생하는 것을 보게 될 것입니다. 마치 홀로그램이 가득 찬 방에 있다가 갑자기 뭔가가 잘못되어 홀로그램을 쏘던 빛 줄기가 들어 오는 것을 보는 것과 같습니다.

피카드 그렇게 해서 우리가 '매트릭스'에 갇힌 것이 아니라는 사실을 알게 되는 것 아닙니까? 그것이 너무 잘 작동하고 있어서.

브룩스 하지만 그렇게 되면 질문은 플랫랜드에 살던 사람들에게로 귀결됩니다. 그들은 자신들이 갇혀 있는 세계 안에서 일관성이 있는 과학과 공학을 개발할 수 있지 않을까요? 그 세계에 존재하는 매커니즘을 이해하고 그것들을 복제하며 창조할 수 있도록 말입니다. 그렇기 때문에 저는 영적인 세계와 다른 세계가 각자 독자적인 영역이라고 말하는 것입니다. 왜냐하면 우리는 그 제한된 시스템 속에서도 작동할 수 있기 때문입니다. 그 시스템이 일관성이 있든 그렇지 않든 우리는 그것의 증거를 보게 될 것입니다. 많은 사람들이 영적인 세계가 있다고 하는 느낌을 갖는다고 로지 교수님은 주장하고 있습니다. 거기에 대한 제 의문은, 다른 사람들은 그것에 대해 다른 생각을 가지고 있다는 점입니다. 저는 그 사이에서 어떤 일관성을 발견할 수 없습니다. 사실, 저는 반대하는 주장이 더 일리가 있다고 봅니다. 물론 저도 과학자로서 결국 모든 것이 인간의 경험으로 귀속된다는 것에 동의합니다. 하지만 그래서 우리가 노력하는 것은 바로 일관성을 찾는 것입니다. 우리는 언제나 패턴과 일관성을 찾습니다. 그것이 바로 과학이 하는 일이고 공학이 다루는 일입니다. 기술적으로 얼마나 일관성을 갖느냐 하는 점이 바로 궁극적 증거가 될 것입니다. 그렇다고 그것이 우리가 뭔가를 놓칠 수도 있다는 것을 의미하지는 않습니다. 19세기의 기술자들은 놀라운 시스템을 만들었습니다. 하지만 그래도 그들은 양자

역학에 대해서는 알지 못했습니다. 즉, 어떠한 현상이 나타나기는 하지만 그들의 시스템 안에서는 설명할 수 없는 것들이 있었습니다. 그래서 좀더 복잡한 시스템을 만들어야 했습니다. 저는 현대의 인간이 물질적이고 과학적인 현실을 모두 이해했다고 생각하지는 않습니다. 하지만 이것이 바로 과학과 공학이 이루어지는 세계에서 제가 가진 세계관입니다. 그리고 종교 등 다른 것들은 이 세계와는 다르다는 것이 제 결론입니다.

마지막으로 간단한 예를 하나 말씀드리겠습니다. 저 역시 다양한 믿음 체계를 가지고 있습니다. 과학자이면서 종교를 가진 사람이나, 다른 영역에 종사하며 종교를 가진 사람들도 마찬가지일 거라고 생각합니다. 저는 스스로를 로봇이라고 생각합니다. 생체 분자로 가득 찬 살가죽 부대입니다. 그리고 다른 측면의 저를 생각하면 거기에는 제 아내인 재닛이 있고, 제 아이들이 있습니다. 하지만 저는 이들과는 완전히 다른 방식으로 상호 작용합니다. 무조건적인 사랑이지요. 그것은 과학적인 관점의 일부라고 볼 수 없습니다. 따라서 저 역시도 매일매일을 다양한 복수의 관점 아래 살아가고 있습니다.

피카드 저라면 그것을 복수의 관점이라고 말하지 않을 것 같습니다. 그것은 일관성이 없는 관점이지요. [웃음]

브룩스 저는 그동안 로지 교수님에게 착하게 굴었는데 그러시깁니까? [웃음]

피카드 글쎄요, 저는 로드 교수님의 관점이 일관성이 없다는 것입니다. 저는 제 관점이 일관성이 없다고 생각하지 않습니다. 제 관점이 일관성이 없다면 어떻게 그런지 이야기해 주시지요.

브룩스 분명히 저는 교수님의 의견을 너그럽게 받아줬습니다. 저의 개인적인 믿음은, 종교적인 관점은 과학과 일관성이 없다는 것입니다. 하지만 저 역시 여러 사안에 대해 일관성 없는 관점을 취하기도 하므로 다른 사람들도 저마다의 비일관성을 갖는 것에 대해 용인하는 것입니다. 다른 이들의 비일관성

에 대해 그다지 신경 쓰고 싶지 않습니다. [웃음]

피카드 네, 하지만 교수님은 계속해서 모든 이들이 특별하고자 하는 욕구를 가진다고 말씀하고 계십니다. 그런 욕구는 어디에서 왔다고 생각하시나요?

브룩스 글쎄요, 그런 질문이라면 저는 다윈의 세계로 들어가, 그것은 진화가 이루어진 매커니즘이라고 말해야 할 것 같습니다. 우리가 그 네안데르탈인들을 무찌르고 생존하게 된 원동력 말입니다. [웃음]

피카드 하지만 그것은 이기적 유전자가 하는 일이 아닙니다. 이기적 유전자는 우리에게 더 많은 후손을 만들게 하는 것입니다. 따라서…

브룩스 그리고 다른 종이 아닌 우리 자신과 우리의 후손들에게 더 많은 자원이 돌아가도록 하지요. 참, 그리고 이것이 바로 새로운 특성을 만드는 매커니즘입니다.

피카드 아, 그 이야기를 하실 줄 알았습니다. [웃음]

브룩스 저는 신생 특성에 대한 로지 교수님의 정의가 정말로 마음에 들지 않습니다. 만일 누군가가 과학자들은 '신생 특성'이라는 용어를 사용하는 이유가 그것이 왜 출현하였는지 이해할 수 없어서라고 생각한다면, 그 사람은 이 신생 특성이라는 것이 무슨 의미인지를 이해하지 못한 것입니다. 새롭게 등장한 특성들에게는 다양한 레벨이 있을 수 있지만 완전히 이해할 수 있는 것도 있습니다. 그것이 과학자들이 지난 수백 년간 해 온 일이기도 합니다. 기체의 법칙은 분자 모형들이 서로 부딪치는 가운데 발견되었고, 거기서 압력을 이해하게 되었습니다. 압력이라는 특성은 분자 역학 속에 숨겨져 있었다가 새롭게 발견된 것이었습니다. 압력은 분자와는 다른 영역에 속한 것이기도 합니다.

피카드 하지만 그러한 발견들 사이의 틈을 이어 줄 다른 것들에 대한 이해가 여전히 필요합니다.

브룩스 그렇습니다. 그것이 바로 과학이 하는 일이고요. 새롭게 관찰된 것들 사이에서 연관성을 찾는 것 말입니다.

피카드 저는 또한 로드 교수님이 말씀하신, 인간은 결국 진화가 만들어 낸 생체 분자의 집합에 불과하다는 관점이 궁금합니다. 그런 관점은 일반적으로 진화가 무작위적인 변형과 자연 선택으로 이루어진다고 말합니다. 따라서 거기에는 목적이 없습니다. 의미도 없고요. 자유 의지도 개입할 여지가 없습니다.

브룩스 그렇기 때문에 제가 일관적이지 않은 관점 아래 살아가고 있다고 말한 것입니다. 그게 전부라면 참으로 황량하기 때문입니다. 하지만 그것이 진실입니다.

피카드 그렇죠, 정말 황량하게 보입니다. 그러면 저는 또 궁금합니다. 교수님은 어떻게, 왜 사십니까?

브룩스 저는 일종의 환상의 세계에서 살고 있습니다. 그 환상의 세계는 제가 살기로 선택한 곳이고, 그곳에서 저는 로지 교수님을 친절하게 대하고 있습니다.

피카드 글쎄요, 제 생각에는 교수님이 제게 그다지 친절하신 것 같지 않습니다. 또 교수님이 환상의 세계에 살고 있다고 생각하지도 않습니다. 물리학자들조차도 대폭발을 이야기합니다. 아마 여기 있는 여러분 중 누군가는 이 점에 대해 저보다도 훨씬 잘 알고 있겠지요. 또한 우리가 아는 시간과 공간이 있기 이전의 시간에 대해서도 이야기합니다. 그러니 물리학의 영역 속에서 초월적인 존재를 묻는 것이나 시간과 공간을 초월하는 어떤 것에 대해 질문하는 것은 환상이 아니라는 것입니다.

브룩스 제 입장을 좀더 분명히 해 두고 싶습니다. 저는 여기에 종교의 타당성을 논하기 위해 나온 것이 아닙니다. 하지만 제가 인정하는 바는, 우리는 모두 비일관적인 믿음 체계를 가지고 있다는 점입니다. 인간은 매우 혼란스러운 존재입니다. 우리는 뒤죽박죽이 된 채로 살아갑니다. 그렇게 일관성 없는 관점을 가지고도 어쨌든 삶을 살아갑니다. 그래서 과학은 의식적으로 사물에 대한 일관성 있는 관점을 획득하기 위해 스스로를 고립시킵니다. 공학은 그러한 과학적인 관점을 받아들이고, 그 기반 위에 예측 가능한 매커니즘을 수립하기 위해 노력하는 것입니다. 제 입장에서는 그것이 바로 과학과 공학, 기술의 묘미입니다. 그렇기 때문에 저는 여기 MIT에 있는 것입니다.

피카드 네, 저 역시 그러한 묘미를 공유하고 있습니다.

사회자 이쯤에서 저는 조금 다른 방향으로 질문을 틀어 보고 싶습니다. 교수님들이 가진 세계관이 교수님들의 연구에 어떻게 영향을 미치는지 혹은 그렇지 않다면 어떻게 영향을 미치지 않는지 궁금합니다.

브룩스 제가 가진 세계관은 분명히 매우 물질적인 세계관일 것입니다. 이 세계 안에는 물질이 있고 그것은 특정한 방식으로 세계와 상호 작용합니다. 그리고 우리는 그것은 어느 수준으로는 이해하고 있습니다. 어쩌면 세계는 우리가 완전히 이해하기에는 너무나도 복잡할지 모릅니다. 이 행성 외부에 무언가가 있을지 모른다는 로지 교수님의 주장을 저도 받아들입니다. 그렇기 때문에 우리가 이해하지 못하는 것일 테니까요. 저는 사실 우리가 이 행성 속에 그저 아무것도 모르는 채로 살고 있다는 관점을 선호합니다. 우리에게는 이 세계를 다 이해할 만큼 충분한 매커니즘이 없습니다. 제가 키우는 개가 제게 수학에 관해 이야기를 시작할 거라고 생각하지 않습니다. 또한 개들의 두뇌 속에 수학을 이해할 매커니즘이 존재할 거라고 생각하지도 않습니다. 저는 수학에 대해 일정 수준을 이해합니다. 하지만 이 세계 속에는 제가, 혹은 모든 인간이 이해할 수 없는 현상이 존재할 것입니다. 어떤 과학자들은 이렇게 말합니다. "그래, 그렇다면 인공적인 진화를 발생시켜 우리보다 더 똑똑한 존재를 만들어 내겠다." 인간이 컴퓨터 공학에 관한 기술을 점점 더 많이 갖게 된다면, 우리는 이러한 결심을 현실로 만들어 낼 수 있을 것입니다. 그래도 여전히 인간이 그 인공 장치들보다도 더 우위에 있을 것입니다. 왜냐하면 우리가 그 인공 장치를 만들었기 때문입니다. 그 인공 장치가 자신보다 더 영리한 무언가를 만들었다 하더라도 여전히 우리가 근원적인 힘을 가지고 있습니다. 인간이 불멸성을 가질 수도 있을 것입니다. 우리의 뇌를 기계 장치에 다운로드해서 종교가 없이도 영원히 살 수 있는 것입니다. 그럼에도 저는 인간은 한계가 있고, 앞으로도 한계를 가질 거라는 생각을 받아들일 용의가 있습니다.

피카드 그러면 제 세계관을 말씀드리겠습니다. 물론 물질적인 것들이 존재합니다. 그것들이 바로 제가 과학이라는 모자를 쓰고 다루는 것들입니다. 하지만 제가 그렇게 과학이라는 모자를 쓰고 있을 때조차도 저는 여전히 그리스도인입니다. 하지만 과학이 아직 설명하지 못하는 것들 때문에 하나님을 끌어들이고 싶지는 않습니다.

브룩스 왜 그렇게 안 하는 거죠?

피카드 왜냐하면 다시 한 번 말씀드리지만, 제 생각에 우리는 하나님에게 완전히 알려진 존재이기 때문입니다. 우리는 그 실재가 투시된 영상입니다. 따라서 저는 더 큰 현실을 이해하고 싶습니다. 저는 이 세계 안에서 이해 가능한 무엇이 있는지를 알고 싶고, 과학이라는 도구가 그것을 가능하게 해줍니다. 그렇기 때문에 저는 과학을 즐깁니다. 이 세계 안에는 참으로 값진 것들이 풍요롭게 존재합니다. 그래서 그것들을 들여다보면 볼수록 점점 더 많은 것들을 계속해서 찾아내게 되는 것입니다. 우리가 인간에 대해 어떤 것을 이해하기 시작했다고 합시다. 그러면 그 이해를 시작으로 더 많은 의문들이 열립니다. 더 아름답고 더 신비롭습니다. 그리고 이 놀라운 세계를 만든 위대한 존재를 향해 더 큰 경외심을 가지고 다가가는 저 자신을 발견하게 됩니다. 과학을 하며 만나게 되는 그 수많은 것들의 아름다움과 심오함, 경이로운 탁월함 등이 제 안에 경외심을 키웁니다. 그래서 저는 그저 이렇게 두려움을 느끼며, '왜 아무런 목적이 없고 무작위적이고 방향성이 없고 의미가 없는 것들에 두려움을 느끼는 걸까' 하고 생각하는 대신 '와, 이것은 어쩌면 더 위대한 것이 존재한다는 사실을 내게 가리키고 있는 것인지도 몰라'라고 생각합니다.

브룩스 제가 생각하는 것은, '세상에, 여기는 정말 대단한 탐구의 공간이군. 이 안에 무엇이 있는지 찾아보자'입니다.

피카드 글쎄요, 저도 그런 생각을 합니다. 하지만 저는 그 이면에는 어떤 목적이 있을 거라고도 생각합니다. 또 우리가 그 목적을 발견할 수도 있고요. 그리고 제가 그것을 제 삶 가운데로 받아들이면 놀라운 기쁨을 누릴 수 있습니다. 그리고 이미 그 기쁨을 경험해 본 이상, 그 이전의 삶의 방식으로 돌아가고 싶지 않습니다.

브룩스 그래서 저는 절대 코카인을 입에 대지 않습니다. [웃음]

피카드 교수님은 제가 왜 과학이 설명하지 못하는 것들에 하나님을 끌어들이지 않는지를 물으셨지요? 첫째, 과학은 시간이 지남에 따라 그러한 간극을 메우게 될 것이기 때문입니다. 왜냐하면 그것들조차도 이 세계, 즉 투사된 영상의 세계 안에 있는 것들이기 때문입니다. 우리는 측정 가능한 사물과 현상으로 둘러싸여 있고, 그래서 계속해서 새로운 사실들을 발견해 나갈 것입니다. 하지만 이 간극들이 하나님을 가리키는 요인이라고 생각하지는 않습니다. 제 생각에는 두 가지 것이 우리 주변에서 벌어지고 있습니다. 하나는 우리가 과학을 통해 볼 수 있는 것입니다. 그것은 질서 정연하고 논리적이며 어떤 법칙이 있는 것처럼 보입니다. 우주는 놀랍도록 미세하게 조정되어 있어서, 그 모든 것이 무작위적이라고 생각하려면 대단한 믿음을 갖지 않으면 안 될 정도입니다. 우주의 정교함이 임의로 발생했다는 것은 가능성이 극히 적은 사건으로, 심지어 다윈조차도 기적적이라고 표현했습니다. 정말 대단한 믿음이 필요한 사고입니다.

브룩스 제 생각에 다윈은 비관주의자입니다.

피카드 따라서 우리의 제한된 세계관으로 우리가 사는 세계가 지금의 방식으로 작동하고 있음을 믿으려면 놀라운 믿음이 필요합니다. 이 세계는 결코 무작위적이거나 무질서하게 보이지 않습니다. 물론 때때로 제 아이들의 방에 들어가보면 좀 다른 생각을 하게 되지만 말입니다. 하지만 두 번째는 상향식의 관점이 아닙니다. 상향식의 관점은 우리가 플랫랜드를 설명할 때 보았습니다. 두 번째 관점은 하향식 관점입니다. 상향식 관점도 마찬가지이지만, 과학을 하는 데 있어서 보통은 하향식 관점을 취함으로써 많은 것을 알게 됩니다. 따라서 우리는 과학의 도구를 사용해 포착하려 애써야 하는 현실만 가진 것이 아니라, 계시, 즉 하향식의 메시지도 있습니다. 그것은 우리에게 성경을 통해 주어졌습니다. 역사 속의 사건들을 통해 하나님은 하나님의 목적과 특성, 그리고 그 외에 많은 것들을 인간에게 드러내셨고, 그것이 성경에 기록되어 있습니다.

제가 무신론자일 때, 저는 성경이 그저 온갖 허무맹랑한 이야기들로 가득 차 있고, 종교적인 사람들은 괴짜에다가 어리석을 거라고 가정했습니다. 제 말에 불쾌한 분이 있다면 죄송합니다. 하지만 저는 그렇게 생각했습니다. 그런데 어느 날 누군가가 제게 직접 성경을 읽어 보고 그 안에 담긴 계시를 알아보라고 도전했습니다. 그래서 생각했습니다. '정말 한 번 읽어 봐야 할 것 같아. 너무 유명한 책이기도 하고, 한 번도 보지 않고 내던져 버리는 그런 사람은 되고 싶지 않거든.' 그래서 저는 시간을 내어 성경을 읽기 시작했습니다. 그러자 그 안에서 제가 발견한 것들로 인해 그저 놀랄 따름이었습니다. 그리고 저는 매우 점진적으로 변화되었습니다. 제가 그 안의 내용을 믿는다고 스스로 고백하기까지 저는 아마 네다섯 번 정도나 성경을 혼자 읽었습니다. 왜냐하면 제가 그것을 **믿을 수 있다**는 사실을 믿기 어려웠기 때문입니다. 하지만 저는 제가 철저히 틀렸다는 것을 알게 되었고 실제로 변화하기 시작했습니다. 그리고…

브룩스 로지, 당신은 코카인을 시도해 보지 않은 것을 다행으로 여겨야 할 것 같습니다.

피카드 저는 코카인을 해 본 적도 해 볼 마음도 없습니다.

브룩스 네, 하지만 한 번쯤 꼭 짚고 넘어가야 할 것 같았습니다.

피카드 코카인이 주는 환희와 기쁨이 지나가면, 그저 지옥 같다고들 하더군요. 물론 이것은 경험에서 나온 말이 아닙니다.

브룩스 로지 교수님, 교수님은 지금 마치 종교를 두고 논쟁을 벌이자고 하시는 것 같습니다. 하지만 앞서도 말씀드렸듯 저는 여기에 종교에 관해 싸우려고 온 것이 아닙니다. 어떤 사람들은 신앙을 가지고 있습니다. 저는 그들을 그대로 내버려둘 것입니다.

사회자 네, 잘 알겠습니다. 두 분 교수님, 모두 감사드립니다.

제레미 벡비 Jeremy S. Begbie
듀크 신학대학 토머스 랭포드(Thomas A. Langford) 연구 교수다. 조직신학을 가르치며, 신학과 음악 사이의 접점에 특히 관심을 가지고 있다. 영국 성공회 사제인 동시에 전문 음악가이기도 하다. 최근 저서로는 「진리의 울림」(*Resounding Truth*)이 있다.

10. 종말의 의미
버클리 캘리포니아 대학 베리타스 포럼, 2001*

'종말의 의미'(The Sense of an Ending). 영문학을 전공하는 분들이라면 이 구문이 낯설지 않으실 것입니다. 대략 40년 전, 영국 출생의 평론가인 프랭크 커모드(Frank Kermode)가 이 제목으로 책 한 권을 완성했습니다. 그가 지적하길, 수많은 서사 소설들의 결말은 이야기 전체에 통일성을 제공하고, 서사의 모든 가닥을 한데 모으며, 온갖 불협화음과 충돌을 '대단원의 시간적 조화'로 승화시킨다고 했습니다. 결말이 없다면 그저 연속된 각각의 사건들로만 인식될 것들이 결말로 인해 더 큰 총체에 속해 있었음을 알게 됩니다. 프랭크는 이것이 바로 우리가 일련의 사건들 속에서 어떤 패턴을 찾아낼 수 있는 모형이라고 생각합니다. 연속 사건의 나열에 불과했을 역사의 의미를 포착하기 위해서는 역사를 플롯을 가진 이야기, 즉 종말이라는 결말로 통합되는 이야기로 '읽어야' 합니다.

---

* 이 베리타스 포럼은 9/11 테러가 일어난 지 정확히 1개월되던 날 열렸으며, 영상과 음향과 피아노 연주를 활용해 멀티미디어 공연 형식으로 이루어졌다.

긴장, 해소

문학보다 더 결말에 의해 좌우되는 것이 바로 음악입니다. 음악은 일종의 영원한 음향적 미래 시제로 이뤄집니다. 음악은 언제나 결말을 향해 달립니다. 이것이 우리가 가장 잘 아는 음악 형식인 '조성 음악' 혹은 '서양식 조성 음악'의 특징이기도 합니다. 이런 종류의 음악은 17세기 때 처음 꽃 피우기 시작했고 이후 서양 음악을 지배해 왔습니다. 모차르트든 베토벤이든, 교향악이든 그런지 록이든 실내악이든 펑크든 혹은 비밥(bebop: 재즈의 일종—역주)이든 힙합이든 모두가 조성을 가지고 있습니다. 그리고 조성 음악이 가지는 가장 강력한 장치 가운데 두 가지가 바로 긴장과 해소입니다.

아침 7시에 일어나는 것이 어떤지를 기억해 보십시오. 깊은 꿈 속을 헤매고 있습니다. 그러다 갑자기 알람이 찢어지듯 울립니다. 머리가 폭발할 것 같고, 손은 침대 옆 탁자를 내리칩니다. 자기 전에 읽던 소설이든 일기장이든 그 속을 마구 헤집고 다닙니다. 그러다 결국 아직 잠이 덜 깬 여러분의 손이 그 버튼을 제대로 찾았습니다. 긴장…그리고 해소

이것은 우리의 삶을 주관하는 근본적인 패턴이기도 합니다. 만일 서양식 전통에 입각해 음악을 하나 작곡하고자 한다면 바로 이 긴장과 해소를 어떻게 다루어야 할지를 알 필요가 있습니다. 가장 기본적인 유형 중의 하나가 바로 '화성적인' 긴장과 해소입니다. '해결되지 않은' 어떤 피아노 코드를 들으면, 곧 '해결된' 코드를 듣기를 원하고 기대합니다.

효과적인 음악을 작곡하는 기술의 상당 부분이 긴장과 해소 사이에 놓인 그 역동적인 '공간'을 어떻게 다루느냐입니다. 모든 것은 긴장을 어떻게 언제 해소하느냐에 달려 있습니다.

안식-방황-안식

긴장과 해소에는 다양한 유형이 있으며 또한 다양한 정도로 이루어집니다.

화성의 긴장과 해소는 결코 유일한 유형이 아닙니다. 긴장과 해소는, 예를 들어 박자나 리듬, 조음의 개시, 음색, 음량 등 다양한 방식으로 나타날 수 있습니다. 하지만 저는 일단 화성적인 긴장과 해소에 대해 좀더 이야기해 보겠습니다. 긴장이란, 당연히 긴장이 있기 이전의 어떤 상태를 가정하고 있습니다. 긴장이 오기 전의 평형 상태입니다. 알람이 울리기 전 잠들어 있는 상태, 그것이 바로 평형 혹은 평정 상태입니다. 따라서 좀더 온전한 그림을 그려 보자면 평형 - 긴장 - 해소의 구성입니다. 혹은 안식 - 방황 - 안식의 구성입니다.

수천 곡의 음악이 이 패턴으로 만들어져 있습니다. 밴 모리슨(Van Morrison)의 명곡, "하나님의 빛이 비추일 때면 언제나"(Whenever God Shines His Light)가 이런 패턴을 매우 선명하게 갖춘 예라고 하겠습니다. 그 과정은 매우 미묘하고 확장된 채로 이루어질 수도 있습니다. 예를 들어, 여러분이 만일 리처드 와그너(Richard Wagner)의 오페라 식 드라마를 하나 보게 된다면, 네 시간 반동안 집을 떠나 방황하는 자신을 발견하게 될 것입니다.

음악의 모든 긴장과 해소는 서로 어우러져 앞을 향해 나아가는 느낌을 제공합니다. 즉, 현재 상태는 불완전하다는 느낌입니다. 그래서 그 음악은 우리에게 역동적인 욕망을 주고 종결에 대한 암시를 제공합니다. 간단히 말해, 우리는 끝을 감지하게 됩니다. 우리가 그 드라마의 결말을 볼 때까지 잠자코 앉아 있지 않더라도 전반적인 흐름은 집, 즉 안식처를 향해 있다는 것을 느낄 수 있습니다.

여기서 두 가지를 주목하시기 바랍니다. 첫째, 우리가 다루는 것은 순환이 아닙니다. 이것은 정확한 회기와 반복으로 이루어진 순환적인 시간대가 아닙니다. 여러분이 알람을 끈다 해도 다시 잠자는 시간으로 돌아가지는 않습니다. 최소한 그러려고 알람을 끈 것은 아닙니다. 알람을 끈 후에는 평형 상태로 돌아가지 않습니다. 음악에서는, 결말이 도입부를 그대로 반복한다 할지라도 그것은 여정의 대단원이 되며 그래서 다르게 느껴지는 것입니다. 이것은 폐쇄된

원을 돌고 도는 것과는 다릅니다. 이것은 거리의 끝에 있는 우리 집을 찾는 것과 같습니다. 우리는 더 크고 더 많은 가구가 들어 있는 집을 찾게 됩니다. 나중에 찾은 집은 우리가 떠난 집과 비슷한데 더 완전한 집입니다. (따라서 안식-방황-안식의 구성 속에서 대문자는 두 번째 안식에 표기됩니다. 'home-away-Home')

둘째로, 최종 결말은 약하거나 강한 형태로 나타납니다. 대중 음악의 대부분은 앞서 말씀드린 안식의 구성으로 작곡되었습니다. 하지만 그 곡의 실제 마지막 부분은 깃발이 휘날리는 클라이맥스가 아닐 수도 있습니다. 그저 점차 희미해지는 방식으로 마무리될 수도 있습니다. 그러나 또 어떤 곡들은 그저 깃발이 휘날리는 정도의 클라이맥스가 아니라 엄청난 전투를 앞두고 있다는 느낌을 줄 수 있습니다. 예를 들어, 베토벤 음악의 상당수가 그렇습니다. 하지만 약한 결말을 가진 곡의 경우도 종종 더 강하고 더 큰 결말이 예비되어 있다는 느낌을 줍니다.

유대교와 기독교 배경에서의 안식-방황-안식

이 모든 것이 기독교와 무슨 관련이 있을까요? 기독교의 성경은 이 세상에 대한 이야기를 기록하고 있습니다. 하나님이 "빛이 있으라"라고 하시는 첫 말씀에서부터 종말의 때에 재창조된 세상에 대한 계시까지 기록되어 있습니다. 성경은 순환을 이야기하지 않습니다. 종말로 향하는 소망을 말하고 있습니다.

- 안식: 태초에는 하나님이 보시기에 좋은 세상과 에덴 동산이 평형을 이루고 있었습니다. 최초의 인간은 하나님과 화목을 이루며 살았고 아담과 하와는 서로를 기뻐했습니다.
- 방황: 그러나 긴장이 시작됐습니다. 인간들은 하나님께 반항하고 하나님을 거부했습니다.
- 안식: 그래서 하나님은 해결책을 모색하셨습니다. 아브라함이라는 인물

을 부르는 것에서 시작하셔서 예수에 이르러 절정에 이릅니다. 그리고 성경의 마지막 장은 "새 하늘과 새 땅"을 언급하며 마무리됩니다. 음악과 마찬가지로 최종 종착지는 이전에 있던 곳으로의 단순 회귀가 아닙니다. 새롭게 창조된 세상이 최종 목적지입니다.

또한 음악과 마찬가지로 큰 이야기 안에 수많은 작은 이야기들이 있습니다. 작은 긴장과 해소들이 계속됩니다. 예수님은 아버지에게 유산을 미리 달라고 한 아들에 관한 이야기를 들려주셨습니다. 아버지를 죽었다고 간주하는 것과 다름 없는 행동이었습니다. 그리고 그 아들은 먼 나라로 떠납니다. 아들이 아버지께 받은 유산을 탕진하고 다시 집으로 돌아왔을 때, 아버지는 그를 멀리서 보고 달려 나가 맞이합니다. 그리고 집으로 들여 잔치를 벌입니다. 안식-방황-안식입니다.

따라서 조성 음악이 대체로 유대교와 기독교의 배경에서 등장했다는 것은 놀랄 만한 사실이 아닙니다. 우리는 이 점을 매우 주의 깊게 살펴볼 필요가 있습니다. 물론 이 밖에도 다른 많은 요인들이 조성 음악의 발달에 영향을 미쳤습니다. 하지만 유대교와 기독교의 신앙이 이런 음악의 발달에 큰 기여를 했다는 것은 부인하기 어렵습니다. 우리가 이와 같은 이야기 속에 산다는 것은 종말에 대한 감각을 가지고 사는 것과 같습니다. 영적으로 표현하자면 "우리는 영광으로 향하는 길을 걷고 있습니다."

거대 담론에 대한 의심

하지만 우리가 정말 '영광으로 향하는 길'을 걷고 있습니까? 현대 사회나 탈현대 사회의 문화를 지켜볼 때 어떤 식의 종말을 감지하십니까? 여러분과 함께 공부하고, 같이 수업을 듣고, 커피를 마시는 사람들에게서 프랭크 커모드(Frank Kermode)가 그의 책 「종말 의식과 인간적 시간」(*The Sense of Ending*, 문학과지성사)에서 의미하는 바와 같은, 혹은 위대한 소설에 등장하는 것 같은, 모든 가닥이 한데 엮여 그간에 일어난 모든 일들의 의미를 알아차리게 되는 그런 결말에 대한 어떤 신념이나 믿음을 찾을 수 있으십니까? 우리는 정말로 삶의 궁극적인 완성을 믿고 있습니까? 세계 역사의 거대한 클라이맥스와 조각난 듯 보였던 주제들이 하나로 모아지는 영광스러운 통합을 기대하고 있습니까?

그런 식의 결말을 믿는다는 것은 오늘날 서구 세계에서는 단순히 드물기만 한 것이 아니라 심각하게 의심스러운 것으로 여겨집니다. 그렇기 때문에 궁극적 종말에 대한 소망은 끝났다고 이야기하기까지 합니다. 위대한 피날레에 대한 담론은 포스트모던 문화 속에서 고전을 면치 못하고 있습니다. 영광스러운 미래를 향하는 세계 역사의 거대 담론들, 세상이 어떻게 창조되고 종말에 이르는지를 이야기하는 총체적인 담론들, 마르크스주의나 유대교, 기독교 등이 전문가들의 말을 빌리자면 이제 저물어 가고 있습니다. 전문 용어를 사용하자면 '거대 내러티브에 대한 불신'이 자리잡게 되었습니다.

특히 지금은 더욱 그러합니다. 제가 이 강연을 준비하기 시작했던 이번 여름만 하더라도 저는, **종말 의식**이라는 말에 이같이 새롭고 어두운 무게가 더해질 거라고는 상상도 못했습니다. 2001년 9월 11일 이후, 세계는 종말에 대한 감각으로 가득 차 있습니다. 제 말은 세계가 갑자기 한두 주 만에 무너져 내릴 거라는 말이 아닙니다. 그것은 소수의 관점이거나 상당히 불안정한 관점이라고 할 수 있을 것 같습니다. 지난 수천 년의 역사를 돌아보아도 세계가 하루 아침에 멈출 거라는 모든 예언은 틀린 것으로 드러났기 때문입니다. 저는 그런 의미의 종말이 아니라, 위대한 미래가 가능하다고 하는 자신감의 종말을 이야기하는 것입니다. 인간이 새롭고 멋진 시대를 열 수 있으며, 기술을 통해 궁극적으로 전능해질 거라고 하는, 그래서 문명에 어떤 영광스러운 클라이맥스가 찾아오고 혹은 최소한 그에 가까워질 거라는 확신이 무너져 내리고 있다는 말입니다. 이러한 자신감은 분명히 심하게 타격을 입은 것처럼 보입니다.

물론 많은 이들이 그런 자신감이 사라지기 시작한 것은 이미 오래 전부터였다고 말할 것입니다. 문화 비평가들은 현대 유럽과 북미 사회를 규정짓는 표지 가운데 하나가, 삶의 목적에 대한 공동 비전이 결여된 것이라고 말합니다. 사회학자 지그문트 바우만(Zygmunt Bauman)은 이런 말을 했습니다. "역설적으로, 선한 삶이 무엇인가에 대한 포스트모던적 개념은 선한 삶의 정의가 없다는 것이다." 선한 삶에 대한 우리의 비전은 무엇입니까? 우리가 원하는 사회는 어떤 곳입니까? 여기에 대한 어떤 합의를 끌어낸다는 것은 쉽지 않습니다.

앨래스데어 맥킨타이어의 글을 읽어 보신 분들이 있을 텐데요. 그는, 우리 사회가 어떤 특정한 미래에 대한 비전을 갖고 있지 않고, 바람직한 결말에 대한 의식을 공유하지 못하고 있다는 점을 밝힌 이 시대의 많은 철학자 가운데 하나입니다.

그렇다면 왜 우리는 이렇게 자신감을 잃어 가고 있는 것일까요? 위대한 미래를 규정하고 주장하는 것에 대한 이 주저함은 무엇 때문일까요? 글쎄요, 그런 미래를 소망하는 기독교적 사고는 대부분의 사람들에게 현실 도피처럼 들립니다. 많은 이들이 그 이유 때문에 기독교를 공격합니다. 그들은 미래에 대한 소망이 현실 도피적이라고 생각하고 그리스도인들은 궁극적으로 이생을 떠나는 종말, 저 밝게 빛나는 파란 하늘 너머에 있는 천국에 집중하고 있다고 생각합니다. 그리고 그것은 망상이고 기만이라고들 말합니다. 브루스 코크번(Bruce Cockburn)의 노래를 빌리자면, "안식을 위한 달콤한 환상곡"(sweet fantasia of the safe home)입니다. 그저 환상이라는 것입니다. 더 나아가 이런 종류의 사고는 바로 지금 이 순간의 삶에 대한 어떤 건설적인 것도 회피한다고 합니다. 아마도 오늘날 세계 무역 센터에서 자기 회사의 반을 잃어버린 사람에게라면 결코 먹히지 않을 사고입니다. 그에게만큼은 현실 도피가 필요치 않을 것입니다.

좋습니다. 물론 여러분은 그것이 진정한 기독교가 아니라고 말할 것입니다. 하지만 그런 종류의 루머는 여전히 팽배해 있습니다.

설령 우리가 기독교는 현실 도피적이라는 주장에 반대 목소리를 내고 이 세상에 대한 소망을 이야기하고자 한다 하더라도, 영광스러운 미래를 이야기하는 과정은 순탄치 않을 것입니다. 오늘날 많은 이들에게 그것은 마치 1930년대 엠파이어 스테이트 빌딩을 건설하는 노동자를 찍은 유명한 사진에 고무된, 순진한 낙천주의에 지나지 않는 것으로 들릴 것입니다. 인간이 이성과 과학 기술, 경제적 진보를 통해 보다 나은 세계를 만들 수 있다는 제국주의적 신념, 인간 사회의 발달이 찬란한 클라이맥스를 향해 어마어마한 크레센도를 그리는 진보주의자의 상상. 이제 수백만의 사람들에게 이런 종류의 자신감은, 제가 다시 언급할 필요도 없이, 파괴의 잔해만을 안겨 주었습니다. 물론 의료적 진보나 통신 수단의 발달, 마이크로칩의 혁명 등은 인류에게 유익을 가져다주었습니다. 하지만 끔찍한 대량 살상 무기의 확산이나 만연한 기아 그리고 생태계 파괴 등은 진보의 또 다른 얼굴이 되었습니다.

뿐만 아니라 포스트모더니스트들은 위대한 미래에 대한 수사 이면에서 기만적인 권력 그리고 억압하고 착취하고자 하는 욕망의 냄새를 맡습니다. 니체는 오래 전에 이미 장기적 비전을 외쳐대는 사람들을 조심하라고 경고한 바 있습니다. 과찬을 받은 이 '의심의 해석학'으로 인해 우리는 절정과 대단원을 희망하는 말들을 경계하게 되었습니다. 비평가들이 상기시켜 준 바와 같이, 새 하늘을 창조하기 위한 희망에 찬 시도는 종종 낡은 지옥을 만들어 냈습니다.

소위 서구적 진보라 불렸던 방식이 다른 영역의 문화를 침범했던 것을 생각해 보십시오. 또 제가 앞서 사용했던 해결(resolution)이라는 말이, 1940년대 히틀러의 죽음의 수용소에서 어떻게 '최종적 해결책'(Final Solution)이라고 하는 무시무시한 말로 울려 퍼졌는지를 기억해 보십시오. 또한 그리스도인이라는 사람들조차도 자신들의 희망의 담론을 내세워 여성과 히스패닉 그리고 아프리카계 미국인들을 향해 얼마나 비인간적인 무기를 휘둘렀는지도 생각해 보아야 합니다. 이러한 목록은 결코 짧지 않습니다. 많이들 그러는 것처럼 행복한 결말에 대한 내러티브는 대부분 정치적 아스피린으로 활용되기도 합니다. 권력을 쥔 자들이 탄압받는 이들을 침묵시키고, 그들을 돕지 않아도 될 변명거리를 만들어 주기 위해 우리에게 나눠 주는 아편과도 같은 것입니다. "천국을 소망하라." 노예 주인들이 노예들에게서 생명을 짓밟으며 불렀던 노래입니다.

음악적 의심

현실 도피와 순진한 낙천주의 그리고 억압. 포스트모더니스트들은 이런 것들이 위대한 결말을 이야기하는 모든 내러티브의 이면에 숨겨져 있다고 의심합니다. 그러한 의심은 음악으로 연주되기도 했습니다. 때로는 무의식적으로 때로는 반(半)의식적으로 때로는 대단히 의식적으로, 포스트모더니즘이라는 말이 만들어지기 훨씬 전부터 그러했습니다.

음악으로 화제를 돌려서, 우리가 음악에서 목적지에 대한 감각을 가진다는 것은 종종 세 가지 다른 요소들을 함께 받아들이는 것임을 기억할 필요가 있습니다. 첫째, 방향성 혹은 지향성에 대한 감각입니다. 거기에는 물론 전환과 굴절 등이 있겠지만 전반적으로는 곡이 어딘가로 향하고 있다는 의식이 포함되어 있는 것입니다. 둘째, 연속성에 대한 감각입니다. 음악적 사건들이 어떤 수준에서는 서로 관련되어 있다는 생각입니다. 물론 여기에도 틈새와 멈춤 등이 있을 테지만 말입니다. 셋째, 기원에 대한 감각입니다. 어딘가로부터 이 음악이 시작되었다는 생각입니다.

어떤 음악가들은 이 모든 요소들에 의문을 제기하기도 합니다. 말로써가 아니라 음악적으로 그러한 의문의 표현합니다. 많은 음악가들은 이런 질문을 받습니다. "왜 음악적 긴장을 없애 버렸습니까?" 만일 우리가 기원에 대한 생각도 약화시킨다면 어떤 일이 벌어질까요? 실제로 많은 음악가들이 19세기에 걸쳐 여러 음악적 실험을 시도하기도 했습니다. 베토벤의 경우 19세기 초 그의 후기 작품들을 보면 여러 측면에서 전형적인 영웅주의적 음악가 또는 혹자들이 일컫는 것처럼 음악적 '모더니스트 그 자체'로 분류될 수 있습니다. 그래서인지 베토벤은, 바로 그러한 실험적 현상을 비판하는 데 상당히 열을 올리기도 했습니다. 결말이 있는 것 같기도 하고 없는 것 같기도 하고, 긴장의 해소가 연기된 듯한 연주, 혹은 매우 독특한 방식의 다른 유사한 작품들에 대해 베토벤은 달갑게 여기지 않았습니다. 하지만 얼마지 않아 쇼팽은 놀랄 만큼 대범하게, 안락한 본향에 대한 감각을 상당히 약화시킨 곡들을 쓸 수 있게 되었습니다.

여러분 중에는 로저 룬딘(Roger Lundin)의 저서를 읽어 본 분들이 있을 텐데요. 그는 19세기 문학에 흐르는 '고아'라는 주제 의식을 파고드는 데 대단한 열정을 보였습니다. 로저는 그것을 기원 혹은 고향 없이 고아가 된 현대 사회를 상징하는 것으로 파악했습니다. 19세기가 끝난 직후에 쓰여진 클로드 드뷔시(Claude Debussy)의 피아노를 위한 전주곡, "불꽃놀이" 마지막 부분은 해소되는 단계가 약화되어 있습니다. 그저 음색 그 자체를 즐기는 방식으로 어디에서 어디로 나아가는 형식이 아닙니다. '기원'과 '지향'은 협소하고 온건하며 확연히 드러나지 않습니다. 결말은 맛깔나는 동시에 불편하기도 합니다. 이런 집, 저런 집을 찔러 봅니다. 하지만 결코 오랜 관계로 정착하지 않고 그저 이 임시 거처에서 다른 곳으로 떠돕니다. 결말의 연기가 또 다른 연기로 미끄러지다가 작품의 마지막에 가서야 자리를 잡습니다. 하지만 찰나일 뿐입니다. 기원, 목적지 심지어 방향성까지도 약화되었고, 오래된 모더니스트적 안정감은 불꽃놀이의 잔상처럼이나 흩뿌려집니다.

다른 곳에서 그 과정은 좀더 확장적인 동시에 한 발 더 나아갔습니다. 1908년

비엔나입니다. 당시는 많은 것들에 대한 의문이 제기되었고 또 너무 많은 것들이 불안정했습니다. 종말에 대한 루머로 가득 찬 문화였습니다. 아놀드 쉔베르크(Arnold Schoenberg)는 주제 선율을 없앤 음악적인 실험을 했습니다. 두 번째 현악 사중주에서 그는 악보에 선율 대신 말을 집어 넣었습니다. "다른 행성으로부터 온 공기가 느껴진다." 이번 작품에서 그는 무언가가 되어가는 의식보다는 무언가로 존재한다는 의식을 불어넣었습니다. 방향을 고집하거나 목적을 지향하지 않았습니다. 또한 쉔베르크 작품 번호 16번, 오케스트라 5번에서 우리는 선율이 복잡하게 뒤엉킨 것을 발견하게 됩니다. 시초로 삼을 만한 음을 뽑아내거나 목적지를 향한 지도를 찾아낼 수가 없습니다.

이후에 쉔베르크는 음을 좀더 엄격하게 조입니다. 각 마디를 반음계의 12개 음으로부터 신중하게 하나하나 짜맞췄습니다. 하지만 그 어떤 음도 우위를 차지하지 않는 방식으로 배열했습니다. 어떤 중심도 지향점이나 '고향'으로 활약하지 않게 했습니다. 그 작품은 아마도 가장 세심하게 조직된 곡 가운데 하나였을 것입니다. 영원히 '방황'하게끔 철저하게 계산된 곡이었습니다.

만일 음악을 전공하고 있거나 과거에 음악을 전공하셨다면, 아마 제가 과격하게 단순화하고 있다는 것을 알 것입니다. 저는 지금 이 기회를 빌어, 이러한 작곡가들이 비관주의에 침잠했다거나 희망에 대한 아무런 감각이 없다고 주장하려는 것이 아닙니다. (그냥 쉔베르크의 곡을 한 번 읽어 보시지요!) 또한 이러한 사조가 음악을 어떤 어두운 혼란의 막다른 골목으로 끊임 없이 밀어넣었다는 설명을 하려는 것이 아닙니다. 그것은 무신경할 뿐 아니라 순진한 비평일 것입니다. 하지만 조심스럽게 제 생각을 말씀드리자면 이 예민한 감각을 가진 예술가들이 복잡한 문화적 조류에 휘말렸다는 것입니다. 그 조류는 종종 무의식적으로 혹은 드러내 놓고 어떤 결말에 대한 의문과 불편함을 표출하는 것이었습니다. 이처럼 종말에 대한 불편함은 유럽 문화의 구석구석 스며

들어 있었고, 그것이 음악적 소리를 매개로도 표현되었습니다.

포스트모더니즘적 자아

그렇다면 오늘날의 우리는 어떻습니까? 이미 힌트를 드렸다시피, 현대인들은 이 '고향'에 대한 의구심과 불편함을 그 어느 시대보다도 더 강력하게 표출하고 있습니다. 엄청나게 많은 문학 작품들이 인간의 존재에 대한 이러한 불확실성의 효과를 홍수처럼 쏟아 내고 있는 것은 놀랄 만한 일이 아닙니다. 그런 유의 문학은 대부분 같은 주제의 변주 형태를 가진다고 볼 수 있습니다. 소위 모더니즘적인 자아에는 작별을 고합니다. 스스로의 힘으로 더 나은 미래를 창조하기 위해 낙관적으로 돌진하는 자아는 더 이상 존재하지 않습니다. 세계를 변화시키고 새 예루살렘을 건설할, 영웅적이고 자신감에 차 있으며 독립적인 주체는 없습니다. 이제 '포스트모더니즘적 자아'를 맞이하십시오.

새로운 시대의 자아는 다양한 변장을 하고 등장합니다. 비평가들은 때때로 **방향성을 상실한 자아**라고 표현하기도 합니다. 이 자아는 종말에 대한 감각이나 미래를 만들어 갈 안정적인 비전을 공유하고 있지 않습니다. 이러한 존재가 만드는 결과가 급진적인 불안이라고 해도 놀라울 것이 없습니다. 고대 그리스의 철학자인 헤라클레이토스(Heraclitus)는 "모든 것이 끊임없는 유동(panta rei) 상태"라고 말한 바 있습니다. 피터 가브리엘(Peter Gabriel)이 작곡한 "런던 밀레니엄 돔"(London Millennium Dome)의 사운드트랙을 한 번 보십시오. 이 사운드트랙은 비록 2년 전에 쓰여졌지만, 제가 처음 이 곡을 강연에 사용해야겠다고 결심했을 때는 도저히 상상할 수 없는 방식으로 지금의 상황에 서늘하리만치 정확하게 들어맞습니다.

가장 높은 빌딩을 올려다봅니다.

그것이 무너져 내리는 것을 느낍니다.

내 균형이 흔들리는 것을 느낄 수 있었습니다.

모든 것이 어지럽게 움직입니다.

이 거리들, 너무도 단단하고 굳건합니다.

아, 그런데 일렁이는 엷은 연기와 함께

내가 지탱하고 있던 모든 것이 사라져 버립니다.

아래는 솟구치고 위는 내리꽂힙니다.

땅에 닿아 있는 내 무게를 가져가 버리세요.

하늘로 깊이 떨어집니다.

모든 가족들이 참 이상해 보입니다.

내가 확신할 수 있는 유일한 상수는

변화에 대한 이 가속률입니다.

케임브리지에 있는 제 동료는 우리 사회의 '다중 압력'을 이야기합니다. 여러 방향으로 끌어당겨지는 것입니다. 우리 문화는 어지러울 만큼 다양한 선택을 제공합니다. 마구 돌려도 끝이 없을 만큼 텔레비전 채널이 넘쳐납니다. 수천 가지 브랜드의 상품이 쏟아져 나오고 가공할 만한 수의 웹사이트가 존재합니다. 각종 순위 차트를 석권한 버브(The Verve)의 앨범, "어번 힘즈"(Urban Hymns)를 기억하십니까? 그 앨범은 하나의 스타일을 다양하게 재활용하고 있습니다. 그리고 "달콤 쌉쌀한 교향곡"(Bittersweet Symphony)을 보면 이런 가사가 있습니다. "나는 어느 하루를 살다 가는 수백만의 다른 사람일까?"

문화평론가들은 또한 **인공의 자아**를 이야기하기도 합니다. 공유된 결말에 대한 감각이 결여된 채, 자아는 사회에 의해 부여된 역할의 산물이 됩니다. 그 내적 자아는 각종 역할들을 몰아가고 그 역할들이 서로 충돌합니다. 우리는 매우 빠르게 변화하는 법을 배웁니다. 역할들 사이를 끼어들었다 미끄러져 나오기를 반복하며 자아를 재구성합니다. 그러므로, 나를 나로 만들고 오랜 시간을 걸쳐 지속되어 온, 독특한 개성을 가진 통합적이고 이성적인 존재로서의 제레미 벡비에게는 작별을 고해야 합니다. 이제 '제레미 벡비'라는 이름은 탈중앙화된 자아에게 주어진 것으로 현대 문화가 야기하는 다중 압력에 의해 성형된 것입니다.

포스트모던의 자아에 관한 또 다른 이미지가 있습니다. 바로 **파편화된 자아**입니다. 결말에 대한 감각이 없어지면 연속성 역시 사라지기 시작합니다. 과거, 현재, 미래가 각각 파편화됩니다. 앞서 언급했던 바우만 교수가 우리 시대에 관하여 상당히 오래 전에 출간한 책이 한 권 있는데, 그 제목이 「파편 속의 삶」(*Life in Fragments*)입니다. 이 책에서 그는 현대 사회는 평생 직장이나 평생 직업의 개념이 사라졌다고 말했습니다. 이러한 사회에서 직업은 난데없이 나타났다가 아무런 경고 없이 사라지기를 반복합니다. 이러한 풍조는 쏜살같이 흘러가는 주말의 쾌락과 장난처럼 만났다 헤어지는 연애를 낳기도 했습니다. 그저 하루 한나절, 하룻밤이면 시작과 끝이 모두 완성됩니다. 그저 소소한 희망과 소소한 결말이 있을 뿐입니다. 위대한 결말은 존재하지 않습니다.

우리 중 많은 사람들이 현재에만 골몰하며 살아가고 있습니다. 오늘날의 삶의 환경은 폐쇄된 시간, 쏜살같이 지나가는 외침, 사진이 찍히는 순간, 화면 위를 깜박이는 이미지 등으로 둘러싸여 있습니다. 물론 이 모든 것들은 아주 재미있습니다. 여러 가지 역설이 가져다주는 재미가 심심치 않습니다. 이 사람에서 저 사람으로 건너다니며 연애를 즐기고, 이 인터넷 카페에서 저 인터넷 카페로 옮기며 새 공동체를 찾아다닙니다. 마치 내일이 없는 것처럼 살아갑니다. 마치 끝이 없을 것처럼 살아갑니다. 이런 삶의 방식이 인간의 숙명에 대한 거대한 부정인지를 고민할 이유가 뭐 있겠습니까? '나는 누구인가' 하는, 사실은 피할 수 없는 중대한 고민을 애써 외면합니다. 모잠비크에서 기아에 허덕이는 아이의 퀭한 눈을 바라보지 않습니다. 파키스탄 국경에서 갈 바를 알지 못하는 피난민들은 그저 먼 나라의 이야기일 뿐입니다. 음악 소리를 더 높입니다. 왜 오늘 하루를 망치겠습니까? 뷰티풀 사우스(The Beautiful South)가 부르는 노래 가사의 일부입니다.

> 세계가 디즈니랜드처럼 돌아가고 있어.
> 그 안에서 네가 진짜로 할 수 있는 것은 아무것도 없어.
> 너는 거인처럼 걷고 싶어 하지.
> 하지만 네 발의 신은 플루토(미키 마우스의 애완견—역주)의 신발이야.
> 문제의 해결책이 필요하다면, 총만큼 빠른 것이 있을까?
> 글쎄, 미인과 바보들의 입술도 꽤 빠를 걸.
> 세계는 어두움 속에 끝나지 않을 거야.
> 단란한 가족 코미디 같은 결말을 가질 거야.
> 코카콜라의 구름 사이로 빅맥의 태양이 떠오르고 있어.

이러한 포스트모더니즘적인 자아에 대한 지금까지의 생각들에 저는 두 가지 이미지를 추가하고자 합니다. 먼저, **과열된 자아**입니다. 스티브 라이히(Steve Reich)는 그가 작곡한 탁월한 곡에 얽힌 이야기를 하나 들려줍니다. "내 제작자에게 이 곡을 처음 들려줬을 때의 일이야. 그를 돌아보며 이렇게 말한 기억이 나. '저 넓은 평원으로 나가 죽을 힘을 다해 달리는 거야.' 그게 바로 이 곡의 이미지야. 마치 사막에 있는 것처럼 그리고 그 위를 있는 힘껏 달리는 것처럼." 방향성이 없는 과열된 활동. 우리가 살아가는 문화에 대한 적절한 음악적 이미지인 듯 합니다. 정해진 편성도 없고 진보한 정도나 지금껏 걸어 온 방향도 가늠할 수 없습니다. 모래 위의 발자국처럼 순식간에 사라집니다. 사막에서 길을 잃은 여행자를 생각해 보십시오. 그들은 원을 돌며 왔던 곳에 계속해서 발자국을 찍기만 합니다. 하지만 감히 한 곳에 머무르지를 못합니다. 그렇게 하면 죽기만을 기다리는 꼴이 되기 때문입니다. 방향이 없는 과열된 활동이 오늘날 우리의 또 다른 모습입니다. 물론 라이히가 이런 것을 모두 염두에 두고 곡을 썼다고 말하는 것은 아닙니다. 하지만 그 곡은 어쨌든 지금의 우리 현실을 효과적으로 반영하는 은유가 되고 있습니다.

그리고 마지막으로, **무시간적 자아**입니다. 방향성을 상실하고 인공적이며 파편화되고 과열된 자아의 선택은 자명합니다. 이 무시간적인 세계로부터 탈출하는 것입니다. 지난 십여 년간 우리는 이런 종류의 감각을 제공하는 음악이 폭발적인 인기를 끄는 것을 목격해 왔습니다. 칠 아웃 뮤직(마음을 차분하게 해주는 느린 전자 음악-역주)에서부터 스페인 수도원 성가 같은 것까지 다양합니다. 그리고 매우 신중하게 재해석된 빙엔의 힐데가르트 풍 음악까지. 저는 이런 음악이 좋지 않으니 확산되어서는 안 된다고 주장하는 것이 아닙니다. 하지만 제가 지적하고 싶은 것은, 이런 음악이 대중적으로 인기를 끈 이유는 우리 중 누군가는, 자신들을 위해서나 이 세상을 위해 어떤 풍부한 결말이 있기를 깊이 갈구하고 있기 때문이라는 점입니다.

이런 모든 상황을 염두에 둘 때, 또 이토록 참담한 9/11 이후 오늘날의 현실을 두고 볼 때, 영국에서 그리고 여기 미국에서 수천, 수만의 사람들이 다시 교회로 쏟아져 들어온다 해도 저는 별로 놀라지 않을 것입니다. 혹은 거리에서 혹은 광장에서 대규모 예배를 갖거나 혹은 유사 예배 행사를 벌인다 해도 말입니다. 여기 버클리에서 멀지 않은 광장에서도 수많은 인파가 모였었다는 소식을 전해 들었습니다. 왜냐하면 지금처럼 종말에 대한 감각이 팽배할 때라면, 누구나 끝나지 않을 것 같은 무언가 혹은 누군가를 향해 달려가는 것이 자연스러운 본능이기 때문입니다. 그리고 그 '세계의 종말'이 끝인 동시에 세계의 **완성**이기를 바라게 되는 것입니다.

우리의 종말로 들어온 신

물론, 또 많은 이들에게는 이와 같은 현상이 그저 현실 도피 정도로 비쳐질 수도 있습니다. 허망한 것에 매달리는 것처럼 보일 것입니다. 하지만 이런 가정을 한번 해 보십시오. 그 교회들과 광장들에서 이야기하는 신이 실제로 이 세상을 창조하였다면? 물론 저와 여러분을 포함해서 말입니다. 그리고 그 신은 이 세상의 종말을 계획하고 있으며 우리도 종말에 참여하기를 바라고, 게다가 지금 그 종말에 대한 감각을 주기를 원한다고 가정해 보십시오. 그리고 우리의 주의를 모으기 위해, 우리가 가장 밑바닥에 있을 때 우리를 만나 주었다고 생각해 보십시오. 우리만의 위대한 결말을 이뤄내는 데 끔찍하게 실패하였을 때, 순전히 인간의 힘으로 새로운 세계를 창조하여 새 시대를 열어 보겠다는 야망의 정점에서가 아니라 모든 문제를 해결해 내겠다는 모든 시도가 엄청난 학살과 파괴를 낳았을 때 신이 인간을 만나 주었다고 말입니다.

예수의 죽음 속에서, 신은 우리가 가진 순진한 낙천주의의 희생자가 되었습니다. 그는 종교적 억압의 피해자였습니다. 그리고 종교에 의해, 영광스럽게도 십자가에 달려 죽었습니다. 당시 종교는 순전히 인간적인 소망으로 왜곡되어 있었습니다. 그리고 많은 이들에게 그것은 잔인할 만큼 압제적으로 변질되어 있었습니다. 예수님은 로마 제국에 의해 십자가에 못 박혔습니다. 로마 제국은 정말 많은 측면에서 참으로 위대했지만, 또한 많은 부분에서는 부패하고 잔혹하게 독재화되었습니다. 십자가 위에서 예수는 급격하게 방향성을 상실하는 듯 보였습니다. 그의 핵심 정체성이 붕괴 직전에 있는 듯 보였습니다. "나의 하나님, 나의 하나님, 왜 나를 버리셨나이까?"(마 27:46) 그의 과거와 현재와 미래가 끔찍하게 파편화된 것처럼 들립니다. 그는 자신의 과거와 현재와 미래를 의심합니다. 또한 제자들에 의해, 군중들에 의해 그리고 정치인과 종교 지도자들에 의해 수없이 많은 방향으로 찢겼습니다. 하지만 그리스도 안에 있는 하나님은 인내하셨습니다. 그 모든 것을 참으시고 그 모든 것을 감당하셨습니다.

이런 종류의 것을 음악에서 듣는 것이 가능할까요? 그간 제가 들어 본 것이나 찾아낸 것들 가운데 쇤베르크의 제자, 안톤 베베른(Anton Webern)이 작곡한 곡만큼 여기에 가까운 것은 없었습니다. 그 작품은 그의 어머니의 장례 행진을 위해 만들어졌습니다. 작품은 거의 2분 동안 타악기의 웅얼거리는 듯한 연주로 시작됩니다. 느리고 낮게 종을 때리는데 거의 들리지 않습니다. 그리고 마지막 순간, 소리는 가장 밑바닥에서부터 급격하게 치솟습니다. 갑자기 침묵을 깨며 사방으로 치고 나옵니다.

죽음이란, 물론 제가 지금껏 말한 모든 것 위를 맴도는 현실입니다. 모든 결말들의 최종 결말입니다. 이 현실이, 충만한 종말에 대한 모든 희망을 위협합니다. 이 현실로 인해 우리는 어떤 것도 너무 간절히 바라는 것을 주저하게 됩니다.

하지만 이것이 바로 하나님이 우리의 주목을 사로잡은 방법입니다. 그가 우리를 그 지점에서 만나십니다. 모든 헛된 소망이 절망의 나락으로 떨어졌을 때, 모든 순전히 인간적인 희망이 사그라진 바로 그 지점에서 하나님이 우리를 만나십니다.

그리고 바로 그곳에서부터 새로운 종류의 희망이 솟아납니다. 3일이 지나고 예수를 따르던 제자들은 자신들이 새로운 결말에 대한 새로운 소망을 갖게 되었음을 발견합니다. 빈 무덤에 대한 이야기가 떠돌고, 손과 발에 못자국, 옆구리에 창자국을 가진 바로 그가 다시 살아난 것입니다. 새롭게 부활했습니다. 이전보다 더 넘치는 생명으로 살아났습니다. 이제 그들은 어떤 결말을 고대하게 되었을까요?

예수가 죽음에서 일어난 것은 예수에 대한 하나님의 위대한 승인입니다. 또 그의 내면에서 벌어진 모든 일들에 대한 동의이기도 합니다. 예수의 부활을 통해 하나님은 우리에게 실질적으로 이렇게 말씀하고 계신 것입니다. "너희는 이 사람을 믿을 수 있다. 그가 너희에게 종말에 대한 새 의미를 가져다줄 것이다. 이 세상과 너희 한 사람, 한 사람의 종말은 새로운 의미를 갖게 될 것이다. 그것은 너희가 전에 꿈꿀 수 있었던 그 어떤 것보다도 상상할 수 없을 만큼 위대한 것이다." 여기 우리 인간이 창조하지 않은 결말이 있습니다. 이 결말은 **하나님이 주신** 것입니다.

이러한 종말에 대한 안목을 가지게 되면, 새로운 종류의 자아가 부상합니다. 새로운 종류의 인간입니다. 인간이 건설하기 위해 노력하는 결말을 향해 낙관적으로 달려 나가는 모더니즘적인 자아가 아닙니다. 항상 불안정하고, 종말이라는 것 자체를 생각하지 않으려고 하는 포스트모더니즘적인 자아도 아닙니다. 저는 그것을 음악적 자아, 혹은 찬양하는 자아라고 부르고 싶습니다. 저는 이 자아를 주로 음악을 사용해 묘사하려고 합니다. 여기에는 약간의 농담이 섞여 있습니다. 제가 말하고 싶은 것은 만일 여러분이 음악적인 재능이나 소양이 부족하면 온전한 인간이 아니라는 이야기는 아닙니다! 물론 다른 종류의 음악은 그 존재에 대해 다른 종류의 이야기를 들려줄 수 있습니다. 그럼에도 불구하고 음악은 놀랍도록 강력하게, 하나님이 주신 종말의 의미를 품고 살아가는 것이 무엇인가를 이해하는 데 도움을 줍니다.

하나님이 주신 종말의 의미를 품고 살아간다는 것

로마서 8장, 바울의 이야기를 먼저 들어 보겠습니다.

생각하건대 현재의 고난은 장차 우리에게 나타날 영광과 비교할 수 없도다.…피조물이 다 이제까지 함께 탄식하며 함께 고통을 겪고 있는 것을 우리가 아느니라. 그뿐 아니라 또한 우리 곧 성령의 처음 익은 열매를 받은 우리까지도 속으로 탄식하여 양자 될 것, 곧 우리 몸의 속량을 기다리느니라. 우리가 소망으로 구원을 얻었으매 보이는 소망이 소망이 아니니 보는 것을 누가 바라리요 만일 우리가 보지 못하

는 것을 바라면 참음으로 기다릴지니라. (18, 22-25절)

1. 새 창조. 첫째, 하나님이 주신 결말에 대한 감각을 가지고 살아간다는 것은 새 창조를 향해 살아간다는 것을 의미합니다. 바울이 마음 속에 그리고 있는 '종말'은 어떤 것입니까? 이 세상을 떠나 완전히 별개의 어떤 '장소'가 아니라, 바로 이 세계의 재창조입니다. 그것은 예수의 부활이 가능케 한 소망입니다. 이 세상이 재창조될 것을 소망하는 것은 플라톤이 말하는 눈에 보이지 않은 영원한 세계가 아니고, 칸트가 말하는 흐릿하고 알려지지 않은 본질의 세계도 아닙니다. 밝게 빛나는 파란 하늘 너머의 동화 나라도 아닙니다. 이 세상입니다. 재창조를 위해 하나님이 예수를 보내신 바로 이 세상입니다. 파괴적인 것들로부터 해방되고, 최후의 심판을 거친 이 세상입니다. 악으로부터 자유하고 고통이 사라진 이 세상입니다. 수많은 차원이 더해진 이 세상입니다. 바로 새로운 색과 어조가 분출하며, 역동적이고 환희에 찬 끝없는 춤 속에 새로운 리듬과 연주가 넘쳐나는 세상입니다.

인도네시아 화가인 니요만 다르사네(Nyoman Darsane)는 한 작품에서 그의 사랑하는 섬 발리의 시골 정경을 그려 냈습니다. 그가 너무나도 잘 알고 있는 그 울창한 곳의 비옥함을 담아냈습니다. 하지만 발리는 실제 현실 속에서 그만큼 아름답지 않습니다. 그의 그림은 하나님이 약속하신 새 하늘과 새 땅을 묘사하기 위해 의도적으로 과장되어 있습니다. 성경의 마지막 책에 설명된 장면을 묘사하고 있습니다. 수정같이 맑은 생명수 강이 하나님의 보좌로부터 흘러나오고, 강둑의 열매 맺는 나무들을 키웁니다. 다차원의 새 세상이 가지는 충만한 생명이 흘러 넘쳐 영양을 공급하며 무한히 풍요롭게 합니다. 본향, 바로 영원한 안식처입니다.

그러니 그 종말은 어느 이국 땅에 맞이하는 거대한 락 콘서트 같은 것이 아닐 것입니다. 여러분이 직접 기타를 연주할 수 있는 것입니다. 여러분의 연주 때문에 불쾌해지는 사람은 아무도 없을 것입니다. 아는 코드가 세 개뿐이라고 해도, 결코 끝나지 않는 아이리쉬 댄스같이 열정적인 춤곡을 아무리 연주해도 결코 피곤해지지 않을 것입니다. 그 춤곡의 절정에는, 죽음에서 부활하시고 그 모든 새 창조를 축하하는 이들을 이끄는 예수 그리스도의 실재를 환영하는 순서가 있을 것입니다. 예수님은, 마침내 진정으로 완전하게 살게 된 이들을 이끄는 머리가 되실 것입니다. 바울이 여기서 말하고 있는 것처럼 우리는 그의 가족으로 입양될 것입니다. 비인간화되는 것이 아니라 **재**인간화되는 것입니다. 재창조, 이것이 그를 믿는 자들의 소망입니다.

2. 종말을 맛보기. 둘째, 하나님께서 주신 종말의 감각을 가지고 살아간다는 것은 바로 **지금** 그 종말을 맛보는 것을 의미합니다.

대부분의 이야기 속에서 결말은 마지막에 등장합니다. 모든 사건의 종합은 그 이야기의 임시적인 마지막 부분에 이루어집니다. 하지만 잠시, 그 결말이 이야기의 **한가운데** 주입되었다고 가정해 보십시오. 그렇다면 여러분은 그 결말을 미리 맛볼 수 있을 것입니다. 사도 바울은 예수의 부활 사건을 보며 최종 결말이 일찍 드러난 것이라고 믿었습니다. 예수가 죽음에서 일어나신 것은 미래에 있을 새 세상에 대한 예고였습니다. 당시 이스라엘 사람들이 소망했던 이스라엘의 위대한 재건은 예수 안에서 이루어졌습니다. 부활은 종말의 예고입니다.

하지만 상황은 그보다 더 좋아집니다. 사도 바울이 우리에게 여러 번 말한 것처럼, 이 부활하신 예수는 그의 영을 보내어 우리가 이 세상을 바로 지금 여기에서 맛보고 즐길 수 있도록 하셨습니다. 말 그대로, 우리는 이 아무것도 변하지 않은 현실 속에서 새 힘을 얻게 되는 것입니다. 현재 속에 미래를 가지고 오는 것, 그것이 바로 성령이 우리를 위해 하시는 역할입니다.

여러분 중에는 모차르트의 교향곡 "주피터"(Jupiter)를 아시는 분이 있을 텐데요. 그 3악장 중간 부분에서 우리는 이런 소리를 듣게 됩니다.

표 11.1 모차르트의 교향곡 "주피터" 3악장 중간 부분의 결말

이것이 대체 뭐죠? 이것은 결말입니다. 그렇지 않습니까? 서양 음악에서 누구나 인식할 수 있는 종결을 알리는 기법입니다. 만일 관현악 편성을 갑자기 제한하기 위한 것이 아니었다면, 우리는 모차르트가 곡을 끝냈다고 밖에는 생각할 수 없을 것입니다. 진행하던 것을 완전히 멈춘 것이지요. 하지만 이후에 어떤 일이 벌어집니까?

표 11.2 모차르트 작품 번호 551, 교향곡 41번 C장조, "주피터" 3악장 트리오

그 '결말'(표 11.1)이 알고 보니 새로운 8마디 악절의 첫 번째 마디였던 것입니다. 그렇다면 이것을 대체 뭐라고 할 수 있을까요? 결말인가요, 시작인가요? 답은, 둘 다입니다. 모차르트는 마무리 기법과 시작 사이의 모호성을 표현하고 있는 것입니다. 결말이 너무 일찍 찾아왔고 그렇게 해서 새 시작을 하게 되었습니다.

마찬가지로, 예수의 부활은 초기 그리스도인들에게는 너무 일찍 찾아온 종말과도 같은 것이었습니다. 하지만 그것은 세상의 새로운 출발을 의미하기도 했습니다. 세상을 다루시는 하나님의 새로운 기법이었습니다. 혹은 교향곡의 새 **악절**이었다고 표현해야 할까요?

게다가 그 짧은 종결 기법이라는 것은, 사실 그다지 조짐이 좋게 들리는 소리는 아니었습니다. 그렇지 않습니까? 하지만 모차르트는 바로 거기서부터 작품을 대대적으로 발전시켜 나갑니다.

그리스도가 죽음에서 일어났습니다. 네, 그렇죠. 하지만 지금은 성령이 우리의 모든 삶을 새롭게 발전시키고 있습니다. 너무 빨리 찾아온 종말을 시작으로 말입니다.

몇 해 전, 저는 남아프리카 공화국의 흑인 마을에서 설교를 하고 있었습니다. 그 예배가 끝난 직후, 저는 교회 바로 옆 모퉁이에 있던 집이 완전히 불타 버렸다는 이야기를 전해 듣게 되었습니다. 그 집에 살던 남자는 강도로 의심받던 사람이었다고 합니다. 또 그 일이 있기 일주일 전에 토네이도가 들이닥쳐 마을 50여 개의 인가를 산산이 조각냈다고 합니다. 사람도 다섯이나 죽었습니다. 그리고 바로 그날 밤에는 폭력배가, 주일학교에 다니는 열네 살의 소년을 칼로 찔러 죽였습니다. 그 교회의 목사는 이렇게 기도를 시작했습니다. "주님, 주님은 만물의 창조자이시며 절대 주권자이십니다. 그런데 왜 바람이 뱀처럼 우리의 마을에 기어들어와 우리의 지붕을 뜯어 버리는 것입니까? 왜 강도가 우리의 아들의 삶을 이리도 일찍 끊어 버리는 것입니까? 그 아이에게는 아직 너무나도 많은 꿈이 있었습니다. 또 다시 우리는 죽음의 한가운데 있습니다." 그가 기도할 때 교인들은 깊은 한숨과 신음으로 화답했습니다. 그리고 그가 기도를 마쳤을 때, 매우 천천히 전 교인이 다 함께 노래하기 시작했습니다. 처음에는 매우 조용하게 그리고 점차 소리가 커졌습니다. 그들은 찬양하고 또 찬양했습니다. 우리에게 모든 상상을 뛰어넘는 종말을 약속하기 위해 가장 끔찍하고 낮은 자리로 임하신 예수 안에 계신 하나님을 찬양했습니다.

그 찬양은 교인들에게 종말을 맛보게 하였습니다.

그리스도인의 소망은 세상이 돌아가는 상태를 보며, 이 모든 것이 어디로 향할까를 상상하는 것이 아닙니다. 현재로부터 미래를 계산해 내기 위해 애쓰는 것이 아닙니다. 그것은 지금 이 순간 이 세상 종말의 신선한 공기를 맛보는 것입니다. 앞으로 다가올 시대의 향취를 맛보고 그 술을 음미하는 것입니다.

3. 현실 도피가 아니다. 그리 오래지 않은 언젠가, 저는 서부 앤젤레스 하나님의 교회(the West Angeles Church of God)에서 이렇게 찬양하는 것을 들었습니다. "구원받은 백성들이 우리 주 하나님을 찬양하게 하소서." 환희가 솟구치는 가운데 말입니다. 저는 로스앤젤레스에 방문할 때면 그 교회를 자주 찾게 됩니다. 왜냐하면 그곳 교인들은 소망에 찬 찬양이 공동체를 새롭게 하는 힘이 있다는 것을 제게 상기시켜 주기 때문입니다. 또한 그들은 소외된 자들을 교육하고 억압받는 이들에게 법적인 지원을 제공하며 더 나은 주거 환경을 만들기 위해 애씁니다. 그 교회 교인들의 그러한 활동을 통해 저는 이 세상에서 유리되는 것이 아니라, 고통에 신음하는 세상 속으로 다시금 힘차게 들어가게 하는 진정한 소망을 기억하게 됩니다.

우리가 로마서 8장에서 들은 바울의 비전은, 이 세상 가운데 있는 그리스도인의 세상을 위한 비전이었습니다. 탄식하는 피조물 가운데 있는 그리스도인. 물론 그들 자신도 탄식하는 피조물 중 하나이지만 종말에 대한 예고편을 가져다주며, 또는 그것을 증거합니다. 감정적인 회피는 진정한 그리스도인들에게 설 자리가 없습니다. 앞서 인용한 버브의 앨범을 다시 한 번 인용하겠습니다.

나는 어떤 소리를 듣기 원해.
내 안에 있는 고통을 일깨워 줄 소리.

4. 음표 사이의 음악을 듣기. 물론 수많은 사람들에게, 엄청나게 절망적인 상황을 버텨 낸다는 것은 불가능할 만큼 어렵게 보일 것입니다. 따라서 이렇게 말할 필요가 있는 것 같습니다. 넷째, 하나님이 주신 종말에 대한 감각을 가지고 산다는 것은 종종 '음표들 사이의 음악을 듣는 것'과 같다고 말입니다.

매우 훌륭한 CD가 최근 발매되었습니다. 그 CD에는 현존하는 바이올린 솔로 곡 가운데 가장 유명한 작품의 연주가 실려 있었습니다. 바로 요한 세바스찬 바흐의 파르티타 D 단조, 샤콘느입니다. 한 독일인 음악 교수가 말하길, 바흐는 이 작품을 작곡할 당시, 여러 합창곡과 성가 선율을 염두에 뒀다고 합니다. 우리는 그 선율을 듣지 못합니다. 하지만 그 교수는 거기 음과 음 사이로 그 선율이 흐르고 있다고 믿습니다. 그 합창곡들은 모두 죽음과 부활에 관련이 있는 곡들입니다. 그리고 바흐는 그의 첫 번째 부인이 갑자기 죽은 후 이 곡을 작곡했다고 합니다. 힐리아드 앙상블(Hilliard Ensemble)이라는 합창단은 바이올리니스트와 협연으로, 바이올린 파트가 연주되는 가운데 바흐가 작곡 당시 염두에 두었다는 합창곡을 불러 녹음을 했습니다. 이렇게 해서 우리도 음과 음 사이의 선율을 들을 수 있게 되었습니다. 그리고 어찌된 일인지, 바이올린 파트가 훨씬 아름답게 들렸습니다.

저는 열아홉 살이 되기까지 기독교와 관련된 것에 아무런 흥미가 없었습니다. 그리스도인이 되는 것에 대한 저의 가장 큰 두려움 가운데 하나는 제가 가진 모든 관심사들, 특히 음악적인 관심들이 갑자기 한 켠으로 밀려지고, 삶이 훨씬 재미없어질 것 같았습니다. 색으로 가득하던 세상이 갑자기 흑백으로 변할 것 같았습니다.

그러나 실제로는 제 예상과 정반대였습니다. 음악은 이제 제게 훨씬 더 아름답게 들리고 제 영혼을 훨씬 강하게 사로잡습니다. 왜냐하면 저는 '음과 음 사이의 선율'을 들을 수 있게 되었기 때문입니다. 저는 이런 질문을 하기 시작했습니다. 이 음악이란 매체는 어떤 식으로 하나님을 증거하는 수단이 될 수 있을까? 왜 하나님은 이런 음악을 쓸 수 있게 허락하셨을까? 어떻게 그런 영감을 주셨을까! 어떻게 존재하지 않지만 사실상 연주되는 음들을 더욱 살아나게 할 수 있을까요? 여러분이 만일 식물학자든 의사이든 혹은 경제학자나 수학자이든 여러분에게 필요한 기술은 음과 음 사이를 듣는 것입니다. 어떻게 하나님이 이 활동과 저 활동을 연계시키셨는지, 그가 그 일을 통하여 혹은 그 일 안에서 무엇을 하시는지에 대해 이 세상을 주관하시는 하나님의 방법을 배우는 것이 필요합니다. 우리가 우리의 학문과 기독교의 복음을 이런 방식으로 함께 모을 수 있다면 그 결과는 종말에 대한 충만한 예고가 될 것입니다. 하나님이 창조하신 세상의 '음표'들이 완벽하게 이해되는 그 영원한 날을 미리 맛볼 수 있을 것입니다.

5. 지체와 침묵. 다섯째, 종말에 대한 의미를 품고 산다는 것은 지체되는 종말을 기다리며 침묵으로 살아가는 것을 의미합니다. 앞서 읽은 바울의 말을 다시 한 번 들춰 봅시다. "보이는 소망이 소망이 아니니 보는 것을 누가 바라리요 만일 우리가 보지 못하는 것을 바라면 참음으로 기다릴지니라." 지체는 전체의 일부입니다.

음악은 이 부분에 많은 도움을 줄 수 있습니다. 앞에서 제가 언급한 대로, 음악을 작곡하는 가장 핵심적인 기술 가운데 하나가 바로 '방황'과 '안식' 사이의 공간을 조율하는 것입니다. 음악 이론가들은, 일단 '안식'에 대한 기대감이 세워진 후, 그 기대감이 연기, 멈춤, 확장 등의 온갖 장치를 통해 지체되는 방법들을 연구했습니다. 이것을 '지연된 만족'이라고 부릅니다. 긴장의 해소가 즉시 이루어질 수도, 연기될 수도 있습니다. 어쩌면 아주 오랜 기간 연기될 수도 있습니다. 이런 종류의 기법은 음악에서 매우 흔하게 발견됩니다. 하지만 제가 감히 이렇게 말씀드릴 수 있을지 모르겠습니다만, 소위 기독교 음악이라고 불리는 음악에서는 이런 지체된 만족의 기법을 잘 발견하기 어렵습니다. 그리스도인들은 기독교 음악이 당황스러울 만큼 빠르게 해소되고 지나치게 뻔하게 예측된다는 사실을 알아둘 필요가 있습니다.

지연된 만족이라는 기법을 사용하게 되면 매우 흥미로운 일이 생깁니다. 그런 기법은 우리를 끌어당깁니다. 우리는 긴장이 해소될 때까지 좀더 깊이 음악이 제공하는 드라마에 빠져들 수 있습니다. 다시 말해, 그 지연으로 인해 소망은 더욱 부풀어 오릅니다. 우리는 안식에 대한 소망으로 더욱 다가가고 그 안에 더욱 깊이 빠져듭니다. 소망은 안식의 지체 가운데 살아납니다.

또한 소망은 침묵 속에서도 생길 수 있습니다. 우리는 왜 그토록 침묵을 두려워하는 것일까요? 왜냐하면 우리는 침묵 속에서는 아무 일도 벌어지지 않는다고 생각하기 때문입니다. 우리는 침묵을 공포스러워하는 문화에 살고 있습니다. 우리의 문화는 모든 침묵을 소리로 채우고 싶어 합니다. 우리는 침묵을 두려워합니다. 침묵은 회피를 의미하고, 공허와 빈 공간을 의미하기 때문입니다.

그러나 음악은 이와 정반대를 이야기합니다. "나 같은 죄인 살리신"(Amazing Grace) 같은 찬양에 담긴 침묵은 결코 공허하지 않습니다. 거기에는 소망이 가득 차 있습니다. 이 찬양을 듣는 여러분들은 그간 어떤 일이 **있어났었는지**를 기억하고 어떤 일이 **벌어질지**를 감지하고 있기 때문입니다. 거기에는 귀에 들리는 소리 이상의 어떤 음악이 있습니다.

그리스도인으로 산다는 것은 수없이 많은 침묵의 시간들을 산다는 것을 의미합니다. 아무것도 일어나지 않는 것 같은 시간들, 하나님이 긴 휴가를 떠나신 것 같은 시간들, 은혜가 더 이상 놀랍게 느껴지지 않는 그 시간들 속을 살아갑니다. 하지만 그 시간들 속에서, 하나님이 예수를 죽음에서 부활시킨 사건이 앞으로 올 일에 대한 약속이라 믿으며 살아갑니다. 그럴 때 그 침묵의 시간들은 소망으로 가득 차게 됩니다.

6. 다양한 차원에서 소망하기. 여섯째, 하나님이 주신 종말에 대한 감각을 가지고 살아간다는 것은 다양한 차원에서 소망하며 살아간다는 것을 의미합니다.

앞서 화성적인 긴장과 해소에 대해 말씀드린 바 있습니다. 그런데 그 화성적인 유형은 사실 긴장과 해소를 다루는 유형에 있어서는 이차적인 방식입니다. 그보다 앞서는 방식은 바로 **박자**입니다. 여러분이 어떤 빌딩에 살면서 동시에 여섯 개의 층에서 살고 있다고 상상해 보십시오. 그것이 바로 박자로 인해 가능한 일입니다.

박자란 음악의 저변에 깔린, 악기를 두드리는 패턴을 말합니다. 사분의 이, 사분의 삼 등의 방법으로 시간을 숫자로 나눕니다. 우리가 음악에 발을 맞춘다는 것은 곧 박자에 발을 맞춘다는 것을 의미합니다. 지휘자가 교향악단이나 합창단을 이끌 때, 단원들이 저마다 무엇을 하든지 간에 지휘자가 절대 놓치지 않는 것이 바로 박자를 맞추는 것입니다. 우리가 춤을 춘다는 것은 박자를 맞추고 있기 때문일 가능성이 높습니다. 다른 무엇을 하든지 말입니다. 박자의 단위가 한 마디 (혹은 절) 안에 구성됩니다. 왈츠에서는 한 마디에 세 박자가 들어갑니다. 그런데 왈츠에 맞추어 춤을 추려는 사람들은 그 박자들이 모두 같은 강약을 가진 것이 아니라는 것을 알게 됩니다. 첫 번째 박자가 가장 세고, 두 번째는 좀더 약해지고, 세 번째는 더 약해집니다. 하지만 왈츠는 '앞으로 나아가는' 박자로, 다음 마디의 첫 번째 박자를 향하고 있습니다. 긴장과 해소의 파동이 생겼고 이는 마디와 마디를 거치며 반복됩니다.

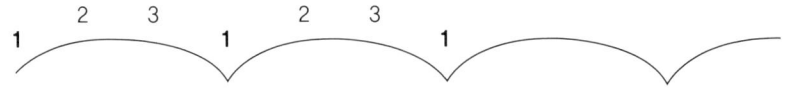

표 11.3 왈츠의 박자와 마디

그런데 박자는 단지 이 한 가지 차원에서만 이뤄지는 것이 아닙니다. 각 마디 안의 연속적인 강박(强拍)들은 그것들 간의 또 서로 다른 강약을 가집니다.

많은 작품들에서 박자는 대개 두 묶음 혹은 네 묶음 정도로 구성됩니다. 첫 번째가 가장 강하고 가장 마지막 박자가 그 묶음에서 가장 약합니다. 그리고 이 박자들이 함께 더 높은 차원에서 또 다른 긴장과 해소의 파동을 만듭니다. 그 한 차원 높은 파동의 박자 또한 또 다른 강약을 갖습니다. 그렇게 또 다른 파동이 만들어지기를 계속합니다. 이 과정은 계속됩니다. 차원을 높여 가며 더 크게, 크게, 작품 전체가 끝날 때까지 이루어집니다.

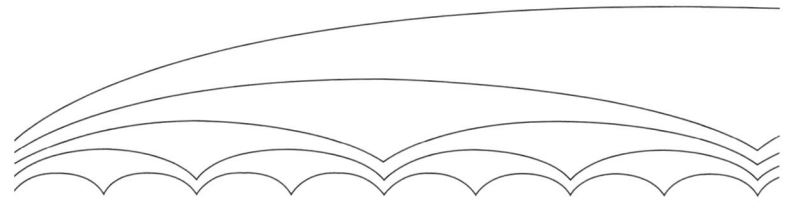

표 11.4 더 높은 차원으로 긴장과 해소의 파동이 만들어지는 방식

이것은 고도로 복잡한 과정일 수 있습니다. 하지만 이 기초적인 다차원 패턴은 이런저런 형태로 거의 모든 유형의 서양 음악에서 나타납니다. 바흐에서 브람스까지, 알이엠(R.E.M)에서 에미넴(Eminem)까지 모두 해당합니다.

우리가 이해해야 할 핵심은 이것입니다. **한 차원의 모든 해소나 결말은 또 다른 차원으로 향하는 파동을 만든다는 것입니다.** 간단히 말해 언제나 새로운 차원의 소망이 있다는 것입니다.

이제 성경을 이 패턴으로 살펴봅시다. 우리는 무엇을 찾아내게 될까요? 성경의 하나님은 단순히 신비로운 방식으로 운행하시기만 하는 것이 아니라 신비로운 **파동**으로 움직이십니다. 하나님은 사람들을 하나 이상의 레벨에서 살도록 초대하심으로써 그들에게 소망을 줍니다.

성경에 기록된 하나님은 반복적으로 약속을 만드십니다. 그 언약은 일부 성취되지만, 동시에 일부의 성취는 사람들에게 더 큰 소망을 갖게 합니다. 성경 전체를 지배하는 언약이 바로 아브라함에게 주어진 언약입니다. 하나님은 한 민족, 한 나라를 창조하고자 하셨습니다. 그 결과 이스라엘이라는 작은 공동체가 하나 등장함으로 하나님의 목적이 완성되었습니다. 하지만 이스라엘 사람들은 그 이상의 뭔가가 더 있을 거라는 사실을 알았습니다. 즉, 이미 이루어진 성취가 그들에게 더 크고 좋은 것을 소망하게 했습니다.

신약 성경에서 사도 바울은, 예수 그리스도는 실제 이 지구상에 살아 있을 때나 지금이나 여전히 강력한 강박이라고 말합니다. 예수님은 하나님이 수세기 전 아브라함에게 약속하신 이스라엘의 소망을 완성합니다. 그렇다면 이제 우리는 소망하기를 그쳐야 하는 것일까요? 정반대입니다! 사도 바울이 우리에게 말한 바대로, 하나님의 강박은 우리에게 더 큰 소망을 줍니다. 첫 번째 언약에 대한 더 높은 파장의 최종적인 완성을 소망하게 합니다. 지구상의 모든 나라가 하나의 새로운 공동체로 모이는 그날, 새 하늘과 새 땅 아래 새 다인종 공동체가 수립되는 그날을 소망하게 합니다. 더 강력한 해결이 더 큰 소망을 키웁니다.

초기 그리스도인들은 한 가지 차원 이상에서 살아가는 법을 배워야 했습니다. 만일 우리가 오직 한 가지 차원에서만 소망을 품고 산다면, 우리는 머지않아 소망하기를 그칠 것입니다. 그러나 하나님이 하시는 일의 더 높은 파장으로 우리를 조율해 갈 때, 우리는 결코 소망하기를 멈추지 않을 것입니다.

우리가 살아가는, 소위 포스트모던 문화는 우리가 '평평하게' 살아가도록 종용합니다. 그저 아주 짧은 단파장에 의존해 살도록 합니다. 하루하루 자잘한 소망을 가지고 살아가게 합니다. 하지만 그리스도인이 된다는 것은 다양한 차원에서 소망하기를 시작한다는 것을 의미합니다. 우리의 삶은 영원으로 뻗어 있는 거대한 소망의 맥락 속에 세워져 있습니다. 하지만 그 아래에는 서로 다른 시간대에 대한 서로 다른 소망이 존재합니다. 하나님은 종종 매우 작은 것 위에 큰 것을 세우기도 하십니다. 우리 삶의 매우 단기적인 일상에서 하나님은 우리가 다시 소망할 수 있게 될만한 놀라운 것을 만들어 내기도 하십니다.

한 가지 차원에 머무르면 우리는 소망하기를 멈추게 될 것입니다. 많은 차원 위에 살면 우리는 점점 더 크고 위대한 것을 바라며 결코 소망하기를 그치지 않을 것입니다.

7. 즉흥 연주처럼 살기. 일곱 번째, 하나님이 주신 종말의 감각을 지니고 살아간다는 것은 무엇이든 주어진 대로 즉흥 연주를 하는 것을 뜻합니다.

여러분 중에는 공으로 저글링을 하실 수 있는 분이 있을 텐데요. 저글링을 할 줄 아는 사람들이 이를 배우려는 사람들에게 첫 번째로 가르치는 것은 바로 놓아 버리는 법입니다. 우리의 자연스러운 본능은 공을 떨어뜨리지 않고 잡는 데 온 힘을 쏟는 것입니다. 그런데 역설적이게도 먼저 배워야 할 것이 바로 제대로 **던지는** 법입니다. 잡을 것을 걱정하지 않고 공을 던지는 것입니다. 결말이 하나님에 의해 보장되었다는 것을 알 때, 우리는 실패에 대한 두려움으로부터 자유로워질 수 있습니다. 그리고 무엇이든 주어진 것을 마음껏 받아들일 수 있습니다.

지난 5년간 가장 많은 사랑을 받았던 성공적인 음반 가운데는 오래 된 모테트(motet: 무반주 다성 성악곡—역주)가 포함되어 있었습니다. 이것은 15세기 피에르 드 라 뤼(Pierre de La Rue)가 작곡한 곡으로 힐리아드 앙상블이 노래했습니다. 노래를 부르는 동안 재즈 색소폰의 즉흥 연주가 곁들여졌습니다. 오래된 모테트가 즉흥 연주로 인해 되살아난 것입니다.

위대한 주제가 이미 예수 안에서 연주되었습니다. 성경의 위대한 모테트는 그를 둘러싸고 쓰여졌습니다. 이제 하나님은 우리가 그와 함께 노래하기를 성령을 통해 초대하십니다. 거기에서 우리가 발견한 대로 반응하기를 바라십니다. 결말은 보장되었다는 확신을 항상 가진 채 말입니다.

이 유형을 좀더 밀어붙여 보도록 하겠습니다. 한 가지 주제를 가지고 즉흥 연기를 하는 집단을 생각해 보십시오. 우리는 무엇을 발견하게 될까요? 즉흥성은 새로움을 가져옵니다. 좋은 즉흥 상황이라면, 우리는 다음에 정확히 무슨 일이 벌어질지를 알지 못합니다. 즉흥성은 위급 상황을 불러오기도 하고 개방성을 가지기도 합니다. 물론, 거기에는 주제가 있습니다. 혹은 코드가 있고, 우리는 그것이 무엇인지를 알고 있습니다. 하지만 수많은 음악들이 예측 불가하며 새롭습니다.

만일 우리가 과거에 묶여 있다면, 만일 우리의 미래가 그저 과거의 반복일 뿐이라면 그것은 참으로 어두운 전망일 것입니다. 어떤 세계관들은 바로 이런 발상에서 비롯되었습니다. 뿌린 대로 거둔다. 그게 전부다. 그러나 여기 좋은 뉴스가 있습니다. 우리의 미래는 우리가 만들어 온 것에 한정되지 않는다는 것입니다. 새로움은 어떤 순간에라도 가능합니다. 여기 아일랜드 시인, 미홀 오 쉴(Micheal O'Siadhail)의 사랑 시를 하나 소개하겠습니다. 하지만 그의 시는 그리스도인의 삶에도 적용 가능한 부분이 많습니다.

갑자기, 늘 보던 일상 속에서
처음으로 느껴보는 즐거움이 나를 완전히 새롭게 사로잡는다.
주제의 기이한 변주, 섬세한 재즈의 새로운 익숙함.
놀라움의 여행이 시작되었다.

즉흥이란 새로움만을 의미하지 않습니다. 그것은 우리가 우리의 진정한 자아와 좀더 가까워졌다는 것을 의미하기도 합니다. 앞서 말씀드린 음반에서 모테트를 부른 가수들은, 직접 노래하면서 동시에 서로의 노래를 들을 때에 온전히 자기 자신이 되어 있었습니다. 중세의 폴리포니(polyphony: 다성 음악—역주)에서 이상적인 소리는 퓨전이 아니라 각각의 소리가 좀더 분명하게 두드러지는 것이었습니다. 색소폰 연주자가 협연을 했을 때, 재즈와 중세 음악이라는 두 가지 스타일은 하나로 융합되지 않았지만 그러한 차이 속에서 서로를 강조해 주었습니다.

'모더니즘적인 자아'는 프리마돈나입니다. 언제나 혼자서 노래하고, 포르티시모의 자신감으로 다른 모든 이들을 물에 잠기게 만듭니다. 지쳐 무너져 내릴 때까지 홀로 분투합니다. '포스트모더니즘적인 자아'는 자신의 목소리가 그의 마지막 노래 선생님이 만들어 낸 것보다 큰지를 궁금해합니다. 왜냐하면 모든 파트를 불러 봤지만 여전히 자신이 어디에 맞는지를 모르기 때문입니다. 진정으로 음악적인 존재는 하나님이 주신 위대한 피날레에 대한 감각을 가지고 살아갑니다. 그때는 모든 목소리가 각자의 자리를 부여받고, 좀더 다채로운 선율을 가지고 더욱 생생하게 살아날 것이기 때문입니다. 그리고 그 기쁨을 지금 이 순간부터 누릴 수 있다는 것을 압니다.

몇 해 전 저는 케임브리지 대학 콘서트 홀에서 대규모 축하 행사를 조직하는 그룹의 일원이었습니다. 한 작품에서 우리는 오케스트라 단원 전부에게, 주어진 멜로디와 코드 위에 즉흥적인 연주를 해 보라고 요청했습니다. 그리고 거기에는 상당한 규모의 합창단이 협연했습니다. 연주자들의 대부분이 그리스도인이었습니다. 하지만 일부는 그렇지 않았습니다. 비그리스도인 연주자 가운데는 열네 살의 세컨드 바이올리니스트가 있었습니다. 평소 그 소녀는 세컨드 바이올린 섹션에 있는 다른 일곱 명의 연주자들과 정확히 같은 음을 연주했습니다. 그런데 즉흥 연주를 통해 그녀는 자신의 음악 인생 최초로 자신만의 '목소리'를 발견했습니다. 바로 동료 연주자들을 신뢰하고, 동료들에게 신뢰를 받는 가운데, 그리고 찬양이 울려퍼지는 가운데서 말입니다. 소녀는 이 넘치는 즉흥 연주 속에서 믿음을 갖게 되었습니다. 성령은 모든 사람을 하나의 형태로 통일시키려 하지 않으십니다. 다만 다른 사람들과의 관계를 통해 좀더 진정한 자신의 모습을 발견할 수 있도록 합니다. 자신들이 얻게 될 최후의 완성을 고대하는 가운데 '찬양하는 존재'가 되어 가기를 바라십니다.

이제 마지막으로 드릴 말씀입니다. 여전히 즉흥 연주라는 주제 아래 있는 내용입니다. **오류는 재창조될 수 있습니다.** 때때로 어려운 작품을 연주하다보면, 큰 실수를 하기도 합니다. 물론 우리는 그 실수를 돌이킬 수 없습니다. 피아노는 여든여덟 개의 키를 가지고 있습니다. 하지만 거기에 삭제 키는 없습니다. 오류는 벌어집니다. 그것은 불가피합니다.

우리는 화를 내고 달아나 버릴 수도 있습니다. 하지만 그렇게 하는 것은 대개 좋은 결과를 가져오지 않습니다. 대신 경험이 많은 연주자들은 즉흥적으로 그 잘못된 음을 음악적으로 이어지게 하는 법을 배웁니다. 전문 용어를 사용하자면, 틀린 음을 '패싱 노트'(passing note: 다음 코드로의 진행을 매끄럽게 하기 위해 구성된 음 이외의 음을 사용하는 것-역주)로 변환시키는 것입니다. 패싱 노트는 그 자리에 꼭 들어맞는 음은 아니지만 맞아들어 가거나 심지어는 더 아름답게 들리기도 합니다.

제가 그리스도인으로 살아가며 가장 숨막히도록 아름답다고 느끼는 것이, 바로 하나님은 우리가 가장 큰 실수를 그의 패싱 노트로 바꾸신다는 점입니다. 그것이 바로 하나님이 우리를 위해 종말에 하겠다고 약속하신 것이며, 그 일은 바로 지금 이 순간 시작될 수 있습니다. 이런 이야기를 전에 들어 본 적이 없다면, 이제 바로 여러분이 주인공이 될 차례입니다.

톰 라이트 N. T. Wright
세인트앤드류 대학의 신약학과 초기 기독교학 교수이자 세계적인 신학자다. 2003년부터 2010년까지 영국성공회 더럼(Durham) 지역 주교로 재직하며 케임브리지, 맥길, 옥스퍼드 대학 등에서 신약학을 가르쳤다. 「톰 라이트와 함께 하는 기독교 여행」(*Simply Christian*), 「마침내 드러난 하나님 나라」(*Surprised by Hope*), "톰 라이트 에브리원 주석" 시리즈(이상 IVP) 등 왕성한 저술 활동을 하고 있다.

11. 순전한 그리스도인
조지타운 대학 베리타스 포럼, 2006

저는, 최근 출간된 저의 저작인 「톰 라이트와 함께하는 기독교 여행」(*Simply Christian*, IVP)이라는 책에 관해 강연해 달라는 요청을 받았습니다. 제가 쓴 책에 관해 강연한다는 것은 언제나 어색한 일이기는 합니다. 왜냐하면 책의 일부를 그냥 읽어 드리고 싶은 유혹을 떨치기 어렵기 때문입니다. 실제로 이 책이 어떤 내용인지를 맛보게 하기 위해 한두 단락 정도는 읽어 드리려고 합니다. 이 책을 쓰게 된 계기는 참으로 흥미롭습니다. 이 책을 부탁 받으며 제게 맡겨진 과제는 다소 겁나는 일이었는데, 왜냐하면 그 과제가 20세기 후반에 「순전한 기독교」가 했던 역할을 대신 할 21세기용 책을 써달라는 부탁이었기 때문입니다. 하지만 이 책은 「순전한 기독교」와 닮은 점이 거의 없습니다. 단 한 가지를 제외하고는 말입니다. 그 부분은 이야기를 진행하며 말씀드릴 것입니다.

제가 이 책에서 「순전한 기독교」의 C. S. 루이스와 같은 목소리로 이야기하려 했던 것은, 어떻게 하면 제가 속한 교파인 성공회교도가 되고, 가톨릭 신자가 되며, 장로교단의 신자가 될 수 있느냐가 아니었습니다. 이 책은 어떻게 하면 기독교의 특정 교파에 속할 수 있느냐를 다룬 것이 아닙니다. 이 책은 제가 기독교 신앙의 가장 핵심이라고 생각하는 것들을 진술한 것입니다. 그리고 당연히 이 책은 예수님에 관한 책이기도 하고, 하나님에 관한 책이기도 하며, 그들이 우리에게 어떤 의미인가에 관한 책이기도 합니다.

이 책을 쓰게 된 배경에 관해 먼저 말씀드리겠습니다. 우리는 종교와 공공의 삶, 그리고 우리의 존재와 우리가 하는 일을 우리가 믿는 바와 통합시키는 것에 상당한 혼란을 겪고 있습니다. 지금 영국만 보더라도 공적의 삶 속에서 종교를 어떻게 다루어야 할지에 관해 꽤나 열띤 논쟁을 벌이고 있습니다.

또한 이슬람에 관한 이슈도 있습니다. 이슬람 여성들이 베일을 하고 다닐 권리를 가져야 하는지, 또 항상 그렇게 하고 다녀야 하는지 등입니다. 어떤 정치인들은 학교에서 가르치는 여성들은 베일을 하지 말아야 한다고 주장하고 있고 이에 대해 일부 이슬람인들은 거세게 반대하고 있습니다. 그리고 이러한 논쟁은 기독교 공동체에 역효과를 주고 있습니다. 십자가를 목에 걸었다는 이유로 해고의 위협을 받거나 실제로 해고를 당하는 일들이 생기고 있기 때문입니다.

제가 살아 있는 동안 영국에서 누군가가 공공 장소에서 십자가를 목에 걸었다고 일자리에서 해고의 위협을 받는다는 것은, 그것도 한 번은 브리티시 에어웨이 항공사에서 또 한 번은 BBC 방송국에서 그런 일이 벌어졌다는 것은 참으로 놀라운 일이 아닐 수 없습니다. 그 자체도 충격적인 사건이지만 여기에서 놀라운 사회 현상을 포착해 낼 수도 있습니다. 바로 여기가 우리 사회가 와 있는 지점이라는 사실입니다. 사람들은 기독교에 대해 정말 매몰찹니다. 기독교가 세계와 어떻게 관계하는지에 대해 그리고 종교 일반에 대해 참으로 엄격하기만 합니다.

제가 보기에 우리가 이런 이슈로 인해 어려움에 처하게 된 이유는, 우리의 정치인이나 미디어나 어느 누구도 그리스도인이 실제로 무엇을 믿고 어떻게 공적 세계에 관계를 맺을 수 있는지에 대해 공부하지 않고 이해하기 위해 애쓰지도 않았기 때문입니다. 그런 질문에 대한 답하기 위해 이 책을 쓴 것은 아닙니다. 그러나 제가 이 책을 통해 그리스도인의 믿음이 무엇이고 그 진정한 본질이 무엇인가를 말하는 것이, 단지 기독교에 대한 기존의 사고방식을 흔들기만 하는 것이 아니라 좀더 광범위한 사회적 이슈에 대한 해결의 실마리가 되기를 희망합니다. 앞서 말씀드린 이슈들은 지금 우리가 살고 있는 이 세계에 상당히 긴급하고 중대한 문제들입니다.

그렇다면, 오늘날의 세계 속에서 하나님과 그리스도를 어떻게 설명해야 좀더 광범위한 사회적·문화적 공동체와 소통이 가능해질까요? 어떤 분들은 곧장 예수에 관한 질문으로 진입합니다. 그가 누구이고 무엇을 하셨고, 그 모든 것이 무엇을 의미하는지 말입니다. 물론 그것도 좋습니다. 이야기를 시작하는 아주 훌륭한 방법인 것이 분명합니다. 이 방법으로 이야기를 시작한다면 틀린 이야기를 하게 될 가능성이 낮습니다. 하지만 바로 이런 방법으로 기독교인들이 공격받기도 합니다. 또한 예수에 대한 해석에 있어서도 많은 시각 차이가 있습니다.

저는 좀더 완곡한 방법으로 시작하고 싶습니다. 그래서 기독교 신앙에서 상당히 멀리 떨어진 사람들에게도 다가가 보고자 합니다. 그런 사람들은 실제로 다음과 같은 질문을 할 수도 있습니다.

1. 대체 내가 왜 이 예수라고 불리는 사람이 존재했는지 하지 않았는지에 관심을 두어야 하는가?
2. 예수에 관한 이야기가 나와 조금이라도 관련이 있는가?

이 부분에서 어떤 그리스도인들이나 철학자들은 하나님의 존재를 '증명'하는 것으로 이야기를 시작하려 할지 모르겠습니다. 그러나 저는 오늘을 사는 사람들을 위해 아니 시대와 관계없이 모든 사람들을 위해 뭔가 수긍할 만한 방법으로 그런 일을 해낼 수 있을지 확신할 수 없습니다. 무언가를 증명하기 위해 우리는 어떤 준거의 틀을 사용해야만 합니다. 그리고 나서 준거 틀과의 관계 속에서 증명하고자 하는 바를 증명해 보는 것입니다. 그렇게 되면, 그 준거 틀이라는 것이 대단히 중요한 것이 되고, 증명하고자 했던 것은 그저 우연히 벌어진 어떤 기능에 불과하게 됩니다.

만일 누군가 제게 신이 존재하는 것을 증명할 수 있느냐고 묻는다면 대체로 그들이 의미하는 바는 이렇습니다. "나는 후기 서양 사람, 혹은 포스트모던의 인간임을 기억하시오. 이런 내가 절대적이라고 가정하는 준거 틀 안에서 신이 존재한다는 증거를 보여 줄 수 있습니까?" 이에 대한 저의 답변은 이렇습니다. "만일 신이 존재한다면, 만일 이 신이 **신**이라고 하는 그 말에 합당한 존재라면, 그렇다면 그 신은 우리가 가진 모든 준거 틀을 훨씬 능가할 것이 틀림없습니다. 그러니 이 신을 그러한 준거 틀 안에 집어 넣으려 애쓰는 것은 그 존재를 이해하는 데 그다지 효과적이지 않을 것입니다."

외치는 소리의 메아리들

따라서 저는 다소 다른 방식으로 시작해 보겠습니다. 이 책의 첫 부분은 "외치는 소리의 메아리들"이라고 제목을 붙여 보았습니다. 이런 이미지를 한번 사용해 보고 싶습니다. 어떤 한 사람이 방 안에 있습니다. 그 사람은 바깥의 아무도 볼 수는 없지만 소리는 들을 수 있습니다. 뭔가 그럴듯한 이야기를 하는 것 같습니다. 누구의 목소리인지도 모르겠고 대화의 내용도 대부분 알아들을 수 없습니다. 하지만 무언가 일이 벌어지고 있다는 것은 알아차릴 수 있습니다. 저는 모든 인류가 정도의 차이는 있더라도 알게 모르게 듣게 되는, 네 가지의 메아리를 정리해 보고자 합니다.

1. 정의. 네 가지 중 첫 번째는 정의입니다. 이것은 제가 C. S. 루이스에게 경의를 표하지 않을 수 없는 부분으로, 그의 책 「순전한 기독교」의 시작도 바로 이 정의에서부터 시작했습니다. 노골적으로 말하자면 우리는 모두 이 세계의

사회정의를 바로 세워야 한다는 것을 알고 있습니다. 하지만 동시에 모두 당혹스러워하고 있는데 왜냐하면 그 일이 불가능해 보이기 때문입니다. 이런 현상은 이 사회 속에 뭔가 크게 잘못된 것들을 발견하고 "좋습니다. 우리가 이 일을 해결해 내겠습니다!"라고 외치는 전 세계 모든 정치인들에게 적용됩니다. 그리고 생애 마지막 순간에 그들은 이렇게 말합니다. "우리는 이런 프로그램과 의제를 가지고, 이런 법안을 통과시켰습니다. 그런데 사회에서는 우리가 여전히 해결하지 못하는 문제들이 산적해 있습니다."

그리고 이러한 현상은 개인들에게도 적용됩니다. 우리는 우리 삶 속에 잘못된 것들이 많다는 것을 잘 알고 있습니다. 여기서 잘못되었다는 것은, "아, 내가 또 그랬네!" 하고 해서는 안 되는 줄 알면서도 잘못을 계속해서 반복한다는 의미로만 말씀드리는 것이 아닙니다. 우리 자신에 대해 혹은 우리가 사는 세계에 대해 무언가 잘못 튕겨져 나와 제자리로 되돌릴 필요가 있는 것들이 있음을 의미하기도 합니다. 그것은 정말로 하기 어려운 일입니다. 하지만 우리는 그 일이 이루어져야 한다는 것도 알고 있습니다. 우리는 굳이 정의가 확립되어야 한다고 사람들을 가르치려 들 필요가 없습니다.

다섯 살 난 아이들이 함께 놀고 있는 놀이터에 한 번 나가 보십시오. 이것이 바로 루이스의 요점이기도 했습니다. 얼마 지나지 않아 한 아이가 다른 아이에게 이렇게 말합니다. "그건 불공평해." 아이들이 어떻게 그것이 불공평하다는 것을 알까요? 그 아이들이 정의의 본질에 대한 세미나에 참석했었기 때문이 아닙니다. 그것은 우리 내면에 공정과 불공정, 정의와 부정의에 대한 감각이 깊이 뿌리박혀 있기 때문입니다. 그리고 여기서 혼란이라고 하는 것은, 뭔가 바로 세울 필요가 있다는 것은 아는데 그 일을 해낼 수 있을 것 같지 않는 데서 옵니다. 이것이 바로 우리 모두가 그 메아리를 듣게 되는 기이한 목소리 가운데 하나입니다. 그리고 저는 그리스도인이든 유대인이든, 이슬람인이든 어떤 신앙을 가졌든, 세속인이든 현대인이든 포스트모던인이든 우리 모두가 정의라 불리는 것이 있다는 것을 **알고** 있다는 점을 지적하고자 합니다.

2. 영성. 이 책의 첫 번째 부분에서 이야기한, 그 외치는 소리의 두 번째 메아리는 영성입니다. 만일 여러분이 30년 전에 "현대 사회 속의 영성"이라는 제목으로 강연을 했다면, 아마 아무도 나타나지 않았을 것입니다. 1960년대와 1970년대의 사람들은 세속주의로 가득 찬 멋진 신세계와 함께 영성을 제거해 냈다고 믿었습니다. 그런데 영성은 다시금 폭발하듯 우리 사회를 흔들고 있습니다. 따라서 사람들이 정통 기독교를 원하든 원치 않든, 인간은 다양한 차원의 피조물이고 복수의 층위를 가졌다는 사실을 인정하지 않을 수 없게 되었습니다. 또한 삶과 세상과 인간의 존재에는 우리가 실험관이나 은행 계좌에 넣을 수 있는 것을 훨씬 능가하는 무언가가 있다는 사실도 인정하게 되었습니다.

그렇다면 이 영성이라는 것은 무엇일까요? 어떻게 하면, 이 '뭔가 저 밖에 있는' 듯 보이는 것을 파고들 수 있을까요? 영성은 종종 난해해 보이는데, 왜냐하면 평생을 바쳐 어떤 영성의 길을 추구해도 결국 자신이 그것에 만족하지 못했다는 것을 깨닫게 될 수 있기 때문입니다. 그런 노력으로는 정말 가려운 곳을 긁을 수 없습니다. 제 생각에 대부분의 인간에게 적용될 수 있는 인간 삶의 또 다른 차원을 탐험해 보는 일은 모든 사회 속에도 존재하고 역사의 대부분의 기간에도 이루어져 왔습니다. 그러나 이 역시 우리에게는 혼란스럽게 보입니다. 그런 목소리가 들리기는 하는데, 그것이 과연 우리를 어디로 이끌지 알 수 없습니다.

3. 관계. 이번에 말씀드릴 세 번째 메아리는 바로 관계에 관한 의문입니다. 간단히 말해, 우리는 모두 누군가와 함께 살아야 한다는 것을 알고 있습니다. 하지만 우리는 관계를 형성하고 유지, 발전시키는 데 늘 어려움을 겪습니다. 이 문제는 모든 관계에 적용됩니다. 전 세계적인 차원에서도 마찬가지입니다. 우리는 모두 지구촌 가족으로서 함께 협력해야 한다는 사실을 알지만 그런 일은 잘 일어나지 않습니다. 정말 불행한 일이 아닐 수 없습니다. 전쟁을 둘러싼

산업이며 전쟁의 소문들 그리고 인류의 3분의 1을 경제적 풍요로부터 멀어지게 하는 경제 거래들. 더 나쁜 것은 협력하지 못하는 것이 경제적 발전 전망을 아예 어둡게 한다는 것입니다. 우리는 서로 좀더 나은 관계 속에 있어야 한다는 사실을 잘 압니다. 그리고 우리가 얼마나 애를 쓰든 관계는 어려워지기만 한다는 점도 잘 압니다.

대부분의 사적인 차원의 관계도 마찬가지입니다. 친구 간의 우정을 유지한다는 것은 참으로 어려운 일이 되었습니다. 가장 친밀한 관계들, 가족 관계나 결혼 관계조차도 유지하기가 참 어려워졌습니다. 설령 우리가 아침에 일어나 스스로에게, "오늘은 꼭 이 문제를 바로잡고야 말겠어" 하고 다짐해도, 우리는 여전히 관계를 망치곤 합니다. 따라서 관계는 정의나 영성과 마찬가지로 우리 삶에 엄청나게 중요한 부분이지만, 우리는 관계에 있어 뭔가를 잘못하기 일쑤입니다.

4. 아름다움. 네 번째 메아리는 아름다움에 관한 것입니다. 아름다움과 관련해서 현재 우리가 사는 세계에서 벌어지는 일들을 설명하기 위해 간단한 비유를 하나 들겠습니다. 어느 날 어떤 사람이 비엔나에 있는 다락방에 들어가게 되었다고 상상해 보십시오. 그 사람은 거기에서 오래된 종이 한 장을 발견하게 되었는데, 피아노를 위해 쓰여진 듯한 악보 원본이었다고 해 봅시다. 처음에는 그 손으로 쓴 악보를 알아보기 어려웠습니다. 그런데, 가만, 좀더 두고 보니 왠지 모차르트가 직접 쓴 악보인 것 같습니다. 피아노로 가져가서 연주를 해 보니, 정말 모차르트의 작품인 것 같기도 합니다. 그리고 이 작품은 우리가 처음 듣는 곡입니다. 참 멋진 일이지요! 그런데 대체 그 악보는 무엇일까요?

수수께끼는 거기서부터 계속됩니다. 왜냐하면 악보에는 피아노가 잠시 연주되지 않는 부분에는 뭔가 빠진 것이 있는 것처럼 보였기 때문입니다. 그리고 연주가 다시 시작되면 아까와는 좀 다른 연주를 하는 것 같았습니다. 연주는 절정을 향해 올라가는 듯한 멋진 구성을 갖추고 있으면서도 그것이 전부는 아닌 것 같은 아쉬움을 남겼습니다.

그리고 악보에 숨겨진 비밀이 밝혀지기 시작합니다. 이것은 좀더 큰 작품의 피아노 파트에 해당하는 악보였던 것입니다. 피아노와 협연하는 현악 사중주 또는 오중주 작품이었는지 모르겠습니다. 아니면 바이올린 소나타였을지 모르겠습니다. 그런데 그 사람이 가진 것은 피아노 파트뿐입니다. 그 자체만으로도 참 아름답기는 하지만 동시에 참 괴로운 노릇입니다. 왜냐하면 그 작품은 그것 너머의 아름다움을 가리키고 있기 때문입니다. 여기가 바로 우리가 아름다움과 대면했을 때 처하게 되는 지점입니다.

> 이 세계는 아름다움으로 가득 차 있지만 그 아름다움은 미완성입니다. 아름다움이란 무엇인가, 그것이 무슨 뜻이며, 무엇을 위해 존재하는가에 대한 우리의 혼란은 좀더 큰 전체에 속하는 일부만을 바라보기 때문에 불가피하게 일어나는 결과입니다. 왜냐하면 우리는 더 큰 총체의 한 부분만을 바라보고 있기 때문입니다.
>
> 「톰 라이트와 함께하는 기독교 여행」 중에서

우연히도 저는 이 비유를, 실제 필라델피아의 한 도서관 사서가 베토벤의 악보를 발견하기 한두 달 전에 썼습니다. 그 악보는 두 대의 피아노를 위한 대푸가의 원본으로 판명되었습니다. 예술을 모방한 삶의 놀라운 사례가 아닐 수 없습니다.

제가 말씀드리고 싶은 요지는 정의와 마찬가지로 아름다움 역시 우리의 손가락 사이를 빠져나간다는 것입니다. 우리는 찬란한 일몰에 경의를 표합니다. 그러나 일몰 후에는 어두움이 깔립니다. 또 우리는 화사하고 싱싱한 꽃을 바라보며 감탄합니다. 하지만 그 꽃은 곧 시들고 맙니다. 우리는 어린아이의 얼굴에서 묻어나는 천진난만함과 지혜로운 노인이 풍기는 고고함을 귀하게 여깁니다. 하지만 그 모든 아름다움도 곧 사라진다는 사실을 잘 알고 있습니다.

궁극적으로 인간에게는 죽음이라는 종말이 있습니다. 물론 지금 우리가 사는 문화는 죽음이란 것이 그다지 중요한 것이 아닌 체 하지만, 모두들 그것이 엄청나게 중대한 일이라는 것을 아주 잘 알고 있습니다. 죽음이란 사실 지금까지 말씀드린 정의, 영성, 관계 그리고 아름다움이라는 네 가지 모두에 관련된 문제이기도 합니다.

즉, 인간에게는 풀리지 않는 수수께끼가 있습니다. 이 네 가지 메아리들이 무엇이며 어떻게 이해하느냐 하는 것입니다. 어쨌든 그 메아리들은 고집스럽게 계속되고 있습니다. 누군가는 이쯤에서 이런 주장을 할지 모르겠습니다. "그러니까 어떤 목소리의 메아리들이 존재하고, 메아리가 있다는 것은 어떤 목소리가 존재한다는 것을 증명하는 것이니 그것은 신의 목소리라고 할 수 있다." 하지만 저는 그 길로 들어서려는 것이 아닙니다. 제가 말씀드리고 싶은 것은 그저 여러분이 그러한 메아리를 가슴 속에 품고 그것이 무슨 의미일까를 깊이 성찰해 보며, 예전에 그것에 관해 말했던 사람들의 이야기에 귀를 기울여 보라는 것입니다. 신이 말씀해 주신 이야기에 귀를 기울여 보는 것은 어떨까요? 왜냐하면 제 책은 기독교에 관한 책이기 때문입니다. 예수에 관한 이야기를 한번 귀 기울여 들어 보십시오.

태양을 응시하기

이 책의 중간 부분에는 "태양을 응시하기"라는 제목을 붙여 보았습니다. 여기서 저는 하나님에 관해 그리고 하나님의 맥락 속의 예수에 관해 그리고 세상에 놓아진 예수의 영으로서의 하나님의 영에 관해 지혜롭게 이야기해 보려 하였습니다. 그러한 노력은 태양을 똑바로 응시하려고 노력하는 것과 같습니다. 하나님이 정말 하나님이라면, 우리가 그 하나님에 관한 정확한 진리를 쉽게 말할 수 없기 때문입니다. 따라서 "하나님은 이런 존재이신가?" 혹은 "저런 존재이신가?" 하고 누군가 묻는다면, 진정한 신앙인은 아마, "글쎄, 정확하게 알지는 못해. 인간이 알 수 있는 것이 아니라고 생각해"라고 답해야 할 것입니다. 그래서 저는 여러분에게 하나님에 관한 이야기를 정확하게 해 드릴 수 있다고 주장하고 싶지 않습니다. 그것은 마치 제가 태양을 응시하며, 나는 태양을 똑똑히 볼 수 있다고 주장하는 것과 다를 바 없기 때문입니다. 물론 저는 태양을 똑바로 응시하지도 않을 것입니다. 제 눈에 안 좋을 테니까요. 실제로 태양을 똑똑하게 볼 수도 없을 것입니다. 태양은 눈이 부시도록 밝고 찬란하기 때문입니다. 하나님에게는 실제로 그런 면이 있습니다. 하나님이 정말 하나님이라면, 그런 것이 바로 우리가 기대해야 할 바입니다.

어떤 신? 이쯤에서 우리는, 우리 문화 속에서 **신**이라는 단어가 어떻게 받아들여지고 있는가 하는 문제에 봉착하게 됩니다. 만일 여러분이 이곳 캠퍼스로 나가 누군가에게 "신을 믿니까?"라고 질문한다면, 사람들은 "어떤 신을 이야기하고 있는 겁니까?"라고 되물을 것입니다. 오늘날의 사람들은 이 **신**이라는 단어가 한 가지 뜻만 가진 것이 아니라는 사실을 잘 알고 있습니다.

제가 자랄 때만 해도 신이 누구인가를 아는 것은 이미 전제된 사실이었고 질문은 그 신을 믿는가 믿지 않는가였습니다. 당시의 신은, 이신론의 신이라고 부를 수 있겠습니다. 이신론이란 인간이 사는 곳으로부터 멀리 떨어진 신이 세상을 창조하기는 했지만 그 후로는 그다지 관여하지 않는다는 개념입니다. 그래서 창조 이후에는 대체로 자연 법칙에 의해 세상이 돌아가지만 때때로 신이 인간 세상을 내려다보며 얼마나 엉망진창으로 만들었는지를 확인하며 찡그리기도 하고, 너무 나쁜 사람들은 벌하기도 하며, 착한 사람들은 결국 천국이라 부르는 곳으로 영원히 함께 살기 위해 데려간다는 사고방식입니다. 이것이 **신**이라는 용어를 사용할 때 많은 사람들이 떠올리는 생각입니다.

한편, 현대에는 신에 대한 완전히 반대의 관점이 존재합니다. 바로 범신론적인 사고입니다. 범신론에서 신과 세상은, 서로 멀리 떨어져 있는 대신 거의 같은 존재라고 볼 수 있습니다. 신은 세상의 영혼이자 생명입니다. 따라서 신성은 어디에나 어떤 것 안에나 있습니다. 여러분 안에도 있고 제 안에도 있으면 나무 안에도, 꽃 속에도 있습니다. 모든 것이 신이 될 수 있고 신성의 일부일 수 있습니다. 혹은 신성이 모든 것에 드나든다고 생각합니다. 이런 사고는, 세상에서 극단적인 악을 마주하게 되면 유지하기 대단히 어려운 입장이기도 합니다. 만일 정말 사악한 일이 당신에게 벌어졌다면 그런데 모든 것이 신성하다면 여러분은 어디에 대고 호소하시겠습니까?

그래서 이런 사고는 냉소주의를 낳기도 합니다. 고대 사회에서 스토아 학파와 같은 범신론자들에게 뭔가 나쁜 일이 벌어지면, 그들은 자살을 선택하곤 했습니다. 실제로 우리 문화 속에 범신론이 부상하고 있는 것과 동시에 자살률도 상승하고 있습니다. 두 가지가 반드시 인과 관계에 있다고 할 수는 없지만 흥미로운 현상입니다.

하지만 신과 세상에 관한 이 두 가지 사고방식은 전통적인 유대인과 그리스도인의 신관과는 다릅니다.

유대-기독교의 신. 유대교에서 세상을 창조한 신은 세상을 '초월'하고 있음과 동시에 세상 안에 함께 존재합니다. 특히 후자의 특성이 매우 기이합니다. 왜냐하면 세상은 꽤나 엉망인데 여전히 그 세상 속에 신성히 임재해 계시기 때문입니다. 이것이 유대교의 역설이기도 합니다. 이러한 신앙관은 유대교의 신전과 같은 제도적인 측면에서도 두드러집니다. 유대인을 위한 신전은 단지 예루살렘 어느 한 모퉁이에 세워진 거대한 교회 건물이 아닙니다. 이 신전은 살아 계신 하나님이 거하시겠다고 약속한 대지 위에 자리잡고 있습니다. 따라서 유대인의 신은 초월적이면서 동시에 이 세상 가운데 그의 백성들과 함께 살겠다고 약속하셨습니다. 이것은 이신론이나 범신론 그 어떤 입장에서도 모방하기 어려운 역설입니다. 그리고 이 같은 신적 개입은 유대교 안에서 다양한 방식으로 보여집니다. 하나님의 지혜가 그중 하나입니다. 하나님의 지혜는 인류에 대한 그의 선물로, 우리는 이 지혜를 소유함으로써 지혜로워질 수 있습니다. 또한 하나님의 말씀이 있습니다. 이것은 하나님의 숨결이 언어화된 것으로, 하나님이 말씀하실 때에 그의 말씀은 실제로 세상으로 나아가 그의 뜻을 구현합니다. 이런 것들이, 이 세상을 초월해 계시면서도 세상 가운데 존재하시고 활발히 일하시는 신에 대한 설명입니다.

하지만 신이 세상 가운데 임재해 계시며 역동적으로 활동하신다는 것이 대체 무슨 의미일까요? 바로 그것은 탄식인 동시에 기쁨이고, 비극이자 슬픔인 동시에 희극이자 즐거움이라고 말할 수 있습니다.

따라서 저는 이스라엘에 관한 이야기로 제 책의 한 장 전체를 할애하였는데, 그 이스라엘 이야기 없이는 예수가 누구이고 그의 삶이 어떤 의미를 가지는지 이해할 수 없기 때문입니다. 이스라엘에 관한 이야기 속에서 저는 세상을 **위한** 하나님의 백성이라 불리는 사람들에 대해 이야기했습니다. 세상에서 유리된 하나님의 백성을 이야기하는 것이 아니라 세상 가운데서 하나님의 빛이 되기 위해 존재하는 사람들입니다. 그 사람들 역시 이 임무를 대단히 혼란스럽게 여기고 있습니다. 왜냐하면 항상 그렇게 하기 위해 애쓰지만, 항상 뭔가를 잘못하기 때문입니다. 하지만 하나님의 말씀은 계속해서 그들에게로 오고, 그들을 통해 세상에 전파됩니다.

이스라엘의 이야기 속에서 우리는 그 외치는 소리의 네 가지 메아리를 듣고 또 듣게 됩니다. (1) 정의를 위한 열정. 유대인들은 이 열정을 그들 안에 계속해서 깊이 새기고, 전 세계적이고 공동체적인 정의의 필요성을 촉구합니다. (2) 영성에 대한 감각. 살아 계신 하나님이 인간과 함께 존재한다는 사실을 믿으면 영성에 대한 감각이 생기지 않을 수 없습니다. 삶 속에 또 다른 차원이 있다고 믿게 되기 때문입니다. (3) 관계에 대한 감각. 유대인의 법은 상당 부분 어떻게 다른 이들과의 관계에 대한 내용입니다. 어떻게 하면 지혜롭게 관계를 형성하고 실질적으로 발전시켜 나갈 수 있을까 하는 것입니다. 물론 우리는 늘 잘못을 저지르지만 말입니다. (4) 그리고 우리는 이스라엘의 이야기 속에서 초월적인 아름다움에 대한 감각을 얻을 수 있습니다. 물론 지구 상에서 그 일부만을 슬쩍 보는 것에 지나지 않기는 하지만 유대인의 성전 자체도 좋은 예가 될 수 있습니다. 예루살렘 성전은 그 지어진 방식에 있어 온 세상의 기쁨 가운데 하나였습니다. 특히 예언서를 보면 거기에는 궁극적인 아름다움에 대한 놀라운 묘사가 등장합니다. 기쁨과 정의가 넘치는 세상으로서 바로 세워진 모습입니다. 늑대와 어린 양이 함께 뒹굴고 어린아이가 그들을 이끕니다. 놀랍고도 잊을 수 없는 아름다운 이미지들이 계속해서 나옵니다. 그리고 사람들이 이렇게 외치는 것을 느낄 수 있습니다. "오, 나의 소망! 오, 그런 날이 오기만 한다면!"

예수와 하나님 나라의 도래. 그리고 이스라엘 이야기의 절정은, 신약 성경의 저자들이 말했듯이 나사렛 예수가 직접 세상 가운데 나타나 인간과 함께하는 부분입니다.

기독교는 실제로 **일어난** 사건에 관한 것입니다. **나사렛의 예수**에게 일어난 일, 나사렛 예수를 **통해** 일어난 일 말입니다.

다시 말해서 기독교는 어떤 새로운 도덕 교훈에 관한 종교가 아닙니다. 마치 우리 인간이 어느 방향으로 가야 할지 종잡을 수 없는 상태라서, 참신하거나 더 명확한 지침이 필요하기 때문에 새로운 도덕을 제공해 주겠다는 것이 아닙니다. 예수께서 그리고 그분의 첫 추종자 중 몇몇이 놀라우리만큼 신선하고 지성적인 도덕 교훈을 제공했음을 부인하지 않습니다. 단지 그 같은 교훈을 더 큰 틀에서 이해해야 한다는 말입니다.

「톰 라이트와 함께하는 기독교 여행」 중에서

기독교는 예수가 놀라운 윤리적 모범을 보인 것에 관한 종교가 아닙니다. 하나님에 대한 완전한 헌신과 충성 그리고 다른 인간에 대한 선함이 무엇인지를 예수의 삶을 통해 배우는 것이 기독교의 최우선적 가치는 아닙니다.

만일 여러분이 그런 필요를 가졌고, 그래서 그렇게 살고자 애쓰고 있다면, 그것은 참으로 우울한 일이 될 것입니다. 저는 골프 치는 것을 매우 좋아합니다만 대단히 형편 없는 골퍼입니다. 전혀 잘 치지 않습니다. 그래서 사람들은 왜 주교인 제가 골프를 치는지 궁금해합니다. 그런 질문을 받게 되면 저는 제가 대단히 즐기기는 하지만 대단히 못하고, 또 못해도 관계 없는 무언가를 갖는 것이 필요해서라고 대답합니다. 제가 하는 다른 일들과 마찬가지로 저는 모든 것을 제대로 해야 한다는 부담이 있습니다. 하지만 저는 타이거 우즈(Tiger Woods)가 골프치는 모습을 보면서 '와, 정말 멋진데. 나도 나가서 저렇게 쳐야지'라고 생각하기 보다는 '어, 글쎄, 저런 것이구나. 난 죽어도 저렇게는 못할 것 같아'라고 생각합니다. 저는 예수에 관한 이야기를 읽을 때에도 종종 그런 느낌을 갖습니다. 네, 물론 그는 위대한 모범입니다. 하지만 우리의 윤리적 삶이 대단히 파편화되어 있다는 것을 잘 아는 사람들에게 그러한 사례는 반드시 힘을 북돋기만 하는 것은 아닙니다.

그리고 이것은 기독교에 관해 대단히 중요하면서도 상당히 논란이 되고 있는 부분인데요. 기독교는 예수가 사람들이 죽은 후 천국에 갈 수 있는 새 길을 제시하거나 입증하거나 심지어 완성한 것에 관한 종교도 아닙니다. 이런 개념은 기독교의 목적이 이 세상을 탈출해 천국이라고 불리는 곳에 가기 위함이라는 중세적인 사고입니다.

신약 성경은 반복적으로 하나님 백성의 최종 목적지는 새 하늘과 새 땅이라고 이야기합니다. 저는 잠시 후 이 부분에 대해 더 자세히 이야기할 것입니다. 그러니 이 내용을 염두에 두시기 바랍니다. 요한계시록 21장을 보십시오. 로마서 8장도 그렇습니다. 복음서 저자들이 부활의 사건을 이야기한 방식도 주의 깊게 살펴보십시오. 예수님은 우리에게 이렇게 기도하라고 가르치셨습니다. "주님의 나라가 임하시오며 뜻이 하늘에서 이루어진 것같이 **땅**에서도 이루어지이다." '하늘에서 이루어진 것같이 **하늘**에서도 이루어지이다'가 아닙니다.

신약 성경은 하나님의 모든 피조물이 함께 새롭게 변화되는 것을 형상화하고 있습니다. 에베소서 1장을 보면, 하나님의 목적은 하늘에 있는 것이나 땅에 있는 것이나 다 그리스도 안에서 통일되게 하시는 것입니다. 따라서 지난 1-2년 간 강의를 통해 수없이 반복하기도 했지만 제가 말씀드리고 싶은 것은, 천국은 중요하지만 그것이 세계의 종국이 아니라는 점입니다. 물론 여러분이 죽으면 그리고 하나님의 백성에 속한다면 사도 바울이 말한 것처럼 여러분은 그리스도와 함께 있게 됩니다. 그것은 훨씬 더 좋은 상태입니다. 저 너머에 위대한 미래가 있습니다. 이 부분에 대해서도 잠시 후 다시 이야기하겠습니다. 예수님이 오신 목적은 우리가 어떻게 하면 지구를 떠나 천국에 가느냐를 시연해 보이기 위함이 아니었습니다. 예수가 말씀하시고자 했던 것은, "하나님의 나라가 임했다. 지금 그 나라에 참여하라!"입니다. 교회는 이 부분을 종종 잘못 전하기도 했습니다.

마찬가지로 기독교는 하나님에 관한 새로운 가르침을 주기 위한 종교가 아닙니다. 마치 우리에게 가장 필요한 것이, 하나님이 어떤 분이고, 누구시며, 무슨 일을 하시는가에 관한 정보인 것처럼 말입니다. 그렇다면 기독교의 핵심적인 내용은 무엇일까요?

기독교는 살아 계신 하나님이, 그의 약속의 완성이자 이스라엘 이야기의 절정으로서, 우리에게 필요한 일을 행하셨고, 우리를 찾으셨고, 구원하셨으며, 예수 안에서 새 생명을 주셨다는 것을 믿는 것입니다. 예수와 함께 우주의 거대한 문이 활짝 열렸고, 그 문은 결코 닫히지 않습니다.

그 문이란 우리가 묶여 있던 감옥의 문을 말합니다.

우리는 자유를 얻었습니다. 우리를 위한 하나님의 구원을 경험할 자유입니다. 이제 우리는 열린 문으로 나아가 새로운 세계를 누비게 됩니다. 그 새로운 세계에 들어갈 수 있는 권한이 우리에게 주어졌습니다.…[그리고] 예수를 따름으로써 이 새로운 세계가 정의와 영성, 관계와 아름다움이 넘치는 곳이라는 것을 발견하게 됩니다. 우리는 그 자체를 즐기기만 하는 것이 아니라 하늘에서 이루어진 것같이 땅에도 그것을 이루는 일에 참여하게 됩니다. 예수님의 가르침을 듣는 가운데, 우리는 그간 모든 인류의 마음과 정신 속에 메아리 치던 목소리가 누구의 것인지를 깨닫게 됩니다.
「톰 라이트와 함께하는 기독교 여행」 중에서

예수는 어떻게 하나님 나라를 실현하는가

하지만 기독교는 예수님이 오셔서, "하나님 나라? 지금 여기에 있어. 괜찮아 보이지, 안 그래?"라고 말하는 것으로 끝나는 이야기가 아닙니다. 왜냐하면 세상은 괜찮지가 않기 때문입니다. 세상은 어둡고 절망적인 곳입니다. 오랫동안 이런 상태였습니다. 우리는 이스라엘의 역사에 촘촘히 얽혀 있고, 예수의 생애에서 그 절정에 이르며, 복음의 이야기 정중앙을 가로지르는 우주적인 악을 발견합니다. 권력 구조의 악, 천성적인 악이라 부를 수 있는 악, 사람들 속에 내재한 악이 중심이 되어 로마 제국의 십자가에 예수를 매달고 맙니다. 따라서,

이 이야기의 의미는 큰 줄거리뿐 아니라 모든 세세한 부분에서도 찾을 수 있습니다. 모든 고통과 눈물이 갈보리에서 함께 만났습니다. 하늘의 슬픔이 땅의 번민과 결합했습니다. 하나님의 미래에 쌓여 있던 용서하시는 사랑이 현재 속으로 퍼부어졌습니다. 수백만 사람의 마음 속에서 정의를 부르짖고 영성을 갈망하며 관계를 바라고 아름다움을 찾던 목소리가 이 고독한 최후의 외침 속으로 다 이끌려 들어갔습니다. 이교도의 모든 역사 가운데 이런 조합의 사건과 의도와 의미에 근접하는 예는 하나도 없습니다. 유대교의 어떤 것도 혼란스럽고 모호한 예언의 경우를 제외하고는, 그 일에 대해 준비하지 않았습니다. 유대인의 왕, 이스라엘의 운명을 짊어진 자, 자기 백성에 대한 하나님이 옛 약속 성취인 나사렛 예수의 죽음은 세상이 지금껏 보아온 것 중에서 가장 어리석고 무의미한 낭비이자 오해이거나, 아니면 세계의 역사가 다

그 주위를 도는 지렛대의 받침점일 것입니다. 기독교는 그분의 죽음이 후자였으며, 지금도 그렇다는 믿음에 근거합니다.

「톰 라이트와 함께하는 기독교 여행」 중에서

부활의 의미. 물론 역사는 예수의 죽음에서 끝나지 않습니다. 저를 포함한 많은 학자들이 예수가 죽은 후 세 번째 되는 날 정확히 어떤 일이 벌어졌는가에 관한 질문을 탐구해 왔습니다. 저는 그간 나사렛 예수의 몸의 부활을 구체적으로 이해해야 한다는 주장을 해 왔습니다. 그것이 인간 역사의 시간과 공간 속에 벌어진 실제 사건이라는 이해뿐 아니라 또 다른 무언가의 시발점으로서 말입니다. 아직 많은 그리스도인들이 이 부분을 이해하지 못하고 있습니다.

만일 여러분이 부활절에 교회에 나가 부활에 관한 설교를 듣는다면, 여러분은 설교자가 이런 말을 수없이 반복하는 것을 들을 수 있을 것입니다. "예수는 죽었습니다. 죽음 후에는 분명히 생명이 있습니다." 혹은 "예수는 다시 살아나셨습니다. 그러므로 우리는 우리가 천국에 갈 수 있다는 확증을 얻었습니다." 아니면 "예수는 부활하셨습니다. 그래서 우리는 새로운 삶을 지금 여기서 시작할 수 있습니다."

이 모든 말들에는 진리가 담겨 있습니다. 하지만 이것이 마태나 마가, 누가, 사도 요한이 말하고자 했던 전부는 아닙니다. 그들은 이렇게 말합니다. "예수는 죽음으로부터 다시 사셨다. 그로써 하나님의 새 창조가 시작되었고 우리에게 할 일이 생겼다." 이것은 우리가 부활절 설교에서 종종 듣는 일종의 도피주의와는 사뭇 다른 이야기입니다. 부활은 죽음 후에 삶을 증명하는 것만이 아닙니다.

부활은 하나님의 새 창조가 시작되었음을 의미합니다. 예수의 부활은 고대 세계 속에서 벌어진 기이한 사건 정도에 그치는 것이 아닙니다. 예수의 부활은 하나님의 새로운 세상의 원형이 되는 사건이자 새 세상의 시발점이 되는 사건입니다. 신약 성경의 관점에서 부활을 믿는다는 것은, 부활은 하나님이 하고 계시는 새로운 일에 관한 것임을 믿는 것입니다. 과거 선지자들이 예언한 바와 같이, 하늘의 천국뿐 아니라 온 땅에, 물이 바다를 덮음같이 주님의 영광이 가득 찰 때까지 하나님은 쉬지 않으실 것입니다.

이러한 사실이 그분의 약속이었습니다. 따라서 부활과 그 약속의 성취 사이에 살고 있는 우리들은 수동적인 관객이어서는 안 됩니다. 우리는 그저 하나님이 새롭게 창조하신 세계의 수혜자이기만 한 것이 아닙니다. 물론 하나님의 은혜로 우리는 그 세계의 수혜자가 될 것입니다. 하지만 우리는 또한 그 세계의 대리인이기도 합니다. 그 점을 이해할 때 기독교는 진정으로 성경적이 될 수 있고 가장 큰 역동성을 갖게 됩니다.

그렇다면 그런 일은 어떻게 이루어질 수 있을까요? 성경은 하나님이 자신의 생명을 예수를 따르는 이들에게 새로운 방식으로 불어넣어 주었다고 말합니다. 그들은 새 창조의 백성이 됩니다. 그것이 바로 이 모든 것의 기초가 됩니다. 저는 제 책에서 성령의 하시는 일에 관해 두 장을 할애해 설명했습니다. 우리가 어떻게 하나님의 생명을 호흡할 수 있는가를 보이기 위해서입니다. 우리는 그저 조금씩, 때로는 고통스럽게 천천히 변화되어 가기만 하는 것이 아닙니다. 좀더 직접적으로 하나님 나라 속에서 **다른 사람들을 변화시키기도** 합니다.

여기서 변화라는 것은 그 '한 목소리의 메아리들'이 우리 자신의 목소리로 변화되는 때를 말합니다. 우리는 정의를 위해 일할 수 있는 사람으로 변화합니다. 또 자유로운 인간에게 주어진 풍요로운 영성을 계발하고 탐험할 수 있게 됩니다. 우리가 맺고 있는 사적인 관계들뿐 아니라 온 세상과의 관계를 위해 헌신할 수 있게 됩니다. 또한 우리는 변화시키는 아름다움, 하나님의 영광을 엿볼 수 있도록 사람들을 끄는 아름다움의 대리인이 될 수 있습니다. 그러므로 우리의 과제는 예수를 통해 우리가 마음속으로부터 듣고 있는 이 목소리가 누구의 목소리인지를 발견하는 것입니다. 그렇게 될 때 우리는 그 목소리를 따른다는 것이 무엇을 의미하는지를 발견하게 될 것이고 그 목소리가 구상하고 있는 프로젝트의 일원이 될 수 있을 것입니다.

그분의 형상대로

3장과 마지막 장에는 "그분의 형상대로"라는 제목을 붙였습니다. 왜냐하면 그리스도인의 과제는 진정한 인간이 되는 것이기 때문입니다. 많은 사람들이 그리스도인으로 산다는 것에 대해 잘못된 생각을 가지고 있습니다. 그리스도인이 되면 어딘지 모르게 쪼그라든 인간이 되는 거라는 생각입니다. 하나님의 형상을 드러내는 영광스러운 피조물이자 온전히 살아 있는 존재가 아니라 부차적이고 반만 인간인 존재가 되어야 한다고 여깁니다. 그뿐 아니라 슬프게도 교회가 이러한 생각을 강화시켜 주기도 합니다. 많은 그리스도인들이 협소하게 줄어든 삶을 사는 것이 스스로의 과업이라고 생각하고 있습니다.

네, 물론 그리스도인의 삶 속에는 금욕적인 측면이 있습니다. 금식을 하기도 하고 십자가를 지기도 합니다. 하지만 궁극적은 목적은 좀더 진정한 인간이 되는 것입니다. 그것은 예배와 기도의 삶에서부터 시작됩니다. 많은 그리스도인들은 예배를 이런 식으로 이해합니다. "나는 당연히 그리스도인이고, 당연히 예수를 믿고, 당연히 성경을 읽고, 당연히 그리스도인으로서의 삶을 살기 위해 노력하고 그렇게 살고 있어. 아, 그리고 당연히 일요일에는 교회에 나가서 찬양도 불러."

하지만 실제로 예배는 그 모든 것의 살아 있는 중심이 되도록 설계되었습니다. 왜냐하면 위대한 영적 법칙 가운데 하나가, 우리는 우리가 예배하는 것처럼 되어 간다는 것입니다. 우리가 온 우주를 창조하신 하나님의 형상으로 만들어졌다면, 그 하나님을 예배하는 것은 세상 속에 하나님을 드러내는 방식이 됩니다. '하나님의 형상'이라는 말이 의미하는 바에 주목해 주시기 바랍니다. 그 형상을 닮았다는 것은 단지 이런 저런 방식으로 하나님을 닮았다는 것만을 의미하는 것이 아닙니다. 하나님의 형상이라는 의미는 초월적인 세계에 무엇이 있는가를 반사하도록 각도가 맞추어진 거울로, 그 모습을 비춰 내기도 하고, 초월적 세계로부터 오는 빛을 다시 반사하기도 한다는 것입니다.

제가 옥스퍼드에서 살 때에, 길 하나만 건너면 영국의 가장 유서 깊은 박물관 중의 하나인 애슈몰린 박물관이 있었습니다. 하루는 박물관의 긴 복도를 거닐며 로마 황제들의 동상을 바라보았던 기억이 납니다. 저는 신학자가 되기 전 로마 제국의 역사를 공부했습니다. 그 모든 동상들을 보다가 저는 그것들을 어디에서 가져왔는지를 보고 깜짝 놀라고 말았습니다. 황제와 그 자녀들, 부인들, 가족들의 동상들 가운데 가장 크고 거대한 것들은 제가 기억하는 한 로마 제국 본국에서 직접 온 것이 하나도 없었습니다. 그것들은 모두 이집트나 터키, 스페인, 프랑스 그리고 지중해 연안의 다른 국가들에서 온 것이었습니다. 왜냐하면 로마에는 황제와 그의 가족들이 실제로 살고 있었기 때문입니다. 로마인들은 그들이 어떻게 생겼는지를 알고 있었습니다. 하지만 제국의 다른 곳에서는 그 신민 백성들에게 그들의 주인이자 황제가 어떻게 생겼는지를 알려 줄 이미지가 필요했던 것입니다.

하나님의 이미지를 따라 만들어졌다는 것은 하나님이 온 우주의 창조자가 어떤 존재인지를 세상에 알려 주기 위해 그를 닮은 형상, 즉 우리 인간들을 세상 가운데 보내셨다는 의미입니다. 우리는 하나님이 창조하신 피조물들의 현명한 청지기가 됨으로 그 역할을 감당할 수 있습니다. 동시에 우리는 창조주이신 하나님께 드리는 피조물들의 찬양을 보내 드리기도 합니다. 요한계시록 4장과 5장은 전부 이에 관한 내용을 기록하고 있습니다. 그렇게 함으로써 우리는 하나님의 형상을 순전하게 담아내는 인간이 될 수 있습니다. 저는 제 책에서 하나님의 형상과 예배에 대한 이러한 개념 안에서 성례와 기독교 예배의 또 다른 측면들에 대해 이야기하고 있습니다. 일단 피조물과 새 피조물이 어떻게 함께 협력하도록 설계되었는가를 이해하고 나면, 예배의 서로 다른 측면들이 기막히게 잘 들어맞는다는 사실을 알게 될 것입니다.

성경. 이 모든 논의들은 불가피하게 성경 그 자체에 관한 의문으로 이어집니다. 이곳 미국에 사는 여러분은 영국에서 사는 우리보다 훨씬 더 격렬하게 성경을 둘러싼 논쟁을 겪고 있습니다. 미국인들은 영국인들에 비하면 성경에 대한 관심이 훨씬 적습니다. 하지만 제가 종종 미국에 와서 성경에 관해 강연을 할 때면, 저는 성경이 실제로 어떤 이야기를 하고 있는가에 대해 많은 논란이 있음을 알게 됩니다. 참으로 안타까운 일입니다. 왜냐하면 성경을 그저 집어 들어 읽기만 해도, 완전히 놀라운 사실들로 가득 차 있음을 알 수 있기 때문입니다. 특정 교리를 걱정하기보다는 성경의 이야기 자체에 뛰어드는 것이 훨씬 낫다는 것을 깨닫게 될 것입니다. 교리는 중요합니다. 하지만 성경을 읽는 그 자체에 비교하면 정말 아무것도 아닙니다.

저는 성경에 관해 쓰여진 두 장의 내용 중 첫 부분을 여러분에게 읽어 드리려고 합니다. 제 부모님이 좋아하시는 부분이기도 합니다. 제 아버지는 팔십대 중반이신데 제가 쓴 모든 책을 읽고 계십니다. 참으로 복된 일이 아닐 수 없습니다. 제 아버지는 사업가였는데, 제가 책을 쓰기 전까지는 신학에 관한 그 어떤 책도 읽지 않으셨습니다. 부모님께 이 책을 한 권 보내 드렸는데, 아버지가 이렇게 말씀하셨습니다. "누군가 집에 방문하기만 하면, 나는 그 손님들에게 성경에 관한 이 도입 단락을 읽어 준단다." 그래서 저도 여러분에게도 그 부분을 읽어 드리려고 합니다.

위대한 인물들의 위대한 이야기로 가득 찬 위대한 책이 있습니다. 그들은 (자신을 포함한 많은 것들에 대해) 높은 이상을 가지며, 큰 실수를 저지릅니다. 그 책은 하나님에 관한 책이며, 탐욕과 은혜에 관한 책이며, 생명과 정욕, 웃음과 고독에 관한 책입니다. 그 책은 탄생과 시작, 배신에 관한 책이며, 형제자매와 하찮은 언쟁과 섹스에 관한 책이며, 권력과 기도, 감옥과 열정에 관한 책입니다.

그 책이 바로 창세기입니다.

「톰 라이트와 함께하는 기독교 여행」 중에서

다른 말로 하자면, '어서 읽어 보라!'라는 말입니다. 때때로 저는 작은 교회당 안에서 사제와 함께 새벽 기도를 드린 후 열왕기나 예레미야서 몇 장을 읽습니다. 그러고는 이렇게 합니다. "이 책이 영원히 분실되었다고 가정해 봅시다. 그러다가 누군가가 이집트의 사막에서 이 책을 발견하고 출판해 냈다고 해봅시다. 그러면 우리는 모두 이렇게 말하겠지요. '이것은 정말 지금껏 본 책 가운데 가장 놀라운 책이야!'" 저는 고문서학자였기 때문에 책이 닳아 없어질 만큼 고대 문학들을 수없이 많이 읽었습니다. 하지만 이 성경이라는 책은 그저 놀라울 따름이었습니다. 우리 그리스도인들은 성경을 너무 가볍게 여깁니다.

그렇다면 우리는 어떻게 성경을 진지하게 받아들일 수 있을까요? 앞서도 그 방법을 언급했습니다만 핵심은 이렇습니다. 성경은, 책장에 꽂아 두고 있다가 질문이 생겼을 때 권위 있는 답을 찾고자 펼쳐 보기 위한 목적으로 쓰인 것이 아닙니다. 물론 성경에는 많은 질문들에 대한 바른 답변들이 들어 있습니다. 하지만 그것이 성경의 권위가 작동하는 방식은 아닙니다.

성경에 따르면, 하나님은 권위를 가지신 유일한 존재입니다. 마태복음의 마지막 부분에서 예수님은 "하늘과 땅의 모든 권세가 너희 사도들이 쓰는 그 책에 주어졌으니"라고 말씀하지 않으셨습니다. "하늘과 땅의 모든 권세를 내게 주셨으니 그러므로 너희는 가서 모든 민족을 제자로 삼으라"라고 말씀하셨습니다. 저는 **성경의 권위**라는 말을 대단히 진지하게 받아들입니다. 여러분 역시 이 말을 진지하게 받아들인다면 이 성경의 권위라는 말은, 하나님이 예수님에게 준 권위가 성경을 통해 매개되고 있음을 가리키는 말이라고 이해해야 할 것입니다.

성경의 권위를 받아들일 때, 우리는 성경에서 생명의 말씀을 들을 수 있게 됩니다. 하지만 성경을 그렇게 진지하게 받아들이게 되면 우리는 다음과 같은 질문을 하게 됩니다. "그런데 하나님은 예수님을 통해 세상에서 대체 무슨 일을 하고 계신 거지?" 그 답은, "하나님은 그리스도의 십자가를 통해 죄를 대속하시고, 그리스도의 부활을 통해 새 창조를 시작하셨다"입니다. 하나님은 그것을 인간의 마음과 삶 속에 적용하시고, 성령의 능력 안에서 온 세상을 다스리고 계십니다. 우리가 성경을 읽는 것은 그렇게 함으로 우리가 안전하고 건강하며 착한 그리스도인이 될 수 있기 때문이 아닙니다. 그것은 우리가 성경을 읽음으로 이 세상에 대한 하나님의 사역에 참여하는 적극적인 대리인이 될 수 있기 때문입니다. 그리고 성경의 권위는 성경을 읽은 하나님의 백성들이 하나님의 일에 참여할 때 실질적으로 구현됩니다.

교회. 젊은 그리스도인들은 말할 것도 없고 오늘날 많은 그리스도인들에게 교회는 다소 고루한 곳이 되어 버렸습니다. 우리는 이러한 현실을 직시해야 합니다. 오늘날의 많은 이들에게 주교의 예복 같은 것은 그저 어제의 이야기일 뿐입니다. 사람들은 뭔가 좀 다른 방식을 원합니다. 저도 그 점을 충분히 이해합니다. 저의 젊은 시절도 사실 그렇게 오래 전 일은 아닙니다. 그래서 교회가 종종 매우 지루하고 따분하며 시대에 뒤떨어지며 음울하고 뒤죽박죽이며 뭔가 잘못된 모습을 보이기도 한다는 점을 아주 잘 알고 있습니다.

하지만 가장 위대한 종교 개혁자 가운데 하나인 칼뱅은 이렇게 말했습니다. "하나님이 만일 우리의 아버지라면, 교회는 우리의 어머니와 같다. 왜냐하면 우리가 그리스도인이 되었을 때, 우리는 그 가족의 일원이 되기 때문이다." 그리스도인이 된다는 것은 우리가 그저 개인적으로 예수님을 믿고, 그 믿음의 여정을 도와줄 만한 사람이 교회에 있으므로 때때로 교회에 나가 도움을 받는 것을 의미하지 않습니다. 우리는 서로에게 속한 사람이 됩니다. 그러한 소속감은 하나님이 교회 안에서, 그리고 교회를 통해 세상에 하고자 하시는 일에 있어 실제로 대단히 중요한 부분입니다. 혼자서는 하나님의 사역을 감당할 수 없습니다. 고립된 교파로서도 감당할 수 없습니다. 우리는 서로가 필요합니다. 교회 통합은 중요한 문제입니다. 그것이 대단히 어렵고 고된 일이라고 해도 말입니다. 저 자신도 교회 통합을 위해 애쓰고 있지만 참으로 쉽지 않습니다.

새 창조의 과제. 마지막으로 드리고 싶은 말씀은 새 창조가 지금 시작되었다는 점입니다. 예수의 부활 이후 우리가 직면해 온 도전은 바로 하나님이 그 새 창조의 프로젝트를 이미 시작하셨다고 말해야 한다는 것이었습니다. 그 프로젝트는 정의와 영성, 관계와 아름다움 그리고 그 밖의 많은 것들에 관한 것입니다. 그렇다면 우리는 이를 위해 무엇을 하고 있을까요? 우리는 세상을 향해 하나님이 살아 계시다는 것을 증거해야 합니다. 그리고 그분이 선하신 창조주임을 알려야 합니다. 또한 세상을 향해 세상의 주권자는 예수 그리스도이지 카이사르가 아님을 선언해야 합니다. 고대 세계의 카이사르도 아니고, 이 현대 사회의 그 어떤 지도자도 아닙니다.

또 우리는 세상을 향해 진리의 영이신 하나님의 영이 세상 가운데 운행하고 계심을 이야기해야 합니다. 그리고 하나님의 진리의 빛으로써, 포스트모더니즘은 말할 것도 없고 진리에 관한 우리의 어설프고 초등학문 같은, 모든 주의와 주장을 재조명하고 재평가해 보아야 합니다. 그렇다면 실제로 우리는 어떻게 해야 하는 것일까요? 그 길이란 대체 무엇일까요? 초기 그리스도인들은 기독교를 '그 길'이라고 불렀습니다. 그 길이 바로 우리가 가야 할 길입니다. 왜냐하면 우리는 성령의 권능으로, 새 창조가 바로 지금 여기에서부터 일어나는 데 사용되도록 부름받은 사람들이기 때문입니다. 우리는 사람들의 가슴 깊숙이 내재된 새 창조의 역사를 이루어야 합니다. 새 창조는 전 세계를 아우르는 것이어야 합니다. 인류의 3분의 2가 나머지 3분의 1에게 빌린 빚을 갚을 수 없는 절망적인 상태에 놓여 있습니다. 그 3분의 1이 바로 여러분과 저, 우리입니다. 또한 우리는 지구 온난화나 다른 재앙과 같은 비극이 벌어지는 곳에서 새 창조를 위해 일해야 합니다.

어떤 그리스도인들은 이 점을 매우 어렵게 생각합니다. 새 창조라는 과제를 다시금 성경의 뒤편으로 밀쳐 버리고, 이 험한 세상에서 구출되어 천국에 들어가서 세세토록 무궁히 살 것이라고만 생각하기 때문인 것 같습니다. 하지만 우리가 신약 성경에서 찾을 수 있는 것은 그런 것이 아닙니다. 천국은 중요합니다. 하지만 하나님의 최종적인 목표는 새 하늘과 새 땅입니다. 우리는 그 새 하늘과 새 땅의 시민이 되어야 하고, 지금 이 순간에는 이 목표를 위한 대리인이 되어야 합니다.

이렇게 함으로써 기독교 윤리가 제대로 자리잡을 수 있습니다. 신에 관한 여러 관점들에 대해 제가 했던 이야기를 떠올려 보십시오. 많은 사람들이 기독교 윤리를 이신론적 관점에서 생각합니다. 하나님은 저 높은 곳에 계시면서 대단히 어렵고 추상적인 규칙들을 만드셨습니다. 그리고 그 어려운 규범을 우리 가엾은 인간들에게 강요하시고, 우리가 그것을 어기면 매우 화를 내십니다.

이러한 사고는 로마 제국의 황제들 중 특별히 악독했던 한 황제의 이야기를 떠오르게 합니다. 그는 이상한 법을 개발해 최신 공고문에 포함시키기를 좋아했습니다. 그리고 그 내용을 돌판에 아주 작은 글씨로 새겨 넣게 했습니다. 신하들은 그 돌판을 건물 높은 곳에 올려 두어 사람들이 거의 읽을 수 없게 했습니다. 그렇게 해서 황제는 벌하고 싶은 누구라도 그 법을 어겼다는 이유로 처단할 수가 있었습니다. 많은 사람들이 기독교 윤리를 이런 식으로 이해합니다.

동일 선상에서 그러나 반대로, 어떤 사람들은 기독교 윤리를 세상의 방식에 훨씬 더 가까워지는 것으로 받아들이기도 합니다. 즉, 자신의 감정에 가장 솔직하게 행동하는 것입니다. 바로 낭만주의와 실존주의 철학이 우리를 그러한 방향으로 상당히 멀리까지 이끌고 갔습니다. 이 세상은 하나님의 세상이니 우리가 그 안에서 무엇을 찾든 다 좋은 것이라는 사고입니다. 따라서 우리는 그저 우리가 찾은 것을 인정하고 그것을 통해 살아갈 길을 모색해야 한다는 생각인 것입니다.

하지만 두 가지 모두 우리가 예수 안에서 성령을 통해 아는 하나님의 의도와는 맞지 않습니다. 두 가지 모두 기독교 윤리를 그 본연의 의도대로 실현하지 못합니다. 기독교 윤리는 하나님이 주신 세계의 선함을 진지하게 받아들일 때 비로소 실현됩니다. 하지만 동시에 그 세상을 오염시킨 극단적인 악도 진지하게 받아들여야 합니다. 또한 예수와 성령 그리고 새 창조의 탄생을 통해 그 악에 대응할 때 진정한 기독교 윤리가 확립될 수 있습니다.

다시 말해, 오늘 밤 제가 말씀드리고자 했던 이야기에 기초해 진정한 인간이 된다는 것이 무엇인가를 생각할 때, 우리는 자연히 어떤 법칙들이 존재함을 발견하게 됩니다. 하지만 단지 그 법칙들이 무엇인지를 배우고 실행하기 위해 노력하는 것만을 의미하지 않습니다. 우리는 새 창조의 백성이 된다는 것이 무엇을 의미하는지를 일깨워 주는 핵심 안내자가 되어야 합니다. 즉, 우리는 십자가와 성령의 사람들이 되어야 합니다. 따라서 우리는 우리 자신과 이 세상 가운데 깊이 뿌리박힌 잘못된 생각들에 '아니요'라고 말할 수 있어야 하고, 우리의 직관에 완전히 반하는 듯 보이는 것들에 대해서도 '네'라고 말할 수 있어야 합니다. 그것은 쉽지 않습니다. 거기에는 고뇌와 지혜, 투쟁 그리고 같은 길을 걷고 있는 사람들과의 유대가 필요합니다. 다른 이들과의 유대를 결코 소홀히 해선 안 됩니다.

하지만 우리가 그러한 일을 실행에 옮기면, 우리는 그 네 가지의 메아리가 우리 자신이 과연 어떠한 존재인가에 점점 더 진정으로 와 닿는 것을 끊임없이 발견하게 될 것입니다. 여러분이 만일 이 세상 어디에선가 들려오는 정의를 향한 외침에 귀를 막아 버리려 한다면 조심하십시오. 여러분이 억누르고 있는 목소리가 누구의 목소리인지를 생각해 보십시오. 여러분이 만일 하나님이 지으신 이 온 세상을 아울러 존재하는 영성을 알아차리는 데 실패한다면,

영성이란 것은 그저 무릎 꿇고 기도를 드릴 때에만 생기는 거라고 생각하고 있다면, 조심하십시오. 왜냐하면 그것은 가장 중요한 핵심 요소를 과소평가하는 것이기 때문입니다. 또 여러분이 만일 개인적 차원이든 공동체 차원이든 전 지구적 차원이든 어떤 관계라도 무성의하게 대하고 귀하게 여기지 않는다면, 조심하십시오. 우리는 하나님의 형상을 드러내는 일에 서로 협력해야 하는 존재입니다. 여러분이 만일 아름다움을 추구해야 하는 요청을 조롱하고 경멸한다면, 마치 그런 요청은 보기에 그럴 듯한 것일 뿐 우리와 상관이 없고, 우리는 그저 현실의 한가운데서 살아가야 할 뿐이라고 생각한다면, 깨어나십시오. 여기는 하나님이 사랑하시는 세상입니다. 우리는 그저 전체 작품의 피아노 파트만을 듣고 있는 것입니다. 언젠가 우리는 온전한 오중주를 듣게 될 것입니다.

이제 제 책의 마지막 단락을 읽어 드리며 오늘의 강연을 마무리하겠습니다.

영적인 존재라면서 우리는 내면을 성찰한다고 그 안에서 허우적거립니다. 기쁨을 추구하는 존재라면서 우리는 쾌락을 추구합니다. 정의를 위해 싸우는 존재라면서 복수를 하겠다고 아우성을 칩니다. 관계를 맺고 살기를 바라면서 우리는 우리만의 방식을 고집합니다. 아름다움을 사랑하는 존재라면서 감상에 젖는 데 만족합니다. 그러나 새 창조는 이미 시작되었습니다. 새로운 태양이 떠올랐습니다. 그리스도인은 현 세상의 망가지고 깨지고 불완전한 모든 것을 예수 그리스도의 무덤에 남겨 두라는 요청을 받습니다. 지금은 성령의 능력 안에서 진정한 인간으로서의 역할을 감당해야 할 때입니다. 새 날이 밝아 오고 있음을 알리는 전령으로서, 청지기로서, 대리인으로서의 역할을 짊어져야 합니다. 그것이 바로 온전한 그리스도인으로 사는 방식입니다. 즉, 예수 그리스도를 따라 새로운 세상, 하나님의 새 땅으로 들어가는 것입니다. 그분이 우리 앞에 그 세계를 활짝 열어 놓으셨습니다.

「톰 라이트와 함께하는 기독교 여행」 중에서

존 워윅 몽고메리 John Warwick Montgomery

영국 베드퍼드셔 대학 법학 명예 교수다. 패트릭 헨리 칼리지에서는 변증론과 기독교 사상에 관한 탁월한 연구 교수이고, 프랑스 스트라스부르에서는 변증론과 전도, 인권에 관한 국제 아카데미의 소장이기도 하다.「인권과 인간 존엄」(*Human Rights and Human Dignity*)을 포함하여 5개 국어로 번역, 출간된 50여 권의 책을 저술하였다.

12. 왜 인권은 종교 없이는 불가능한가
산타바바라 캘리포니아 대학 베리타스 포럼, 1999

누구나 인권을 좋아합니다. 인권은 여러 측면에서 모성이나 애플파이나 국기와 유사합니다. 세계 어디를 가든지 권력을 가진 정치 지도자들도(가장 악랄한 독재자들조차도) 인권을 옹호한다고 말합니다. 또 인권은 영국 한 학교의 교장이 표현한 것처럼 '섹시한' 주제입니다. 이 주제는 즉각적인 흥미를 불러일으킬 뿐 아니라, 짐작컨대 모든 사람이 좋아하는 주제입니다.

하지만 속단은 금물입니다.

프랑스의 유명한 영화 감독인 클로드 를르슈(Claude Lelouch)는 십 년 전에 조지 오웰(George Orwell)의 소설, 「동물 농장」(*Animal Farm*)에서 영감을 얻어 영화를 만들었습니다. 그리고 오웰의 소설에서 널리 알려진 구절인 "모든 동물들은 평등하다. 그러나 어떤 동물들은 다른 동물들보다 좀더 평등하다"에서 영화 제목(*Les uns et les autres*)을 뽑았습니다. 이 영화가 하고자 하는 말은, 모든 이가 인권을 옹호하기는 하지만, 실재적으로는 다들 자신의 입장에서 인권을 옹호한다는 것입니다. 다시 말해, 인권은 종종 그 국가가 하고 있는 일을 정당화하기 위해, 혹은 유리한 처우를 확보하기 위해 사용되기도 한다는 것입니다. 이때 다른 국가들을 동일한 관점에서 고려하지는 않습니다.

인권의 영역에서 제기되는 가장 중요한 질문은, 아마 권리가 어떤 방식으로 정당화될 수 있느냐일 것입니다. 인권의 영역에서는 어느 한편의 권리와 다른 한편의 욕구나 필요가 혼란을 빚는 사례가 아주 빈번합니다. 분명한 사실은 우리는 무언가를 원한다는 점입니다. 그리고 우리의 삶은 그 무언가가 충족되면 확연히 더 나아질 것입니다. 혹은 그저 순수하게 어떤 것을 필요로 하기도 합니다. 그런데 이러한 것들이 전제된다고 해서 우리가 권리를 가지는 것이 정당화되는 것일까요?

우리는 권리를 어떻게 정의합니까? 우리가 그것을 일단 정의했다면 우리는 그 권리를 어떻게 정당화합니까? 바로 이 점이 우리가 풀어야 할 과제입니다. 그러기 위해 저는 여러분들을 데리고 시간을 거꾸로 돌려 19세기로 가 보겠습니다.

인권: 자연법에서 법실증주의로

서구 법철학의 중심 사조는 19세기에 큰 변화를 겪게 됩니다. 약 1500여 년간 서구 법철학을 지배하던 사조는 자연법론 혹은 자연법주의로 불리는 사상이었습니다. 자연법주의자들은 인간이 제정한 법률을 뛰어넘는 좀더 고차원적이고 심오한 법이 있다고 생각했습니다. 그래서 이 법에 기초해 인간이 만든 법을 판단할 필요가 있다고 주장했습니다. 실정법이 어떤 특정 법안을 수립하거나 혹은 어떤 판결의 사례를 남기거나 할 때 그 모든 것들은 실정법을 뛰어넘는 고차원적인 윤리와 도덕적 기준에 의해 검증할 필요가 있었습니다.

그러나 19세기 중반에 와서 법철학은 서구의 사상들을 중심으로 교체되었는데, 법실증주의 혹은 법현실주의라고 불리는 사상들이었습니다. 법실증주의와 법현실주의는 약간의 차이가 있습니다. 하지만 여기에서는 그것을 문제 삼지 않겠습니다. 일반적으로 영미법권에서 주로 이 사상을 받아들였습니다. 물론 유럽 대륙의 시민법계도 받아들였습니다.

법실증주의의 철학에 따르면, 법은 주권의 명령입니다. 따라서 법은 주권 외의 다른 어떤 기준에 의해서도 판단받지 않습니다. 또한 실정법 안에서는 다른 어떤 기준도 작용할 여지가 없습니다. 법적 판단이 필요할 때는 그 국가의 법, 즉 실정법을 들여다보아야 합니다. 그렇게 함으로써 법이 무엇인지를 알 수 있습니다. 법처럼 생기고, 법의 맛이 나고, 법의 냄새가 날 때 법이 될 수 있습니다. 그 이상의 윤리적 질문은 제기하지 않습니다. 만일 그러한 질문을 제기한다면, 우리는 법의 영역에서 그것들을 묻고 있는 것이 아닐 것입니다.

제러미 벤담. 이러한 사상은 영국의 두 철학자에 의해 발전되었습니다. 그중 한 명이 잘 알려진 공리주의 철학자 제레미 벤담입니다. 다른 하나는 존 오스틴(John Austin)으로, 그의 연구 업적은 법학에만 한정되어 있고 꽤 어린 나이에 세상을 떠났습니다.

벤담의 문제는 마치 펜을 잘못 먹어 설사에 걸린 사람 같았다는 점입니다. 그는 저술 활동을 그치지 않았습니다. 그는 방대한 분량을 썼습니다. 그러나 대부분이 벤담의 생전에는 출판되지 않았습니다. 공리주의자인 벤담은 사회 개혁을 위한 다양한 아이디어를 갖고 있었습니다. 그의 생각들은 법, 특히 형법 개혁에 많은 영향을 미쳤습니다.

잠시 흥미로운 이야기를 하나 해 드리겠습니다. 벤담은 진정한 공리주의자답게 이런 아이디어를 냈습니다. 위대한 인물들이 죽으면 매장하지 말자는 것입니다. 그들을 미라로 만들어 다음 세대를 위한 모델로 공공장소에 전시하자는 것이었습니다. 다행히 이 발상은 현실화되지 않았습니다. 벤담 자신을 제외하고는 말입니다. 그래서 여러분 중에 벤담을 보고 싶은 분이 계시다면, 실제로 그렇게 할 수 있습니다. 그는 유니버시티 칼리지 런던(University College London)에 미라로 전시되어 있습니다. 그런데 방부 처리가 완전히 성공적이지는 않았습니다. 그래서 미라의 머리 부분은 왁스로 된 모형이고 그의 진짜 머리는 접시에 담겨 두 다리 사이에 놓여 있습니다. 어쨌든 참 볼 만한 전시가 아닐 수 없습니다. 마치 런던 대학의 학장 회의 중에 굴러 나온 것 같은 모습입니다.

어쨌든 이 두 학자에게서 시작된, 실정법에 관한 근본 철학은 이렇습니다. 일단 우리가 운용하고 있는 정치 시스템이 무엇인가를 규명하고 나면, 그 특정 체제 안에서만 법이 어떻게 제정되는가를 결정할 수 있게 됩니다. 그것이 무엇이든 간에 우리는 우리가 합법성이 있다고 여기는 더 높은 차원의 이슈를 제기할 수 없습니다. 합법성은 '주권'의 명령에서만 기인하기 때문입니다. 주권적 명령이 왕정 체제나 귀족 정치 체제에서 나왔다 하더라도 관계없습니다. 예를 들어 만일 우리가 민주 헌법을 가지고 있고 그 절차들이 실시된다면, 우리는 특정 실정법 체계를 갖추게 될 것이고, 그 법이 바로 우리의 법이 됩니다. 그것으로 끝입니다.

물론 이것은 철학적으로 우리가 가진 법과 상충되는 법을 가진 법 체계가 있을 수도 있음을 내포합니다. 정치 체제가 다르기 때문입니다. 이러한 갈등을 해결할 궁극적인 방법은 없습니다. 왜냐하면, 일정한 법 체계 내부에서 특정 법의 일관성을 비판할 수는 없지만 체계 그 자체를 비판할 수 없기 때문입니다. 그 체계는 법률을 통한 비판 너머에 존재합니다.

H. L. A. 하트와 한스 켈젠. 그리고 이 사상은 20세기에 가장 영향력 있었던 두 학자에 의해 계속해서 지속됩니다. 한 사람은 불과 몇 년 전에 세상을 떠난 옥스퍼드의 법학 교수 H. L. A. 하트(Hart)였고, 다른 하나는 한스 켈젠(Hans Kelsen)이었습니다. 켈젠은 다행히 히틀러 정권에 징용되기 직전에 미국으로 이민한 오스트리아인이었습니다. 생애 마지막은 캘리포니아에서 보냈습니다. 그는 로스앤젤레스에 있는 캘리포니아 대학과 북쪽 샌프란시스코 지역에서 학생들을 가르쳤습니다.

바로 이 두 학자가 법실증주의를 다듬었습니다. 두 학자의 입장을 여기에서 자세히 논의할 수는 없습니다. 그러면 본래의 주제에서 너무 벗어나게 될 테니까요. 하지만 그들의 입장은, 좀더 정교한 논리 체계를 갖춘 것 외에는 고전 실증주의와 다를 것이 없습니다. 그들은 실정법을 외부로부터 기인한 윤리로 판단하는 것을 허용하지 않았습니다. H. L. A. 하트의 상당히 난해한 글의 일부를 읽어 드리겠습니다. 그리고 그 글을 조금 풀어서 다시 설명해 드리겠습니다.

> 우리에게 필요한 것은 그 법이 '유효한가'를 검증하는 것뿐이다. 바로 그것이 법 체계 안에서 일어나는 모든 의문들에 답을 줄 수 있는 유일하고도 일반적인 기준이다. 특정 법 규정은 인식의 법이 제공하는 특정 기준을 만족시키는 데서 법 체제의 일부가 될 자격을 갖는다. 인식의 법 자체에 대해서는 유효성에 대한 의문을 제기할 수 없다. 그것이 바로 기준을 제공하는 주체이기 때문이다. 인식의 법은 유효하지도 무효하지도 않는다. 그저 법 규정들의 유효성을 제공하는 수단으로서 받아들여질 뿐이다.[1]

하트는 미터 자에 관한 비유를 들기도 했습니다. 우리가 어느 여름을 프랑스의 스트라스부르에서 보낸다고 생각해 봅시다. 철물점에 가서 미터 자를 하나 샀습니다. 그런데 그 철물점 주인이 팔고 있는 미터 자가 정확하지 않은 것 같았습니다. 그래서 미터 자를 손에 쥐고 파리로 가는 기차를 탔습니다. 그리고 표준 미터 자가 있는 계측국을 찾았습니다. 우리는 이제 그곳에 가서 손에 쥐고 있는 철물점 미터 자를 표준 미터 자와 비교할 수 있습니다. 그런데 순간 이런 생각이 머리를 스칩니다. **그 표준 미터 자가 옳은 길이를 가졌다는 것을 어떻게 알 수 있지?** 그래서 우리는 그곳의 관리에게 다가가 물었습니다. "이 표준 미터 자의 길이가 옳습니까?" 그러자 그가 대답합니다. "그런 질문 자체가 불가능합니다. 미터 자는 추상적인 수단입니다. 다른 미터 자와 표준 미터 자를 비교할 수는 있지만, 표준 미터 자가 옳은 길이인지를 물을 수는 없습니다."

하트는 그것이 바로 법 체계가 작용하는 방식이라고 말합니다. 우리는 시스템 안의 개별 요소가 그 시스템에 적절하게 들어맞는지를 결정할 수는 있지만, 전체 법 체계가 유효한가 무효한가, 옳은가 그른가, 순수한가 그렇지 않은가를 물을 수는 없습니다. 그런 종류의 질문은 답변을 얻을 수 없습니다. 이처럼 H. L. A. 하트는 진정한 법실증주의자입니다.

한스 켈젠은 로스앤젤레스 캘리포니아 대학에서의 한 강연에서 이렇게 말했습니다. 이 강연은 출간되지는 않았지만 기록으로는 남아 있습니다.

도덕적·정치적 시스템이 단 하나만 있는 것이 아니라는 사실을 깨닫는 것이 대단히 중요합니다. 사람들은 서로 다른 시대와 사회 안에서 자신들의 표준이 되는 시스템 아래 살아갑니다. 그들은 자신들의 도덕적·윤리적 시스템이 옳다고 여깁니다. 이러한 시스템들은 관습에 의해 실질적인 형태를 갖추기도 하고, 혹은 특출난 인물인 모세나 예수, 마호메드 등에 의해 만들어지기도 합니다. 만일 사람들이 이러한 인물들이 초월적이고 초자연적인 힘에 영감을 받았다고 믿는다면, 그 도덕적·정치적 시스템은 종교적인 성격을 띠게 됩니다. 이 경우, 즉 도덕이나 정치 체계가 신적 기원에서 유래했다고 생각하는 사람들은 그로부터 제정된 가치를 절대적인 것으로 간주합니다.

하지만 만일 현재에도 그렇고 과거에도 그랬고 미래에도 언제나 서로 다른 도덕적·정치적 시스템이 있을 수밖에 없다는 점을 고려한다면, 그리고 그러한 시스템들이 서로 다른 사회 속에서 각자의 타당성을 갖추고 있다고 가정한다면, 그 안에 수립되는 가치들은 그저 상대적일 뿐이라고 보아야 할 것입니다. 그렇다면 특정 정부나 법 질서는 여러 정치, 도덕 체계들 가운데 하나에만 타당성을 물을 수 있습니다. 그리고 그렇게 되면 다른 도덕, 정치 체계를 기준으로 만들어진 동일한 행동, 동일한 정부 정책, 혹은 동일한 법 질서는 도덕적으로 옳지 않거나 정치적으로 부당하다고 판단할 수밖에 없습니다.

켈젠이 하고자 한 말은 전체 법 시스템은 한밤중을 가로지르는 기차와 같다는 것입니다. 그 시스템 안에 있는 우리는 그 체계를 판단할 수 있는 어떠한 권한도 가지지 않습니다. 다른 시스템의 입장에서라면 이야기는 다를 수 있습니다. 만일 시스템 A가 시스템 B의 부도덕에 대해 신랄한 논평을 했다면, 그것은 아무런 의미가 없습니다. 왜냐하면 시스템 B가 거꾸로 시스템 A에 대해 신랄한 논평을 할 수도 있기 때문입니다. 시스템들은 그 자체로 존재합니다. 우리는 시스템을 내적으로 조금씩 손볼 수는 있어도, 그 시스템 자체를 비판할 수는 없습니다. 법은 주권의 명령입니다.

이러한 점들은 19세기 사상가들에게는 전혀 고민거리가 되지 않았습니다. 특히 영국 사상가들은 이런 점을 고민하지 않았습니다. 왜냐고요? 왜냐하면 19세기는 대영제국의 위대한 확장의 세기였기 때문입니다. 따라서 빅토리아 시대의 영국은, 세계가 결국 영국의 세계가 될 것이라는 점을 의심의 여지 없이 확고하게 믿었습니다. 그리고 그러한 신념 아래서는, 다른 법 시스템들은 아무런 차이를 만들지 못했습니다. 궁극적으로 모든 시스템은 영국의 것이 될 것이었기 때문입니다.

19세기 실증주의적 관점의 문제

19세기 제국 확장의 최종 결과는 물론 20세기 초 제국의 분열이었습니다. 그러면 20세기의 전반적인 상황은 어떤 것이었을까요? 세계는 완벽하게 참혹한 두 번의 세계대전을 치렀고, 철저하게 끔찍한 몇몇 전체주의를 겪어야 했습니다. 제2차 세계대전이 끝날 무렵, 나치와 관련된 루머는 과소평가되었습니다. 나치 독일은 유럽 대륙에서 모든 유대인과 정치적 반대자들을 체계적으로 말살하려는 야욕을 가졌습니다. 그리고 그들은 차마 말로 표현할 수 없을 만한 기술을 사용해 이를 실행했습니다.

그래서 뉘른베르크 전쟁 재판이 열렸고, 그 재판정에서 나치의 지도자들은 자신들을 변호하기 위해 애썼습니다. 어떻게 했을까요? 바로 법실증주의 철학을 사용해서였습니다!

그들은 이렇게 말했습니다. "우리의 법 체계는 당신들의 것과 다르다. 우리의 본질적인 가치도 당신들의 것과 다르다. 우리는 그저 우리의 문화적 가치에 입각해 우리의 법 체계를 만들었다. 우리의 정책은 아리안 우월주의를 포함한다. 우리는 유대인을 아리아인과 같은 수준의 인간으로 간주하지 않는다. 따라서 우리의 입장에 의하면 유대인은 분명히 아리아인의 권리로 인한 혜택을 얻을 자격이 없다. 여기 재판정에 우리가 서 있는 유일한 이유는, 당신들이 이겼고 우리가 패배했기 때문이다."

법실증주의의 기초 위에서는, 한 가지 법 체계가 다른 법 체계를 판단하는 것이 불가능합니다. 그래서 나치 전범자들은 뉘른베르크 법정에서 자신들은 승전 연합군의 법으로 판단을 받을 수 없다고 주장했습니다.

이제 뉘른베르크의 검사들은 매우 흥미로운 입장에 처하게 됩니다. 나치 전범자들에 대한 형사상의 고소를 정당화하기 위해서는 법실증주의의 너머로 나아가는 것이 필요했습니다. 그들에게는 아무런 선택의 여지가 없었습니다. 뉘른베르크 법정의 책임 검사는 로버트 잭슨(Robert H. Jackson)이었습니다. 잭슨은 미국 대법원의 공동 판사 가운데 하나이기도 했습니다. 그는 고소 요약에서 이렇게 말했습니다. "우리는 우리가 사는 이 시대가 문명의 정점에 서 있다고 생각하기 쉽다. 이전 시대는 소위 오늘날 '진보'라 여겨지는 사고의 시선 아래 무언가 결함이 있는 것으로 인식되기도 한다." 여기서 *그가* **진보**라는 단어에 따옴표를 한 것을 주목하시기 바랍니다. 문명은 더 높은 수준을 향해 점점 더 향상된다고 전제되었습니다. 따라서 문화의 새 천년이 우리 앞에 놓여 있고, 우리는 법 시스템의 정당성과 같은 문제에 대해서는 고민할 필요가 없었습니다. 잭슨이 계속 말합니다. "그러나 역사의 긴 안목에서 보면, 현재의 세기는 존경받을 만한 위치에 놓여 있지 않다. 이 세기의 후반에 저지른 전반적인 죄를 씻어내지 못한다면 말이다."[2]

글쎄요, 이제 우리가 20세기의 후반기를 돌이켜 보면, 우리가 그 시대의 죄를 씻어내지 못한 것이 분명해 보입니다. 예를 들어, 스탈린 정권은 히틀러 정권보다도 더 심각한 잔혹 행위를 감행했습니다! 그리고 폴 포트(Pol Pot)와 이디 아민 다다(Idi Amin Dada)와 같이 자기 동족을 다치게 하고 불구로 만들고 살해한 끔찍한 독재자들이 히틀러의 뒤를 이었습니다.

20세기에 있었던 두 번의 세계대전은 역사를 통틀어 가장 피로 얼룩진 시기로 기록될 것이다. 두 세계대전은 죽음을 유산으로 남겼다. 사망자의 수는 고대와 중세 기간 동안 모든 전쟁에 출전한 군대의 수를 합한 것보다 더 많았다. 세계 역사상 그 어떤 반 세기도 그런 규모의 학살과 잔혹성, 비인간성 그리고 노예와 다를 바 없는 대대적인 추방과 소수 인종 말살을 목격한 바가 없었다. 토르케마다(Torquemada)가 쳤던 공포는 나치의 종교 재판 아래 빛을 읽을 정도였다. 이 같은 만행은 앞으로의 세대들이 기억할 역사에 어두운 그림자를 드리운다. 만일 우리가 이 같은 만행의 원인을 척결하지 않고, 이처럼 야만스러운 사건이 반복되는 것을 막아 내지 못한다면, 이 20세기가 문명의 종말을 가져왔다고 예언하는 것은 무책임한 발언이 아닐 것이다.

이러한 사건들 속에 몸살을 앓으며, 우리는 이 시대를 기록할 역사에 오점으로 남을 이 일을 바로잡기 위해 움직였다.…그 과정에서 나는 이 범죄를 일으키게 한 법보다 이 전쟁 범죄를 재판하는 기구인 국제군사재판(International Military Tribunal)의 헌장을 더 앞세울 수밖에 없다. 그러나 이 헌장을 해석하는 데 있어서 우리는 이 기구의 새롭고 독특하고 성격을 간과해서는 안 된다.…이 기구는 여기에 참여하는 그 어떤 가입국의 사법 체계의 일부가 아니다.…국제군사재판소는 지역적이고 임시적인 기구를 뛰어 넘으며, 국제법에서뿐 아니라 법학의 기본 원칙인, 문명이라는 가정에서도 판단의 근거를 찾는다.[3]

잭슨이 하고자 했던 말은 이것입니다. 나치의 전범자들에게 적용된 법은 영국법의 일부도, 미국법의 일부도, 프랑스나 러시아 법의 일부도 아니라는 점입니다. 판단의 근거를 국제법에서 끌어오기도 하지만 동시에 법학의 기본 원칙인, 문명이라는 가정에서도 찾는다는 것입니다.

그는 우리가 국내법보다 더 고차원적이고 심오한 법으로 나아가야 한다고 말합니다. 우리는 그저 개별 국가법에 안주할 수만은 없습니다. 왜냐하면 개별 국가법은 나치의 경우처럼 악랄할 수 있기 때문입니다.

프랑스에서 출간된 「비시 법」(Les lois du Vichy)에는 프랑스 시민법과 형법의 모델이 된 대단히 체계적인 법령들이 담겨 있습니다. 이는 당시 나치의 법과 맞먹는 페탱(Pétain: 제2차 세계대전 중 프랑스 비시 정권의 국가 주석—역주) 정권의 법에서 나올 것입니다. 그 결과, 프랑스 내의 유대인들은 공직에 진출할 수 없었고, 교사가 될 수 없었으며, 결국 죽음의 수용소로 이송되게 되었습니다. 유럽 전역의 다른 유대인들과 마찬가지였습니다.

인권 침해는 상위의 법을 요구합니다. 인권 침해에 대응하기 위해 우리는 어떤 정부에 의해서도 박탈되지 않는 인간의 권리가 있음을 찾아내야 합니다. 그 정부가 어떤 조직과 사법 시스템을 갖추었든 간에 말입니다. 하지만 어디에서 우리는 그런 근거를 찾아낼 수 있을까요?

안내자로서의 양심

먼저 자연법의 입장을 검토해 보도록 하겠습니다. 자연법주의는 수세기를 걸쳐 이어져 왔고 법실증주의에 의해 비주류 사상으로 밀려났었습니다. 자연법주의로 돌아가는 것이 답일까요? 자연법 이론의 핵심은 인간 내면에 인간의 가치와 윤리, 도덕 그리고 인권에 대한 이해가 내재해 있고, 그것들을 통해 실정법을 판단할 수 있다는 것입니다. 이러한 접근은 아리스토텔레스에 의해 처음 수립되었고, 그런 후에는 토마스 아퀴나스와 다른 중세 신학자들의 세례를 받아 중세 서구의 법철학의 틀을 마련한 근거가 되었습니다. 그리고 프랑스 혁명 시기 인권 선언문도 이러한 자연법주의의 연장이었고 미국의 건국 사상도 마찬가지였습니다. 자연법주의에 깔린 근본적인 사상은 인간이 무엇이 옳은지를 진정으로 알고 있으므로 그에 입각해 실정법을 판단한다는 것입니다.

그런데 왜 이런 관점이 사라지게 된 것일까요? 왜 이런 관점이 법실증주의로 대체된 것일까요? 영국의 법학자인 윌리엄 블랙스톤(William Blackstone)을 비판하는 글에서, 벤담은 자연법주의라는 것은 '죽마(竹馬) 위에서의 허튼소리'라고 선언했습니다. 풀이하자면, 자연법주의 관점을 가진 인간은 자기들의 개인적 양심이 그들이 속한 국가 법을 비판할 수 있는 데까지 높아질 수 있다고 착각한다는 뜻입니다. 그들의 양심이 그러한 일을 해낼 능력이 있다는 것을 무슨 수로 증명해 내겠습니까?

벤담의 지적은 일리가 있었습니다. 자연법 이론에 따른 가장 큰 문제점 가운데 하나가, 즉 자연법 이론이 지배 사상의 자리를 19세기 법실증주의에 내어 줄 수밖에 없었던 이유 가운데 하나가 자연법주의는 모호하고 주관적이라는 점이었습니다. 어떻게 보면 이것은 인간의 권리에 대한 '지미니 크리켓' 식의 접근이라고 말할 수 있겠습니다. 월트 디즈니의 만화 "피노키오"에 등장하는 귀뚜라미, 지미니 크리켓을 기억하십니까? 그는 이런 노래를 불렀습니다. "네 양심이 너의 안내자가 되게 하라."

이것의 문제가 무엇일까요? 양심은 문화적으로 형성되고 종종 문화적으로 결정된다는 점입니다. 여러분이 어린아이였을 때, 그러지 말아야 하는데 쿠키 항아리에서 쿠키를 몇 개 꺼냈다고 해 봅시다. 어머니가 와서 여러분의 작은 손을 후려쳤습니다. 그 결과 여러분은 쿠키를 훔칠 때 죄책감을 느끼게 됩니다. 그리고 여러분은 점점 더 적은 수의 쿠키를 훔치게 됩니다.

하지만 이것이 양심을 형성하는 유일한 요인은 아닙니다. 「올리버 트위스트」(Oliver Twist)의 패긴을 기억하십니까? 그는 거리의 아이들에게 도둑질을 가르치고 소매치기를 시켰습니다. 자기가 먼저 시범을 보이고는 아이들이 값나가는 지갑을 훔쳐 돌아오지 않으면 죄책감을 느끼게 만들었습니다. 그래서 어떤 아이가 하루가 저물어 돌아왔는데 좋은 시계를 훔쳐 오지 않았으면, 패긴은 그 아이를 비난하고 죄책감을 느끼게 했습니다. 다음날 그 아이는 좀더 값나가는 물건을 훔치기 위해 더 열심히 뛰었습니다.

양심은 문화적으로 수립됩니다. 따라서 그것은 우리에게 필요한 객관적인 기준을 제공하지 못합니다. 또한 양심은 모호합니다. 끔찍한 예를 하나 들어 보겠습니다. 자연법주의에 관한 가장 위대한 선언 가운데 하나가 고대 6세기 유스티니아누스 법전(Justinian Code)에 등장합니다. 그 선언이 포함된 장은 "요약"(Digest)이라고 불리는 장으로, 서두에 자연법의 정의가 기록되어 있습니다. "*Honeste vivere, alterum non laedere, suum cuique tribuere.*" 번역하자면 이렇습니다. "정직하게 살기 위해 누구도 해치지 마라. 그리고 모두가 각자에 합당한 몫을 얻게 하라." 이것이 자연법의 핵심입니다.

분명히, 아무도 이 선언에 반대하는 사람은 없을 것입니다. 하지만 이 말이 의미하는 바가 대체 무엇일까요? 제2차 세계대전이 끝난 직후, 저는 친구를 데리고 나치 강제수용소가 있는 부헨발트에 갔습니다. 계몽의 도시인 독일 바이마르 외곽에 위치한 곳이었습니다. 부헨발트로 향하는 철문에는 독일어로 "*Jedem das Seine*"라는 글이 새겨져 있었습니다. 뜻을 풀이하자면 이렇습니다. "각 사람은 그에게 합당한 것을 얻는다." 즉, 그 말은 유스티니아누스 법전이 담고 있는 자연법주의의 정의에 관한 세 번째 요소였던 것입니다.

여기에 어떤 문제가 있는지 아시겠습니까? 자연법은 너무나 모호하고 엉성하게 정의되어 있어서 우리가 원하는 어떤 맥락으로도 끌어올 수 있다는 점입니다. 즉, 자연법은 무시무시한 불의를 만드는 데 사용될 수도 있습니다. 왜냐하면 각자에게 합당한 것이 무엇인지를 명확히 정의하지 않기 때문입니다. 또한 해친다는 것이 실제로 어떤 의미인지도 말하지 않으며, 정직이 무엇인지도 전혀 밝히지 않습니다.

자연법주의 사상은 죽마 위에서의 허튼소리보다는 형편없지 않을 수 있습니다. 하지만 그것은 분명히 우리가 사법 시스템을 통해 인권을 옹호하고 비인간성을 판단하는 데 필요한 기반이 되지는 못합니다. 그렇다면 우리는 어디에서 답을 찾을 수 있을까요? 우리는 어디로 갈 수 있을까요?

보편법 접근

최근 다른 방식으로 자연법주의를 접근해 그 위상을 회복시키고자 하는 시도들이 있었습니다. 그 시도는 자연법이라고 불리지 않습니다. 실제로 그것은 18세기 철학자인 임마누엘 칸트에게로 돌아갑니다. 칸트는 말합니다. "당신은 신의 존재나 신학적인 그 무엇도 증명해 낼 수 없다. 하지만 윤리를 증명할 수는 있다. 당신은 모든 종류의 논쟁을 뛰어넘어 존재하는 윤리를 수립할 수 있다."

이 윤리는 특별한 원칙에 기초하고 있습니다. 그 원칙은 이렇습니다. "너의 행동이 보편 법칙이 될 수 있도록 행동하라." 그는 이것을 '정언 명령'이라는 용어로 정리합니다. 이것은 명령입니다. 이것은 우리가 무엇을 해야 하는지를 말해 주고 있습니다. 또한 이것은 단정적입니다. 즉, 그것에 반대하는 주장을 펼 수 없습니다. 칸트는 말합니다. "모든 사람은 이 원칙의 가치를 이성적으로 인식할 수 있어야 한다."

롤스와 신(新)칸트 학파의 윤리. 오늘날 많은 정치학자들과 법 이론가들이 칸트의 근본 개념을 인권을 정당화하기 위한 수단으로 사용합니다. 예를 들어, 20세기 미국의 가장 위대한 정치 철학가인 존 롤스(John Rawls)는 이런 가설을 내놓았습니다. 인간이 무지의 상태에 있다고 가정한다면, 그들은 아마 자신들이 다른 이들에 대해 어떤 특정한 우위를 차지하는지 알지 못할 것입니다.

그래서 사람들은 롤스가 규명한 다음의 두 가지 원칙에 기초한 정부를 형성하게 됩니다.

1. 모든 사람은 동등한 기본적 자유를 가장 광범위하게 실현하는 시스템에 대하여(그 시스템은 모든 사람을 위한 자유의 시스템과 조화를 이루어야 합니다) 동등한 권리를 가져야 합니다. 다른 말로 하면, 시민적 자유라는 것이 존재할 것이며, 사람들은 그들이 다른 이들에 비해 특별히 우위를 가져야 하는 이유를 모르게 하면 그런 시민적 자유에 논리적으로 동의해야만 할 것입니다.

2. 사회적·경제적 불평등은 시정되어야 하는데, 가장 소외받는 이들에게 가장 큰 혜택이 돌아가도록 하는 방식이어야 합니다. 이 원칙은 롤스가 '의로운 저축의 원칙'이라고 부른 것과도 상통합니다. 즉, 미래 세대를 염두에 두어야 한다는 말입니다. 그리고 모든 공직을 개방하여 평등한 기회가 돌아가도록 함으로써 사회, 경제적 불평등을 해소해야 합니다.

이 두 가지 원칙은 인권에 대한 제1원칙과 제2원칙과도 같습니다. 다만 현대적인 용어와 어법을 사용하고 있을 뿐입니다. 롤스는 옥스퍼드 대학에서 강의하며, 국제 인권의 문제에 자신의 분석을 적용했습니다. 그는 이렇게 말했습니다. "만일 당신이 몇몇 국가들을 골라 개별 국가들이 각자 어떤 특정한 우위를 가지고 있는지를 모르게 한다면, 국가들 역시 인권에 대한 이 두 가지 원칙에 동의할 것입니다." 다시 말해, 국가들은 제1원칙에 입각하여 유엔의 세계 시민적·정치적 규약을 비준할 것이고, 제2원칙에 입각하여 유엔과 경제적·사회적 규약을 맺을 것이라는 말입니다.

글쎄요, 이런 주장이 가지는 문제가 무엇일까요?

첫 번째 문제는, 사람들로 하여금 자신들의 특별한 우위를 알지 못하게 할 방법이 도무지 없다는 점입니다. 우리는 사람들을 어떤 독립된 상황 속에 밀어넣을 수가 없습니다. 실제로 사람들이 자신들의 특권을 인지한 가운데 살아가고 있기 때문에 이론적으로 그런 가정을 해 볼 이유가 없습니다.

둘째, 만일 개인이나 국가들이 불평등을 해소하는 데 동의했다 하더라도, 그들이 실제로 동의한 대로 바람직하게 행동하리라는 보장이 없습니다.

셋째, 인류 역사의 가장 악독한 독재자들, 인류를 가장 커다란 시련으로 몰아넣었던 독재자들은 이 원칙에 전혀 동의할 리가 없다는 점입니다. 그들은 자신들의 개인적 영향력을 잘 알고 있고, 아주 효과적으로 다른 인간들을 말살할 수 있다고 믿고 있습니다. 또한 권력을 휘두르는 것을 그만두어야 할 하등의 이유를 찾지 못하고 있을 것입니다. 예를 들어, 징기즈칸에게 신(新)칸트 학파의 윤리를 설파한다고 생각해 보십시오.

제가 징기즈칸에게 이런 말을 건넵니다. "징기즈, 당신 또 유럽을 침략하여 강간과 약탈을 일삼고 있군요, 안 그렇습니까?" 징기즈가 대답합니다. "그렇소."

그리고 제가 말합니다. "징기즈, 징기즈, 보편 법칙의 원칙에 입각해서 행동해야 합니다. 당신은 누군가 다른 사람이 당신을 강간하고 약탈하기를 원치 않겠지요? 만일 그렇다면, 당신은 다른 사람을 강간하고 약탈하는 행동을 정당화할 수 없을 것입니다. 그러니 보편 법칙이 될 수 있는 행동을 하도록 하십시오."

징기즈는 제 멱살을 잡고 말합니다. "이봐, 이 별볼일 없는 사람아. 난 징기즈이고 힘 있는 사람이야. 나는 강간하고 약탈해도 돼. 다른 사람들은 내게 그렇게 해서는 안 되지만 말이야. 게다가 나는 사람들을 못살게 구는 것이 좋아. 어떤 사람들은 우표를 모으지. 나는 약탈을 해."

그리고 그는 나를 땅바닥에 패대기쳤고, 이야기는 끝났습니다.

신칸트 학파의 윤리는 근본적인 인권 문제를 해결하는 데 무능력합니다. 그렇다면 어디에서 해결책을 찾을 수 있을까요?

초월적 해결책의 필요성: 비트겐슈타인

이제 우리는 인식론을 조금 들여다볼 필요가 있습니다. 진리에 관한 철학적 주장들에 대해 생각해 보겠습니다. 20세기의 위대한 분석철학자인 루트비히 비트겐슈타인에서부터 시작하는 것이 가장 좋을 것 같습니다. 비트겐슈타인은 「논리 철학 논고」(*Tractutus Logico-Philosophicus*)라는 제목의 책을 썼습니다. 솔직히 말해 잠자기 전에 읽을 만한 책은 아닙니다. 이 책은 번호를 붙인 명제들로 이루어져 있고 매우 난해합니다. 하지만 이 책은 형식을 갖추지 않은 실제적이고 윤리적인 명제들을 우리가 어떻게 입증할 수 있는가를 결정하기 위해 쓰여졌습니다.

비트겐슈타인은 명제 6에서, 윤리에 관한 문제를 논의할 때 그 상황을 대단히 간명한 명제로 요약합니다. "윤리는 초월적이다."

윤리는 초월적입니다. 비트겐슈타인이 의미하는 바가 무엇일까요? 그는 그 내용이 무엇인지를 옥스퍼드 강의에서 설명합니다. 그 강의록은 비트겐슈타인 사후에 출간되었습니다. 그는 이렇게 말합니다.

> 만일 인간이 윤리학에 관한 책을 쓴다면 그리고 그 책이 진정으로 윤리학을 말하는 책이라면, 그 책은 아마 폭발하듯 이 세상의 모든 책을 파괴할 것이다.

비트겐슈타인이 하고자 하는 말은, 인간적인 상황에서 제기된 윤리는 어떤 것이든 인간의 상황에 제한을 받기 마련이라는 것입니다. 즉, 윤리는 문화적으로 구성됩니다. 그렇게 만들어진 윤리는 절대적일 수가 없는데, 그 원천 자체가 절대적이지 않기 때문입니다. 따라서 진정한 단 하나의 윤리는 인간적인 조건 속에서 발현한 것이 아니라 외부로부터 뚫고 들어온 것이어야 합니다. 초월적이고 선험적인 윤리입니다.

비트겐슈타인은 그런 책은 존재하지 않는다고 생각했습니다. 제가 학부 과정일 때 코넬 대학에서 저를 가르쳐 주신 철학 교수님 가운데 한 분이 노먼 말콤(Norman Malcolm)이었습니다. 말콤은 비트겐슈타인의 좋은 친구였고 그에 대한 회고록을 썼습니다. 그 회고록에서 말콤은 이렇게 썼습니다. "비트겐슈타인은 종종 이런 말을 했습니다. '오, 마이 갓', 마치 신의 도움을 애원하듯 말입니다." 비트겐슈타인은 분명히 신의 도움이 있을 거라고 생각하지는 않았을 것입니다. 하지만 그는 신적인 개입 없이는 인간의 조건이 어떠한지를 완벽하게 잘 알고 있었습니다.[4]

아르키메데스: 받침점의 필요성

아니면 아르키메데스에게로 가 볼 수가 있습니다. 아르키메데스는 말합니다. "내게 충분한 길이의 지렛대를 주고 이 지구 밖에 받침점을 둔다면 지구를 움직일 수 있다." 요지는 지구가 얼마나 크든지 간에 충분한 길이의 지렛대가 있고 받침점을 적절한 곳에 위치시키면 작은 손가락 하나로도, 새끼손가락 하나로도 전 지구를 움직일 수 있다는 것입니다.

하지만 핵심적인 조건은 받침점이 세상 밖에 있어야 한다는 점입니다. 받침점이 세상 안에 있으면 당신은 지구를 움직일 수 없습니다. 그것은 마치 신고 있는 부츠 끈을 잡고 자신을 끌어당기려는 것과 같습니다. 그러다 보면 누군가는 엉덩방아를 찧게 마련입니다. 아플 뿐 아니라 아무것도 성취하지 못합니다. 세상을 움직이기 위해서는 받침점이 반드시 세상 밖에 있어야 합니다.

여기 훨씬 간단한 예를 들어 보겠습니다. 물은 수면 위로 올라오지 못합니다. 즉, 우리는 절대적이지 못한 원천으로부터는 절대적인 원칙을 끌어낼 수 없습니다. 인간은 유한하고 자기 중심적입니다. 그런 인간이 만들어 내는 윤리는 바로 그런 이유로 제한적일 수밖에 없습니다. 토머스 홉스를 인용하자면, "인간의 삶은 끔찍하고 야만적이며 짧다"라고 했습니다. 따라서 인간적 조건에서 도출된 인권은 인권이 필요로 하는 절대적인 기준에 이르지 못합니다.

미국 건국의 아버지들은 '양도할 수 없는' 권리를 말했습니다. 그것이 무엇일까요? 바로 정부에게 빼앗길 수 없는 권리로서, 심지어 스스로도 포기해서는 안 되는 권리입니다.

우리는 대체 어디에서 이러한 권리를 얻을 수 있을까요? 만일 인간이 그러한 권리를 만들었다면, 다시 인간이 그러한 권리를 가져갈 수 있을 겁니다. 인식론적으로 우리가 인권에 대한 절대적인 기준을 얻을 수 있는 유일한 방법은 인간적 조건 외부로 나가 인간적이지 않은 원천에 이르는 것뿐입니다. 그리고 놀랍게도, 18세기 정치 철학자인 장 자크 루소는 이것을 이해하고 있었습니다. (루소에게서 진지한 구석을 찾아보기 어렵지만 이 경우에는 제대로 깊이를 보여 주었습니다.) 루소가 철학의 일반적 주제에 대한 안내자가 될 수 있다고 주장하는 것은 아닙니다. 하지만 법에 관한 장에서 사회 계약에 대해 다루며 루소는 이렇게 말했습니다.

국가에 적합한 최적의 사회 규율들을 발견하기 위해서는, 인간의 모든 열망을 실제로 경험할 필요없이 다 이해할 수 있는 우월한 지적 존재가 있어야 한다. 이 지적 존재는 인간 본성에 전혀 제약을 받지 않고서도 그것을 속속들이 알고 있어야 한다. 그의 행복은 우리의 행복과 별개여야 한다. 하지만 우리의 행복과 함께 자신의 행복 역시 차지할 수 있어야 한다. 마지막으로, 시간을 뛰어넘어 먼 미래의 영광을 바라볼 수 있어야 하며, 한 세기 동안 이루어 놓은 일들로 인해 다른 세기를 즐길 수 있어야 한다. 인간이 법을 갖기 위해서는 신이 존재해야 한다.

요지는 모든 상황, 어디에서나 적용될 수 있는 법을 수립하기 위해 우리는 인간의 조건과 과거, 현재와 미래를 관통해 볼 수 있는 안목을 가져야만 합니다. 또한 인간적 조건으로부터 충분히 독립적이어야 하며, 특정 관점에 갇혀 있어서는 안 됩니다. 왜냐하면 법을 수립하는 데 왜곡이 있을 수 있기 때문입니다. 따라서 "인간이 법을 갖기 위해서는 신이 존재해야 합니다."

종교: 초월성에 대한 주장의 기초

이러한 논리는 불가피하게 우리를 종교의 영역으로 인도합니다. 신성과 예언에 대한 초월성 주장은 종교의 영역 안에 있습니다. 다시 말해, 종교는 초월적인 원천이 있으며 그 초월적 원천이 인간에게 그 뜻을 말했다고 주장합니다.

물론 여기서 문제점은 세계의 종교적 주장들이 역사적으로 서로 일관성이 없었다는 점입니다. 종교적 입장 자체도 때로는 전혀 호소력이 없는 경우가 있습니다. 예를 들어, 아즈텍의 종교가 그렇습니다. 이웃과 갈등을 겪고 있을 때 다시 실행해 보고 싶다는 생각이 들 만한 사례일지 모르겠습니다. 구원에 대한 아즈텍의 해결책은 이웃을 희생 제물로 바치는 것입니다. 먼저 장작더미를 마련하고 이웃의 배를 갈라 불에 태웁니다. 이런 방법이라면 사람들은 종교적 해결책을 추구하지 않을 것입니다.

이처럼 대단히 불쾌한 방식의 종교적 선택이 있는가 하면 말 그대로 아무런 의미가 없는 종교적 해결책도 있습니다. 예를 들어, 힌두교에는 "브라만이 전부다"라는 주장이 있습니다. 아무도 이것에 대한 논쟁을 벌일 수 없을 것입니다. 문제는, 그것이 무슨 의미이냐는 것입니다. 모든 것이 신이란 말일까요? 만일 모든 것이 신이라면, 그렇다면 아무도 신이 아니라고 말해도 무방할 것입니다. 왜냐하면 우리의 세계는 종종 인간의 존엄과 권리가 끔찍스러울 만큼 부재한 상황을 목격하기도 하기 때문입니다. 아니면 이것은 시도하다가 만 정의일까요? 만일 그렇다면, 초월적인 것과 편재하는 것을 전혀 구별하지 못하고 있는 것같아 보입니다. 결국 우리는 그 정도 정의를 가지고는 아무것도 할 수 없음을 발견하게 됩니다.

수세기를 거쳐 등장한 다양한 종교를 살펴보며 우리가 진정으로 발견해야 할 것은 그 종교가 주장하는 바를 진리로 구체화해 내는 종교입니다. 주장을 내세우는 것은 쉽습니다. 캘리포니아에 살고 있는 사람이라면 이를 잘 이해할 것입니다. 그 사람들은 만일 어떤 종교가 마음에 들지 않으면, 바로 다음 주에 자기들만의 종교를 창설할 것입니다. 그래서 종교의 숫자는 증가하고 있습니다. 그러므로 관건은 종교적 주장을 만들어 내는 것이 아니라 그 주장이 타당한지를 검증하는 것입니다.

도움이 될 만한 작은 예를 하나 들어 보겠습니다. 이것 역시 실화입니다. 프랑스 혁명 당시, 전통적인 기독교를 다양한 '이성적 종교'로 대체하고자 하는 시도들이 있었습니다. 그 가운데 하나가 자연신론적인 접근으로, 프랑스 철학자 라 레벨리에르(La Revelliere)에 의해 시작되었습니다. 그는 '신인 일체주의'(Theanthropy)라는 것을 만들어 냈습니다. 인간이 신이라는 주장입니다. 그는 자신의 주장을 전하기 위해 논문도 쓰고 소책자도 만들고 사회 프로그램도 만들었습니다. 대단히 열심이었습니다. 하지만 그다지 반응을 끌어내지 못했습니다. 상당히 기가 꺾인 그는 결국 동료 철학자에게 조언을 구하기 위해 갔습니다. 그중 하나가 프랑스의 회의주의 철학자인 탈리랑(Talleyrand)이었습니다. 남다른 유머 감각을 가졌던 탈리랑은 이렇게 말했습니다. "내가 보니까 말이야, 예수 그리스도는 자신의 종교를 창설하기 위해 먼저 죽었고, 죽은 지 삼 일 만에 다시 살아났어. 자네도 그 정도는 할 수 있어야 하지 않을까?"

종교적 입장들 간에는 상당한 차이가 있을 수 있습니다. 하지만 그 어떠한 주장을 하고 있느냐의 차이보다 그 주장을 뒷받침할 능력의 차이에 주목해야 합니다.

기독교의 주장과 그 기초

저는 전에 이 대학에서 있었던 한 강연에서, 수많은 변호사들이 예수 그리스도가 부활했다는 증거를 검토하고서 그리스도인이 되었다는 이야기를 들려 드린 적이 있습니다. 예를 들어, 비이슬람권에서 이슬람 법에 대해 연구한 학자 중 최고의 권위를 가진 런던 대학 법대 학장인 노먼 앤더슨(Norman Anderson)은 그리스도가 부활한 증거에 기초해 그리스도인이 되었고 이 주제에 관한 책을 여러 권 저술하였습니다.

역사적 조사를 해 보면 그리스도인의 주장이 경험적이고 관찰 가능한 사실에 확고하게 기반을 두고 있다는 사실을 발견하게 됩니다. 그리고 그 증거들을 검토하다 보면 한 가지 결론에 이르게 됩니다. 예수는 힘 없는 노파가 갈릴리 바다를 건널 수 있도록 도와준 보이스카우트 단원이 아니라, 전지 전능한 하나님인 동시에 세상의 죄를 사하기 위해 이 땅에 내려와 죽임당한, 우리와 같은 사람이기도 한다는 것입니다. 그리고 그는 그러한 진리의 확증을 보여 주기 위해 죽음에서 부활했습니다.

그리고 예수는 성경을 인정하였습니다. 그 결과 하나님이 그리스도 안에 있었고, 그를 통해 세상과 화목을 이루셨으며, 원칙에 관해 상세하게 예언된 기독교의 주장은 무너뜨릴 수 없는 것이 되었습니다. 이 원칙들은 어떤 상황 속에도 굳건하게 세워집니다. 그것이 그저 인간적인 원천에서 나온 것이 아니기 때문입니다. 그 원칙들은 초월적인 존재에게서 나온 것입니다. 그것은 비트겐슈타인의 표현을 만족시킵니다. "폭발처럼 이 세상의 다른 모든 책들을 파괴한다." 완전히 황당하게 들릴 법한 주장입니다. 하지만 그러한 주장이 견고한 역사적 증거에 의해 뒷받침되고 있습니다.

보스턴에서 저는, 앞으로 올 메시아에 대한 구약 성경의 예언들을 다룬 논문을 발표한 적이 있습니다. 저는 소위 통계의 산출 법칙이라고 불리는 것을 사용했습니다. 만일 구약 성경의 예언들이 서로에 대해 독립적인 사건이라면 (실제로 서로 독립적인 사건들입니다), 우리는 산출 법칙을 사용해 반대되는 가능성을 계산해 낼 수 있습니다. 예를 들어, 가장 상세하게 기록된 스물다섯 가지의 사건들이 순전히 우연으로 발생할 수 있는 가능성을 계산해 보겠습니다. 그중 어느 사건이라도 유효할 수 있는 가능이 25퍼센트뿐이라고 한다면, 스물다섯 가지의 사건이 완전히 우연하게 이루어졌을 가능성은 1조 분의 1입니다. **1조 분의 1이란 말입니다!**

물론 통계는 원인과 결과 관계를 확증하지 않습니다. 하지만 이렇게 엄청난 통계 결과를 어떻게 무시할 수 있겠습니까? 구약 성경은 신약 성경 이전에 쓰였습니다. 따라서 사건에 대한 예언들이 사건 이후에 쓰였을 수 없습니다. 그리고 그리스도의 삶이 예언에 맞추기 위해 꾸며졌을 가능성도 없습니다. 왜냐하면 그의 생애에 대한 기록은 적대적인 종교적 목격자들이 여전히 살아 있는 동안에도 공개되어 사람들 사이에서 돌고 있었기 때문입니다. 만일 그 기록이 날조된 것이었다면 분명 그 적대자들이 일러바쳤을 것입니다. 유대 종교 지도자들은 구약 성경에 대해 속속들이 알고 있었습니다. 만일 예수가 베들레헴이 아니라 디트로이트에서 태어났다고 했다면, 그들이 바로 반기를 들 첫 번째 사람들이었을 것입니다. 즉, 우리는 예수가 자신에 대해 주장한 진리에 관해서는 매우 강력한 예언적 증거와 견고한 부활의 증거를 모두 가지고 있는 것입니다.

인권에 대한 그리스도인의 기본 입장

만일 이것이 진리로 받아들여진다면, 인권의 영역에서 어떤 일들이 일어날지 생각해 보십시오.

먼저, 우리는 비트겐슈타인이 이야기했던, 바로 그 책을 소유하게 됩니다. 우리는 원칙들을 갖게 됩니다. 그 원칙은 자연법처럼 모호하지 않습니다. 우리는 확실한 원칙들을 얻게 됩니다. 십계명만을 이야기하는 것이 아니라 성경 전체를 통하여 흐르는 모든 원칙들을 말합니다. 「인권과 인간 존엄」(*Human Rights and Human Dignity*)에서 저는 이 성경의 원칙들과 오늘날의 다양한 인권적 규약들 사이의 관련성을 밝혔습니다. 대단히 상세한 검토가 이루어진 책입니다. 그 원칙들은 견고하고도 초월적인 기초를 가지고 있습니다.

하지만 우리는 여기에서 그 이상의 것을 얻게 됩니다. 우리는 그 원칙들보다 훨씬 더 중요한 것을 얻게 됩니다. 저는 오늘 강연을 시작하면서, 모두가 인권을 옹호한다는 언급을 했습니다. 가장 사악한 독재자들은 언제나 인권에 대해 그럴듯한 이야기를 합니다. 하지만 뒤에서는 누군가를 끓는 기름에 밀어넣습니다. 이것이 의미하는 바가 무엇일까요? 인권에 관한 진짜 문제는 원칙에 대한 의문을 뛰어넘는다는 것입니다. 진짜 문제는 그 원칙들을 따르고자 하는 의지입니다.

징기즈칸 역시 강간과 약탈이 좋지 않다는 것은 아주 잘 알고 있었는지 모릅니다. 하지만 그는 그것을 즐겼습니다. 이 문제의 핵심은 인간이 자기 중심적이라는 사실입니다. 따라서 국가들도 자국 중심적입니다. 그래서 자기들을 보호하기 위해 인권을 자기 방향으로 왜곡합니다. 그리고 다른 사람에 대해서는 고려하지 않습니다. **누군가는 다른 이들보다 좀더 평등한 것입니다.**

인권 분야에서 정말로 필요한 것은 인권이 내재화될 수 있는 장치입니다. 인권에 대한 의식이 인간 존재의 일부가 되게 하는 것입니다. 그래서 진정으로 다른 인간을 선하게 대하기를 바라게 하는 것입니다. 예수 그리스도에 관한 복음 외에 그 어떤 인권 철학도 사람의 마음을 바꿀 수 없습니다. 사람들의 마음이 변화되기까지 우리는 모든 장소의 모든 벽을 인권에 관한 원칙으로 도배할 수 있습니다. 하지만 그 결과는 지금과 크게 다를 바 없을 것입니다. 누군가 이렇게 말했습니다. "우리에게 필요한 것은 더 많은 좋은 조언들이 아니다. 우리에게 필요한 것은 기쁜 소식이다."

그리스도의 메시지는 그저 그 원칙들을 알게 하고, 그것들을 초월적인 기초 위에 두게 하는 것만이 아니라, 여러분과 저의 내면을 변화시키기 위한 길을 엽니다. 이런 일이 어떻게 벌어질까요? 환자 스스로 자신이 질병에 걸렸다는 사실을 인정하지 않으면 의사는 그 사람이 약을 삼키도록 강제할 수 없습니다. 그렇게 하면 불법 행위가 될 것입니다. 우리는 그렇게 할 수 없습니다. 약을 먹기 전에, 환자 스스로가 질병에 걸렸음을 인식해야 합니다.

따라서 첫 번째 단계는 우리가 얼마나 극단적으로 자기 중심적인가를 깨닫는 것입니다. 만일 그것을 깨닫게 되었다면, 다음 질문은 이렇습니다. '그렇다면 대체 무엇을 해야 할까?' 글쎄요, 우리는 신고 있는 신발 끈을 잡아당김으로써 스스로를 하늘나라로 보낼 수는 없습니다. 지구 위에 받침점을 두고 지구를 움직이려 하는 것과 마찬가지입니다. 우리는 외부에서 오는 도움이 필요합니다. 우리는 지구 밖에 있는 받침점이 필요합니다. 그리고 그것이 바로 예수가 구주로 이 세상에 들어온 이유입니다.

예수는 우리를 위해 십자가에 달려 죽기 위해 이 땅에 오셨습니다. 우리가 짊어져야할 죄를 지시고 그것을 갚기 위해 오셨습니다. 그렇게 함으로써 우리는 하나님 나라에 영원히 들어갈 수 있게 되었습니다. 만일 우리가 이것을 믿으면, 이것을 기초로 해 예수님과의 관계에 들어가게 되면, 예수가 우리 마음 안에 들어오시고 우리의 삶은 변화하게 됩니다.

"누구든지 그리스도 안에 있으면 새로운 피조물이라. 이전 것은 지나갔으니 보라, 새 것이 되었도다!"(고후 5:17) 예수를 생명의 주인으로 받아들인 자들은 이 말씀의 살아 있는 증거입니다. 그들은 저마다 자기 마음 속의 신앙에 매달려 있는 것이 아닙니다. 어떤 신비로운 상태로 변화되기 위해 애쓰고 있는 것도 아닙니다. 전혀 그렇지 않습니다. 그들은 하나님이 그리스도 안에 계셨고 세상과 화목을 이루셨다는 역사적인 사실들에 기초해 하나님에 대한 하나님의 예언을 받아들였습니다.

그리스도의 부활에 대한 객관적인 증거와 성경의 확실함이 이 관계에 들어설 수 있는 기초를 제공합니다. 그리고 사람들이 그 일을 실제로 행할 때, 그들은 진정으로 자기 자신보다 다른 이들을 더 보살피게 됩니다. 그리고 그들은 정말로 아우구스티누스가 말한 원칙을 따르게 됩니다. "하나님을 사랑하고 당신이 원하는 대로 행하라." 왜냐하면 우리가 하나님을 사랑하면 우리는 하나님을 기쁘시게 할 일을 하고 싶어지기 때문입니다. 그리고 성경은 무엇이 그를 기쁘시게 하는지를 우리에게 가르쳐 줍니다. 이것이 바로 우리가 인권에 관해 확실히 이해하기 위해 그토록 필요로 하던 그 기초입니다.

메리 포플린 Mary Poplin

캘리포니아 클레어몬트 대학 교육대학원 교수다. 포플린은 도시 빈곤 지역 학교에서 효과적인 교육을 수행하고 있는 교사들의 경험을 연구하고 있다. 저서로 「지금 머물러 있는 곳을 더욱 사랑하라」(*Finding Calcutta*, 생명의말씀사)가 있다.

13. 테레사 수녀가 내게 가르쳐 준 것

터프츠 대학 베리타스 포럼, 2009

제가 이야기하고자 하는 주제의 배경을 먼저 말씀드림으로 여러분들의 이해를 돕고자 합니다. 그 배경이란 제 삶의 역사이기도 합니다. 대학 시절, 저는 처음으로 지성에 눈뜨게 되었습니다. 저는 교육 수준이 높은 가정에서 자라지 않았습니다. 아버지는 고등학교를 마치지 않았고 어머니는 보조 교사가 되기 위해 전문 대학에 다녔습니다. 그러니 십대 소녀이자 어린 대학생으로서 저는 사회정의의 문제에 깊이 빠져들 수밖에 없습니다.

고등학교와 대학 때, 저는 장애 아동과 장애우를 위한 봉사 활동에 참여했습니다. 그 과정에서 사회정의에 대한 급진적인 사상에 좀더 깊이 몰입하게 되었습니다. 교수가 되고 나자, 저는 이 급진적인 사회 철학을 교육 과정에 도입하여 제 분야와 접목시키는 것이 사명이라고 생각했습니다. 그래서 1980년대에 사회 구성주의에 기반해 교사 교육 프로그램을 만들었습니다. 이 분야에 속하지 않은 분들을 위해 설명하자면, 사회 구성주의란 급진적인 여성 해방주의와 여성주의 이론 그리고 비판 이론(기본적으로 포스트마르크스주의)과 문화 연구 등에 대한 구조주의와 탈구조주의적 교육학 입장입니다.

개인적으로도 저는 점점 더 모험적인 삶을 살게 되었습니다. 항상 경계에

선 듯 불안하게 살았습니다. 소위 말하는 '연쇄적 일부일처제'의 방탕한 삶을 살며 나이트클럽에도 자주 갔고, 각종 술과 마약을 시도하는 데도 주저하지 않았습니다. 당시 텍사스에 만연했던 전형적인 대학 생활이었습니다. 영적인 삶에 있어서는 다양한 행로를 탐험했습니다. 마치 '영적 네트워크에서 서핑'을 하듯 여기저기에 들락거렸습니다. 신비주의적인 명상을 시도해 보기도 했고 불교의 선 수행을 해 보기도 했습니다. 여성주의 영성 훈련은 물론 숟가락을 휘게 만드는 염력 단체에도 참여했었습니다. 캘리포니아에서는 그것도 종교 활동으로 쳐줍니다.

1980년대 후반, 저는 미국 인디언 남성을 알게 되었습니다. 이름은 존 리베라였고 박사 과정에 있었던 대학원생이었으며 저보다 약간 나이가 많았습니다. 그는 저의 급진적 페미니즘 수업을 수강한 유일한 남자였습니다. 기쁘게도 그는 여전히 살아 있습니다. 수업 중에 저와 모든 여학생들이 여성들이 얼마나 억압받고 있는지에 대해 격렬히 토론하는 동안에도 그는 침묵을 지켰습니다. 현실 속에서는 그가 우리보다 훨씬 더 많은 억압을 경험했을 것입니다. 그는 어린 소년이었을 때조차 항상 학교에 가지 못했습니다. 가족들의 일을 도와야 했기 때문입니다. 그는 아동 농장의 일꾼이었습니다. 그의 여섯 식구는 때때로 저녁으로 단 한 개의 감자를 나눠 먹어야 할 때도 있었습니다.

이 모든 것에 대해 그는 평안했고, 급진적 사상을 가르치는 교수로서 저는 적잖이 당황스러웠습니다. 저는 뻔한 이야기를 하는 사람들이나 자신이 어떻게 억압당해 왔는지에 대해 불만을 토로하는 사람들과 함께하는 것이 도리어 훨씬 편했습니다. 그는 어리숙한 사람이 아니었습니다. 그는 인종주의나 다른 여러 종류의 억압들에 대해 잘 알고 있었고 그만의 방식으로 그것들에 대한 저항 활동을 했습니다. 그는 거기에 대한 분명한 신념이 있었습니다. 그는 인종주의나 계급주의 그리고 제가 '억압'이라고 부르는 모든 종류의 사회적 불의에 대한 분명한 관점을 가지고 있었습니다. 하지만 그것들은 그에게 어떤 영향력도 행사하고 있지 않는 듯 했습니다. 그가 경험한 어떤 억압들도 그에게 상처로 남아 그를 구속하고 있는 것 같지 않았습니다. 저는 그가 보여주는 평안에 매료되기도 했지만 동시에 그 원천이 무엇일까 혼란스럽기도 했습니다.

그가 박사 과정을 마친 후, 우리는 몇 해 동안 여기저기에서 의뢰받은 프로젝트를 함께 연구했습니다. 종종 그는 제게 이런 제안을 했습니다. "교수님이 영적인 삶에 대해 어떤 도움이라도 필요하게 된다면 저는 기꺼이 돕겠습니다." 저는 제 영적인 삶에 대해 스스로 잘 알아서 하고 있다고 여겼습니다. 저는 그가 어떤 '영성'을 믿고 그에 따라 살고 있는지를 알지 못했습니다. 그는 한 번도 그것이 무엇인지 밝힌 적이 없었습니다.

하지만 1992년 11월, 저는 도저히 잊을 수 없는 꿈을 꾸었습니다. 그 꿈 속에서 예수님이 매우 생생하게 나타나셨습니다. 눈을 떴을 때 저는 대단히 전형적인 사고를 했습니다. '미국 인디언…영적 생활…미국 인디언은 꿈을 해석할 수 있다!' 그래서 저는 그에게 전화했습니다. 우리는 저녁을 함께 먹기로 했습니다. 식사 자리에서 그는 여전히 자신의 신앙을 밝히지 않은 채 몇 가지 조언을 해주었습니다. 그런 일이 있은 후 꽤 오랜 시간이 지나서야 그가 그리스도인인 것을 알았습니다.

이런 일들로 인해 저는 기독교에 대해 주저하기는 하면서도 알아가지 않을 수 없게 되었습니다. 결국 기독교에 마음을 열기 시작한 후 1994년에 저는 수도원을 찾게 되었습니다. 수도원 사람들이 어느 날 오후 이런 제안을 했습니다. "우리는 테레사 수녀에 관한 다큐멘터리를 볼 것인데, 달리 계획이 있는 것이 아니시라면 얼마든지 오셔서 함께했으면 합니다." 저는 그때까지 살아가면서 테레사 수녀에 대해서는 전혀 생각해 본 적이 없었습니다. 하지만 그 다큐멘터리를 보았을 때 저는 이상할 정도로 감동을 받았습니다. 단지 테레사 수녀의 사역에 감동을 받기만 한 것이 아니라, 정말 거짓 없이 말하자면 약간 충격을 받기도 했습니다. 왜냐하면 여기, 한 여성이 제가 존경하는 일을 하고 있기만 한 것이 아니라 제게는 너무나 낯선 방식으로 이야기하고 있었기 때문입니다.

저는 그녀가 존경스러웠습니다. 그런데 그녀는 계속 예수님 이야기를 했습니다. 저는 정의에 대해 그런 방식으로 이야기하는 것을 한 번도 들어 본 적이 없었습니다. 하지만 테레사 수녀가 비디오에서 한 어떤 이야기 때문에 저는 정말로 그녀에게로 가서 그 사역에 두 달간 참여하고 싶어졌습니다. 그녀는 이렇게 말했습니다. "우리의 일은 복지 사업이 아닙니다. 이것은 종교적인 사역입니다." 제가 이 말을 이해하려면, 또 기독교를 진지하게 탐구하자면 실제로 캘커타에 가서 그 일에 참여해 봐야 할 것 같았습니다.

그래서 저는 1995년 가을, 대학에서 안식년을 맞이하는 봄에 그곳에 찾아갈 수 있는지를 문의하는 편지를 보냈습니다. 답장을 읽으며 세 영혼은 두 번째 충격을 느꼈습니다. 저는 편지에 캘커타에 갈 때 무엇을 가져가야 할지를 물었습니다. 저는 두루마리 화장지 따위를 생각했습니다. 뭔가 실용적인 것을 가져가야 할 거라고 생각했던 것입니다. 그런데 그에 대한 답은 이러했습니다. "캘커타에 가져올 것은 고단하고 가난한 사람으로 변장하고 계신 예수님을 섬기는 마음뿐"이라고 했습니다.

그러자 수많은 의문점들이 쏟아졌습니다. '예수님을 섬긴다고? 예수님을 섬긴다는 것이 대체 무슨 의미지?'

여기, 가난한 사람들 가운데 가장 가난한 이들을 위해 헌신하는 국제 다민족 봉사 단체의 설립자이자 수장인 여성이 있습니다. 가난한 이들을 위한 봉사, 여성 지도력, 다민족 단체. 저는 이 모든 것들을 지지하기 위해 학생들을 가르쳤습니다. 하지만 테레사 수녀가 말하는 방식은 제 여성학 수업과 강의 계획에는 한 번도 등장해 본 적이 없는 종류였습니다. 또 어떤 사회정의 모델로도 고안된 적이 없는 방식이었습니다. 그래서 저는 왜 이런 사례가 생겼을까 자문하기 시작했습니다. 그녀가 그리스도인이기 때문이었을까요? 그녀가 가톨릭이기 때문이었을까요? 아니면 그녀가 낙태를 지지하지 않았기 때문일까요? 그것도 아니라면 그저 그녀가 예수님에 대해 너무 많이 말해서였을까요? 대체 왜 그녀는 제 수업에 등장한 적이 없었던 것일까요?

대부분의 사람은 테레사 수녀를 그저 착한 인도주의자 정도로 생각합니다. 아마 그중에서도 탁월하게 선한 인도주의자로 여길 것입니다. 그녀를 그런 방식으로 이해해야 편안한 것입니다. 그렇게 봄으로써 그저 충분히 노력하기만 하면 우리도 그녀와 같아질 수 있을 거라고 생각하는 것입니다. 제가 캘커타에서 돌아와 그때의 경험에 대해 쓰고자 할 때 저도 그렇게 세속적인 인도주의적인 입장에서 그 경험을 써 보려고 노력했습니다. 그렇게 해야 대학이나 학계에 속한 우리들이 쉽게 이해할 수 있을 것이라 생각했기 때문입니다. 그렇게 해야 제가 살고 있는 이 세상에서 그녀가 덜 불편해 보일 거라고 생각했습니다. 또 이 시대의 문화적 맥락에도 더 잘 들어맞을 거라고 판단했습니다. 하지만 그녀는 그런 방식을 생각하지도 그렇게 살지도 않았습니다. 그래서 그런 방식으로 책을 써 보려고 할 때마다 저는 그녀가 누구인지에 대해 거짓말을 하는 것 같았습니다.

결국 저는 그녀의 신앙을 떨쳐버리려는 노력을 그만두었습니다. 그리고 제가 할 수 있는 최선을 다해 테레사 수녀의 세계관으로부터 「지금 머물러 있는 곳을 더욱 사랑하라」(Finding Calcutta, 생명의말씀사)를 썼습니다. 몇 가지 사례를 여러분들과 나누도록 하겠습니다.

테레사 수녀의 헌신

우리는 마더 하우스에서 미사를 드리며 하루를 시작합니다. 저는 회관에 일찍 도착하기 위해 늘 애를 썼습니다. 수녀님이 어디에 앉을 것인지 알고 있었기 때문입니다. 그녀 가까이에 앉으면 뭔가 선한 기운이 저를 씻겨 줄 것 같았습니다. 제가 좀더 괜찮을 사람이 될지도 모를 일이었습니다. 어느 아침, 모임에서 매우 잘 차려입은 인도 여인이 들어와 테레사 수녀의 발 앞에 엎드렸습니다. 우리는 모두 바닥에 앉아 있었고(마더 하우스에는 의자가 없습니다), 그 여인은 테레사 수녀의 발에 키스하고 있었습니다. 제가 보기에 수녀님은 상당히 불편해하고 있었습니다. 그리고 그 여인에게 인도어로 말을 했습니다. 수녀님이 무슨 이야기를 했는지는 모르겠지만 그 여인은 멈추지 않았습니다. 그러자 수녀님은 여인의 손을 잡고, 제단 위의 십자가를 가리켰습니다. 그리고 이렇게 말했습니다. "그것은 저 분이십니다. 그에게 감사하세요." 그 인도 여인은 약간 뒤로 물러서서, 잠시 거기 앉아 테레사 수녀를 바라보았습니다. 그리고 십자가를 바라보았습니다. 그러고 나서 여인은 그냥 일어서서 떠나 버렸습니다.

테레사 수녀는 스스로를 '하나님 손의 연필'이라고 불렀습니다. 우리는 가난한 이들을 돕는 것이 수녀님들의 주요 사역이라고 생각합니다. 하지만 그들은 그것을 최우선 사역으로 생각하지 않습니다. 그들의 첫 번째 사역은 기도이고 예수님에게 속하는 것입니다. 그리고 예수님과 함께하는 그 관계를 통해서, 우리가 눈으로 보고 존경해 마지않는 그 헌신들이 비로소 가능해진다고 믿고 있습니다. 그래서 극빈자들을 돕는 힘과 자비 그리고 인내는 예수님과의 관계를 통해서 나옵니다. 이것이 그들의 생각입니다.

'사랑의선교 수녀회'(Missionaries of Charity)의 사역은 육체적으로 고된 일입니다. 그것은 단조롭고 따분한 일입니다. 그들은 같은 일을 매일 반복해야 합니다. 가난하고 아프고 죽어가는 사람들을 위해 요리하고 청소하고 식사를 나누어 주며 상처를 닦아 주고 복음을 전합니다. 그러나 뭔가 더 큰 것이 그들을 거기에 머물게 하고 있었습니다. 그것이 바로 그리스도와 그들의 관계였습니다. 그것을 바라보며, 저는 그런 봉사를 하기 위한 인내심을 유지하려면 얼마나 힘들까 혼자 생각했습니다. 이렇게 말하는 것이 얼마나 쉽습니까? "오늘은 그냥 안 갈래." 혹은 "나 이제 그만 둘래." 우리는 이런 동일한 문제를 대학과 각종 기관의 여러 '봉사 프로그램'에서 수없이 목격하고 있습니다.

테레사 수녀의 소명

여기 두 번째 예가 있습니다. 테레사 수녀는 어떻게 그와 같은 일을 하기로 결단하였을까요? 테레사 수녀는 본래 여자 중학교에서 사회 과목을 가르치는 선생님이었습니다. 그녀는 가난한 이들에 대한 안타까운 마음을 갖게 되어 직업을 버리고 그들을 돕기로 한 것일까요? 순수하게 그녀 자신의 의지와 결단으로 그 일을 하게 되었을까요? 아닙니다. 테레사 수녀는 세 번의 기이한 이상을 보았습니다. 그녀는 서른여섯 살의 수녀로 기차를 타고 있었을 때 첫 번째 이상을 보았습니다. 이 이상 속에서 십자가에 달린 예수님이 그녀에게 말씀하셨습니다. 예수님은 네 가지 일을 지시하셨습니다.

예수님이 테레사 수녀에게 원했던 첫 번째 일은 인도 사람처럼 살고, 인도 사람들을 섬기는, 인도 수녀회를 설립하는 것이었습니다. 가톨릭 교회의 대부분은 유럽에서 설립되었고 유럽 문화에 기반을 두고 있었습니다. 테레사 수녀는 주교 중 한 사람에게 예수님은 인도 수녀회가 유럽 여인처럼 되는 것을 원치 않는다고 말했습니다. 당시 인도 소녀가 수녀회에 입단하면 결국 문화적으로는 유럽화되어야 했습니다. 둘째로 예수님이 그녀에게 원했던 일은 '가장 소외되고 가장 가난한 곳'으로 가서 예수님을 전하는 것이었습니다. 예수님은 그들을 사랑하셨기 때문입니다. 그래서 예수님은 다른 수녀회들이 인도나 그 외 다른 곳에서 그랬던 것처럼 수녀회 건물을 짓기를 원치 않으셨고, 가난한 사람들과 함께 그들 가운데 살고 그들을 보살피라고 하셨습니다.

셋째, 수녀들은 이 가난한 곳에서 가난한 이들처럼 가난하게 살아야 한다고 하셨습니다. 테레사 수녀는 하나님이 자신과 선교 수녀들이 살아 있는 희생 제물로 살아가도록 부르셨다고 했습니다.

넷째, 수녀들은 가난한 사람들 중에서도 가장 가난한 이들을 섬겨야 했습니다. 테레사 수녀는 다른 아무런 선택의 여지가 없는 사람들을 섬겼습니다. 캘커타에는 가난한 사람들을 돌보는 곳이 많이 있었습니다. 하지만 거기에는 가난한 사람들 중에도 가장 가난한 사람들이 있었습니다. 거리와 골목에 살며 거기에서 신음하며 죽어가는 사람들이 있었습니다. 이들은 거의 아무런 도움을 받지 못했고 가장 무시당했습니다. 사람들을 이들이 사라지길 바랐습니다. 제게 물을 팔던 남자가 말했듯, "이 사람들은 그냥 죽게 내버려 둬야 해요. 인도에는 사람이 너무 많아요."

이러한 일을 하기 위해 예수님은 테레사 수녀를 부르셨습니다. 이것은 그녀가 스스로 지어낸 이야기가 아닙니다.

수녀회를 설립하는 데 있어 의미를 두어야 할 또 다른 측면 중 하나가, 테레사 수녀는 권위에 복종했다는 것입니다. 그녀는 교회의 합당한 권위 질서를 통하는 그 일을 하는 것이 자신의 소명에 대한 확증일 거라고 생각했습니다. 만일 그 부르심이 진짜였다면, 그녀 위의 권위들도 그 소명을 확인해 줄 것이었습니다.

신적인 공급에 대한 테레사 수녀의 믿음

세 번째 사례는 신적인 공급에 대한 테레사 수녀의 믿음입니다. 그녀와 사랑의선교 수녀회는 결코 돈을 요청하지 않았습니다. 실제로, 그들의 강령은 기부를 요청하지 않습니다. 테레사 수녀는 그들이 예수님의 부르심에 충성되고 진실하기만 하다면, 그들의 필요를 공급하는 것은 하나님의 책임이라고 믿었기 때문입니다. 그래서 그들은 결코 돈을 요청할 필요가 없을 것이라고 믿었고, 혹은 다른 누군가가 자신들을 대신해 그렇게 해주어서도 안 된다고 믿었습니다.

제가 거기 있는 동안, 크리스토퍼 히친스가 테레사 수녀에 관한 책을 발표했는데, 「자비를 팔다」(Missionary Position, 모멘토)라는 못된 책이었습니다. 이 책은 하나님에 관한 그의 또 다른 악랄한 책이 나오기 전에 출간되었습니다. 아마 그도 테레사 수녀가 하나님의 좋은 동반자라고 생각했던 것 같습니다. (그는 실제로 그 책을 출간하기 전 테레사 수녀에 관한 BBC 다큐멘터리인 "지옥의 천사"를 찍기도 했습니다.) 테레사 수녀에 대한 그의 수많은 불평 가운데 하나가 정치적으로 옳지 않은, 심지어 정치적으로 부패한 사람들에게 돈을 받는다는 점이었습니다. 글쎄요, 테레사 수녀나 선교회 수녀들은 하루 종일 앉아서 세계 곳곳의 신문을 읽으며 자신들에게 온 돈의 출처가 어디인지를 알아내려고 고심하지 않습니다. 왜냐하면 결코 직접 요청하지 않은 만큼 그들은 그 돈이 하나님에게서 왔다고 믿고 있기 때문입니다.

저는 제가 그곳에 있는 동안 히친스의 책을 읽었습니다. 책을 읽고 얼마 지나지 않아 저는 테레사 수녀 집무실 밖 벤치에 앉아 그녀와 대화를 나누게 되었습니다. 그녀는 그날 매우 행복해 보였습니다. 몇몇 대학생들이 선교회를 찾아와 얼마간의 돈을 준 이야기를 해주었습니다. 그리고 그녀는 그 돈을 창녀들을 감옥에서 빼내는 새로운 사역에 사용할 것이라고 했습니다. 그 여인들을 수녀들과 함께 살게 하고 훈련시키는 것입니다. 물론 **다른** 기술을 가르칠 것이었습니다. 수녀님은 제게 이런 이야기들을 하고 있었습니다. 제가 이제 막 히친스의 책을 읽었는데 말입니다. 저는 그녀가 히친스의 책에 대해 알고 있다는 사실을 알았습니다. 그 책의 내용을 인용하고 있었으니까요. 저는 테레사 수녀를 좀더 몰아세우고 싶어졌습니다. 그저 그녀가 뭐라고 말하는지를 보고 싶었습니다. 그래서 이렇게 말했습니다. "수녀님, 수녀님에 대한 글을 쓰는 사람들이 있습니다. 수녀님이 더 이상 돈이 필요하지 않다고 말하기도 합니다. 이미 아주 많은 돈을 가졌기 때문에요."

테레사 수녀는 약간 장난기 어린 눈으로 저를 바라보며 이렇게 말했습니다. "아, 그 책이요. 읽어 보지는 않았지만 알고 있습니다. 전혀 문제될 것 없습니다. 그는 이미 용서받았어요."

저는 거기서 그만두지 않았습니다. 왜냐하면 히친스도 그녀가 그렇게 말한 것을 알고 있었고, 자신의 책을 통해 그것에 대한 분노를 표출하고 있었기 때문입니다. 그래서 저는 또 말했습니다. "수녀님, 그도 수녀님이 그가 용서받았다고 말한 것을 알고 있습니다. 그리고 거기에 대해 상당히 화가 나 있어요. 왜냐하면 그는 자신이 용서받을 필요가 없다고 했거든요. 또 수녀님에게 자신을 용서해 달라고 부탁한 적도 없다고요."

그녀가 말했습니다. 마치 제가 무슨 말을 하는지 저 스스로 모르고 있다는 것처럼 말입니다. "제가 용서를 주는 것이 아니죠. 하나님이에요. 하나님이 그를 용서하셨습니다."

그러고 나서 테레사 수녀는 몇몇 수녀들이 그 책을 읽었다고 말해 주었습니다. 그리고 제가 그들과도 대화해 보면 좋겠다고 말했습니다. 그래서 저는 수녀님이 시키는 대로 했습니다. 종신 수녀들이 그 책의 복사본을 돌려가며 읽었다고 합니다. 그리고 그들은 일주일간 금식을 하며 그 주 주말에 함께 모였다고 합니다. 금식하는 동안 그들의 기도는 주님께서 그 책을 통해 말씀하시고자 한 것이 무엇인지 보여달라는 것이었습니다.

저는 그들에게 물었습니다. "그래서, 그 메시지가 뭐였나요?" 제게 이 이야기를 해주던 수녀는 온화하게 미소를 지으며 이렇게 말했습니다. "아, 그것은 우리가 좀더 거룩해져야 한다는 부르심이었습니다." 크리스토퍼 히친스에 대한 저의 반응은 그런 것이 아니었습니다.

하지만 테레사 수녀는 극단적인 용서를 믿었습니다. 그저 모든 것을 내려놓는 결단, 아무도 그녀에게 용서를 구하지 않았지만 하나님께 그들을 용서해 달라고 구하는 것. 물론 이것은 그리스도께서 매맞고 십자가에 달리며 베푸셨던 것과 같은 용서입니다. 또 예수님은 우리에게도 그렇게 하라고 부탁하십니다. 예수님이 우리에게 주신 은혜를 다른 이들에게도 전하는 것입니다. 테레사 수녀는 극단적인 용서의 삶을 살았습니다. 존 리베라(John Rivera)처럼, 그녀를 괴롭히는 너무나도 많은 일들이 있었고 또 그녀에 대한 수근거림도 많았지만 테레사 수녀는 그것들에 걸려 넘어지지 않았습니다.

저는 그곳에서 이런 경험을 많이 했습니다. 제게는 참으로 낯선 모습입니다. 저는 그저 이제 막 진정으로 기독교를 이해하기 시작한 터였습니다. 낯선 나라인 인도조차도 사랑의선교 수녀회만큼 낯설게 느껴지지는 않았습니다. 저를 혼란스럽게 하는 것은 인도의 문화가 아니라 수녀들이었습니다. 단지 문화적인 차이가 아니라 제 안에서 전쟁을 벌이고 있는 세계관의 갈등이었습니다.

캘커타를 찾아서

테레사 수녀가 마지막으로 제게 했던 말들 가운데 하나가 이것입니다. 실제로 제 책의 제목은 여기에서 딴 것이기도 한 것이기도 합니다. 어느 날 수녀님이 저를 보시더니 이렇게 말씀하셨습니다. "자매님, 아시지요, 하나님은 우리에게 하신 것처럼 모든 사람들을 가난한 이들과 일하라고 부르시지는 않았습니다. 그는 어떤 이들은 부자들과 일하라고 부르십니다. 또 하나님은 모든 사람들을 우리와 같이 가난하라고 부르시지도 않았습니다. 어떤 이들은 부유하게 되라고 부르십니다."

그렇기 때문에 테레사 수녀는 거리에 있는 사람들에게 복음을 전하는 것만큼이나 쉽게 다이애나 공주에게도 복음을 전할 수 있었습니다. 그러고 나서 수녀님은 제게 손가락 펼쳐 흔들어 보였습니다. (사람들은 항상 제게 "테레사 수녀님은 온화하셨지요?"라고 묻습니다. 저는 항상 "아니요, 수녀님은 강인하셨습니다"라고 대답합니다.) 그리고 이렇게 말씀하셨습니다. "하지만 하나님은 모든 사람들을 캘커타로 부르십니다. 당신은 당신의 캘커타를 찾아야 합니다."

저는 미국으로 돌아와 8월 말부터 다시 강의를 하기 시작했습니다. 저는 제 연구실에 가서 수업을 준비하고, 수업을 위해 자료를 마련했습니다. 그러다가 도저히 감당할 수 없을 만큼 울기 시작하곤 했습니다. 제가 왜 우는지 그 어떤 감정도 지식도 없이 말입니다. 참 불편한 일이었습니다. 저는 성격 검사를 하면 사고 유형으로 나옵니다. 사고 유형인 사람을 아신다면, 그 첫 번째 특징이 우는 것을 좋아하지 않는다는 것, 그리고 두 번째로는 만일 울 거라면 최소한 이성적으로 왜 울려고 하는지를 이해하고 있어야 한다는 점을 아실 겁니다.

하지만 저는 제가 왜 우는지 이유를 알 수 없었습니다. 그래도 언제나 수업에 들어갈 시간에 맞춰 눈물을 멈출 수 있었고 학생들을 가르쳤습니다. 그리고 제가 다시 연구실로 돌아가 강의 준비를 시작하기까지는 모든 것이 괜찮았습니다.

이런 일은 9월이 지나기까지 계속되었습니다. 그리고 10월이 되어 저는 대학 교직원 컨퍼런스에서 강연을 하게 되었는데, 본 강연과는 별도로 그날 조찬 회의 때 테레사 수녀와 함께 보낸 경험에 대해 이야기해 달라는 부탁을 받았습니다. 그래서 저는 「지금 머물러 있는 곳을 더욱 사랑하라」라는 책에 있는 것같이 몇 가지 이야기를 나누었습니다. 이야기를 마치고 질문을 받았습니다. 방 끝에 있던 한 여성이 서서 마지막 질문을 하였습니다. "테레사 수녀와 함께 있다가 본래의 생활로 돌아오며 어려움을 겪으신 적이 있으신가요?"

바로 그 순간, 저는 제 연구실에서 그랬던 것처럼 울기 시작했습니다. 감정도 없이 그저 눈물뿐인 울음이었습니다. 참석자들은 식사를 멈추고 커피 잔들을 내려놓았습니다. 간신히 눈물을 멈춘 그 순간, 바로 그때 처음으로 제가 왜 우는지를 깨달았습니다. 제가 왜 우는지에 대한 계시를 얻게 되었습니다. 저는 너무나 마음이 평안해져서 그냥 말을 내뱉어 버렸습니다.

"보시다시피, 저는 본래의 생활로 돌아오는 데 어려움을 겪었습니다. 저는 그리스도인이 된 지 3년 정도가 되어 갑니다. 그리고 정말로 그 신앙에 따라 살아가는 사람들을 만났습니다. 저는 이제 그 기본 원칙들이 무엇인지를 이해하기 시작했습니다. 그리고 제가 본 모든 것을 통해 그것들이 진리임을 믿게 되었습니다. 하지만 저는 전에 항상 가르쳐 왔던 것들을 지금도 가르치고 있습니다. 저는 이런 저의 본래 모습에서 제가 보고 믿게 된 그 상태로 어떻게 가는지를 잘 모르겠습니다. 그래서 저는 본래의 생활, 제가 본래 가르쳐 왔던 수업으로 돌아오며 거짓말쟁이가 된 것 같은 기분입니다." 이것이 바로 그 이유였습니다. 거짓말쟁이 같다는 기분.

나의 캘커타를 찾은 후

그리고 다음날 돌아가는 비행기 안에서 저는 제 캘커타를 찾았음을 알게 되었습니다. 앞으로 무엇을 어떻게 해야 하는지는 알지 못했지만 저의 캘커타를 찾은 것입니다. 그러자 속에서 더 많은 질문들이 쏟아져 나왔습니다. 저는 그야말로 세계관에 대한 열성 소비자였습니다. 저는 새로운 철학과 이론들을 사랑했습니다. 그 새로운 생각들을 시도해 보고 제 일과 수업에 적용했습니다. 그리고 그것들의 한계를 발견하게 되면 곧 지루해했습니다. 그러면 또다시 다음 철학과 다음 이론을 시도했습니다. 그런데 어떻게 이 세계관은 놓쳤던 것일까요? 왜 이 세계관에 대해서는 그토록 많은 저항이 있었던 것일까요? 심지어 제 안에서도 말입니다. 기독교는 그렇게 억압적인 것이었을까요? 그 증거가 어디 있을까요? 여성은 어디에서 가장 자유로울까요? 세계를 둘러보면 상당히 명백할 것입니다. 여성들은 유대-기독교 원칙에 기초해 발전한 국가들에서 가장 자유롭습니다.

노예들을 처음으로 해방한 곳이 어디일까요? 어디에서 사람들이 여전히 가장 자유로울까요? 질문이 계속해서 떠올랐습니다. 기독교는 정말로 억압적일까요? 만일 그렇다면, 왜 세계에서 가장 규모가 큰 비정부기구는 기독교를 바탕으로 한 월드비전일까요? 왜 그 작은 교회들이 세계 곳곳에서 제가 소위 사회정의라 부르는 일들에 힘쓰고 있을까요? 그들이 하고 있는 일을 반드시 사회정의라고 부를 필요가 없을지 모릅니다. 하지만 그들은 배고픈 이들에게 먹을 것을 나눠 주고, 집 없는 사람들을 돕고, 병원을 방문하며 가정을 보살피고, 노예에게 자유를 주기 위해 돈을 보내며, 새 이민자들을 받아들입니다. 그리고 테레사 수녀와 사랑의수녀회 같은 조직도 있습니다. 가톨릭 교회에서 가장 빠르게 성장하는 조직입니다. 오프라 윈프리(Oprah Winfrey)나 스타벅스(Starbucks)가 아프리카에 깨끗한 우물을 파기 위해 노력하고 있다는 사실은 참으로 아름다운 일입니다. 하지만 가나에서 온 제 학생이 말하길, 가톨릭은 1500년대에 아프리카에 우물을 팠다고 합니다. 이런 이야기들은 제가 학교를 다닐 때 전부 어디로 사라졌던 것일까요?

제 생각에는, 스스로 무신론자임을 선언한 바 있고 유럽 대륙의 지배적 철학자인 위르겐 하버마스(Jürgen Habermas)가 이러한 상황을 가장 잘 요약하고 있습니다. 그는 독일 출생으로 초기 비평학파의 일원이었는데, 유럽연합이 그 새 헌장에 그 역사와 유산의 일부로 기독교를 누락한 것 때문에 교황 요한 바오로 2세와 베네딕트 16세가 이를 비판했을 때, 그들을 옹호했습니다. 하버마스는 신자가 아닙니다. 혹은 종교의 대변자도 아닙니다. 그러나 그는 이렇게 말했습니다.

> 기독교 외에는 어떤 것도 자유, 의식, 인권, 민주 등 서구 문명의 벤치마크라고 할 수 있는 것들의 궁극적인 기반이 될 수가 없다. 오늘날까지도 우리에게는 다른 선택의 여지가 없다. 우리는 계속해서 이 원천으로부터 자양분을 얻어야 한다. 다른 모든 것들은 포스트모던의 수다일 뿐이다.[1]

이것은 정의와 진리 모두를 대단히 깊이 있게 고민하는 철학자에게서 나온 말입니다. 그는 전 생애를 걸쳐 정의에 관한 문제를 연구해 왔습니다. 그래서 저는 스스로에게 묻지 않을 수 없었습니다. 기독교가 정말 반이성적인가? 여러분은 수많은 세계적 지성들을 알고 있습니다. 예를 들어 볼까요? 프랜시스 콜린스, 달라스 윌라드, 캐롤 스와인(Carol Swain), 마이클 노박(Michael Novak), 스티븐 메이어스(Steven Meyers), 조지 마스덴(George Marsden), 진 베스케 엘쉬타인(Jean Bethke Elshtain), 로버트 조지(Robert George), 교황 베네딕트, 이들은 모두 학자들입니다. 기독 지성의 사례는 너무나도 많습니다.

세계관

그래서 저는 이전에 제가 믿었던 세계관을 거꾸로 들여다보기로 했습니다. 왜냐하면 최근 대학에서 가르치는 세계관으로는(예를 들어, 자연주의, 세속인본주의, 범신론 등) 그리고 분명히 **제가** 대학에서 가르쳤던 세계관으로서는 **도저히 테레사 수녀의 방식을 이해할 수 없기 때문입니다.**

토드 레이크(Todd Lake)는 1982년, 테레사 수녀가 졸업식 연사가 되었던 그 해 하버드를 졸업했고, 「하버드 천재들의 하나님 이야기」(*Finding God at Harvard*, 도서출판 진흥)라는 책의 한 장을 썼습니다.

저는 1982년 졸업식 날, 교회 강당 계단에서 들었던 테레사 수녀의 연설을 기억합니다. 연설을 하며 그녀는 예수에 대한 이야기를 쉬지 않고 했습니다. 그야말로 쉴 새 없이 했습니다. 요한복음 2:16의 말씀을 인용하기도 했습니다(이것은 하버드 야구장 외야석에 붙어 있는 사인 때문에 이미 우리 대부분에게 익숙한 구절이기도 했습니다). 하지만 "하버드 매거진"(*Harvard Magazine*)은 엄청난 편집 능력으로, 테레사 수녀가 연설 중에 예수를 언급했을 거란 단 한 번의 힌트조차 없이 그 연설의 전체 내용을 전했습니다. 우리는 모두 예수가 문젯거리가 될 것이란 사실을 직감하고 있었던 것입니다. 그리고 우리는 그가 결코 다시는 살아 있는 이슈가 되기를 바라지 않았습니다.

제게 벌어졌던 일도 바로 이것이었습니다. 이 정신이 저의 사고와 세계관을 구성했습니다. 그 정신은 예수를 거대한 골칫덩어리로 여겼고, 그래서 대학 안에서는 그에 관해 언급조차 할 수 없도록 세계관에서 그를 배제했던 것입니다.

자연주의의 관점에서 보면, 테레사 수녀는 그저 특이한 신경-심리 프로세스를 보이는 독특한 두뇌 화학 물질에 지나지 않습니다. 세속적인 인본주의의 시각에서 보면, 테레사 수녀는 그저 사회적으로 대단히 진화한 여성으로 좋은 일을 하겠다는 불굴의 용기와 결단, 의지를 가지고 책임감 있게 행동하고 있는 것입니다. 하지만 두 세계관 모두 그녀가 신을 믿는 신비주의에 매달려 있다며 안타까워할 것입니다. 미국에 만연해 있는, 동양 종교의 혼합인 일원론과 범신론 그리고 뉴에이지 신앙과 (제가 깊이 빠져 있었던) 포스트모더니즘의 관점에서 볼 때 테레사 수녀는 그저 고도로 진화된 정신이었을 뿐입니다. 그 세계관들은 그녀가 단지 인간 모두에게 그리고 세계 어디에나 있는 신성과 영적으로 강력하게 연결되어 있다고 생각했을 것입니다.

여기 이 세계관들이 심리학 안에서 충돌하는 사례를 보여 드리겠습니다. 용서의 문제를 예로 들겠습니다. 저는 한 목사님이 이런 말씀을 하는 것을 들은 적이 있습니다. "용서하지 않는 것은 자기가 독을 마시고 다른 사람이 죽기를 희망하는 것과 같다." 참으로 대단한 표현입니다. 우리는 심리적 문제 때문에 어려움을 겪고 있는 사람들을 알고 있습니다. 그중 많은 이들이 자신들에게 상처를 준 사람들을 용서하지 못해서 그런 문제를 겪고 있는 것입니다. 극단적인 용서의 원칙은 누군가 우리에게 용서를 구하든 구하지 않든 용서하는 것입니다. 우리 삶과 마음속에 뭔가 잘못된 것이 있으면 우리는 하나님께 용서를 구합니다. 그러면 그는 그저 우리를 용서해 주기만 하시는 것이 아니라 변화시키십니다. 우리의 영혼과 마음을 치유하십니다. 이것이 영적인 화해입니다.

한편 심리학에서는 우리가 심리적 갈등을 겪고 있을 때 심리분석적 방식으로 우리의 삶을 재구성하라는 조언을 할지 모릅니다. 또는 우리가 곤경에 처했을 때 스스로에게 어떤 이야기를 하는지를 발견하여 인지적 행동 교정을 시도할지 모릅니다. 스스로에게 뭔가 다른 이야기, 좀더 생산적인 이야기를 하도록 배우는 것입니다. 하지만 기독교에서 가르치는 치유의 방법인 용서가 실제로 진정한 원칙이라면, 즉 인간 안에서 작동하도록 디자인된 합당한 법칙이라면, 심리학은 결코 효과적일 수가 없습니다. 또 그것이 만일 우리가 만들어진 원리라면, 용서하지 않는 것은 우리가 빌딩 밖으로 점프하는 것과 같이 중력의 법칙을 깨는 어떤 효과가 있을 것입니다. 그 효과는 때로 느리게 나타날 수도 있습니다. 하지만 곧 우리를 파괴하는 일들이 벌어질 것입니다. 감정적으로나 지적으로나 사회적으로나 신체적으로 말입니다.

그러므로 결론은 이렇습니다. 왜 대학들은 이러한 지성의 원칙을 수용하지 못하고, 하려고도 하지 않을까요? 서구 대학들의 부상은 사실 다양한 선택의 여지를 열어 주었습니다. 하지만 제가 경험하여 깨달은 바로는, 동시에 특정한 선택들에 대해서는 닫혀 있다는 것입니다. 제 학생들은 마르크스주의나 구조주의, 여성 해방주의, 문화 연구 등의 다양한 관점에서 정의에 대해 생각하고 선택할 여지를 가질지는 모릅니다. 하지만 기독교가 제안하는 방법에 대해서는 듣지 못합니다.

제가 하고 싶은 말은 이것입니다. 저는 거의 박사 과정에 있는 학생들만을 가르칩니다. 그들은 세계에 있는 최상위 학위를 취득하려고 합니다. 저는 그들이 잘 교육받기를 원합니다. 저는 그들이 어떤 문제에 직면했을 때 취할 수 있는 모든 범위의 철학적·이론적 선택을 다 알기 바랍니다. 저는 또한 그들이 철학적 사고의 역사적 맥락을 이해하기를 바랍니다. 또 다양한 세계관을 충분히 숙고하기를 바랍니다. 그래서 다양한 경제적·정치적·사회적·과학적·종교적·심리적 준거의 틀을 통해 교육의 문제를 바라보기를 원합니다.

저는 여러분들에게도 동일한 바람을 갖습니다. 만일 여러분이 저처럼 사십 대가 되어서야 이런 문제들을 고려해 본다면 그것은 스스로에게 빚을 지는 것이라 생각합니다. 저는 여러분이 다른 선택들도 찾아보기를 권합니다. 여러분들이 어떤 선택을 해 왔는지를 충분히 인지하고 그 결과가 무엇인지를 인식하기를 원합니다. 그리고 그중 현실에 가장 잘 부합하는 것을 선택하십시오. 테레사 수녀님은 제게, 무엇을 믿는지 무엇을 그리고 믿지 않는지가 어마어마한 차이를 만들어 낸다는 것을 가르쳐 주셨습니다.

질의 응답

질문자 1 비그리스도인도 사회정의를 위한 일을 합니다. 테레사 수녀의 일을 특별하게 만드는 것이 무엇인가요? 예수님을 추종하지 않고도 그녀와 같은 일을 할 수 있지 않을까요?

포플린 정말 좋은 질문입니다. 많은 사람들이 아마 그 질문을 가장 먼저 떠올렸을 것입니다. 저는 캘커타에 겨우 두 달 있었습니다. 하지만 테레사 수녀님이 달랐던 점은, 하나님이 실제로 그분을 통해 일하셨다는 점일 것 같습니다. 기도하는 삶을 통해, 테레사 수녀를 비롯한 수녀님들은 그들이 하고 있는 일에 대해 매우 평안하고 만족스러워했습니다. 제 생각에 그분들의 일은 아마 대단히 단조롭고 고된 일이었을 것이고, 얼마 지나지 않아 인내심이 바닥났을 것입니다. 저희 대학에서는 대학원생들을 위한 다양한 프로젝트가 있고 학생들을 위한 봉사 학습 프로젝트들이 있습니다. 하지만 초기의 열정이 사라지고 나면 그들을 계속 참여하도록 할 방법이 아무것도 없다는 점을 발견했습니다.

테레사 수녀에게 그 일은 그들의 사역의 근본이 된 성경 말씀을 성취하는 방편입니다. 사랑의선교 수녀회는 예수님이 제자들에게 하신 말씀이 기록된 성경에 기반을 두고 있습니다. "내가 주릴 때에 너희가 먹을 것을 주었고, 목마를 때에 마시게 하였고, 나그네 되었을 때에 영접하였고, 헐벗었을 때에 옷을 입혔고 병들었을 때에 돌보았고 옥에 갇혔을 때에 와서 보았느니라"(마 25:35-36). 그러자 제자들이 그에게 말합니다. "주여, 우리가 어느 때에 그렇게 하였나이까?" 그러자 예수님이 대답하십니다. "너희가 여기 내 형제 중에 지극히 작은 자 하나에게 한 것이 곧 내게 한 것이니라." 사랑의선교 수녀회가 가진 주요 동기는 일반적인 것과는 조금 다릅니다. 저는 성령의 힘이 그들을 통해 일하시며 그들이 프로젝트에 신실할 수 있도록 지키신다고 믿고 있습니다. 또한 그들이 그 일에 대해 언제나 열성적일 수 있도록 도우십니다. 그것이 제 경험한 바입니다. 저도 수녀들과 같은 일을 할 수는 있을 것입니다. 하지만 저의 내적인 본질은 그들과 같지 않았을 것입니다.

C. S. 루이스가 한 말이 여기에서 대단히 유익합니다. 그는 「순전한 기독교」에서 그리스도인이 그렇지 않은 사람들보다 '더 나은' 사람이라고 말할 수 없을 거라고 했습니다. 하지만 진정으로 그리스도에게 나아온 사람들은 모두, 그러지 않았던 자신들보다는 더 나은 사람일 거라고 했습니다. 물론 누구라도 사회정의를 위해 일할 수 있습니다. 누구라도 원한다면 말입니다. 그런 사례는 언제든지 볼 수 있습니다.

질문자 2 우리의 캘커타는 여기 대학에 있습니다. 교수님이 주신 교훈을 우리가 이 대학에서 어떻게 적용할 수 있을까요?

포플린 좋습니다. 제가 드릴 대답은 어쩌면 학생이 질문한 것과 조금 다를지 모르겠습니다. 하지만 학생의 질문으로 제가 이해한 것은 여기 대학에 있는 동안 학생의 캘커타라 할 수 있는 인생의 목적을 어떻게 찾을 수 있는가 하는 것입니다. 만일 제가 학생의 질문을 잘못 이해했다면 말씀해 주십시오.

솔직히 저도 젊은 시절 제 삶의 목적이 무엇인지를 잘 몰랐습니다. 제 앞에 놓인 기회들을 주위가며 좌충우돌하였던 것 같습니다. 교수가 될 거라는 생각은 해 본 적이 없었습니다. 이 길은 제가 계획하거나 추구했던 것이 아니었습니다. 하지만 정말로 자신의 삶의 목적을 알기 원한다면, 몇 가지 주의를 기울여야 할 것들에 대해 말씀드리겠습니다.

그중 하나는 자신의 재능을 구체적으로 표현해 보는 것입니다. 자신만이 가진 특별한 기술이나 정말로 잘하는 것이 무엇입니까? 그것이 무엇인지를 말해 줄 사람들도 많이 있습니다. 여러분의 부모님들은 아마도 이미 여러분에게 그것이 무엇인지 알려 주셨을 것입니다. 하지만 스스로에게 묻기 시작해 보십시오. 내가 정말로 잘하는 것은 무엇인가? 여러분 중 대다수가 한두 가지 정도는 알고 계실 것입니다.

두 번째로, 아마 이것이 가장 중요한 점일 텐데요, 여러분의 마음이 원하는 것이 무엇입니까? 여기 동양의 종교와 유대-기독교 종교의 가장 큰 차이점이 있습니다. 유대-기독교에서 하나님은 여러분과 관계를 맺기 원하시고 마음의 원함을 주기를 바라십니다. 그래서 그는 여러분이 그 마음의 소원이 무엇인지를 **알기**를 원하시고, 알 수 있도록 돕기를 원하십니다.

동양의 종교는 마음의 소원을 포기하라고 가르칩니다. 왜냐하면 동양 종교는 시련과 고통을 피하기 위해 노력하기 때문입니다. 부처는 시련과 고통은 마음의 욕망 때문에 온다고 믿었습니다. 따라서 욕망을 포기하면, 우리는 시련을 당할 일도 없습니다. 왜냐하면 잃을 것이 아무것도 없기 때문입니다. 유대-기독교에서는 목적을 위해 고난을 받습니다. 고난은 구원에 이르는 길이기도 하고, 교훈적이며, 우리의 성품을 성장시킵니다. 그래서 우리는 마음의 소원, 즉 목적을 깨달을 필요가 있습니다. 삶의 목적을 이뤄가는 과정은 기쁨을 줄 것입니다. 하지만 거기에는 시련도 따를 것입니다.

다음으로, 저라면 세상에서 나를 슬프게 하는 것이 무엇인지에 대해서도 관심을 가질 것입니다. 제 생각에 우리 중 다수가 사회정의에 관한 특정한 이슈에 끌립니다. 다른 사람들에게 봉사하고 정의를 구현할 수 있는 방법은 많습니다. 제가 최근 연구하고 있는 주제는, 로스앤젤레스의 가장 빈곤한 지역에 있는, 낮은 학업 성취도를 보이는 학교에서 일하는 유망한 교사들에 관한 것입니다. 저는 이 교사들이 참으로 어려운 상황에 있는 아이들을 가르치는 데 진정으로 헌신하고 있다고 생각합니다. 이 선생님들은 과거에는 결코 닥쳐 본 적 없는 어려움으로 스스로를 밀어넣고 있습니다.

제 경우와 마찬가지로, 때로는 삶의 위기가 삶의 목적을 드러내는 계기로 작용하기도 합니다. 따라서 여러분의 소명을 드러내는 것이 항상 좋게 느껴지기만 하는 것은 아닙니다. 때로는 참으로 아플 때가 있습니다. 캘커타에 찾아간 것처럼 말입니다. 제 생각에 테레사 수녀가 삶의 목적을 캘커타로 비유한 것이 바로 이 이유인 것 같습니다. 수녀님은 캘커타는 매우 사랑하기도 했고, 동시에 캘커타는 대단히 어려운 곳이었습니다. 여러분의 소명은 쉽지 않을 것입니다. 하지만 그것을 회피하는 것으로 행복해지지는 않을 것입니다.

질문자 3 교수님의 학문적 방향은 어떻게 바뀐 것인가요? 극단적인 페미니즘에 대한 교수님의 생각과 교수 내용과 방법은 어떻게 바뀌었나요?

포플린 제 학문적 방향이요, 이것은 좀 쉽게 대답할 수 있을 것 같습니다. 기본적으로 저는 제가 선호하는 이론이나 철학을 골라내기를 그만 두었습니다. 대신 가난한 아이들이 가장 잘 교육받고 있는 곳을 찾아내기 위해 노력합니다. 그리고 그곳의 선생님들이 무엇을 하는지를 살펴봅니다. 다시 말해 제 연구를 이론적으로 해내려는 노력을 그만두고, 현장에서부터 연구하기 시작한 것입니다. 이것은 테레사 수녀가 제게 준 영향 가운데 하나이기도 합니다. 테레사 수녀에게 모든 사역은 사람에 관한 것입니다. "바로 그 사람, 그 사람, 그 사람." 수녀님은 늘 그렇게 말씀하곤 하셨습니다. 매우 실용적이고 깊이 있는 방법입니다. 그래서 저는 현장을 연구하는 것을 제 학문의 방법론으로 삼기로 하였고, 그 렌즈를 통해 가난한 이들의 교육을 살피기 시작했습니다.

페미니즘에 대해 말씀드리겠습니다. 이 부분에 대해서는 제가 완전히 정립을 했는지는 잘 모르겠습니다. 하지만 제가 현재 이해하고 있는 바는 이렇습니다. 저는 이제 독실한 그리스도인들은 소위 이 '이즘'(ism)을 얼마나 거부하는지 알아차리기 시작했습니다. 저는 제가 하도록 부르심을 받은 일을 하는 데 더 많은 관심을 갖기 시작했습니다. 제 앞에 닫힌 문을 계속해서 두드리기보다는 말입니다. 이런 변화는 이렇게 이해해 볼 수 있다고 생각합니다. 저는 여자입니다. 예수님이 여자에게 말을 하셨습니다. 성경에 기록된 예수님의 대화 중 가장 긴 것이 사마리아인이자 커다란 죄인이었던(이 점이 제 마음을 편하게 했습니다) 한 여자와 나눈 대화입니다. 저는 제 삶의 목적이 무엇인지를 들여다보는 데 더 많은 힘을 쏟고 있습니다. 제가 무엇을 하도록 부름받았고 어떤 기회들이 있는가를 보는 데 더 열중합니다. 그러다보니 '이즘'은 자연히 희미해져 버렸습니다. 테레사 수녀나 존 리베라 그리고 제가 알게 된 다른 사람들의 경우도 마찬가지라고 생각합니다.

그리고 제 강의가 어떻게 달라졌는지를 질문하셨지요? 글쎄요, 최근 제가 진정으로 문제삼는 것은 학생들에게 그들의 선택의 범위가 넓다는 것을 알려주는 것입니다. 그래서 저는 학생들에게, 교육에서부터 비평 이론, 자유주의적 인본주의, 페미니즘 심지어 고대 그리스 전통까지 가르칩니다. 또한 저는 유대-기독교 전통과, 저와 학생들이 아는 그 외의 사고방식과 세계관에 대해 가르칩니다. 저는 사람들이 최대한 폭넓게 교육을 받아야 한다고 믿고 있습니다. 제가 보기에, 대학에서 그 이유가 무엇이든지 간에 어떤 세계관이 배제되는 것을 말이 안 된다고 생각합니다. 모든 세계관은 신념에 대한 선언으로 시작됩니다. 기독교도 예외가 아닙니다.

질문자 4 기독교는 어떤 목적을 위한 수단 아닌가요? 어려운 상황에 처한 사람들이 그것을 헤치고 나갈 수 있도록 돕는 거요. 따라서 꼭 기독교여야 하는 이유가 뭐죠? 다른 이념들도 그러한 목적을 위해 사용될 수 있지 않을까요? 그리고 테레사 수녀를 세속적인 인도주의자로 보는 것이 왜 잘못된 것인가요?

포플린 테레사 수녀를 세속적인 인도주의자로 보는 것이 잘못된 이유는, 그분은 세속적 인도주의자가 아니었기 때문입니다. 수녀님은 그런 사람이 아니었습니다. 세속적 인도주의자는, 사람이 자신의 의지력으로 선해질 수 있다고 믿습니다. 우리가 이런 생각을 해 온 지는 이미 몇 세기 정도 되었습니다. 그리고 우리는 인간으로서 외부의 어떤 다른 가치나 도덕적인 원칙 없이도 옳은 결정을 내리고 옳은 일을 할 수 있다고 믿습니다. 네, 그렇죠. 세속적 인도주의자인 사람들도 가난한 사람들을 돕습니다. 그중에는 정말 대단한 일을 하는 사람들도 있습니다.

제가 알게 된 것은 이것입니다. 아마 이것이 다음 질문이었던, "다른 이념들도 그렇게 할 수 있지 않겠느냐?"에 대한 답이 될 것 같습니다. 저는 참으로 많은 이념들을 시도해 보았습니다. 그런데 제가 깨달은 것은, 저는 정말 그 순간의 삶에 몰입했고 어떤 이념이든 제가 하고자 하는 것에 들어맞는 것을 선택했다는 것입니다. 솔직히 말하면 그랬습니다. 제가 도덕적 준거 틀을 바꾸었던 것은 그때그때마다 무엇을 하고 싶은지에 달렸던 것입니다. 거기에는 유부남과 관계를 갖는 것, 낙태를 하는 것, 지금으로서는 하지 않을 온갖 종류의 것들이 포함되어 있었습니다. 하지만 그중 어떤 이념들도, 제가 당시에는 대단히 충성되게 따랐을지언정 대단한 힘을 가지고 있지는 않았습니다.

보십시오. 영적 현실이 존재합니다! 저는 자연주의자가 아닙니다. 영적 현실은 분명히 존재합니다. 이 세계에는 언제나 영적인 상호 작용이 일어납니다. 영적인 움직임은 지금 이 순간에도 일어납니다. 영적인 영역에서 일어나는 일들이 분명히 우리들에게 영향을 미칩니다. 이것이 이제 제가 믿고 있는 것입니다. 이 지구상에서 가장 강력한 힘은 성령입니다. 예수님이 가장 강력한 모범이었고, 예수님을 통해 우리는 성령으로 채워지고 인도함을 받습니다.

그래서 우리는 각자 도덕적 틀을 가지고 있으며 다른 도덕적 틀보다는 우월하다고 믿는 지침을 따르게 됩니다. 그리스도 앞에 나가기 전에 저는 제 안에 있는 헛된 것들을 제대로 다루지 못했습니다. 그것들을 없애야 할 이유도 없었기 때문입니다. 그래서 저는 그것들이 존재하지 않는다고 여기며 모른 척했습니다. 저는 이성적으로 합리화해야 했습니다.

예를 하나 들어 드리겠습니다. 대단히 사적인 예입니다. 예수님께 나왔을 때 저는 이미 두 번의 낙태를 한 상태였습니다. 예수님을 받아들이고 나서 저는 이 사실에 탄식하고 슬퍼하기 시작했습니다. 기회가 있을 때마다, 제가 어디에 있든, 수도원에 있든, 교회에 있든, 집에 있든 어디에서라도 몇 번이고 되풀이하여 회개했습니다. 성경에 그렇게 써 있었기 때문입니다. 네 죄를 회개하라, 하나님께서 너를 용서하시고, 네 불의에서 너를 씻기시리라. 여기에서 불의란 죄를 짓게 만드는 경향과 동기를 말합니다.

인도에서 돌아 온 후 저는 수도원에 들어갔고, 거기에서 테레사 수녀에 관한 영화를 보았습니다. 함께 본 사람들은 카드에 용서받기 원하는 것들, 우리가 용서해야 할 사람들에 대해 쓰기로 했습니다. 그리고 그날 밤 예배에서 그 카드들을 태우기로 했습니다. 마치 주님께 드린 봉헌물처럼, 그 기도들을 불로 올려 드리는 것입니다. 저는 낙태를 포함하여 생각나는 모든 죄를 카드에 다 적었습니다. 그리고 그날 오후 강가를 따라 산책을 했습니다. 그때 제 영혼에 목소리가 들리는 것을 느꼈습니다. 여러분이 이런 목소리를 들어 본 적이 없다면 이것을 어떻게 묘사해야 할지 모르겠습니다. 우리 영혼에는 많은 목소리가 있을 수 있습니다. 하지만 저는 그것이 선하고 진실된, 주님의 목소리였음을 확신합니다. 제가 들은 목소리는 매우 단단하고 확고한 목소리였습니다.

그 목소리가 제게 말했습니다. "네가 누구길래 내가 용서한 사람을 용서하지 못하느냐?" 그래서 카드에 이름을 쓰지 않은 사람이 있는지를 생각해 보았습니다. 그리고 좀더 걸었는데, 똑같은 목소리가 다시 한 번 들렸습니다. "네가 누구길래 내가 용서한 사람을 용서하지 못하느냐?" 그리고 세 번째 같은 목소리가 들리자 저는 땅바닥에 무릎을 꿇고 말했습니다. "주님께서 무슨 말씀을 하시는지 모르겠습니다." 그러고 나서 저는 다음의 목소리를 들었습니다. "나는 네가 처음 용서를 구하였을 때 너를 용서했다. 다시 같은 것을 구하지 않기를 바란다."

인간적인 사고와 입장을 버린다는 것은 매우 어려운 일입니다. 제가 그토록 수없이 회개한 것은 어떻게든 제 노력으로 그 죄를 씻으려 했기 때문입니다. 해가 가도록, 새로운 순간을 맞이할 때마다, 저는 그 죄에서 벗어날 방법을 찾기 위해 회개하고 있었던 것입니다. 하나님은 그저 그 죄를 용서하시고 저를 치유하기 바라셨는데 말입니다. 제가 그 죄를 놓지 않았기 때문에 주님은 저를 치유할 수 없었습니다. 저는 주님이 제 죄를 가져가시도록 내버려두지도 않았던 것입니다. 그러니 치유의 과정은 시작될 수도 없었습니다. 하나님은 언제나 우리 죄를 사하시고 그 죄에서 우리를 치유하고자 하시지만 우리가 그것을 허용하지 않는 것입니다.

저는 다른 어떤 세계관도 우리가 이렇게까지 자신에게 솔직해지도록 허용하는 힘은 없다고 믿습니다. 이 정도의 정직을 요구하는 세계관은 없습니다. 대부분은 이성적으로 합리화해 버리거나 잊어버리려 합니다. '나만 그런가? 다른 사람들도 다 마찬가지야.' 또는 '나보다 더한 사람들도 있는데 뭘.' 우리는 이런 합리화에 익숙해져 있습니다. 그리고 우리는 점점 경직된 사람이 되어갑니다. 진정한 자아를 찾기보다는 점점 더 본연의 모습에서 멀어집니다. 저는 인정합니다. 저는 대부분의 사람들보다 훨씬 더 못된 사람이었습니다. 제가 한 일을 생각해 보면 말입니다. 그래서 저는 제가 살아 있는 것만으로도 기적이라고 생각합니다. 진심입니다.

저는 항상 저 자신일 수 있는 곳을 찾아 헤맸습니다. 저는 진실된 곳을 찾기를 바랐습니다. 제가 그리스도 안에서 찾은 것이 바로 그것입니다.

질문자 5 교수님은 어떻게 극단적인 사랑과 극단적인 용서를 이해하는 데 이르셨나요?

포플린 기독교 세계관 안에서 시작할 수 있는 최선의 방법은, 나 스스로는 진정으로 온전하게 용서하고 사랑할 수 없다는 것을 고백하는 것입니다. 하지만 우리는 그렇게 되기를 바라고 있습니다. 무언가 정말 중요한 것에 대해 진심으로 기도할 때, 저는 그저 하나님 앞에 어린아이같이 달려갑니다. 그리고 이렇게 말합니다. "제가 여기에 있습니다. 갓난아이와 같이. 저는 방법을 알지 못하니 저를 도와주시겠어요?"

제 생각에 극단적인 사랑과 용서는 그리스도께서 우리에게 주신 두 가지 명령에서 나옵니다. 우리는 그 두 번째 명령에 대해서는 이미 이야기했습니다. 세속적인 인도주의자들도 동의할 내용입니다. "네 이웃을 네 몸과 같이 사랑하라." 하지만 첫 번째 계명은 "네 마음을 다하고 목숨을 다하고 뜻을 다하여 주 너의 하나님을 사랑하라"(마 22:37)입니다. 저는 개인적으로 만일 첫 번째 계명을 지키지 않으면, 두 번째 계명을 온전히 지킬 수 없다고 생각합니다. 두 계명이 이러한 순서로 된 것은 이유가 있습니다.

진정한 용서는 정말 어렵습니다. 왜냐하면 원한을 품고 복수를 할 수 있는 권리를 스스로 포기하는 것이기 때문입니다. 여러분에게 잘못을 저지르거나 여러분에게 벌어진 일들을 용서하는 것을 말하고 있습니다. 제 생각에 여러분이 계속해야 하는 것은 그들을 계속해서 용서하는 것입니다. 먼저 머리에서부터, 그 다음에는 감정적으로 그리고 결국에는 마음으로 그들을 용서해야 합니다. 그리고 주님께 도와달라고 구하십시오. 용서에 관해 쓴 좋은 책들이 많이 있습니다. 특히 R. T. 켄달(Kendall)의 「완전한 용서」(*Total Forgiveness*, 죠이선교회)가 좋습니다. 하지만 여러분이 해야 할 것은 계속해서 포기하고 용서하는 것입니다. 용서하지 못하는 마음 상태를 계속 유지하는 것을 원치 않고 있음을 깨달아야 합니다. 용서하지 못하는 것은 우리 삶의 독입니다. 우리에게 상처를 준 것들에 대해 용서하지 못하는 것은 결국 우리에게 또 다른 덫으로 남습니다. 그러니 계속해서 자백하십시오. 계속해서 포기하시고, 여러분이 용서해야 하는 사람들을 위해 기도하고 축복하려고 노력하십시오. 그들도 실제로 어떤 축복을 받게 될 것입니다. 그리고 여러분은 이것이 하나님의 은혜로 된 일임을 발견하게 될 것입니다. 그러면 마침내 느끼게 될 것입니다. 여러분을 걸려 넘어지게 하는 덫으로부터 자유로워졌다는 것을 말입니다.

질문자 6 교수님은 하나님이 그를 믿지 않는 이들도 용서하고 인도하신다고 생각하십니까?

포플린 글쎄요. 저는 하나님이 아닙니다. 그러니 잘 모르겠습니다. 하지만 저는 하나님이 사람들에게 수없이 많은 기회를 주신다고 믿고 있습니다. 죽는 그 순간에도 말이죠. 어쩌면 우리가 죽은 후에도 그럴지 모릅니다. 결국 우리가 생의 끝에 이르러 좀더 위대한 것을 찾고 그 위대한 것이 있다는 것을 발견하게 되기를 희망합니다. 그리고 저는 '마지막 순간이 곧 새로운 시작이다'라고 믿습니다. 사람들은 죽는 순간에 자기 죄를 고백하기도 합니다. 저는 하나님이 무엇을 하시는지, 그것들을 어떻게 하시는지 모릅니다. 하지만 주님은 아무도 멸망하기를 원치 않는다고 말씀하셨습니다.

하지만 제가 그분에 대해 아는 바를 말씀드리겠습니다. 저는 마침내 그분이 우리를 사랑하신다는 사실을 알게 되었습니다. 이 깨달음은 테레사 수녀를 통해 얻게 된 것입니다. 하나님은 우리가 상상할 수조차 없는 방법과 크기로 우리를 사랑하십니다. 하나님이 우리를 얼마나 사랑하시는지, 우리를 얼마나 잘 알고 계시는지를 알 수 있는 사람은 절대로 없습니다. 하나님은 우리의 머리카락 수까지도 알고 계신다고 했습니다. 그분은 우리의 삶을 위한 선한 계획을 알고 계시며, 지금까지 우리에게 벌어진 모든 일들이 그 계획에 어떻게 유익이 될 것인지도 알고 계십니다. 또한 우리를 정말 힘들게 한 모든 시련들까지 포함해서 그 모든 것들이 어떻게 우리의 성품을 이루었는지도 알고 계십니다. 그 모든 것들이 성품의 일부를 구성해 우리가 부름받은 삶의 목적들을 이루도록 이끕니다. 저는 방금 그 질문에 대한 답은 모른다고 대답해야 할 것 같습니다. 제가 아는 전부는 하나님이 우리를 우리가 상상조차 할 수 없을 만큼 사랑하신다는 것입니다.

마지막으로 말씀드리고 싶은 것은 테레사 수녀가 "영혼의 어두운 밤"이라고 표현하는 것입니다. 여러분 중에 이 내용을 읽어 보신 분도 있을 텐데요, 어떤 이들은 이것이 의심이라고 말합니다. 하지만 수녀님은 결코 의심하지 않았습니다. 이것은 수천 년 동안 수많은 사람들이 마지막 순간에 가졌던 신비로운 이상입니다. 십자가의 요한이 이것을 매우 자세하게 설명했습니다. 십자가의 요한은 1500년대에 "영혼의 어두운 밤"에 관해 썼습니다. 그가 말하길, 우리가 이러한 밤을 지날 때 우리는 하나님에 대한 깊은 갈망을 경험한다고 했습니다. 이 경험을 통해 하나님은 우리에게 신성한 사랑을 주십니다. 저는 테레사 수녀에게도 이러한 일이 벌어졌다고 생각합니다. 수녀님은 그저 아가페적인 사랑이나 에로스적인 사랑을 경험한 것이 아닙니다. 그 이상을 경험하셨을 것입니다. 세계 곳곳에서 수많은 사람들이 수녀님을 만져 보기라도 하고 혹은 그녀의 손길이 자신이나 아직 태중에 있는 아이에게 닿기를 바라며 찾아옵니다. 혹은 그저 가까이라도 있어 보기를 바랍니다. 저도 수녀님 가까이에 있어 보았는데 참으로 놀라운 느낌이었습니다. 듣기에 참 이상하겠지만 제가 그곳에 있었을 때 때때로 사람들은 교회 밖으로 나와 모두 고개를 숙이고 수녀님이 쓰다듬어 주기를 기다리곤 했었습니다. 모두 동시에, 같은 날에 말입니다. 하지만 하나님이 주시는 신성한 사랑은 아마 아무도 상상할 수 없을 것입니다. 수녀님이나 우리들은 그저 그것에 가까이 다가가고자 할 뿐입니다.

테레사 수녀님의 말씀을 인용하며 오늘 강연을 마무리하겠습니다. 아마 그분의 사역을 가장 잘 설명하는 말씀이 아닐까 싶습니다. "우리, 사랑의선교 수녀회는 가장 가난한 사람들을 대신하여 사랑과 기도와 희생으로 세상을 공격합니다. 그래서 이 세상을 사랑으로 정복하고자 합니다. 그리고 모든 이들의 마음에 하나님의 사랑과 하나님이 이 세상을 얼마나 사랑했는지에 대한 증거를 심어 주고자 합니다."

이것이 극단적인 사랑입니다. 테레사 수녀는 이런 분이셨습니다.

로날드 사이더 Ronald J. Sider
팔머 신학교에서 신학과 총체적 사역 그리고 공공 정책에 관해 가르치는 교수이자 '사회 운동에 참여하는 복음주의자'(Evangelicals for Social Action)의 대표다. 각종 강연과 저술 활동을 통해 그리스도인들이 사회정의를 위해 행동해야 한다고 끊임없이 주장하고 있으며 대표 저서로 「가난한 시대를 사는 부유한 그리스도인」(*Rich Christian in an Age of Hunger*, IVP)이 있다.
사진 ⓒ 오베드 아란고(Obed Arango)

14. 전인적 인간을 위한 총체적 복음

하버드 대학 베리타스 포럼, 1995

대학을 다니던 무렵, 저는 기독교의 진리성에 관해 많은 의문과 의구심을 가졌습니다. 지금도 여전히 그러한 질문들과 씨름하고 있습니다. 하지만 지금은 다른 차원의 의문입니다. 저는 한 가지를 제외하고는 기초적인 의문점들에 대해 대체로 해결을 보았습니다. 하지만 여전히 기독교의 진리성을 의심하도록 저를 괴롭히는 본질적인 의문이 무엇인지 아십니까?

그것은 교회입니다. 스스로 그리스도인이라고 말하는 수많은 사람들이 자신들이 말하고 있는 것처럼 사는 것 같지 않다는 사실이 저를 괴롭힙니다. 교회 출석률을 들여다보고, 자신을 그리스도인이라고 분류하는 사람들의 수를 살펴보면, 미국은 아마 지구상에서 가장 기독교화된 국가일 것입니다. 미국 국민의 45-50퍼센트 가량이 매주 일요일 아침 교회에 갑니다. 갤럽의 조사에 따르면 응답자의 80퍼센트 이상이 그리스도인이라고 대답한다고 합니다.

하지만 그런 응답자의 상당수가 교회에 출석하는 사람들이 결혼 서약을 지키거나 가난한 사람들을 위해 사회정의를 추구하거나 환경을 보호하거나 인종주의에 저항하는 데 다른 사람들보다 더 기여하는 것 같지는 않습니다. 어떻게 지구상에서 가장 많은 그리스도인이 사는 국가가 가장 높은 수감자 비율을 보이고, 인류 역사상 가장 높은 이혼율을 보이고 있는 것일까요? 우리 아이들의 절반 가량이 결손 가정에서 자랍니다. 우리는 우리 아이들에게 인류 역사상 그 어떤 사회도 행한 적 없는 일들을 자행하고 있는 것입니다.

이것이 저를 괴롭히는 점들입니다. 이것이 바로 제 마음에 의심을 불러일으키는 문제들입니다. 저는 하나님의 존재라든지, 예수님이 사흘 만에 부활하신 것 같은 문제에 대해서는 확고하고 이성적인 답변들을 찾았습니다. 과거에는 과연 이처럼 과학이 발달한 현대 사회에서 어떤 정직한 지성이, 그리스도인들이 세기를 걸쳐 주장해 온 것처럼 목수였던 예수가 죽었다가 다시 살아났다는 것을 진정으로 믿을 수 있을까 의심했었습니다.

하지만 저는 역사가입니다. 저는 역사학으로 학위를 받았습니다. 그래서 저는 역사적 증거들을 면밀하게 검토했습니다. 물론 처음부터 기적이 벌어질 수 없다는 가정하에 검토를 시작한다면 아무리 많은 양의 증거가 있다고 해도 초기의 편견을 극복할 수 없습니다. 하지만 열린 마음을 가지고 예수님의 생애와 죽음, 그리고 부활의 역사적 증거들을 검토해 보면 가장 보수적인 역사가라 할지라도 예수는 실제로 사흘 만에 부활했다는 결론에 이르게 됩니다.

그 역사적 증거들이 매우 강력하기 때문에 오늘날 가장 영향력 있는 독일 신학자인 볼프하르트 판넨베르크는 아무도 예수님이 살아났다는 주장에 의문을 제기할 수 없다고 했습니다. 하지만 두 가지 이유 때문에 그 사실을 받아들이기를 꺼린다는 것입니다. 첫째, 이것은 너무나 이례적인 일이기 때문입니다. 여기에는 이론의 여지가 없습니다. 죽은 사람은 죽은 상태로 있기 마련이니까요. 둘째는, 만일 우리가 그것이 사실이라고 믿는다면, 우리는 살아가는 방식을 바꾸어야 하기 때문입니다. 예수 그리스도는 우리 사회의 가장 골치 아픈 문제들에 대한 해결책이 될 수 있습니다. 어리석고 피상적인 길이 아니라 진정으로 성경적이고 역사적인 그리스도로서 말입니다.

문제는 많은 그리스도인들이 기독교 신앙에 대해 매우 편협한 이해를 하고 있다는 점입니다. 그래서 오늘날 일부 그리스도인들은, 가장 우선적으로 우리가 해야 하는 일은 다른 안 믿는 사람들을 그리스도에게 인도하는 것뿐이라는 것입니다. 또 일부는 사회정의를 위해 일하는 것을 가장 우선시해야 한다고 생각합니다. 물론 실상은 대부분의 그리스도인들은 두 가지 중 그 어떤 것도 하고 있지 않습니다. 그저 교회라는 건물을 유지하고 친목 클럽을 유지하고 있을 뿐입니다.

변화의 이야기들

두 가지 이야기를 해 드리겠습니다. 1979년 저는 남아프리카 공화국에 있었습니다. 저는, 백인이며 영어를 사용하는 사람들과 백인이며 아프리카어를 사용하는 사람들 그리고 유색인과 흑인으로 나뉘어진 대학 전도 운동에 참여하고 있는 사람들과 이야기할 기회가 있었습니다. 제가 이야기를 나눈 집단은 백인이며 영어를 쓰는 그룹이었습니다. 물론 다른 인종 집단도 그 그룹에 참여하고 있기는 했었습니다. 저는 사흘 만에 부활하신 예수님과, 가난한 사람들을 위한 하나님의 긍휼 그리고 구조적인 사회 부정의 등에 대해 이야기했습니다. 거기에서 저는 제임스라는 청년을 만났습니다. 그는 그리스도인이 아니었습니다. 사실 그는 유대인이었습니다. 하지만 기독교에 신실한 이 그룹들에 대해 깊은 관심을 가지고 있었습니다. 우리는 몇 시간이고 대화를 나누었습니다. 또 그는 아파르트헤이트에 대한 저항에 깊이 연루되어 있었습니다. 그는 풀타임 학생이면서 동시에 풀타임 운동가였고, 제게 대단한 정치적 교훈을 주었습니다. 하루는 3시간의 대화 끝에 그가 말했습니다. "론 교수님, 저는 이제 지쳤습니다." 놀랄 일은 아니었습니다. 그는 열성을 다해 두 가지 직업 모두를 수행하고 있었으니까요

그가 말했습니다. "하나님은 제게, 이 컨퍼런스에 참석하면 제가 그 아들에 관한 무언가를 배우게 될 거라고 말씀하셨습니다."

이 말에 대해서는 제가 많이 놀랐으리라는 것을 상상하실 수 있겠지요? 저는 그를 바라보며 말했습니다. "자네도 알다시피 나는 예수님이 자네의 죄를 위해 십자가에 달려 돌아가셨다는 것을 믿네. 또 그가 자네를 위해 사흘 만에 부활했다는 사실도 말일세."

그가 말했습니다. "저 역시 전부 믿고 있습니다. 정말이에요."

하지만 뭔가 그를 괴롭히고 있는 문제가 있어 보였습니다. 곧 그가 말했습니다. "하지만 저는 제 주변의 백인 그리스도인들처럼 되고 싶지는 않아요. 그들은 천국에 대해 노래하고 예수님에 대해 이야기합니다. 하지만 그들은 남아공의 사회정의에 대해서는 신경 쓰지 않아요."

그는, 예수님께 나아가는 것은 곧 아파르트헤이트에 대한 그의 관심을 끊는 것이 될 거라고 생각하고 있었습니다. 제가 말했습니다. "세상에, 아닐세, 제임스. 예수님은 그 의지를 더 강하게 키우길 바라실 거야. 그분은 자네에게서 그 열심을 빼앗아 가시지 않아. 물론 그분의 방식으로 수행해야겠지. 하지만 나는 그 방법이 좀더 효과적일 거라고 확신하네."

그리고 이어서 말했습니다. "전혀 재촉하거나 할 마음은 없네. 하지만 자네가 기도하고 싶다면 기꺼이 함께 해주겠네."

그가 말했습니다. "그렇게 하겠습니다." 그래서 우리는 제 방으로 갔습니다. 그는 아름다운 기도를 올렸습니다. 자신의 죄를 고백했고, 예수 그리스도를 자신의 주인이자 구원자로 받아들였습니다.

그가 기도를 마치고 떠난 후, 저는 거울을 들여다보았습니다. 제 얼굴이 빛나고 있는 것을 보았습니다. 기도하는 동안 그의 얼굴도 빛나고 있었습니다. 정말입니다. 저는 너무 기뻐서 처음 얼마 동안은 그저 방을 돌며 하나님께 찬양하기만 하였습니다. 은사주의자처럼 했다는 것이 아닙니다. 만에 하나 이상하게 여기실 분들을 위해 말씀드립니다. 어쨌든 이 이야기는 전도와 사회 개혁 사이에 놓인 믿기지 않는 거리를 잘 그려 줍니다.

두 번째 이야기입니다. 몇 년이 지난 후 저는 미국교회자문위원회(National Council of Churches USA) 설립 30주년 기념회에서 강연자 중 하나로 서게 되었습니다. 제 강연을 하기에 앞서 어떤 강연들이 이루어지는지를 살펴보았습니다. 에큐메니컬과 관련된 주제에 대한 세미나는 열두 가지 정도가 있었습니다. 그리고 열다섯 개의 강연은 평화와 정의에 관한 것이었습니다. 그래서 저는 복음 전도와 문화적 나눔에 대한 강연을 찾아 보았습니다. 몇 가지나 있었는지 아십니까? 단 한 강연도 없었습니다.

두 가지 이야기 모두 각각의 단체를 온전하게 대변하는 사례라고 볼 수는 없을 것입니다. 하지만 그 이야기들은 비극적인 편협함을 드러냅니다. 저는 한 쪽으로 치우친 기독교가 사라지기를 바랍니다. 그래서 우리가 세상에 성경적이고 진정한 그리스도는 곧 우리 모든 문제의 해결책임을 보여 주게 되기를 희망합니다. 오늘날 그리스도인들 가운데 10퍼센트만 예수님이 명하신 방법대로 살아간다면, 우리는 향후 25년 내에 이 세계를 강력한 방법으로 변화시킬 수 있을 것입니다.

제 친구에 대해 이야기해 드리겠습니다. 웨인 고든(Wayne Gordon)이라는 친구입니다. 웨인은 미국 중서부 지방, 기독교 집안에서 자랐습니다. 그는 대략 18년간 거의 완벽한 주일학교 출석률을 보였습니다. 하지만 그는 그리스도가 어떤 분인지 인격적으로 알지 못했습니다. 교회 수련회가 있던 어느 주말, 그는 그리스도를 알게 되었고, 그의 마음을 주님께 온전히 내어 드렸습니다. 그때가 고등학교 2학년 때였습니다. 이틀 후 집에 돌아갔습니다. 한밤 중에 침대에 누워 기도하고 있었습니다. 그는 천정을 올려다보며 말했습니다. "하나님, 주님께서 제 삶에 원하시는 것이 있다면 무엇이든 하겠습니다."

그렇게 기도를 하자마자 그는 이런 말을 들은 것 같았습니다. "나는 네가 아프리카계 미국인들과 함께하기를 원한다. 흑인들 말이다."

그는 생각했습니다. "아프리카에서요?"

하나님이 말씀하셨습니다. "아니, 여기서."

그래서 아래층으로 내려가 부모님에게 말했습니다. "아빠, 엄마, 하나님이 제게 도심으로 가라고 하시는데요."

부모님들이 말했습니다. "좀 기다려 보렴. 조금 더 기다렸다가 할 수도 있잖니. 먼저 고등학교를 마치고, 대학도 졸업하고 말이다."

그래서 그는 그렇게 했습니다. 그리고 대학을 졸업한 후 그는 도시 한복판에서 일했습니다. 그는 시카고의 모든 흑인 지역과 관련을 맺었습니다. 축구 코치를 했고 교사 일도 하였습니다. 그는 학교 전체에서 바로 그 지역에 사는 유일한 선생님이었습니다. 그는 성경 공부 그룹을 만들기 시작했고 여가 활동 그룹도 만들었습니다. 그리고 축구팀에서 그가 코치하는 아이들과 함께 예수 그리스도에 대해 이야기했습니다. 아이들은 그리스도 안에서 인격적인 신앙을 갖기 시작했고, 그들이 온갖 종류의 어려움을 겪을 때 웨인이 함께했습니다.

이런저런 일이 있은 후, 그들은 곧 과외 프로그램을 시작했습니다. 의료 프로그램도 열었습니다. 그렇게 각종 사회 프로그램들이 활성화되었습니다. 오늘날 웨인은 수백만 달러 규모의 프로그램을 운영하고 있습니다. 그들의 의료 시설에는 스물한 명의 의사들이 상주하고 있습니다. 저소득층의 주거 지역을 재개발하는 데 수백만 달러를 들였습니다. 또 소규모 사업을 일으켜 도심에 경제적 기반도 마련했습니다. 아프리카계 미국인들과 지도자들이 그와 협력하여 이 사역을 통해 개척된 교회를 섬기고 있습니다. 이제 그 교회는 5백 명 가량이 출석하는 교회로 성장했고 흑인과 백인이 함께 사람들을 그리스도에게로 인도하며 이 모든 사역들을 감당하고 있습니다.

물론 사역은 언제나 호락호락하지만은 않았습니다. 웨인과 그의 아내 앤이 신혼 여행에서 돌아왔을 때 그들의 집은 파괴되어 있었습니다. 이후로 3년간 이런 일은 아홉 번이나 더 일어났습니다. 하지만 웨인은 하나님께 약속했었습니다. 하나님이 원하는 무엇이든 하겠다고 했습니다. 그리고 하나님은 웨인을 엄청난 사역을 일으키는 데 사용하셨습니다. 그 사역이 시카고 도심의 가장 중요한 지대를 변화시키고 있습니다. 웨인 고든과 같은 대답을 하는 사람 천 명과 하나님이 어떠한 일을 하실지 상상해 보십시오.

창조와 복음에 대한 잘못된 생각

왜 이런 사역은 점점 더 많아지지 않는 것일까요? 그 이유의 일부는 우리가 잘못된 신학적 생각을 가지고 있기 때문일 것입니다. 제 생각에 우리의 신학 가운데 크게 잘못된 것이 두 가지 있습니다. 바로 창조와 복음에 관한 것입니다.

저는 많은 교회들이 창조에 대해 온전히 성경적으로 이해하지 못한다고 생각합니다. 고대 그리스인들이 중요한 부분에서 우리를 잘못 인도했기 때문입니다. 플라톤은 물질적인 세계는 사악하다고 생각했습니다. 그리고 불행하게도 선한 영혼이 이 사악한 몸에 갇혀 있는 것입니다. 그러므로 이상적인 것은 이 선한 영혼이 몸에서 탈출하는 것입니다. 동양의 유일신 종교들은 물질 세계는 본질적으로 환영에 불과하다고 말합니다.

그러나 성경적인 믿음은 이와 전혀 다릅니다. 성경은 우리를 둘러싼 모든 물질적 세계는 유한하고 한계가 있으나, 매우 좋다고 했습니다. 왜냐하면 창조자의 손으로 지어졌기 때문입니다. 사실 물질적 세계인 우리의 몸은 너무나 소중하기 때문에 은하수의 창조자께서 육신을 입으셨습니다. 또한 진정한 하나님이자 진정한 인간인 예수 그리스도가 죽음에서 몸의 부활을 이루셨습니다. 이 물질적인 세계가 너무 소중하기 때문에, 로마서 8장 말씀대로, 그리스도가 다시 오실 때 탄식하던 피조물들이 썩어짐의 종 노릇한 데서 해방되어 하나님의 자녀들의 영광의 자유에 이르게 됩니다.

피조물에 대한 성경적인 관점은 환경을 보호해야 한다는 주장에 대한 강력한 기반이 됩니다. 인간 사회를 보살펴야 하는 주장에 대해서도 마찬가지입니다. 실제로 전적으로 성경적인, 피조물에 대한 이 관점은 우리가 직면한 여러 문제들을 해결하는 기반이 됩니다. 예수 그리스도를 역사의 주인으로 아는 것, 그리고 그가 지금도 일하시며 모든 피조물의 본래 모습을 회복시키기를 바라신다는 사실을 깨달을 필요가 있습니다.

또한 우리는 복음에 대해서도 좀더 성경적인 이해를 할 필요가 있습니다. 여러분에게 복음이 무엇이냐고 질문을 하면 많은 분들이 아마 죄사함이라고 답변할 것 같습니다. 혹은 신학 대학에 다니고 있는 사람이라면 오직 믿음으로 의롭다 여김을 받는 것이라고 대답할 것입니다. 죄사함은 복음의 대단히 중요한 일부인 것이 사실입니다. 예수 그리스도가 제 죄를 대신하여 십자가에 달려 죽지 않으셨다면 저는 결코 거룩한 하나님 앞에 설 수 없을 것입니다. 하지만 복음이 죄사함뿐이라면, 우리는 그저 예수 그리스도를 구주로 영접하여 천국에 가는 편도 티켓을 받은 후, 그저 과거와 똑같이 인종 차별을 하고 환경을 파괴하며, 그저 예전 모습 그대로 살아갈 것입니다.

예수님은 복음이 그 이상이라고 말씀하십니다. 복음서를 읽으면서, 예수님이 복음, 즉 기쁜 소식을 뭐라고 정의하시는지를 보셨습니까? 마가복음 1:14-15을 보면, 예수님의 모든 설교 요약이 나옵니다.

요한이 잡힌 후 예수께서 갈릴리에 오셔서 하나님의 복음을 전파하여 이르시되 [이것이 바로 복음의 정의입니다] 때가 찼고 하나님의 나라가 가까이 왔으니 회개하고 복음을 믿으라 하시더라.

예수님이 복음을 정의하실 때면 거의 언제나, 하나님 나라의 기쁜 소식이라고 정의하셨습니다. 이것이 대체 무슨 뜻일까요?

선지자들이 뭐라고 예언했는지를 기억하시나요? 그들은 이스라엘 사람들의 불의와 불순종을 넘어 시간을 뚫고 미래를 내다 보았습니다. 그리고 이렇게 말했습니다. "미래의 어느날에 메시아가 올 것이다. 메시아의 질서가 이 세상에 뚫고 들어올 것이다. 그리고 하나님은 자신과 세상의 관계를 새롭게 하실 것이다. 우리의 죄는 용서받을 것이고 그 계명이 우리의 마음에 새겨질 것이다. 또한 우리와 이웃과의 관계도 새롭게 하실 것이다. 수직적이고 수평적인 변화가 있을 것이다. 세상에는 평안과 정의 그리고 순결함이 있을 것이다."

그리고 예수님에게 나아와 그가 메시아임을 선포합니다. 예수님이 말씀하시길, 선지자 때부터 예언된 메시아적인 왕국이, 자기 자신을 통해 현재를 뚫고 들어왔다고 했습니다. 이 말씀은 선지자들을 예언했던 두 가지를 의미합니다. 먼저 수직적인 것입니다. 우리가 그의 왕국에 들어가는 방법은 그 어떤 선한 행위나 의로운 행위를 통해서가 아닙니다. 우리는 그의 왕국에 그저 은혜로 들어갑니다. 하나님은 죄인도 사랑하셨고, 우리 죄인들이 변화되기를 간절히 바라셨기 때문입니다.

하지만 하나님 나라의 복음에는 이 이상의 것이 있습니다. 예수님은 세상 가운데로 나아가 제자들, 즉 새로운 공동체를 부르십니다. 예수님은 홀로 떨어져 나온 고독한 선지자가 아니었습니다. 그는 새로운 사회를 형성했습니다. 이 새로운 사회가 다른 방식으로 살기 시작했습니다. 하나님 나라의 방법으로 살기 시작했습니다.

그들은 모든 측면에서 불의에 가득 찬 기존 사회에 도전했습니다. 그들은 영혼뿐 아니라 인간을 총체적으로 돌보았습니다.

예수님이 이 세상에서 악에 맞섰던 방식을 생각해 보십시오. 하나님 나라를 이제 막 알기 시작한 이들을 위해 그는 사악한 권세를 쫓아내고 사람들을 고치셨습니다. 그리고 예수님이 부자들에게 대응한 방법을 생각해 보십시오. 성경의 수많은 곳에서 가난한 이들에 대한 하나님의 특별한 관심에 대해 이야기합니다. 예를 들어 마태복음 25장을 보면, 만일 우리가 주린 자들을 먹이지 않고 벗은 자들을 입히지 않으면 우리는 살아 계신 하나님에게서 영원히 떨어지게 됩니다. 예수님은 또한 낙타가 바늘귀를 통과하는 것보다 부자가 화석

연료 사용을 그치는 것보다 더 쉽다고 말씀 하셨습니다. 말하자면 그렇다는 이야기입니다.

예수님이 약하고 소외된 이들에게 다가가셨던 방식을 생각해 보십시오. 당시 한센병 환자들이 어떤 취급을 받았는지를 아실 것입니다. 예수님이 활동하시던 시기, 사해 문서가 발견된 지역인 쿰란 지역에서는 유대인 중 절름발이나 소경, 장애인들은 모든 종교적 행사에서 배제되었습니다. 그 문서를 보면, 의인들이 모인 곳에는 장애인이나 소경, 절름발이는 들어올 수 없다고 기록되어 있습니다. 하지만 예수님은 제자들이 잔치를 벌일 때 뭐라고 말씀하셨습니까? 특히 절름발이와 소경, 장애인들을 초대하라고 했습니다. 예수님은 소외된 자들에게 손을 뻗치고 계십니다.

약자들을 향한 예수님의 사랑과 보살핌을 보여 주는 가장 강력한 사례를 찾으려면 예수님이 여성들을 어떻게 대하셨는지를 보면 됩니다. 예수님의 시기에 여자들은 남자와 전혀 동등하지 않았습니다. 아리스토텔레스는 여자를 기형적이거나 흉하게 만들어진 남자라고 말했습니다. 여성들은 노예나 어린 아이와 다를 바가 없었습니다. 예수님 사셨던 1세기 사람들은 여자에게 토라를 주느니 불에 태우는 것이 낫다고 할 정도였습니다. 또 만일 딸에게 토라, 즉 모세오경을 가르치는 것은 딸에게 호색 행위를 가르치는 것과 같다고 생각했습니다. 남자가 공공장소에서 여자와 함께 나타나는 것은 수치스러운 일이었고, 여자의 발언은 재판정에서 아무 쓸모가 없었습니다. 회당에서 회의를 할 때 여성은 정족수에 포함되지 않았습니다. 심지어 당시 남성들은 흔히 이런 기도를 드렸다고 합니다. "제가 이방인이 아닌 것을 하나님께 감사드립니다. 제가 노예가 아닌 것을 하나님께 감사드립니다. 제가 여자가 아닌 것을 하나님께 감사드립니다."

예수님은 이 모든 남성 중심의 편견을 깨셨습니다. 그는 공공장소에 여성과 함께 있었습니다. 다른 사람들과 함께 있는 곳에서 예수님은 막달라 마리아가 그의 발에 입맞추고 머리카락으로 그 발을 닦는 것을 내버려두셨습니다. 막달라 마리아는 전직 창녀였을 텐데 말입니다. 그 같은 행위가 어떤 격분을 일으켰을지 우리는 상상도 할 수 없습니다. 하지만 예수님은 여자들과 신학 이야기를 하셨고, 그들과 공공장소를 거닐었습니다. 그리고 마침내 여성들이 첫 부활의 증인이 되게 함으로써 그들을 높여 주었습니다. 저는 이것이 단순한 우연이 아니었다고 생각합니다. 제가 보기에 예수님은 성경적인 페미니스트였습니다.

예수님은 또 다른 방식으로 남자들을 불쾌하게 했습니다. 당시에는 남자가 부인을 버리는 일이 매우 흔하고 쉬웠습니다. 그저 이혼장 하나를 써주고 버리기 일쑤였습니다. 여성들은 동등한 권한이 없었습니다. 물론 오늘날 우리의 해결책은 여성에게도 동등한 권한을 부여하여 모두가 신속하게 이혼에 이를 수 있도록 하는 것입니다. 하지만 예수님의 해결책은 달랐습니다. 그는 한 남자와 한 여자가 일생 동안 혼인 서약 아래 함께 살도록 명하셨습니다.

예수님은 당시의 정치 지도자들에게도 이렇게 말씀하시며 도전합니다. "나는 섬기는 리더를 원한다."

또한 그는 폭력적인 혁명가들에게도 도전합니다. 열심당원들은 메시아가 오시면 온 나라가 무장 봉기할 거라고 했습니다. 하지만 예수님은 말씀하십니다. "아니, 나는 너희가 네 원수들조차 사랑하기를 원한다."

새 공동체로서의 복음

예수님은 당시 불의가 있던 모든 사회 분야에 도전했습니다. 따라서 예수님이 하나님 나라의 기쁜 소식으로서 복음을 이야기하실 때는 두 가지를 의미하게 됩니다. 분명히 예수님은, 그를 따르는 이들이 거룩한 하나님 나라에 받아들여진다는 의미에서 이야기하셨습니다. 하나님은 세상에서 방황하는 아들과 딸들을 용서해 주시기 원하시기 때문에 우리는 오직 은혜로 하나님 나라에 들어갈 수 있습니다.

하지만 예수님은 매우 중요한 두 번째 의미를 강조하기도 하십니다. 그는 급진적으로 새로운 종류의 공동체가 예수님의 가르침을 따라 살기로 작정한 용서받은 죄인들을 통해 실제로 가시화되고 구체화되어 간다는 의미로도 이야기하셨습니다. 그리고 이 공동체는, 예수님이 하셨던 것처럼 인간을 총체적으로 보살피고 사회의 잘못된 부분에 도전합니다. 간단히 말해 예수님을 모방하게 됩니다.

초대 교회가 전도 사역에 있어 그토록 성공적이었던 이유 중 하나는 바로 이 새로운 종류의 사회 때문이었습니다. 사람들은 이 새 공동체를 바라보며 하나님의 기적적인 능력이 친히 일하고 계심을 확인했습니다. 그 공동체에서는 남자와 여자, 유대인과 이방인 그리고 부자와 가난한 사람들이 함께 살며 서로를 존중하고 동등한 존재로 대합니다. 그래서 사람들은 어리둥절해합니다. 그리고 이렇게 질문합니다. "대체 무슨 일이 벌어지고 있는 거죠? 이에 대한 답변으로 사람들을 예수님에 대해 말합니다. 예수님이 바로 답이기 때문입니다. 에베소서 2-3장은 바로 이 점에 있어서 매우 흥미롭습니다. 에베소서 2장을 보면 유대인과 이방인 간에는 엄청난 거리가 있습니다. 그러나 십자가로 인해 두 집단 모두 하나님께 받아들여집니다. 이렇게 해서 고대 사회에 있었던 어마어마한 적대감, 가장 최악의 인종적 적대감이 예수님 안에서 극복됩니다. 예수님 안에서는 오직 새 사람만 있을 뿐입니다.

에베소서 3장은 계속해서 사도 바울이 설교했던 '비밀'에 대해 이야기합니다. 이 비밀은 무엇일까요? 6절은 이렇게 말합니다. 그 비밀이란, 이방인들이 복음으로 인해 그리스도 예수 안에서 함께 상속자가 되고, 함께 지체가 되고, 함께 약속에 참여하는 자가 되었다는 것입니다. 다시 말해 다인종적인 새로운 교회 공동체가 등장합니다. 유대인과 이방인이 서로를 받아들이고 그 극단적 적대심을 극복합니다. 이것이 바로 복음의 또 다른 일부입니다.

그렇다면 복음이란 무엇입니까? 복음은 단순한 죄사함이 아닙니다. 물론 감사하게도 죄사함 역시 복음에 포함되어 있습니다. 저는 죄인입니다. 그래서 십자가를 의지합니다. 하지만 복음은 그 이상입니다. 복음은 메시아의 왕국이 역사를 뚫고 현재로 들어왔다는 놀라운 소식이기도 합니다. 이제 성령의 권능으로 여러분과 저는 다르게 살 수 있습니다. 예수님의 새 공동체 안에서는 사회적·경제적·민족적·감정적인 옛 세상의 모든 상처와 부조리가 극복됩니다. 마태복음 9:35은 그것을 이렇게 요약합니다. "예수께서 모든 도시와 마을에 두루 다니사 그들의 회당에서 가르치시며, 천국 복음을 전파하시며, 모든 병과 모든 약한 것을 고치시니라."

가르치고, 복음을 전하고, 치유하기. 그것이 예수님의 생애였습니다. 또한 제가 소원하는 바이기도 합니다. 예수님은 인간을 총체적으로 보살피셨습니다. 예수님은 우리에게 필요한 것이 이 땅에서의 삶뿐이며, 이 땅에서 잘 살면 모든 것이 잘 될 거라고 말씀하지 않으셨습니다. 예수님은 우리가 하나님과 맺은 관계를 잃는 것이 온 세상을 잃는 것보다 더 나쁘다고 했습니다. 하지만 그는 결코, 우리 그리스도인들이 쉽게 내리는 결론을 내리지는 않았습니다. 오늘날 일부 그리스도인들은 이렇게 말합니다. "그 말은, 우리가 시간의 대부분을 전도 사역에만 주력해야 한다는 거야. 그리고 나서 만일 시간이 좀 남으면 가난한 이들을 돌보든가 해야지." 예수님은 결코 이런 결론을 내리지 않으셨습니다.

복음서를 보십시오. 예수님이 설교와 가르침 그리고 치유에 각각 할애한 비중을 보십시오. 예수님은 두 가지 모두에 주력하셨습니다. 예수님은 인간을 총체적으로 보살피셨습니다. 그가 우리의 유일한 완벽한 모범입니다. 우리도 예수님처럼 해야 합니다.

제임스 데니스는 저의 좋은 친구입니다. 11년 동안 저와 아내는 필라델피아 흑인 지역에 있는 도심 교회에 출석하였는데, 제임스와 저는 함께 그 교회의 장로로서 섬겼습니다. 아주 오래 전, 그는 매우 폭력적인 흑인 군인이었습니다. 그가 얼마 전에 해준 이야기인데, 만일 그가 저를 조금만 일찍 만났더라면 그는 저를 죽였을지도 모른다고 했습니다. 그가 저를 만나기 전 예수님을 만나서 너무 다행입니다. 그런데 그가 예수님을 만나기 전, 그는 결혼 생활에서 어려움을 겪고 있었습니다. 그는 알코올을 남용했고 결국 중범자가 되어 감옥에 갔습니다. 하나님께 감사하게도 그는 감옥에서 예수 그리스도를 알게 되었고 석방되었습니다. 이후에도 어려움이 있었지만 우리 교회의 제자 훈련 프로그램에 참여하게 되었고 하나님은 그의 인생을 새롭게 하셨습니다.

그의 가족은 다시 합치게 되었고, 그는 직업을 갖게 되었습니다. 집도 마련하게 되었습니다. 그는 언젠가 교도소의 교목이 되기를 희망하고 있습니다. 놀라운 변화가 아닐 수 없습니다. 그에게 필요했던 것이 그저 민주당의 것이든, 공화당의 것이든, 녹색당의 것이든 그를 교화시킬 정부 프로그램이었으라고 생각하는 사람이 있다면, 그의 필요를 제대로 이해하지 못한 것입니다. 그는 그 이상을 필요로 했습니다. 그는 예수 그리스도와의 살아 있는 관계를 필요로 했습니다. 예수 그리스도가 그의 총체적인 성품을 안에서부터 밖까지 모두 변화시킬 수 있기 때문입니다.

동시에 그에게 필요했던 것이, 학교 시스템이 작동하든 하지 않든, 좋은 직장을 갖고 안락한 주택을 소유할 수 있게 되든 아니든 거듭나는 것이 전부였다고 생각하는 사람이 있다면 그 역시 그의 필요를 제대로 이해하지 못한 것입니다. 그는 분명히 건전한 사회 질서가 필요했고, 예수 그리스도와의 살아 있는 관계도 필요했습니다. 영원한 말씀이 육신이 되신, 즉 말과 행위의 완벽한 조화인 예수님을 따른다고 주장하는 사람들이 삶에서는 그 두 가지를 분리시키는 것을 저는 이해할 수 없습니다.

이것이 바로 복음이라면, 여러분과 저는 어떻게 해야 할까요? 제가 말씀드린 것의 의미대로 살아간다면 얼마나 실제적인 삶을 살 수 있을까요?

총체적인 변증론

이제 제가 총체적인 변증론이라고 부르는 것에 대해 말씀드리겠습니다. 지금 여기, 우리가 있는 대학에서의 총체적인 변증론입니다. 그 말이 무엇을 의미하는지 말씀드리겠습니다.

우리 대학들이 지구상에 있는 가장 세속적인 곳이라는 데 다들 동의하시리라고 생각합니다. 이렇게 된 데는 계몽주의의 영향이 일부 있습니다. 그리고 일부는 그리스도인들의 위선과 철저한 실패의 영향입니다. 그렇다면 여기에 대해 우리는 어떻게 해야 할까요? 총체적인 변증론이 어떤 차이를 만들 수 있을까요?

제가 의미하는 바를 설명하기 위해 또 다른 이야기를 하나 해 드리겠습니다. 제가 가장 좋아하는 사역 가운데 하나가 바로 락 서클(Rock Circle)입니다. 저는 「물 한 모금, 생명의 떡」(Cup of Water, Bread of Life, IVP)에서 이 사역에 관해 폭넓게 이야기했습니다. 락 서클은 웨인 고든이 설립한 사역과 비슷한 것으로 역시 시카고를 중심으로 이루어지고 있습니다. 이 사역도 신실하고 재능 많은 백인과 흑인 리더십 팀에 의해 운영되고 있습니다. 그 사역이 시작된 것은, 마찬가지로 작은 마을 출신의 백인 청년 글렌 케레인(Glen Kehrein)이 도시로 가라는 부르심을 받고 무디성경연구소(Moody Bible Institute)에 가면서부터입니다. 그는 의료 진료 사역, 법률 지원 사역, 방과후 교육 등 다양한 사역들을 천천히 개발합니다.

하지만 그는 전도와 사회 개혁이 통합된 사역을 하기로 굳게 마음먹었음에도 불구하고 사역을 시작한 지 약 10년이 지난 후, 자신이 하고 있는 일은 거의 전적으로 사회 운동임을 깨달았습니다. 프로그램에 참여한 사람들도 그다지 변화되지 않았고 그가 만들어 내는 변화들은 그다지 장기적인 것이 아니었습니다.

그때 하나님은 글렌의 락 서클 사역에, 랄리 워싱턴(Raleigh Washington)

을 보내셨습니다. 랄리는 전직 직업 군인으로 인종 차별 때문에, 20년간의 연금을 받을 자격이 생기는 바로 전날 해고되었습니다. 그는 그런 일이 있기 몇 해 전 예수님을 믿게 되었는데요, 해고된 후에는 신학교에 갔고 거기서 글렌을 만나게 됩니다. 둘은 두터운 친분을 쌓게 되고 놀라운 사역의 동반자가 되어 지난 십여 년간을 함께하게 됩니다. 그리고 랄리는 이 개발 중인 공동체 한 가운데 교회를 개척하고자 했습니다. 그는 전도에 훨씬 더 많은 노력을 기울이기 시작했고, 글렌과 의사들 그리고 변호사와 다른 사역자들 모두에게 전도에 좀더 힘을 써야 한다고 설득했습니다. 신학적인 내용을 장황하게 늘어 놓아야 한다는 것이 아니라, 세심하게 배려하는 방향으로 말입니다. 예를 들어, 사람들이 영적인 갈급이 있을 때 이렇게 돕는 것입니다. "저기, 제가 그 영적 필요에 대해 좀 말씀드려도 될까요?" 아니면 "목사님의 조언을 좀 받아 보는 게 좋을 것 같은데요."

그 결과, 놀랍게도 그 공동체 센터와 그 모든 사역 한가운데 교회가 세워졌습니다. 락 서클에 설립된 교회는 현재 450명 정도의 신도가 출석하고 있고, 그중 70퍼센트가 아프리카계 미국인이고 나머지가 백인입니다. 부자도 있고 가난한 사람도 있으며 흑인도 있고 백인도 있습니다. 그들이 모두 함께 하나의 회중을 형성하고 있습니다.

카산드라 프랭클린(Cassandra Franklin)의 이야기를 들으면 락 서클에 어떤 일이 벌어지고 있는지 좀더 구체적으로 이해하실 수 있습니다. 카산드라는 약 8년 전에 락 서클 의료 진료소에 왔습니다. 의료적 도움이 필요해서였습니다. 물론 도움을 받을 수 있었습니다. 그녀를 진료한 의사는 그녀에게 영적인 갈급이 있음을 감지했고, 조심스럽게 그것에 대해 이야기하기 시작했습니다. 그리고 카산드라는 목사님의 조언도 구하게 되었습니다. 곧 자기 아이의 아버지인 남자친구에게도 이 이야기들을 전했고, 그 역시 락 서클에 나오게 되었습니다. 그리고 얼마지 않아 그도 그리스도를 영접하게 되었습니다.

그러나 그것만으로 그들이 가졌던 문제가 해결된 것은 아니었습니다. 거기에는 긴 역경이 있었고, 제자로서 훈련받는 과정이 있었으며 믿음 안의 성장이 있었습니다. 카산드라와 그녀의 남자친구 모두 몇 해 동안 신실한 신앙인으로 성장하였고 결국 그들은 결혼하기로 결심합니다. 양가 모두에게 그리스도인 결혼은 실로 대단히 오랜만의 일이었습니다. 카산드라 커플은 양가 친척들을 초대해 그리스도인 결혼이 얼마나 복된 연합인지를 보는 증인으로 삼았습니다. 그들 가족 중의 상당수가 예수께 나아오게 되었습니다. 카산드라의 남편은 이제 락 서클 사역이 도심 지역에서 시작한 소규모 자영업자 중 하나가 되었습니다. 지난해 그 사업장에는 12명의 근로자가 일을 했고, 5만 달러의 수익을 냈습니다. 자, 이것이 바로 진정한 변화입니다.

이것을 배경 지식으로 삼고, 시카고 대학의 기독교 동아리에서 락 서클에 상당수의 자원 봉사자들을 보냈다고 상상해 보십시오. 시카고 대학 자원 봉사자들이 그곳의 아이들을 가르치고, 그들이 가진 기술과 지식을 필요한 사람들과 나눕니다. 그리고 이번에는 반대로 락 서클의 사역자들이 시카고 대학의 필요에 협력합니다. 예를 들어, "대학에서 일주일 동안 총체적인 기독교 변증론 캠페인을 벌여 보는 것이 어떨까요? 그리고 기독교와 관련된 대표적인 논쟁들을 벌여 봅시다. 하나님이 존재하시는가라든지, 예수님이 사흘 만에 부활하셨는지 등에 대해서 말입니다. 하지만 여기에 좀 다른 것도 추가해 봅시다. 아직 하나님을 모르는 세속적인 친구들에게, '락 서클에 와서 복음이 어떤 일을 벌이고 있는지를 보자'라고 제안합시다. 우리의 세속적인 정치인과 사회과학자들이 결코 해결하지 못하는 도심의 문제들을 복음이 어떻게 해결하고 있는지를 살펴봅시다. 락 서클에 와서 부자와 가난한 사람, 흑인과 백인이 하나님의 능력 안에서 어떻게 협력하고 있는지 보십시오. 예수님의 새 공동체에서는 깨어진 가정들이 치유되고 복지 지원금에 의존해 살던 사람들이 직업을 갖게 되었습니다. 흑인과 백인들이 서로 믿을 만한 파트너가 되고 있습니다." 저는 이런 제안에 대해 대학들이 어떻게 반응할지 궁금합니다.

총체적인 변증론의 또 다른 사례를 들어 보겠습니다. 바로 환경 문제입니다. 물론 몇몇 환경 문제에 관련해서 과학적인 논란이 있다는 것을 알고 있습니다. 하지만 오늘날 우리가 심각한 환경 문제에 직면해 있다는 데에는 일반적으로 동의할 것입니다. 환경 운동에 참여하고 있는 사람들은 점점 더 환경 문제에 관한 영적인 기반이 필요하다는 것을 절감하고 있습니다. 하지만 그들이 어떤 결론을 내리는지 아십니까? 그들은 그 영적인 기반을 찾기 위해 기독교를 찾지 않습니다. 오히려 기독교는 문제라고 생각합니다. 대신에 그들은 동양의 유일신론이나 여신 숭배 등을 찾습니다. 환경을 걱정한다고 하는 사람들이 왜 동양의 유일신론으로 빠지는지 저는 도무지 이해할 수가 없습니다. 동양의 유일신론에서는, 창조된 모든 질서는 환영이라고 말합니다. 창조 질서를 돌보아야 할 어떤 기반도 제공하지 않습니다. 하지만 어쨌든 이것이 현실입니다.

제가 앞서 말씀드린 창조 교리에 대한 성경적인 믿음이 이 아름다운 지구를 보살피기 위한 훨씬 더 나은 기반입니다. 하지만 말만으로는 소용이 없겠지요. 우리는 환경 운동의 한가운데로 나가 이 멋진 피조물을 보살피기 위한 일에 열심히 협력해야 합니다. 이것이 바로 문화적인 변증론입니다.

제가 말씀드린 대로, 복음이 만일 하나님 나라에 관한 기쁜 소식이라면, 여러분과 저에게 대단히 중요한 과제가 부여됩니다. 바로 우리가 그 복음을 어떻게 나누느냐입니다. 하나님 나라에 대한 예수님의 기쁜 소식을 신실하게 나눌 수 있는 유일한 방법은 바로 말과 행동을 함께 하는 것입니다. 예수님이 하신 것처럼 말입니다. 요한복음 20:21의 지상 명령을 기억하십니까? "아버지께서 나를 보내신 것같이 나도 너희를 보내노라."

예수님이 보냄받은 것같이 우리 역시 보내심을 받았습니다. 그가 했던 것과 같은 일을 하도록 부름받은 것입니다. 오늘날의 교회가 시카고의 락 서클이나 론데일(Lawndale)과 같은 총체적인 새 공동체를 수천 수만 개 이상 일으키지 않는다면 기독교는 그 어떤 신뢰도 얻을 수 없을 것입니다. 하지만 만일 우리가 그렇게 한다면, 세상에 어떤 일이 벌어질지 상상해 보십시오. 오늘날 세계 각지에서 하루에 5만 명 가량이 기아로 목숨을 잃습니다. 같은 시간, 역시 5만 명의 사람들이 예수 그리스도의 이름을 단 한 번도 들어 보지 못하고 죽습니다. 그런데 아십니까? 그들 역시 우리만큼이나 소중한 사람들이라는 것입니다.

만일 우리가 풍요로운 삶을 지속하며 더 큰 집을 사고 더 호사스런 휴가를 즐기면서도 가난한 이들과 물질을 나누지 않는다면 우리는 복음을 부인하는 것입니다. 우리가 가난한 이들을 전도하기 위해 노력하면서도 그들이 빈곤을 극복하도록 돕지 않는다면 그 역시 복음을 부인하는 것입니다. 오늘날 우리 사회에서 기독교의 가장 뚜렷한 존재감이란 것이, 빈곤층을 살리고 돕는 것이기보다 백인 중산층을 기쁘게 하려는 정치인들에게 있는 거라면, 예수님을 모르는 사람들이 기독교를 혐오하며 발걸음을 돌리는 것이 당연합니다. 하지만 우리가 힘을 합쳐서 가난한 이들에게 예수 그리스도를 알릴 때, 우리가 가장 소중하게 여기는 것들을 나누고 그들이 경제적으로 바로 설 수 있도록 함께할 때 놀라운 변화들이 벌어질 것입니다.

데이비드 부소(David Bussau)도 제 소중한 친구 가운데 하나입니다. 그는 호주 사업가로 아직 30대일 때에 수백만 달러의 부를 축적하였습니다. 그리고 하나님은 그를 가난한 이들 가운데 살라고 부르셨습니다. 그래서 그는 인도네시아 같은 나라에서 극도로 가난한 사람들에게 50달러나 150달러 정도의 소규모 대출을 해주는 법을 배웠습니다. 지난 13년간 그와 그가 일하는 단체인, 어퍼튜너티 인터내셔널(Opportunity International)은 전 세계의 가난한 이들에게 7만 5천 건의 대출을 주었습니다. 각 대출은 대략 5백 달러 정도로, 1년 안에 시장 이율로 상환합니다. 모든 대출은 5인 가족 전체의 생활 수준을 50퍼센트 가량 높였습니다.

만일 전도에 힘쓰고자 하는 그리스도인들 가운데 연봉이 1조에 달하는 사람들이 수입의 5퍼센트만 그런 소기업 자본으로 빌려 준다면, 우리는 전 세계 13억 빈곤층의 생활 수준을 2년 반 안에 50퍼센트 가량 높이게 될 것입니다.

전도에 대한 총체적인 접근은 물론 가난한 사람들에게뿐 아니라 모든 집단의 사람들에게 다 적용될 수 있습니다. 우리는 모두 약점을 가지고 있습니다. 어떤 사람에게는 술이고, 어떤 사람에게는, 결혼 생활, 지병, 고독 등일 것입니다. 가장 세속적이고 심지어 가장 부유한 사람들조차도 총체적인 복음이 필요합니다. 그들도 하나님이 그들을 사랑하신다는 것을 알 필요가 있습니다. 그들도 하나님의 용서를 경험할 필요가 있습니다. 또한 예수님의 새로운 공동체인 교회가 베푸는 따뜻한 초대와 포용을 경험할 필요가 있습니다. 교회는 그들과 함께하며 그들이 가진 가장 깊은 상처들을 치유하기 위해 도와야 합니다. 모든 인류가 예수님의 손길을 필요로 합니다. 하지만 톰 스키너(Tom Skinner)가 말한 대로 우리의 말은 우리가 전하고 있는 복음대로 살아갈 때에만 그리고 교회가 앞으로 이루어질 하나님 나라를 조금이라도 맛볼 수 있게 할 때에만 힘과 신뢰를 얻을 수 있습니다.

만일 우리가 스스로 결혼 서약을 지키지 않는다면, 어떻게 이웃들에게 예수님이 그들의 결혼 생활의 어려움을 도우시리라고 말할 수 있겠습니까? 또 만일 여러분이 대학에 다니는 동안에 하나님을 모르는 다른 친구들처럼 아무하고나 즐기고 다닌다면, 어떻게 이후에 결혼 서약을 지킬 수 있겠습니까? 또 만일 교회가 부자든 가난한 사람이든, 흑인이든 백인이든 서로 사랑하고 나누는 새로운 공동체의 모습을 가시적으로 보여 주지 않는다면 어떻게 세상에 인종적 갈등과 증오의 해결책으로 예수님을 영접해야 한다고 말할 수 있겠습니까?

만일 현대 교회가 성령의 능력으로 이 세대에 신실한 결혼 생활의 모범이 될 수 있다면, 가난한 이들과 넉넉하게 나누고 모든 인간적인 필요에 희생적으로 헌신한다면, 전도하는 입술은 엄청난 능력을 갖게 될 것입니다. 우리 사회는 빈말을 이제 지긋지긋해합니다. 하지만 이웃들이 예수님의 총체적인 돌봄을 보게 된다면 아마 우리의 말에 귀 기울일 것입니다. 그리고 점점 더 많은 사람들이 우리가 사랑하고 경배하는 주님께 나아와 자신들의 삶을 내어 드리고 주님을 신뢰하게 될 것입니다.

짧은 이야기로 제 이야기를 마치고자 합니다. 제 좋은 친구이자 하버드의 정치학 대학원생인 팀 쇼(Tim Shaw)의 이야기입니다. 그는 지금 9개월 동안 휴학을 하고 제가 앞서 설명한 것과 같은 총체적인 복음 사역을 통해 가난한 사람들을 돕고 있습니다. 그가 참여한 조직은 저의 또 다른 귀한 친구들인 비나이(Vinay)와 콜린 사무엘(Colleen Samuel)이 인도 남부의 대도시 중 하나인 방갈로에서 운영하고 있는 것입니다. 그 사역을 통해 5만 명 가량의 가난한 사람들을 섬기고 있습니다. 또한 그들은 제가 앞서 언급했던, 시카고에서 이루어진 것과 같은 방식으로 교회를 개척하고 있습니다. 팀은 커리어를 쌓기 위한 초고속 트랙에서 잠시 나와 가난한 사람들과 함께하며 예수님의 말씀을 나누고 있습니다.

오늘 여기 계시는 그리스도인들 가운데 예수님을 더 진지하게 따르기 원하는 분들이 계십니까? 오늘 이 자리에 보스턴과 제3세계 아이티의 도심 지역에서 사역을 하고 있는 이들이 함께 와 있습니다. 자원 봉사를 원하시는 분들이 있다면 그분들이 기꺼이 안내해 주실 것입니다. 여러분들은 인류가 제공하는 최고 수준의 교육을 받고 계십니다. 그것을 부자가 되는 데 사용하시겠습니까, 아니면 예수님을 섬기는 데 사용하시겠습니까?

가난한 사람들 중에 예수님을 섬기고 있는 웨인 고든과 팀 쇼의 사역에 동참하시겠습니까? 그들에게 여러분이 가진 최고의 재능이 무엇인지를 알리고, 부정의를 해소하는 데 그것들을 사용하시겠습니까? 웨인 고든이 그랬던 것처럼 예수 그리스도의 눈을 마주하여, "나의 주님, 나의 하나님, 주께서 제게 힘을 주셨으니, 주께서 제 삶에 원하시는 무엇이든 하겠습니다"라고 고백하시겠습니까?

질의 응답

질문자 1 수많은 도전들이 우리 앞에 놓여 있습니다. 특히 다음 세기를 바라볼 때 그 문제들은 더욱 심각해 보이고 우리는 위축됩니다. 그 과제들을 생각하면 때로는 지치고 고단한 마음이 먼저 앞섭니다. 마치 오르막길을 오르고 있는 것 같습니다. 하지만 교수님은 이미 오랜 시간 그 길을, 저희에 비하면 훨씬 긴 시간을 묵묵히 강인한 모습으로 가고 계십니다. 어떻게 하면 우리도 그렇게 할 수 있을까요? 어떻게 하면 선지자들의 말을 빌려 우리도 "달음박질하여도 곤비하지 아니하겠고 걸어가도 피곤하지 아니할" 수 있을까요?

사이더 저는 어떤 특정 생활 방식이나 정치적 이념에 몰입해 있는 사람이 아닙니다. 저는 예수님께 집중하고 있습니다. 예수님은 제게 좀더 단순한 삶을 살라고 명하셨습니다. 전도와 사회정의를 위해 다른 사람들과 더 많이 나누고 환경을 보살피도록 말입니다. 또한 예수님은 제게 가난한 이들을 도우라고 하셨습니다. 우리가 예수님의 은혜와, 말씀 그리고 예수님과의 살아 있으며 지속적인 관계에 기반을 두고 있지 않다면, 우리는 결코 인내할 힘을 얻을 수 없을 것입니다.

이것이 바로 다시 사신 주님의 능력이기도 합니다. 사도 바울이 말하길, 예수님을 죽음에서 다시 살리신 그 동일한 힘이 이제 나와 여러분들에게, 다른 사람들에게 새로운 생명을 전할 힘으로 작용하고 있다고 했습니다. 그리고 그 힘이 바로 제가 부름받았다고 생각하는 그 일을 하도록 하는 힘이기도 합니다.

마지막으로, 우리는 성공하라고 부름받는 것은 아닙니다. 때때로 우리는 승리하기도 하지만 실패하기도 합니다. 우리는 충성하라고 부름받은 것입니다. 저는 제가 하는 무엇에서든 이기기를 바랍니다. 예전에 자주 하던 하키를 포함해서 말입니다. 하지만 저는 예수님께 충성하기 원합니다. 어느 순간 우리는 그다지 성공적이지 않을 수도 있습니다. 어느 정도 성공하는 순간도 있겠지요. 하지만 우리가 부름받은 것은 예수님께 충성하기 위해서입니다.

저는, '제자도, 영성 형성, 사회 변화'라는 제목의 코스를 이끌고 있습니다. 그 코스를 통해 저는 내적인 기도의 여정과 개인적인 헌신 그리고 세상에서의 외적인 행동 사이의 관계에 대해 이야기합니다. 윌리엄 윌버포스(William Wilberforce)는 위대한 복음주의적 영국 정치가로, 30년간 세계 노예 무역과 대영제국 내에서의 노예 무역을 폐지하기 위해 노력했습니다. 그에게는 그 일에 협력하는 친구들과의 모임이 있었습니다. 그들은 함께 모여 하루에 세 시간씩 노예 무역 폐지를 위한 정치적 결사를 위해 기도했습니다. 우리에게 귀한 모범을 보여 주는 사례라고 생각합니다.

질문자 2 정치 영역에서 보수 기독교 계열의 정치가들은 대단히 보수적인 가치관을 가지고 그것을 정치 영역에서 구현하고자 합니다. 그들의 노력에 과연 어떤 의미가 있을까요?

사이더 먼저 이런 말씀을 드리고 싶습니다. 저는 모든 정치적 사안을 좌파냐 우파냐 하는 이념적 관점으로 접근하지 않습니다. 저는 성경으로 돌아가 그 사안과 관련된 윤리적 원칙들을 들여다봅니다. 그러고 나서 사회 분석을 시도합니다. 그렇게 할 때, 저는 성경적인 믿음이 개별 사안에 따라 때로는 좌로, 때로는 우로 저를 인도하는 것을 경험합니다. 저는 현대 사회의 정당이 가진 특정 정치 이념에 들어맞는 사람이 아닙니다. 제 생각에, 예를 들어 가족이나 생명의 존엄에 관해서는 상당히 보수적인 축에 속할 것입니다. 하지만 다른 이슈들에 대해서는 다른 방향을 향하고 있습니다.

따라서 저는 우리 모두 첫 시작은 성경적인 분석에서 시작해야 한다고 생각합니다. 최근 가장 눈에 띄는 '기독교적인' 문제는 가난한 사람들을 위한 정의에 관심을 두지 않는다는 점입니다. 그것은 비극입니다. 그것은 비성경적일 뿐 아니라 궁극적으로 이단적입니다. 예수님과 성경이 우리의 안내자라면, 우리는 그리스도인으로서 정치에 참여할 때 가난한 이들을 위한 정의를 바로 세우는 것을 정책의 중심에 두지 않을 수 없을 것입니다. 따라서 저는 우리가 대안적인 목소리를 내야 한다고 생각합니다. 그것이 바로 복음에 대한 총체적인 접근이고 사회 개혁을 위한 복음주의입니다.

참고 문헌

3. 살아 있는 신
1. Stanley Fish, "One University Under God?", *The Chronicle of Higher Education 51*, no. 18(2005): C1.
2. Lesslie Newbigin, *The Gospel in a Pluralist Society*(Grand Rapids: Eerdmans, 1989). 「다원주의 사회에서의 복음」(IVP).

5. 신(新)무신론자와 생명의 의미
1. Robert Pape, *Dying to Win: The Strategic Logic of Suicide Terrorism*(New York: Random House, 2005).

6. 진리의 증거에 사로잡힌 과학자
1. Ed Harrison, *Masks of the Universe*(New York: Macmillan, 1985).

7. 무신론의 심리학
1. Russell Baker, *Growing Up*(New York: Congdon & Weed, 1982).

8. 니체 vs. 예수 그리스도
1. T. H. Green, "Lecture on Liberal Legislation and Freedom of Contract," *Lectures on the Principles of Political Obligation*, ed. Paul Harris and John Morrow(Cambridge:

Cambridge University Press, 1986).

12. 왜 인권은 종교 없이는 불가능한가
1. H. L. A. Hart, *The Concept of Law*(Oxford: Oxford University Press, 1960).
2. Hermann Göring, *Trial of the Major War Criminals Before the International Military Tribunal*, Nuremberg, 14 November 1945-1 October 1946(Nuremberg, 1947).
3. 같은 책.
4. John Warwick Montgomery, *Tractatus Logico-Theologicus*, 4th ed.(Bonn, Germany: Verlagfuer Kultur and Wissenschaft, 2009).

13. 테레사 수녀가 내게 가르쳐 준 것
1. Jürgen Habermas, "In Europe, God Is [Not] Dead", *Wall Street Journal*, July 14, 2007, p. A1. 또한 Jürgen Habermas, http://sciencestage.com/v/958를 보라.

옮긴이 **최효은**은 연세대 정치외교학과를 졸업하였으며 직장 생활을 하다가 현재 한동대 통번역대학원에 재학 중이다. 하나님의 지혜와 영감을 전하는 일에 동참하고자 통역과 번역을 하고 있다.

세상이 묻고 진리가 답하다

초판 발행_ 2011년 5월 19일
초판 7쇄_ 2023년 4월 20일

지은이_ 달라스 윌라드 외
옮긴이_ 최효은
펴낸이_ 정모세

펴낸곳_ 한국기독학생회출판부
등록번호_ 제2001-000198호.(1978.6.1)
주소_ 04031 서울 마포구 동교로 156-10
대표 전화_ (02)337-2257 팩스_ (02)337-2258
영업 전화_ (02)338-2282 팩스_ 080-915-1515
홈페이지_ http://www.ivp.co.kr 이메일_ ivp@ivp.co.kr
ISBN 978-89-328-1240-3

ⓒ 한국기독학생회출판부 2011

책값은 뒤표지에 있습니다.
무단 전재와 복제를 금합니다.